갈등관리와
협상전략론

[제3판]

갈등관리와 협상전략론

2005년 5월 10일 초판 1쇄 발행
2008년 7월 20일 초판 2쇄 발행
2010년 8월 20일 수정증보판 1쇄 발행
2020년 8월 30일 제3판 1쇄 발행

지은이 천대윤
펴낸이 이찬규
펴낸곳 선학사
등 록 제10-1519호
주 소 13209 경기도 성남시 중원구 사기막골로 45번길 14
우림2차 A동 1007호
전 화 02-704-7840
팩 스 02-704-7848

값 20,000원

ISBN 978-89-8072-264-8 93350

[제3판]

개인, 국민, 중소기업, 대기업, 공공기관, 정부의
바람직한 갈등관리역량과 협상역량 개발과 증진을 위한 기본서

갈등관리와 협상전략론

CONFLICT MANAGEMENT STRATEGY AND NEGOTIATION STRATEGY

천대윤 지음

선학사

■머리말

독자 여러분의 격려로 내용을 보강하여 전면개정판을 발간하게 되어 감사드린다. 이 책은 갈등관리와 협상전략론의 "기본서"로서 지난 10여 년 동안 개인은 물론이고, 대학교, 기업, 공공기관, 정부(지방장치단체, 중앙정부) 등에서 꾸준히 애용되어, 호평을 받아왔다.

필자는 우리나라 중앙부처공무원들을 교육하던 기관이었던 행정자치부/행정안전부/중앙인사위원회 중앙공무원교육원 교수로 재직하던 시절인 2000년대에 갈등관리 관련 교육프로그램들 개발하고 교육과정들을 개설하여 교육훈련을 시행하며 우리나라 정부(중앙정부 및 지방자치단체), 공공기관, 민간기관의 갈등관리와 협상 관련 교육을 본격적으로 실시하는 기반을 닦았다고 자부하고 있다.

또한, 갈등관리와 관련하여, 2001년에 『갈등관리전략론』 저서를, 2005년에는 『갈등관리와 협상전략론』 저서를 발간하였다.

2013년엔 『가정인생행복론』, 『두루두루 보시면서 사시지요』, 『자살갈등관리전략』 저서들을 발간하였다.

2019년엔 『사회갈등 집단갈등 정책갈등』, 『부부갈등 자녀갈등 가족갈등』, 『조직갈등 직원갈등 고객갈등』 저서들을 발간하여, 독자들로부터 좋은 평판을 받고 있다.

또한, 『갈등관리와 협상전략론』 내용을 보강하여 전면개정판을 2020년에 발간한다.

이 책은 갈등관리역량(葛藤管理力量)과 협상역량(協商力量) 개발과 증진을 위한 갈등관리전략과 협상전략에 관해서 반드시 학습하고 실천해야 할 중요한 기본적인 정보를 제공하고 있다.

인간은 사회적 존재이며, 인간 세상사(世上事)는 갈등사(葛藤事)라고 해도 과언이 아니다. 그리하여, 인간은 사회적 존재인 동시에 갈등적 존재이다. 또한, 인간은 이성적 존재인 동시에 감성(감정)적 존재이다. 그리하여, 사회적 존재로서 인간은 갈등과 이성과 감성(감정)의 세계 속에서 생활을 영위한다.

이러한 세계에서 갈등은 때로는 인간에게 용기를 주기도 하지만 또 때로는 좌절을 안기어 주기도 한다. 갈등을 슬기롭게 예방하거나 관리하기 위해서 다양한 협상활동이 이루어진다. 그리하여, 세상은 한편으로는 갈등의 세상이며, 다른 한편으로는 갈등을 해결하기 위한 거대한 협상테이블이라고 해도 과언은 아니다.

가정에서, 학교에서, 회사에서, 공공기관에서, 지역사회에서, 국제사회에서 갈등(葛藤)들이 시공간을 가리지 않고 끊임없이 일어나고 있다. 그 결과, 일상생활을 영위하는 남녀노소(男女老少) 사람들은 다양한 형태의 갈등들을 겪게 마련이다. 그리고, 그러한 갈등들을 해결하기 위한 협상(協商), 교섭(交涉)도 항다반사(恒茶飯事)처럼 일상 있는 일이 되었다.

이 책은 가정, 학교, 회사, 공공기관, 정부, 지역사회, 국제사회 등에서 발생하고 있는 개인들, 집단들, 조직들, 국가들의 다양한 형태의 갈등들을 슬기롭게 해결하려는 사람들에게 도움을 드리기 위해서 저작되었다. 또한, 산업사회의 갈등관리전략과 협상전략을 최첨단 모바일, 디지털, 인공지능(AI), SNS, 네트워크 정보사회(情報社會)에 유용한 전략으로 전환해 적용할 수 있도록 큰 노력을 기울였다. 환경이 변화하면 전략도 바뀌어야 하기 때문이다.

특히, 중소기업, 대기업, 공공기관, 정부(지방자치단체, 중앙정부) 등에서 근무하고 있는 분들을 위해 많은 배려를 하였다. 관리자라면 반드시 이 책을 일독(一讀)하도록 권하고자 한다. 또 경영학, 행정학, 사회학, 정치학 등 사회과학 분야에 있는 학도들이 교재로 사용할 수 있도록 저작을 하였다.

이 책을 발간하기까지 많은 분의 도움이 있었다. 좋은 책을 출판하고자 노력하신 선학사 이찬규 사장님과 편집부 여러분에게도 감사드린다. 사랑하는 아내에게 고마움을 나누며, 건강하고 지혜롭게 자라주는 자녀들에게도 아빠의 사랑을 전한다.

저자

■목차

|제2부| 협상전략

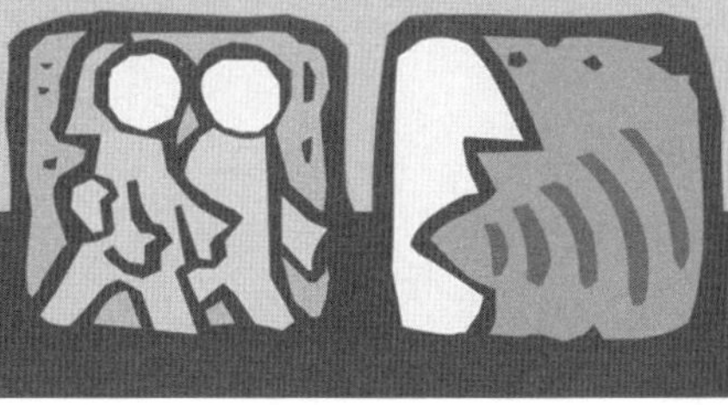

제1부

갈 등 관 리 전 략

제1장
갈등관리의 의의

|제1절| 갈등의 의의

1. 일상생활의 일로서의 갈등

오늘날 다양한 종류와 형태의 갈등들이 일어나고 있다.

예컨대, 개인 차원에서는 건강, 취직, 흡연, 경유차, 경적, 소음, 미세먼지, 초미세먼지, 노후생활, 먹거리 유해성 물질 문제, 정신질환, 약물중독, 사행성 도박 … 등과 같은 갈등들이 있다.

가정 차원에서는 부부갈등, 자녀갈등, 고부(姑婦)간 갈등, 장서(丈壻) 갈등 등의 가족갈등 … 등과 같은 갈등들이 있다.

직장(회사) 차원에선 상사, 부하 직원, 동료, 업무과다, 임금, 조직갈등, 고객갈등, 직원갈등, 팀 간, 조직 간 갈등, 세대갈등, 노동조합과 사용자 간 갈등, 경쟁회사 간 갈등 … 등과 같은 갈등들이 있다.

지역사회나 주민 차원에선 층간소음을 둘러싼 주민 간 갈등, 조현병 사회문제로 인한 갈등, 학교폭력 관련 학부모와 교육 당국 간 갈등, 혐오시설입지 관련 주민과 지자체 간 갈등, 신재생에너지 시설물 구축을 둘러싼 찬반 주민 간 갈등, 신공항건설을 둘러싼 지방자치단체(지자체) 간, 주민 간 갈등, 지하상가 조례개정을 둘러싼 지자체와 상인 간 갈등, 지자체 간 혐오시설 입지 갈등, 다문화가정 갈등 … 등과 같은 갈등들이 있다.

정부 정책 차원에서는 공수처(고위공직자비리수사처) 설치를 둘러싼 정치권 갈등, 검·경수사권 조정을 둘러싼 법무부, 검찰, 경찰 간 갈등, 4대강 보 해체를 둘러싼 환경단체와 지역 주민 간 갈등, 인터넷, SNS, AI(인공지능) 정책문제 갈등, 다문화가정 정책갈등, 계층갈등, 세대갈등 … 등과 같은 갈등들이 있다.

국가나 국제 차원에선 중국과는 미세먼지 관련 갈등, 일본과는 역사·영토 관련 갈등, 미국과 북한과는 북한의 핵무기, 핵미사일 관련 갈등 … 등과 같은 갈등들이 있다.

이러한 다양한 종류와 형태의 갈등들은 바람직한 방향으로 그 해결이 필요하다. 또한, 그러한 갈등들을 바람직한 방향으로 원만하게 잘 해결하기 위한 갈등관리(葛藤管理)와 협상(協商), 교섭(交涉) 역량(力量)이 절대적으로 필요하다고 할 것이다.

이처럼, 오늘날 갈등은 개인, 집단, 조직, 사회, 국가, 국제적 수준에서 중요한 이슈들 가운데 한 부분을 차지하고 있다. 개인 간, 집단 간, 조직 간, 지역 간, 인종 간, 국가 간 끊임없이 발생하고 있는 다양한 형태의 갈등을 슬기롭게 예방하거나 해결하기 위해서 개인, 집단, 조직, 지역, 국가, 또는 국제사회는 다양한 형태의 활동을 수행하고 있다(Dana, 2001; Chabi, 1998).[1]

개인의 갈등관리역량(葛藤管理力量)과 협상역량(協商力量)의 개발(開發)과 증진(增進)은 물론이고 기업이나 정부 지도자들의 갈등관리역량과 협상역량의 개발과 증진은 매우 중요하다. 특히, 관리자들에게 있어서 갈등을 해결하기 위한 갈등관리역량과 협상역량의 개발과 증진의 중요성은 현대에 있어서 더욱 강조되고 있다.

의견대립, 다툼, 분쟁, 대립, 분노, 반대, 적대감, 딜레마(dilemma), 스트레스(stress) 등을 갈등이라고 한다면 인간은 살아가면서 끊임없이 갈등을 겪는다. 즉, 그러한 갈등은 우리 인간의 일상생활 일이다.

예컨대, 유아기에는 생리적, 안정적 이유로 갈등을 느낀다. 어린이 때에는 자신이 사고 싶은 것, 먹고 싶은 것, 구경하고 싶은 것들이 부모들의 생각하고 있는 그것들과 차이가 나서 어린이가 원하는 것을 뜻대로 이루지 못할 때 갈등을 느낀다.

사춘기에는 가장 많은 갈등을 겪게 되는 것으로 판단된다. 이성 간의 관계, 학교생활, 사회생활 등의 분야에서 부딪히는 모든 것들이 사춘기의 청소년들에게는 갈등적인 것으로 형성된다. 또한, 청소년기에는 자아정체성(自我正體性)의 갈등도 겪게 된다.[2] 이 기간에 그 갈등이 심하여 자아정체성을 상실하게 되면 그 청소년은 방황하게 된다. 정신적 방황은 물론이고 학교생활이나 사회생활에서도 방황하게 된다. 가정, 학교, 사회는 청소년들이 자신들의 자아정체성을 상실하지 않도록 청소년들을 잘 보살펴 주어야 할 것이다.

결혼 후, 직장에서는 사원으로서 가정에서는 아버지 또는 어머니의

---

1) Dana, D. (2001). ***Conflict Resolution.*** New York: McGraw-Hill.; Chabi, M. B. (1998, April). Community management of national conflicts in urban Benin. ***Community Development Journal,*** 33(2). pp.165~169.

2) 여기서 말하는 자아정체성이란 “나는 누구인가?” “나는 어디서 왔는가?” “무엇을 앞으로 해야 하는가?” “앞으로 나는 어떻게 될 것인가?” 등 자신의 본질과 자신의 존재에 대한 의문과 그에 대한 해답을 찾으려고 하는 정신적, 심리적, 육체적 갈등상태를 말한다.

역할을 모두 동시에 수행하고 있는 분들은 아마도 대부분이 다양한 형태의 갈등을 경험하고 있을 것이다. 서울 시내와 같이 교통이 혼잡한 곳에서 자동차 운전을 해본 대부분 사람은 운전으로 인해 갈등을 겪고 있다. 대중교통을 이용하는 사람들도, 퇴근 후 찌든 몸으로 전철을 타고, 짐짝 취급을 받으며 내던져질 때 역시 갈등을 느낄 것이다.

민간 기업체나 정부 공공기관이나 고객 또는 시민을 상대하는 직원들은 날마다 증대되는 고객들의 욕구를 처리하기 위해서 갈등을 겪을 것이다. 기업체나 공공기관의 개인들 간의 갈등이나 부처(또는 부서)들 간의 갈등은 일상생활의 한 부분이다.

조직 내에서 상사와 부하 사이에 갈등이 발생하고, 동료들 사이에도 갈등이 발생한다. 계선조직(系線組織)과 참모조직(參謀組織) 사이에 갈등이 발생하고, 기획부처(또는 부서)와 예산부처(또는 부서) 사이에도 갈등이 발생한다. 지방자치단체에서 근무하고 있는 사람들은 중앙에서 내려오는 지시사항들 때문에 갈등 상황을 맞지 않을 수 없을 것이다.

이처럼 기업이나 공공기관의 개인이나 집단, 조직의 갈등은 물론이고, 지방정부(지방자치단체)와 지방정부(지방자치단체) 간의 갈등, 지방정부(지방자치단체)와 중앙정부 간의 갈등도 끊임이 없다. 주민이나 NGO[3] 등의 시민단체들 사이에도 갈등이 끊임이 없다. 특히, 정부의 경우 목표달성을 위해서 수행하는 인사, 재무, 조직, 국방 등의 각 분야의 행정에서 발생하는 행정갈등(行政葛藤)은 물론이고 이들 각 분야의 정책에서 발생하는 정책갈등(政策葛藤)도 끊임없이 겪게 된다.

---

3) NGO란 Non-Governmental Organization의 약어이다. 그 복수 꼴은 NGOs 즉 Non-Governmental Organizations이다. 직역하면 "비(非)정부기관"이라는 뜻이나, 일반적으로 비정부기관이면서 비영리기관이어야 하며, 정부와 기업으로부터 독립되어 있고, 각종 정치적 당파로부터도 독립된 조직을 말한다. 이러한 기준에 합당한 NGO를 순수한 형태의 NGO라고 할 수 있다.

더욱이 국가사회의 민주화와 사회집단의 분화로 인하여 발행하는 사회집단 간의 갈등은 국가사회 전체를 갈등 상황으로 몰고 가서 국가의 정책 집행상의 혼란을 초래하기도 한다. 또한, 국가 간의 교류가 활발하면서 국가 간에 발생하는 국제적 또는 세계적 갈등도 끊임이 없다.

이처럼, 갈등은 개인, 팀, 집단, 조직, 지역사회, 정부, 국가 등 모든 차원에서 발생하고 있으며, 우리의 일상생활의 한 부분을 차지하고 있다. 이제 갈등은 항다반사(恒茶飯事)가 되었다. 문제는 우리가 이러한 갈등을 즐거운 마음으로 맞이하느냐 아니면 고뇌에 찬 표정으로 맞이하느냐, 슬기롭게 발전의 동력으로 관리하느냐 아니면 분열의 씨앗으로 잘 못 관리하느냐 하는 우리의 마음가짐과 갈등관리역량과 협상역량의 문제에 달려있다.

2. 갈등의 어의

갈등(葛藤)이란 무엇인가? 여기서는 갈등의 개념을 갈등의 어의(語義) 차원에서 살펴본다. 영어단어 "conflict"와 한자단어 "葛藤"에서 그 말뜻을 찾아보고자 한다.

(1) 서로 충돌한 상태

'갈등'을 의미하는 영어단어인 'conflict'는 'con'과 'flict'가 조합된 것이다. 여기서 'con'은 'together(서로, 함께)'를 의미하며, 'flict'는 'strike(충돌하다)'를 의미한다. 따라서 'conflict(갈등)' 단어는 동사로 사용될 땐 'strike together(서로 충돌하다)'라는 말뜻을 가지며, 명사로 사용될 땐 'a state of striking together(서로 충돌 상태)'라는 말뜻을 가진다. 즉, 갈등이란 당사자 간에 가치, 규범, 이해, 아이디어, 목표 등이 서로 불일치하여 충돌하는 상태를 의미한다.

영어단어 'conflict'는 '결과'보다는 '과정'을 강조한다. 즉 불일치와 충돌이 이미 완결된 상태인 결과를 강조하기보다는 불일치와 충돌이 진행 중인 상태인 과정을 강조한다.

(2) 서로 뒤엉킨 상태

한편, 갈등이란 "갈(葛)" 자와 "등(藤)" 자의 합성어이다. '갈(葛)'이란 '칡'을 말하고 '등(藤)'이란 '등나무'를 말한다. 이들이 붙어 있는 상태가 갈등이다. 즉, 葛藤(갈등)이란 칡덩굴과 등나무 덩굴이 서로 뒤엉킨 복잡한 상태를 뜻한다.

칡과 등나무는 모두 콩과에 속하는 덩굴식물로서 산야에서 자란다. 그러나, 등나무는 그늘을 만들기 위해 집이나 건물 주위에 심어 자라게 하기도 한다. 이들은 모두 줄기가 길게 뻗어 가면서 자라는데, 다른 물체를 감아 올라가면서 자라는 특성이 있다.

그 결과, 칡과 등나무가 같은 장소에 서식하게 되면 서로가 상대방을 감아 올라가면서 성장하게 된다. 이들은 상대방을 감고 자라기 때문에 그 감김이 매우 심하여 한 번 감겨서 엉킨 것은 서로를 분리하기가 어려운 상태에 이르게 된다. 즉, 서로가 뒤얽히어서 풀기 어려운 상태에 도달하게 된다.

〈그림 1-1-1〉에서는 지금까지 설명한 갈등의 영어단어 'conflict'의 어의와 한자단어 '葛藤' 어의를 시각화하여 보여주고 있다.

〈그림 1-1-1〉 'Conflict'와 '葛藤'의 말뜻

이처럼, 칡덩굴과 등나무 덩굴이 서로 뒤엉켜서 복잡한 관계에 있는 상태를 '葛藤(갈등)'이라고 한다. 이를 인간의 사회생활에 유추하여 적용할 때, 갈등이란 이해당사자들의 가치, 견해, 이해, 목표 등이 뒤얽힌 복잡한 관계에 있는 상태를 말한다.

따라서, 갈등이라고 하면 일반적으로 일이 복잡하게 감기고 뒤엉켜서 풀기 어려운 상태를 말한다. 즉, 진행하고 있는 일이 꼬여서 해결하기 어려운 상태를 말한다. 이러한 상태가 되면 사람 또는 집단 사이에 의견대립이 발생하게 되고, 스트레스가 쌓이고, 서로를 불신하게 되며, 적대적으로 된다. 즉, 갈등상태에 있게 된다.

3. 갈등의 정의와 의미

그러면, 갈등이란 구체적으로 무엇을 의미하는가? 구체적으로 어떤 의미로 사용되고 있는가? 그러한 갈등이 구체적으로 어떻게 정의되고 있고 어떤 의미로 사용되고 있는지 살펴보기로 한다.

(1) 심리적 딜레마

인간 심리적인 차원에서 볼 때, 갈등이란 인간의 심리적 딜레마라고 정의될 수 있다. 즉, 두 가지 이상의 욕구가 동시에 발생하여 서로 양립할 수 없는 경우에 겪게 되는 곤란이라고 할 수 있다.

예컨대, 독자 여러분이 지금 당장 동일 날, 동일 시간, 서로 다른 장소의 예식장에서 진행되는 친한 친구 갑돌이 결혼식에도 가야 하고 또 다른 친한 친구 만석이 결혼식에도 가지 않으면 안 된다고 할 때 이들 욕구 간에 충돌이 발생하게 되고 여러분은 갈등상태에 있게 된다.

다수의 욕구가 존재하더라도 이들 욕구 간에 충돌이 발생하지 않으면 갈등이 발생하지 않게 된다.

(2) 반응 간의 경쟁

어떤 외부자극에 대한 반응자의 심리적 반응 차원에서 볼 때, 갈등이란 양립할 수 없는 반응 간의 경쟁이라고 정의될 수 있다(Harrison, 1972).[4] 어떤 자극에 대해 반응을 해야 하는데 서로 다르고 배타적인 반응 간에 어떤 반응을 나타낼 것인가에 관련된 갈등이다.

예컨대, 독자 여러분 자신은 정당하고 합리적인 것이라고 여기고 실행에 옮긴 사업에 대해서 여러분 직장 상사는 오히려 여러분의 활동에

---

4) Harrison, A. A. (1972). *Psychology as a Social Science*. Monterey. California: Brooks/Cole Publishing Co.

불만을 품고 여러분에게 화를 내고 고함을 지르고 있을 때, 여러분은 이러한 상사의 자극에 대해서 어떤 반응을 보여야 할 것인가에 대해서 갈등상태에 놓이게 된다. 즉, 조용히 듣고만 있어야 할 것인지 아니면 따지고 대들어야 할 것인지의 반응방식 간의 서로 다르고 배타적인 반응들을 놓고 갈등상태에 놓이게 된다.

(3) 대안선택의 곤란

의사결정 차원에서 볼 때, 갈등이란 의사결정과정에 문제가 발생하여 대안적 행동을 선택하는 데 어려움을 겪는 상태라고 정의될 수 있다. 이러한 문제는 ① 불만족 상태, ② 선택 상의 딜레마, ③ 결과의 불확실성 문제 등으로 인해 다양한 형태로 발생할 수 있다. 구체적으로 보면 다음과 같다.

① 대안들이 모두 좋은 것이기는 해도 의사결정자가 만족할 만한 수준에 이르지 못할 때 의사결정자는 갈등상태에 놓이게 된다.

예컨대, 조직에서 어떤 문제해결을 위한 대안으로 독자 여러분이 개발하여 갖고 간 대안들이 좋기는 해도 최고 의사결정권자의 마음에는 흡족한 수준에 이르지 못할 때 갈등상태에 놓이게 된다. 이러한 경우엔 대안개발에 참여하는 사람들의 범위를 확대하거나 대안개발을 외부전문가에게 의뢰하여 해결할 수 있을 것이다.

② 모두 버리기 아까운 대안들이기는 해도 이들 가운데 어느 하나만을 선택하지 않으면 안 될 때 갈등상태에 있게 된다. 이와 유사한 의사결정 상의 갈등은 구조조정과정에서도 빈번히 발생한다.

예컨대, 기업이나 정부 조직의 구조조정작업이 진행될 때 독자 여러분이 구조조정책임자로 있을 때, 특정 부서의 직원들 가운데, 누구도 모두 조직에 필요한 사람들이긴 해도, 어쩔 수 없이 한 사람만 남기고 나머지 사람들을 모두 퇴출하지 않으면 안 될 의사결정의 상황에 직면해 있을 때 여러분은 갈등상태에 있게 된다.

③ 대안들의 결과 자체가 불확실하여 어느 것도 선택할 수 없을 때 겪는 상황도 갈등이라고 할 수 있다.

예컨대, 어떤 문제해결을 위해 다수 대안을 수립하였다고 가정하자. 그런데 각각의 대안은 그 집행에 있어서 비용과 시간을 많이 필요로 하고, 변화무쌍한 환경 때문에 각 대안의 결과 또한 불확실하여 아무도 그 성공을 장담할 수 없다고 가정할 때 의사결정자는 어느 대안도 선뜻 선택할 수 없게 될 것이고 갈등상태에 놓이게 된다.

(4) 이상과 현실의 충돌

갈등이란 이상과 현실 간의 충돌이라고 정의될 수 있다. 양립할 수 없는 욕구 간의 충돌로 인한 곤란은 종종 이상과 현실 사이의 갈등을 초래하게 된다.

예컨대, 대학생들이 학교라는 제도에서 공부를 마친 후 사회에 진출하여 새로운 출발을 하게 될 때 학교에서 머리로 배운 이상과 사회생활을 하면서 몸으로 배우게 되는 현실 사이에서 갈등을 겪게 되는 경우가 발생하게 된다.

또한, 과학자 자신이 가지고 있는 이상과 이를 실현하고자 할 때 부딪히는 현실의 장애들 때문에 이상과 현실 간에 갈등을 겪게 된다.

(5) 반목, 대립, 적대행위

갈등이란 반목과 대립과 적대적 행위라고 정의될 수 있다. 반목과 적대적 행위의 개인, 집단, 조직 차원에서 볼 때, 갈등이란 개인 간,

집단 간, 조직 간의 반목, 대립, 적대행위라고 정의될 수 있다(Benon, 1998; 권기성, 1994).[5] 또한, 갈등이란 이해관계, 견해, 목표, 아이디어 등이 서로 다르므로 발생하는 반대나 불화 상태라고도 정의될 수 있다(Benon, 1998).[6] 갈등은 당사자 간에 적대, 반대, 양립 불가에 의해서 야기되는 것이다(이한검 · 이수광, 2000).[7]

예컨대, 노동자와 사용자 간의 갈등은 대표적인 조직 내의 갈등이자 넓게는 사회갈등이다. 각종 인종집단 간에 발생하는 극한적인 유혈(流血) 충돌의 갈등은 종교적, 민족적 반목과 대립 그리고 적대적 행위의 극한 형태이다.

또한, 갈등이란 상대방을 고려하거나 동정하기보다는 방해하거나 간섭하거나 상대방과 충돌함으로써 발생하는 것이다(Walton, Dutton, & Cafferty, 1969).[8]

예컨대, 부처(또는 부서) 간의 방해, 정보의 왜곡, 정보교류의 억제, 불신, 불쾌감, 욕구의 과장(誇張) 등은 부처(또는 부서) 간의 갈등관계(葛藤關係)를 나타내는 요소들이 된다. 즉, 이런 요소들이 조직에 나타나면 부처(또는 부서) 간의 갈등이 존재하는 상태에 있다고 말할 수 있으며, 부처(또는 부서)들은 갈등관계에 있다고 말할 수 있다.

갈등은 지방자치단체들 사이에서도 반목과 대립 때문에 발생할 수

---

5) Benon, M. C. (1998, April). Community management of national conflicts in urban Benin. *Community Development Journal*, 33(2). pp.165~169.; 권기성. (1994). 조직내 집단에 있어서의 갈등유형과 갈등관리전략. 「광운대 논문집」23. pp.47~68.

6) Benon, M. C. (1998, April). Community management of national conflicts in urban Benin. *Community Development Journal*, 33(2). pp.165~169.

7) 이한검 · 이수광. (2000). 「인간관계」. 서울: 형설출판사.

8) Walton, R. E., Dutton, J. M., & Cafferty, T. p.(1969). Organizational context and interdepartmental conflict. *Administrative Science Quarterly*, 14. pp.522~542.

있다. 예컨대, 과거 서울시가 한강 종합개발사업을 수행할 때 한강에 인접하고 있는 시들과 서울시 간에 한강 개발에 수반되는 이해관계의 차이로 인하여 갈등이 발생한 것이 조사된 바가 있다.

그리고, 다른 지방자치단체에 영향을 미치는 댐을 건설하거나, 소각장을 건설하는 등의 정책을 수립하여 집행할 때 지방자치단체 간의 갈등이 발생하게 된다.

또한, 갈등은 국가 내의 지역사회 간에도 발생하는 것은 물론이고 둘 또는 그 이상의 국가 간에도 발생한다. 내전(內戰)이나 시민전쟁(市民戰爭)과 같은 갈등들은 인간의 생명을 소모하는 가장 심각한 갈등에 해당한다(Benon, 1998).[9]

(6) 희소자원 쟁취 다툼

갈등이란 희소한 지위, 권력, 자원 등을 쟁취하기 위한 가치와 권리에 대한 다툼이라고 정의될 수 있다. 이러한 희소자원을 쟁취하기 위해 다투는 과정에서 경쟁자들의 힘을 약화하거나, 손상하거나, 제거하려고 한다.

(7) 항의운동

갈등이란 기득권자, 상사, 또는 지배자에 대한 항의운동(抗議運動)이라고도 정의될 수 있다(Lammers, 1969).[10] 항의운동은 어떤 상황을 개선하거나 변화에 저항하기 위한 집단적 행동이다.

항의운동에는 파업(罷業), 폭동(暴動) 등이 포함된다. 즉, 파업이

---

9) Benon, M. C. (1998, April). Community management of national conflicts in urban Benin. *Community Development Journal*, 33(2). pp.165~169.

10) Lammers, C. J. (1969). Strikes and Mutinies: A comparative study of organizational conflicts between rulers and ruled. *Administrative Science Quarterly,* 14. pp.558~572.

나 폭동은 항의운동의 특별한 종류라고 할 수 있다. 파업이나 폭동 등은 소규모 집단들의 단순히 적대적 감정의 폭발의 표현일 수 있고, 어떤 숨겨진 실질적 목표를 실현하기 위한 것일 수도 있다.

(8) 사회운동

항의운동으로서의 갈등은 사회 차원으로 확대될 때 사회운동이 된다. 즉, 조직적 맥락에서의 항의운동은 사회적 맥락으로 확대될 때 사회운동이 된다. 따라서, 갈등은 사회운동이라고도 정의될 수 있다(Lammers, 1969).[11)]

사회운동은 항의운동과 유사하나 항의운동과 비교하면 집단행동, 구조적 변화, 제도적 변화 등에 있어서 그 규모가 크고 걸리는 시간도 장기적이라는 점에서 항의운동과 사회운동을 서로 구별하여 취급할 수 있다. 또한, 대부분의 사회운동은 일반적으로 어떤 이념(理念)에 의해서 지지가 되어 발생한다.

(9) 파업, 폭동

갈등은 파업이나 폭동이라고도 정의될 수 있다. 항의운동 차원의 갈등에서 볼 때, 항의운동의 형태인 파업이나 폭동은 몇 가지 주요 특징적 요소를 가지고 있다. 이를 갈등의 조직적 맥락, 참가자, 전략, 목표 등을 중심으로 고찰할 수 있다(Lammers, 1969).[12)]

첫째, 갈등의 조직적 맥락(組織的 脈絡)의 관점에서 보았을 때, 파

11) Lammers, C. J. (1969). Strikes and Mutinies: A comparative study of organizational conflicts between rulers and ruled. *Administrative Science Quarterly*, 14. pp.558~572.

12) Lammers, C. J. (1969). Strikes and Mutinies: A comparative study of organizational conflicts between rulers and ruled. *Administrative Science Quarterly*, 14. pp.558~572.

업이나 폭동이 발생하는 맥락은 공식적 조직이라는 것이다. 즉, 파업이나 폭동은 공식적 조직에 대항하여 일어나며, 공식적 조직에서 발생한다.

둘째, 참가자(參加者)들의 관점에서 보았을 때, 파업이나 폭동에 참가하는 자들은 공식적 조직의 하층에 있는 자들로서 주로 의사결정과정에서 배제되는 경향이 있으며 이들은 공식적 조직의 상층부에서 의사결정자들에 대항하고 충돌하게 된다.

셋째, 폭동이나 파업에 참여하는 참가자들의 전략(戰略)은 다양하다. 예컨대, 작업을 지연시키거나 폭력적 행동을 취하는 것 등의 다양한 전략을 취한다.

넷째, 파업이나 폭동의 목표(目標)는 ① 불이익 방지, ② 이익 증진, ③ 관계 탈퇴, ④ 권력탈취 등에 관련된 것이다. 구체적으로 살펴보면 다음과 같다.

① 파업이나 폭동은 일반적으로 자신들에게 어떤 불이익한 것이 돌아오는 것을 방지하기 위한 운동이다. 예컨대, 노동조합은 노동자들의 기득권이 극심하게 침해당한다고 예상되면 파업이나 폭동을 일으킬 수 있다.

② 임금 등의 유지나 증대 등 어떤 이익을 증진하기 위한 운동이다. 예컨대, 기업의 수익은 증대하는데 자신들의 임금은 현상유지상태일 때 임금인상을 위한 투쟁의 형태로 파업이나 폭동을 일으킬 수 있다.

③ 자율을 성취하기 위해서 기존에 유지됐던 관계에서 탈퇴하기 위한 탈퇴운동이기도 하다. 예컨대, 사람들의 세력이 커지게 되면 기존의 약한 힘의 상태에서 체결했던 관계를 청산하고 좀 더 높은 자유를 쟁취하기 위해서 파업과 폭동을 일으킬 수 있다. 또한, 평화적 권력 쟁취가

실패하게 될 때 탈퇴운동으로 나타날 수 있다.

④ 하급자들에 의해서 상급자 집단을 대체하기 위한 권력탈취 운동이다. 파업과 폭동의 극한 상태는 하급자에 의한 권력탈취이다. 이러한 권력탈취는 조직상의 권력 구조의 변동을 초래한다.

권력탈취는 의사결정 상의 의사결정권이 하급자에 의해서 탈취가 될 수 있다. 이럴 때, 조직상의 상층부가 독점하던 의사결정권이 하층부로 분산되는 결과를 초래하거나, 하층부가 기존 상층부를 대체하여 기존의 상층부가 가지고 있던 의사결정권 전체를 하층부가 가지게 되는 결과를 초래할 수 있다.

임금 증대 등의 이익 증진을 위한 운동은 주로 공리적 조직(功利的 組織)에서 발생한다.[13] 권력탈취는 규범적 조직(規範的 組織)에서 주로 발생한다.[14] 그리고, 탈퇴운동은 일반적으로 강제적 조직(强制的 組織)에서[15] 일어난다. 그러나, 이러한 현상에는 예외가 많다. 예컨대, 탈퇴운동은 교회, 정당 등 규범적 조직에서도 자주 발생할 수 있다. 탈퇴운동은 권력의 평화적 탈취가 실패한 경우에 이에 대한 후속운동으로서 일어나곤 한다.

인간의 역사를 갈등의 역사라고 할 때, 갈등은 인간이 생활해 나가는데 하나의 필수 구성요소가 된다. 즉, 갈등이 없는 것이 비정상이고

---

13) 공리적 조직이란 실용적 조직을 말하는 것으로서 기업 등과 같이 이윤 증대를 목표로 활동하는 조직이다.

14) 규범적 조직은 사회의 규범을 유지하는 데 도움이 되는 조직으로서 교회, 정당 등이 여기에 해당한다.

15) 여기서 말하는 강제적 조직은 강제적이고 위압적인 수단을 써 구성원들을 순종하게 하는 조직을 말하는 것으로서 군대조직과 같은 조직뿐만 아니라 산업조직도 이러한 성질을 가지고 있는 조직이라면 강제적 조직이다.

갈등이 있는 것이 정상인 것이다. 그러나, 갈등이 있는 상태가 정상적인 것이기는 하나 그 갈등의 형태나 강도가 어떤 모양이냐에 따라 개인, 집단, 조직, 사회에 중대한 영향을 미칠 수 있다.

|제2절| 갈등의 특성

1. 주체적 특성

(1) 둘 이상의 당사자

행위 주체 측면에서 볼 때, 갈등은 사회적 산물이며 둘 이상의 당사자와 이들의 상호의존성(相互依存性)이 전제되어야 한다. 즉, 갈등을 사회생활의 산물이라고 볼 때 갈등이 발생하기 위해서는 둘 이상의 당사자가 존재해야 한다.

특히, 관리나 행정을 특정 목표를 달성하기 위한 둘 이상의 사람의 합리적 협동행위라고 정의할 때, 관리 또는 행정과정 상에서 발생하는 갈등에도 둘 이상의 주체가 존재해야 한다. 유종해(2000)는 갈등의 특성으로 둘 이상의 행동 주체가 존재한다는 것이라고 했다.16)

(2) 상호의존성

한편, 이한검・이수광(2000)도 갈등의 특성으로 상호의존성을 언급하고 있다.17) 여기서 상호의존성의 특성이란 갈등은 상호의존 또는

---

16) 유종해. (2000). 「현대조직관리」. 서울: 박영사.
17) 한검・이수광. (2000). 「인간관계」. 서울: 형설출판사. 이한검・이수광(2000)은

상호작용이 불가피한 주체 사이에 야기된다는 것이며, 활동하기 위해서 기능상으로 상호의존하지 않을 수 없다는 것과 희소한 자원을 공동으로 사용하기 위해서 상호의존하지 않을 수 없다는 것을 포함한다(Pondy, 1967).[18]

서로가 떨어져 있다면 갈등이 발생하지 않을 것이 서로 접촉하여 작용하고 있으므로 갈등이 발생한다는 것이다. 따라서, 상호의존성 때문에 갈등이 발생할 경우의 해법은 당사자들을 서로 분리해 놓는 것이다. 예컨대, 자원을 공동으로 사용하게 내버려 두지 않고 분리해버리거나 작업 장소를 물리적으로 분리함으로써 갈등을 해결하는 것이다.

(3) 커뮤니케이션

일반적으로 갈등은 적어도 두 사람, 집단, 조직, 국가 등의 당사자 등 최소한 둘 이상의 주체를 필요로 하므로 이들 당사자 사이에 커뮤니케이션(communication) 문제가 발생한다.

즉, 갈등의 구성요소로서 커뮤니케이션이 자리 잡고 있다. 커뮤니케이션은 갈등을 일으킬 수도 있고 갈등을 해결할 수도 있다. 그러므로, 의사전달이나 정보전달의 내용, 형태, 방법 등에 대해서 관리자는 세심한 주의를 기울여야 한다.

(4) 심리적, 감각적, 행동적 요소의 복합

갈등이 발생하기 위해서는 일반적으로 심리적 갈등을 거쳐서 행동으로 나타나게 된다. 즉, 갈등은 심리적 요소(心理的 要素)와 행동적 요

갈등의 특성을 상호의존성, 적대성, 지각성, 동태성, 본질성, 감정성 등을 언급하고 있다.

18) Pondy, L. R. (1967). Organizational conflict: Concepts and models. *Administrative Science Quarterly,* 12. pp.296~320.; 이한검・이수광. (2000). 「인간관계」. 서울: 형설출판사.

소(行動的 要素)가 복합적으로 작용하는 동태적 과정이라고 볼 수 있다(유종해, 2000).[19] 그리고, 갈등은 일반적으로 인지 단계나 감각 단계를 거쳐서 밖으로 나타나게 된다.

갈등은 또한 감각적 요소의 특성이 있다. 여기서 감각적 요소(感覺的 要素)의 특성이란 갈등은 인지 또는 지각되거나 느껴야 한다는 것이다(Pondy, 1967).[20] 즉, 갈등은 갈등을 겪는 당사자가 그 갈등을 인지하거나 지각하거나 느껴야 발생한다는 것이다. 이한검・이수광(2000)도 갈등의 특성으로 지각성을 언급하고 있다.[21] 여기서 지각성(知覺性)의 특성이란 갈등은 당사자 간의 갈등을 일으킬 수 있는 적대, 반대, 불양립(不兩立) 등을 당사자들이 지각해야 한다는 것이다.

2. 관리적 특성

(1) 강도의 다양성

갈등은 그 강도(强度)가 모두 같지 않다. 따라서, 그 관리의 정도를 갈등의 강도에 따라서 다양하게 해야 한다. 갈등과정에서 발생하는 대립적 행동은 의문이나 이견과 같은 그 정도가 미미한 것에서부터 상대방의 파괴라는 것까지 다양하다(유종해, 2000).[22]

개인의 수준에서 볼 때 스트레스 갈등단계에서부터 타인 파괴나 자살이라는 결과를 가져올 수 있다. 집단도 그 강도가 다양하다. 집단내부의 개인갈등이 집단전체로 확산하고 그것이 집단외부로 표출될 수

---

19) 유종해. (2000). 「현대조직관리」. 서울: 박영사.

20) Pondy, L. R. (1967). Organizational conflict: Concepts and models. *Administrative Science Quarterly,* 12. pp.296~320.

21) 이한검・이수광. (2000). 「인간관계」. 서울: 형설출판사.

22) 유종해. (2000). 「현대조직관리」. 서울: 박영사.

있다. 그것이 조직 전체로 확산하고, 다시 지역사회와 사회 전역으로 확산하는 사회갈등으로 확대될 수 있다.

따라서, 갈등은 개인 차원에서 시작된 것이라도 그것들이 모여 집단화되고 조직화 되어서 사회 차원으로 확산할 수 있다. 〈그림 1-1-2〉는 갈등의 확산을 예시하고 있다.

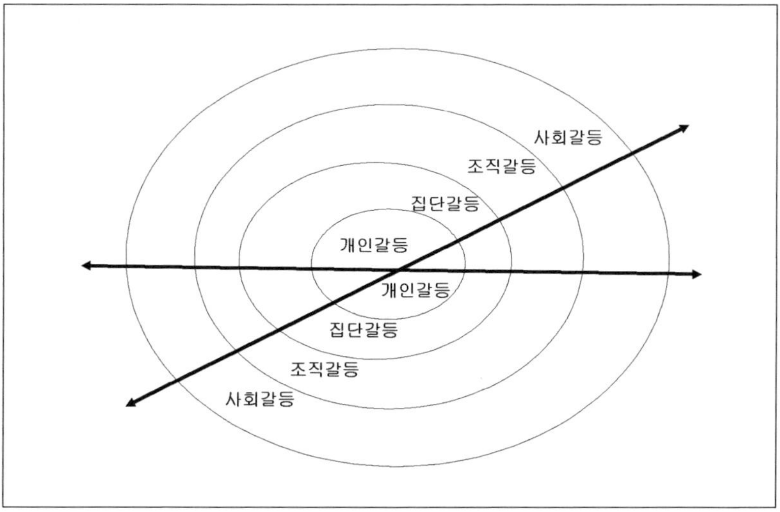

〈그림 1-1-2〉 갈등의 사회적 확산

사회 차원으로 확산한 갈등은 조직과 조직 또는 사회집단과 집단 차원의 문제를 넘어서 국가 사회적 차원의 문제가 될 수 있으므로 정부가 그 갈등을 관리하기 위해서 개입하게 된다. 예컨대, 노동조합과 사용자 간의 노사문제가 그 기업 내부의 갈등 차원을 넘어서 사회적 차원으로 이슈화될 때에는 정부가 그 노사의 갈등 상황에 개입하게 된다.

(2) 동태성

갈등은 동태적인 것이다. 따라서, 그 관리도 동태적으로 되어야 한다. 갈등이 정태적이고 안정적인 것이 아니라 동태적이고 상호작용의 성질을 가진 것이어서 작은 갈등이 큰 갈등으로 변화할 수 있다는 것이다.

또한, 갈등이 또 다른 갈등을 낳을 수 있다. 개인에 국한된 성질의 갈등이 개인들 사이로 번질 수 있고, 더 나아가 집단과 사회 전체로 확대될 수 있다.

예컨대, 조현병 관련 갈등이나 공동주택 층간소음 관련 갈등과 같은 갈등은 개인 자신이나 개인들 간의 문제를 벗어나 사회적인 문제로 확산한 갈등의 동태적인 성질을 보여주고 있다.

(3) 조직에 득실

갈등은 반드시 해만 끼치는 존재가 아니라 이득을 가져올 수도 있다. 예컨대, 갈등이 심화하면 조직의 파탄을 초래할 수 있다. 따라서, 조직에 피해를 주고자 나쁜 의도를 가진 집단들은 의도적으로 갈등을 유발해 조직을 혼란의 상태로 몰고 갈 수 있다.

한편, 관리자가 침체한 조직에 활력을 불어넣어 생산성을 높이려고 일부러 의도적으로 집단 간의 갈등을 일으킬 수 있다.

그러므로, 갈등관리는 조직에 손해를 끼치는 갈등을 예방하거나 최대한 억제하고, 이익을 가져다주는 갈등을 적극적으로 조장하는 것과도 관련되어 있다.

(4) 본질성과 감정성

갈등은 이성적이고 합리적 성격의 것일 수도 있고 비이성적이고 비합리적 성격의 것일 수도 있다. 이한검 · 이수광(2000)은 갈등은 본질성과 감정성이라는 특성이 있다고 주장하고 있다.[23]

본질성이란 갈등은 합리적이며 논리적이라는 것이다. 이에 반해, 감정성이란 갈등은 비합리적이며 감정적이라는 것이다. 즉, 갈등은 본질성의 성격을 가질 수도 있고 감정성의 성격을 가질 수도 있다는 것이다.

(5) 순환과정으로서의 갈등

갈등은 다음과 같은 갈등의 과정처럼 순환과정을 거치는 특성이 있다. 먼저, 갈등은 그 갈등을 일으키는 어떤 원인에 의해서 발생한다. 다음, 일반적으로 그 원인을 인지하게 되면 인지한 개인은 심리적, 내적 갈등을 겪게 된다. 즉, 인지된 갈등원인에 대하여 심리적으로 반응하게 된다. 그리고, 심리적 내적 갈등의 정도가 심하게 되면 그것을 외부로 표출하고자 하는 의지가 형성된다.

그리고는, 그 의지는 행동으로 나타나게 된다. 또한, 그 행동은 심할

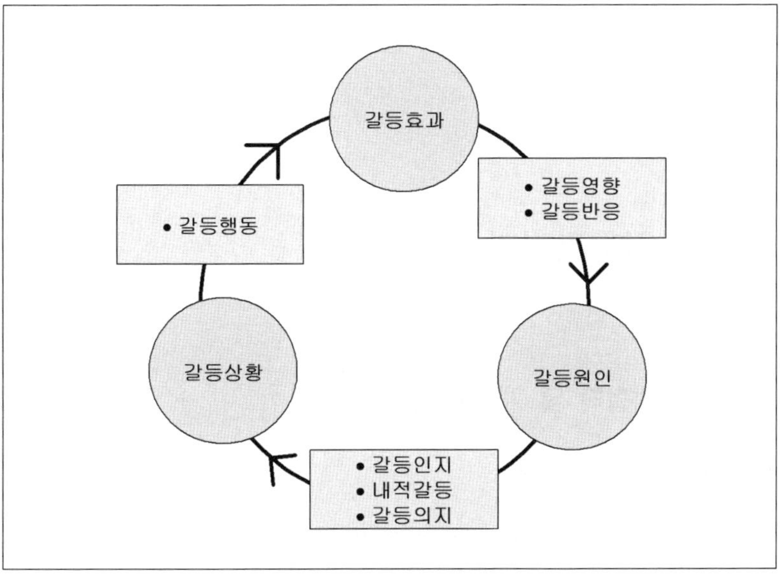

〈그림 1-1-3〉 갈등의 순환

23) 이한검 · 이수광. (2000). 「인간관계」. 서울: 형설출판사.

경우 파괴 활동으로 이어질 수 있다. 그 결과, 외부적으로 표출된 행동에 대한 영향에 따라 상대방의 반응이 나타나게 된다.

마침내, 이는 갈등의 결과인 갈등효과로 이어진다. 그리고, 이 갈등효과의 정도에 따라서 또 다른 갈등을 일으키거나 기존의 갈등 정도가 크게 되거나 작게 된다.

〈그림 1-1-3〉은 이를 보여주고 있다.

따라서, 갈등이 어떤 상태에서 긍정적 영향을 미치고, 어떤 조건 아래에서 부정적 영향을 미치느냐를 파악하여 그 원인에 따라 관리가 필요할 것이다.

가장 바람직한 것은 갈등을 예방 차원에서 잘 관리하는 것이고, 그것이 여의치 않을 때는 갈등 발생의 초기 단계에서 잘 관리하여 그 피해를 최소화하고 오히려 그 갈등을 개인발전과 조직발전으로 승화(昇華)시키는 것이다.

|제3절| 갈등관리의 진화

1. 갈등관리철학 및 개념의 진화

(1) 갈등관리철학의 진화

갈등관리(葛藤管理)란 갈등을 관리하는 것이다. 이에는 갈등의 예방, 해소, 자극 등이 포함될 수 있다.

① **예방**: 조직에 해를 초래할 갈등은 갈등이 발생하기 이전에 예방

(豫防)하는 것이 가장 바람직한 갈등관리일 것이다.

② **해소**: 이미 발생한 갈등이라면 이를 해결 또는 해소(解消)해야 할 것이다.

③ **자극**: 조직에 이로움을 가져다주는 갈등이라면 자극(刺戟)하여 갈등을 조장하는 것이 좋을 것이다.

갈등을 해결하기 위한 기법들의 효과성과 적절성은 갈등의 성격과 관리자의 관리철학에 의존하다. 예컨대, 열린 커뮤니케이션 기법과 안전장치 제도들은 갈등해결에 중요한 역할을 할 것이나 현실의 어떤 상황에서는 갈등을 더욱 악화시킬 가능성도 있다는 한계를 인식하고 남용되어서는 안 될 것이다(Pondy, 1967).[24] 이러한 인식의 기반 아래서 갈등관리기법들을 살펴보기로 한다.

과학적 관리법에 입각한 20세기 초의 고전적인 갈등관점에 의하면, 갈등관리의 필요성이 없다는 것이다. 즉, 관리를 과학적으로 잘하면 갈등이 발생할 이유가 없으므로 갈등관리에 대한 필요성이 존재할 이유가 없다는 것이다.

만약, 갈등이 발생하면 이는 갈등을 일으키는 "문제 노동자"에 의해서 야기된 것이기 때문에 그 노동자를 즉각 제거함으로써 갈등을 제거할 수 있다고 믿었다.

따라서, 과학적인 관리만 잘하면 만사형통이 되니까 별도로 갈등관리를 할 필요성을 전혀 느끼고 있지 않았다.

그런데, 현대 조직에 있어서 갈등은 피할 수 없는 것이며 뿌리째 뽑힐 것도 아니라는 인식이 확산하였다. 즉, 조직의 다양한 구성원들이

---

24) Pondy, L. R. (1967). Organizational conflict: Concepts and models. *Administrative Science Quarterly,* 12. pp.296~320.

다양한 가치, 배경, 지식, 문화를 가지고 상호작용하고 있는 곳에서 다른 목표, 희소한 자원, 이질적 집단을 형성하고 있으므로 갈등이란 필연적인 것이라는 것이다.

이러한 맥락에 근거하여 조직에 있어서 갈등은 불가피하다고 믿게 되었으며 갈등을 뿌리째 뽑아서 제거한다는 것은 더욱 불가능한 것이라고 믿게 되었다.

더욱이, 갈등이 반드시 나쁜 것이 아니며 조직에 활력을 불어넣고 생산성을 높일 수 있다고 믿게까지 되었다.

따라서, 상황에 따라서 갈등을 조장할 필요가 있다는 인식이 확산한 현대에 있어서 갈등관리의 필요성에 대한 인식도 적극적으로 확산하였다.

(2) 갈등관리개념의 진화

이러한 요인을 고려할 때, 현대에 있어서 갈등관리(葛藤管理)란 갈등을 제거 또는 해결하는 것에 한정된 것이 아니라, 조직에 도움을 가져다줄 것으로 판단되는 갈등을 조장하거나, 필요한 갈등을 적정수준으로 유지하거나, 갈등을 자극하여 증대하는 것, 그리고 조직에 해악을 가져오는 갈등을 해소하는 것 등에 관련된 활동들의 일체를 말한다.

또한, 갈등이 조직에 순기능과 역기능을 가져다준다고 할 때 순기능은 갈등이 적정수준을 유지할 때이고 갈등이 너무 많거나 너무 적으면 조직에 역기능을 초래한다고 조사되고 있다(권기성, 1994).[25]

따라서, 갈등관리란 갈등의 강도를 조절하는 과정이라고 할 수 있다. 즉, 갈등관리란 과도한 갈등을 해소 또는 감소시키거나, 과소한 갈등을 조장하여, 적정수준의 갈등을 유지하기 위한 과정이라고 할 수 있다.

---

25) 권기성. (1994). 조직내 집단에 있어서의 갈등유형과 갈등관리전략. 「광운대 논문집」23. pp.47~68.

현대의 갈등관리이론과 관련하여 현대 카오스이론이나 복잡성 과학(複雜性 科學)[26]의 관점을 고려할 수 있다. 현대 카오스이론이나 복잡성 과학은 과거의 2차원적인 과학을 3차원적인 과학으로 현상을 보고 해석하자는 것에 관한 학문이라고 할 수 있다. 즉, 사회현상을 직선적인 인과관계의 결과물이 아니라 나선형의 인과관계 결과물이라고 보고 사회현상을 분석하고 이해하고자 한다.

이러한 관점에 서게 되면 아무리 복잡하고 혼란한 것 같은 사회현상도 그러한 현상에 대한 인과관계가 있다는 것이고, 그 인과관계는 과거의 실증주의적인 직선형의 인과관계가 아니라 나선형의 인과관계로 보게 된다.

갈등을 이러한 관점에서 보게 되면 사회의 갈등은 필연적인 것이며 그 갈등에 대한 대책은 단순한 직선적인 인과관계의 모형으로는 해결할 수 없다. 즉, 그 갈등은 나선형의 인과관계로 형성된 것으로 그 해결의 기법이나 전략도 복합적으로 사용되어야 한다.

2. 진화적 인과관계 갈등관리

(1) 갈등의 예측성

한여름 하늘에 먹구름이 하나둘씩 모여서 그 면적이 넓어지고 두께가 두꺼워지면 소낙비가 올 것을 예측할 수 있고, 이에 대비해서 농작물 보호를 위한 어떤 조치(措置)를 농부는 취하여야 한다.

---

26) 연구관점에 따라서는 카오스이론(chaos theory)과 복잡성 과학(science of complexity)은 같은 현상을 연구하는 같은 학문으로 보기도 하고, 같은 현상을 연구하는 분리된 학문으로 보기도 한다. 복잡성 과학, 창발 과학에 관해서는 『창발전략경영 혁신과 리더십』(천대윤 지음) 도서를 참고하도록 한다.

자동차가 통행할 도로의 폭은 좁은데 많은 자동차가 생산되어 그 도로에 사용되게 된다면 이는 교통 혼잡이 발생할 수 있다는 것을 예측할 수 있고, 이에 대비한 정책을 정부는 수립하고 집행하여야 한다.

이와 마찬가지로 어떤 사실이나 가치에 대한 의견대립이 집단들 사이에 빈발하게 될 때, 이들 집단 간의 적대감이나 증오의 골이 깊어지고 갈등의 정도가 심화할 수 있다는 것을 알고 이에 대한 어떤 조치를 관리자는 취하여야 한다.

이들 내용이 함축하는 것은 자연현상과 마찬가지로 사회현상에도 인과관계가 있다는 것이다. 그리고, 이러한 인과관계는 갈등관계에도 설정될 수 있다는 것이다. 즉, 갈등도 사회현상인 이상 그 인과관계를 설정할 수 있다. 이를 요약하여 다음과 같이 정리할 수 있다.

- **모든 사회현상에는 인과관계가 있다.**
- **갈등은 하나의 사회현상이다.**
- **그러므로, 갈등에는 인과관계가 있다.**

갈등이 인과관계가 있는 하나의 사회현상이라는 것은, 모든 갈등 행동에는 그 원인이 존재한다는 것이며, 그 원인에 따라서 갈등의 결과가 나타난다는 것이다.

즉, 외형적으로 비슷한 유형의 갈등들이라고 하더라도 그 각자의 원인이 다르면 그에 따른 처방도 갈등마다 달라야 한다는 것이다.

그러므로, 갈등관리에 있어서 갈등의 원인을 정확하게 파악하는 것이야말로 그 갈등문제를 해결하기 위한 처방을 위해서 매우 중요한 일임을 알 수 있다.

(2) 인과관계 갈등의 관리

사회현상에는 인과관계가 있다고 언급한 것이 함축하는 것은 어떤 사건이나 사회적 현상의 원인이 무엇이며 그 결과가 어떻게 나타날 것인가를 예측하고 그에 대비하여 필요한 조치를 미리 취하는 것이 바람직하다는 것이다. 조직이나 사회에서 발생하는 갈등에 대해서도 같은 논리가 적용될 수 있다. 즉, 갈등은 예측 가능하며 이를 조직이나 사회에 유용하게 되도록 미리 필요한 조처를 해야 한다는 것이다.

갈등의 인과관계를 설정할 수 있다는 것은, 모든 갈등엔 그 원인이 있고, 그 원인이 되는 현상들을 예측 또는 발견하고, 그에 대해 처방을 한다면 발생하는 갈등을 조직이나 사회의 생산성 향상에 이바지하도록 유도할 수 있다는 것을 의미한다.

관리가 효과적으로 되기 위해서는, 이미 나타난 결과로 처방책을 급작스레 만들어 내는 사후처방 차원의 관리보다는, 그 결과가 나타나기 전에 그 결과의 원인이 되는 현상을 예측하여 관리하는 사전예방 차원의 관리가 가장 바람직하다. 사전예방 차원의 관리는 사후처방 차원의 관리보다 경제적 비용도 절감할 수 있고 구성원 간의 친화 관계도 높일 수 있다.

갈등관리도 그러한 맥락에서 이해되어야 한다. 즉, 사후처방 차원의 갈등관리보다는 사전예방 차원의 갈등관리가 더 바람직하다. 만약, 사전예방 차원의 갈등관리가 불가능했을 때에는 사후처방 차원의 갈등관리도 조직 또는 사회의 생산성을 높일 수 있는 방향으로 관리되어야 할 것이다.

그러므로, 효과적인 관리자는 갈등을 예측하고 조직에 건설적인지 파괴적인지를 파악한 다음, 파괴적인 결과를 초래할 갈등은 미리 조치하여 갈등을 해결하거나, 그 파괴성을 약화하거나 건설적인 갈등으로 유도해야 할 것이다. 이를 요약하면 다음 관계를 설정할 수 있다.

- 사회현상의 인과관계를 예측하고 효과적으로 관리하면 그 원인의 결과를 바람직한 방향으로 유도할 수 있다.
- 갈등은 인과관계가 있는 하나의 사회현상이다.
- 그러므로, 갈등의 인과관계를 예측하고 효과적으로 관리하면 그 원인의 결과를 바람직한 방향으로 유도할 수 있다.

따라서, 갈등은 효과적으로 관리가 가능한 것이다. 심지어 조직에 해를 끼치는 갈등이라도 그 성격과 원인을 명확히 알 수 있다면 조직에 생산적인 갈등으로 관리가 가능하다(Lippitt, 1985).[27]

현대 조직이나 사회에 있어서 사실, 가치, 문화 등의 다양성으로 인하여 갈등이 피할 수 없는 사회적 현상이라면, 즉 갈등을 제거하는 것이 불가능한 것이라면, 조직의 리더십은 그러한 갈등을 제거하려고 시간을 소모하기보다는 그 해로움을 덜어주거나, 조직에 유용한 건설적인 것으로 전환되도록 유도하는 데 노력을 기울여야 할 것이다.

(3) 갈등의 진화와 관리

어떠한 행동이라도 예기치 않게 돌발적으로 나타나는 것은 없다. 즉, 어떤 조짐이 보이고, 행동하고자 하는 자에게 인지되거나 감지된 후, 행동으로 나타나는 것이다. 갈등도 마찬가지다. 갈등이 행동으로 표출되기까지는 여러 단계를 거치게 된다.

Pondy(1967)는 갈등은 순환 사이클을 가진 동태적 과정이라고 주장한다. 즉, 하나의 갈등은 선행갈등사건여파(先行葛藤事件餘波), 잠

27) Lippitt, G. L. (1985). Managing conflict in today's organizations. In Keith Davis and John W. Newstrom (7th ed.), ***Organization Behavior: Readings and Exercises*** (pp.442~451). New York: McGraw-Hill Book Company.

재갈등(潛在葛藤), 인지갈등(認知葛藤), 감각갈등(感覺葛藤), 갈등표출(葛藤表出), 갈등여파(葛藤餘波) 등의 단계들을 거친다고 주장하고 있다.[28)]

① 선행갈등사건여파(先行葛藤事件餘波)는 현재 갈등에 앞서서 발생했던 갈등이 관리된 이후에도 계속해서 남아 있는 영향이다.

② 잠재갈등(潛在葛藤)은 잠재된 갈등으로, 갈등이 밖으로 드러나지 않고 내재해 있는 상태이다.

③ 인지갈등(認知葛藤)은 인지된 갈등으로, 당사자 사이에 갈등이 존재함을 지각하는 상태이다.

④ 감각갈등(感覺葛藤)은 느껴진 갈등으로, 존재하는 갈등을 감각으로 느끼는 상태이다.

⑤ 갈등표출(葛藤表出)은 표출된 갈등으로, 갈등이 행동화하여 외부로 출현하는 상태이다.

⑥ 갈등여파(葛藤餘波)는 갈등이 발생하여 관리된 이후에 주위에 미치는 영향을 말한다.

하나의 갈등이 발생하기 위해서는 그 이전의 갈등에서 발생한 여파가 존재하고, 갈등이 잠재되어 있다. 잠재된 갈등은 바로 행동으로 나타나지는 않는다.

즉, 잠재된 갈등이 인지되거나 느껴지고, 조직의 구성원들이 이를

---

28) Pondy, L. R. (1967). Organizational conflict: Concepts and models. *Administrative Science Quarterly,* 12. pp.296~320.

행동으로 나타낼 힘을 가지고 있을 때, 이는 갈등 행동으로 나타나게 된다. 표출된 행동은 새로운 갈등여파를 낳게 된다.

한편, Lippitt(1985)는 갈등이 행동으로 나타나기 위해서는 예기(豫期), 불화인식(不和認識), 토론(討論), 공개적 논쟁(公開的 論爭), 갈등표출(葛藤表出) 단계를 거치는 것이라고 주장하고 있다.[29]

① 예기(豫期)는 변화가 있을 것으로 예정되어 있고 문제들이 예측되는 것을 말한다. 예기된 것이 의식적으로 인식되긴 하나 그것이 행동으로 표출되지는 않는 단계가 불화인식단계이다.

② 불화인식(不和認識)단계에서는 확인되지 않은 소문들이 돌아다니게 되고 사람들은 자신들이 듣는 것을 좋아하지 않게 된다.

③ 토론(討論)단계에서는 정보가 제시되고, 질문들이 공개 대답 된다.

④ 공개적 논쟁(公開的 論爭)단계에서는 다툼이 있는 의견들이 공개적이 되고 명확하게 된다.

⑤ 갈등표출(葛藤表出)단계는 갈등이 행동으로 나타나는 단계이다. 논쟁당사자의 뒤에 있는 동원 가능한 세력과 함께 갈등이 외부로 나타나서 첨예화하게 된다.

---

29) Lippitt, G. L. (1985). Managing conflict in today's organizations. In Keith Davis and John W. Newstrom (7th ed.), *Organization Behavior: Readings and Exercises* (pp.442~451). New York: McGraw-Hill Book Company.

비록 모든 갈등이 같은 성격과 인과관계가 있지 않지만 이러한 갈등 진화과정을 알고 있으면 갈등을 효과적으로 관리하는데 매우 유용할 것이다. 즉, 갈등이 진화하는 단계에 따라 갈등관리도 진화하면 효율적인 갈등관리를 할 수 있을 것이다.

제2장
갈등의 기능과 형태

|제1절| 갈등의 기능

1. 갈등을 대하는 시각의 변천

갈등을 보는 시각은 다양할 수 있다. 예컨대, 갈등을 병적인 상태로 보고 그 원인과 처방을 연구하자는 시각이 있을 수 있다. 한편, 갈등을 당연한 것으로 받아들이고 갈등과 관련된 의식적 또는 무의식적 행태를 연구하자는 시각도 있을 수 있다(Schelling, 1992).[1] 그리고, 갈등을 부정적으로 보는 시각, 긍정적으로 보는 시각, 그리고 이 둘을 통합해서 갈등을 가치중립적(價値中立的)으로 보는 시각이 있을 수 있다.

1) Schelling, T. C. (1992). 「갈등의 전략」. 최동철(역). 서울: 나남.

(1) 부정적, 긍정적, 통합적 시각

① 부정적 시각

갈등을 부정적으로 보는 시각은, 갈등은 조직에 해악을 가져다주고 생산성을 저해하는 것이기 때문에 갈등은 제거되어야 한다는 것이다. 즉, 갈등은 언제나 조직에 역기능, 병리적인 결과를 초래하기 때문에 이는 제거되어야 한다는 것이다. 이를 고전적, 전통적 갈등시각이라고 할 수 있다. 이러한 시각은 일반적으로 20세기 초 과학적 관리론(科學的 管理論)을 주장하는 학자들에 의해서 주장되기 시작했다.

또한, 1930년대 초기의 인간관계 연구론자(初期 人間關係 硏究論者)들에 의해서도 갈등은 역기능을 초래하는 것으로 주장되었다. 예컨대, 메이오(Elton Mayo)는 갈등을 악으로 보았으며 사회적 기술의 결핍 때문에 나타내는 증상으로 보았다. 심지어, 마치(J. March)와 사이몬(H. Simon)까지도 갈등을 의사결정의 표준화된 장치들이 고장이 나서 개인이나 집단들이 행동 대안을 선택하는 데 어려움을 겪는 것으로 정의하고, 조직에 해로운 기능을 하는 것으로 보았다(March & Simon, 1966).[2]

② 긍정적 시각

갈등을 긍정적인 것으로 보는 시각은, 갈등은 불가피한 것이며, 조직에 활력을 불어넣어 주고 생산성을 높여줄 수 있다고 보는 견해에 서는 것이다. 따라서, 갈등이 개인이나 조직에 반드시 역기능적인 나쁜 것만은 아니라는 것이다. 일반적으로 1960년대 인간관계학적 행동과학자(行動科學者)들이 주장하는 것이다.

---

2) March, J. G., & Simon, H. A. (1966). *Organizations*. New York: John Wiley & Sons.

③ 통합적 시각

통합적 시각은, 갈등은 그 자체로서는 가치중립적(價値中立的)인 것이고 갈등의 결과는 부정적일 수도 있고 긍정적일 수도 있다고 보는 관점이다. 갈등의 기능은 순기능일 수도 있고 역기능일 수도 있으며, 따라서 반드시 어느 한 편에 속하는 것은 아니다(Pondy, 1967).[3)]

즉, 어떻게 갈등을 관리하느냐에 따라서 갈등의 효과가 긍정적일 수도 있고 부정적일 수도 있다는 것이다. 이러한 가치중립적 갈등의 믿음은 1970년대부터 발생한 현대적 시각(現代的 視角)이다. 이 시각은 갈등을 적극적으로 조장하거나 적정한 수준에서 유지되고 관리되어야 할 성질의 것으로 보게 된다.

〈표 1-2-1〉은 부정적, 긍정적, 통합적 시각을 요약하여 제시하고 있다.

〈표 1-2-1〉 갈등을 대하는 시각의 변천

전통적, 부정적 시각	인간관계학적 행동과학자들의 긍정적 시각	현대적, 통합적 시각
갈등은 개인과 조직에 피해를 주는 것이다. 갈등은 반드시 제거되어야 한다.	갈등은 반드시 나쁜 것만은 아니다. 갈등은 자연적이고 필연적인 것이다.	갈등은 가치중립적인 것이다. 이익이 될 수도 있고 손해가 될 수 있다. 상황에 따라서 조장되거나, 적정한 수준에서 유지, 관리되어야 한다.

(2) 조직의 가치와 갈등의 효과

또한, 갈등의 효과는 어떤 설정된 조직의 가치들의 세트에 의해서

3) Pondy, L. R. (1967). Organizational conflict: Concepts and models. *Administrative Science Quarterly,* 12. pp.296~320.

상대적으로 평가되어야지 일률적으로 결정될 사항은 아니다. 조직에 따라서 이 조직 가치들의 세트를 구성하는 가치들은 다양할 수 있다.

일반적으로 조직의 생산성, 안정성, 적응성 등이 조직의 가치들에 포함될 수 있다.[4] 즉, 갈등이 조직의 생산성, 안정성, 적응성을 촉진할 때 이는 순기능의 효과가 있는 것이며, 반면에 조직의 생산성, 안정성, 적응성을 방해할 때 갈등은 역기능의 효과가 있는 것이다. 그런데 이들 가치는 서로 충돌을 일으킬 수 있다.

예컨대, 양적 생산성과 질적 생산성은 서로 충돌 관계에 있을 수 있고, 안정성과 적응성 사이에도 충돌이 있을 수 있다. 예컨대, 질과 양을 모두 높이는 것이 최선의 정책이나 때에 따라서는 질을 희생하면서 양만을 증대하는 전략을 수립할 수 있고, 그 반면에 양적 축소를 하는 대신에 질적으로 우수한 상품을 생산할 수 있다. 또한, 적응성을 강조하기 위해서는 자연히 안정성이 방해받을 수 있고, 안정성을 강조하다 보면 적응성이 방해받을 수 있다.

이들 가치가 서로 충돌할 수 있다는 것은 조직이 이들 충돌 가치들을 동시에 가지고 있음을 의미한다. 갈등도 이들 가치에 연계될 때 충돌하는 효과를 가질 수 있다. 즉, 갈등도 조직에 대해서 순기능과 역기능의 효과를 동시에 가지고 있을 수 있다. 예컨대, 갈등이 조직의 균형을 해칠 때 이에 반응하기 위한 조직의 장치에 의해서 갈등은 생산성, 안정성, 적응성에 영향을 미치게 된다.

---

4) 여기서 ① 생산성(生産性)은 질적 생산성과 양적 생산성을 모두 포함하는 개념이다. 설정된 목표를 양적으로 더 많이 생산하여 달성하면 그 조직은 더 좋은 것이다. 또 조직이 한층 더 혁신적이고 다른 조직들보다 더 높은 질 표준들을 만족하게 하고 있다면 그 조직은 다른 조직들보다 생산적이다. ② 안정성(安定性)은 응집력, 결속력 등이 강한 정도를 말한다. 문제해결 능력, 자본력, 용해력의 정도가 높은 것도 조직의 안정성에 도움이 된다. ③ 적응성(適應性)은 적응력(適應力)의 정도이다. 적응력은 조직의 환경에 대한 대응능력을 말한다. 변화하는 환경에 내적, 외적으로 적응력을 높이는 것이 중요하다.

(3) 기여-유인 평형이론

개인이 조직에 제공하는 것과 조직이 개인에게 제공하는 것의 형평관계를 갖고 갈등 현상을 설명할 수 있다. 폰디(Pondy)는 '기여(寄與)-유인(誘引) 평형이론'을 가지고 조직의 균형과 갈등을 설명하고 있다.5) 조직에 참여하는 모든 참여자를 위한 유인이 기여를 초과할 때 조직은 평형의 상태 즉, 균형의 상태에 있고, 반대로 기여가 유인을 초과할 때 불균형의 상태에 있게 된다. 불균형상태가 되면 평형상태로 돌아가기 위한 활동들이 나타나게 된다. 일단 갈등이 사람들에게 인지되면 갈등을 감소시키려는 동기가 발동한다(March & Simon, 1966).6)

불균형상태에서 사람들은 그 불균형상태를 어떻게 느끼는가에 따라 대처 행태가 달라진다.

만약, 불균형상태가 불안정상태에 도달했다고 느끼게 되면 참여자들은 그 조직을 떠남으로써(예컨대, 사직) 균형을 회복하려고 할 것이다. 예컨대, 만약, 갈등이 참여에 대한 비용으로 간주(看做)되고, 참여자들이 갈등을 인지한다면 조직과의 관계로부터 탈퇴함으로써 갈등을 감소시키려고 노력할 것이다.

그러나, 만약, 그 불균형상태를 안정된 상태로 느끼게 되면 참여자들은 조직 내에서 유인과 기여의 적절한 평형을 찾으려고 시도할 것이다. 예컨대, 만약 참여자들이 갈등을 인지하더라도 조직과의 관계를 청산

---

5) Pondy, L. R. (1967). Organizational conflict: Concepts and models. *Administrative Science Quarterly,* 12. pp.296~320. 기여-유인평형모형에서 ① 기여(寄與 contributions)란 조직 구성원들이 조직에 기여하기 위한 것으로, 조직에 참여하는 자들이 조직에 제공하는 노동, 원재료, 자본 등을 말한다. ② 유인(誘引 inducements)이란 조직이 조직 구성원들에게 제공하는 유인으로, 참여자들이 제공하는 기여에 보답하여 조직이 제공하는 이익, 봉급 등을 말한다.

6) March, J. G., & Simon, H. A. (1966). *Organizations*. New York: John Wiley & Sons.

하기를 바라지 않는다면 조직과의 관계의 맥락 안에서 갈등을 해결하려고 시도할 것이다.

그런데, 조직과의 친화관계를[7] 변경하는 것은 종종 막대한 비용을 수반하기 때문에 불균형들은 안정의 상태로 되는 경향이 있다. 예컨대, 만약 참여자들이 갈등을 인지할 때 갈등이 참여에 대한 비용임을 감안(勘案)하여 갈등을 보상할 유인을 증가시킴을 보장받음으로써 갈등을 감소시키려고 노력할 것이다.

2. 순기능과 역기능

모든 갈등이 반드시 나쁜 것이 아니다. 갈등은 조직에 음성적으로 잠재되어 밖으로 드러나 있지 않고 있는 문제를 양성적으로 밖으로 드러내어 찾아내게 하고, 찾아낸 문제에 대한 해결을 위한 매개체 역할을 할 수 있다.

갈등이 조직과 개인에 도움을 주느냐 폐해를 가져다주느냐는 갈등의 원인, 크기 등에 따라 달라질 것이다. 모든 사람이 같은 시각으로 갈등을 보지는 않는다. 갈등을 해로운 존재로 보는 이가 있는가 하면, 갈등을 이로운 존재로 보는 이도 있다. 또한, 시대적 흐름에 따라서 갈등을 보는 시각이 달라져 왔다.

갈등을 보는 시각의 시대적 변천은 갈등의 기능에 대한 시각의 변천을 초래했다. 즉, 전통적으로는 갈등을 역기능을 초래하는 것으로 간주했다. 역기능이란 조직 또는 사회를 파괴하는 파괴적 기능(破壞的 機能)을 말한다.

7) 여기서 친화관계(親和關係)란 조직에 참여자가 조직과의 우정, 협력, 동맹 관계를 유지하는 것을 말한다.

현대에 와서는 갈등이 조직에 순기능을 가져다줄 수 있다고 보게 되었다. 순기능이란 조직 또는 사회의 발전에 도움을 주는 건설적 기능(建設的 機能) 또는 생산적 기능(生産的 機能)을 말한다. 순기능을 초래하는 갈등을 순기능적 갈등이라고 하고, 역기능을 초래하는 갈등을 역기능적 갈등이라고 하기도 한다.

3. 건설적 갈등과 파괴적 갈등

(1) 생산적 갈등과 비생산적 갈등

결국, 갈등은 같은 동전의 양면과 같이 한편으로는, 조직에 유익을 가져다주고 생산성 향상에 도움을 주는 기능을 하는 갈등인 생산적 갈등(生産的 葛藤) 또는 건설적 갈등(建設的 葛藤)이고, 다른 한편으로는, 조직에 해로움을 가져다주는 역기능적 갈등인 파괴적 갈등(破壞的 葛藤)이다. 따라서, 갈등이 효과적이고 적합하게 관리된다면 조직에 도움이 되는 실질적인 가치를 가져다줄 것이다.

조직에 도움이 되는 실질적 가치란 노력을 증대시키고, 개인과 조직의 발달을 가져오고, 창의성을 증대시키고, 정보 흐름을 활발히 하고, 성과를 증대시키게 된다. 조직에 해(害)가 되는 갈등의 역기능에는 파괴적인 감정을 구성원들이 가지게 되고, 변화에 저항하게 되고, 우물쭈물 주저하게 되고, 합리성보다는 정치적 힘을 앞세우게 되고, 반감을 품게 되고, 적대적으로 된다. 조직이 이러한 역기능적 증상을 보일 때 갈등에 대한 효율적인 관리가 필요하게 된다.

유종해(2000)는 갈등의 집단 및 조직에 미치는 순기능과 역기능을 균형성, 통합성, 안정성, 창의성, 쇄신성(刷新性) 등의 측면에서 고찰하고 있다.[8] 갈등은 조직의 균형, 통합, 안정, 창의, 쇄신에 역기능적 역할을 할 수도 있고, 순기능적 역할을 할 수도 있다. 즉, 갈등은 균형과 통합을 파괴할 수도 있고, 안정을 해칠 수도 있다. 또한, 창의성과 쇄신을 해칠 수도 있다. 그러나, 한편, 갈등은 외부조직과 경쟁을 할 때 통합을 가져올 수도 있다. 또한, 갈등에 의하여 새로운 균형에 도달할 수도 있다. 그리고, 아이디어 개발과 조직의 쇄신을 높일 수 있다.

마치와 사이몬(March & Simon, 1966)은 갈등을 조직에 역기능을 초래하는 것으로 보고, 갈등은 반드시 해결되어야 할 성질의 것으로 규정하고 있다.[9] 즉, 갈등은 참여에 대한 비용이며, 이는 조직의 균형을 깨뜨리기 때문에 해결되어야 할 성질의 것이라고 주장한다.

(2) 생산적, 건설적 갈등을 위한 갈등이해

폰디(L. Pondy, 1967)는 갈등은 조직과 개인에 대해 순기능과 역기능으로 나타날 수 있다고 주장한다.[10] 즉, 건설적이고 생산적으로 될 수도 있고, 파괴 지향적으로 될 수도 있다고 언급하고 있다. 따라서, 천편일률적으로 모든 갈등에 같은 방식으로 대처할 것이 아니라 개인, 조직에 일어나는 갈등의 원인, 상황에 따라서 처방을 달리해야 한다고 주장하고 있다. 그 구체적인 내용은 다음과 같다.

① 갈등이 반드시 참여자에 대한 비용은 아니며, 어떤 참여자는 갈등상황을 즐긴다.

② 갈등을 창조적으로 관리하면 질서를 창조한다.

---

8) 유종해. (2000). 『현대조직관리』. 서울: 박영사.

9) March, J. G., & Simon, H. A. (1966). *Organizations*. New York: John Wiley & Sons.

10) Pondy, L. R. (1967). Organizational conflict: Concepts and models. *Administrative Science Quarterly,* 12. pp.296~320.

③ 갈등이 조직을 보호하는 보호막 임무를 수행할 수 있다. 즉, 자신의 기업을 확장하기 위한 보호막으로서의 혼란을 고의로 일으킬 수 있다.

④ 조직에 위기상황이 닥쳤을 때 고의로 경쟁과 의견의 불일치를 집단들 사이에 발생하게 하여 집단들 간의 관계를 유지할 수 있다.

⑤ 외부집단과의 갈등은 내부 집단의 안정과 결속을 강화할 수 있다.

⑥ "기여-유인" 균형이 깨어진 상태를 불균형이라고 할 때, 갈등은 불균형의 조건이 아니다. 조직 구성원이 갈등을 감소시키는 데 실패한다고 하더라도 개인이 조직에 이바지하는 것보다 조직이 구성원에게 제공하는 유인이 더 크면 구성원은 여전히 조직에 참여한다.

⑦ 갈등은 조직에서 필연적인 것이기 때문에 작은 갈등을 종종 유발함으로써 잠재된 갈등을 표출하게 함으로써, 그렇지 않았을 때 발생할 수 있는 조직을 파괴하는 더 큰 갈등을 미리 방지할 수 있다.

폰디는 갈등은 반드시 선(善)이나 악(惡)의 문제가 아니라 개인 및 조직에 순기능을 가져다주느냐 역기능을 가져다주느냐에 따라서 갈등이 평가되어야 한다고 주장하고 있다. 또한, 갈등은 순기능과 역기능의 속성을 모두 갖고 있지만, 조직 구성원들에게 빈번히 부정적으로 인식되고 있다고 언급하고 있다.

갈등이 부정적으로 평가되면 하찮은 갈등들은 기존의 관계를 변경시키지 않고 해결하기 위한 압력들을 유발하게 된다. 그리고, 중요한 갈등들은 기존 관계의 형태를 변경시키거나 해체하려는 압력들을 초래하게 된다. 만약, 조직이 제공하는 유인이 참여자들이 제공하는 기부(기여)를 충분히 상쇄하고도 남을 만큼 훨씬 더 크다면 안정된 관계 속에서 만성적 갈등이 존재할 가능성이 있다(Pondy, 1967).[11]

(3) 사실, 방법, 목표, 가치갈등

한편, Lippitt(1985)는 일반적으로 갈등 관계에 있는 당사자들은 사실, 방법, 목표, 가치 등에 있어서 불일치, 불화 등을 가진다고 보고 있다.[12] 이들을 사실갈등, 방법갈등, 목표갈등, 가치갈등으로 구분하여 다음과 같이 살펴보고자 한다.

① 사실갈등(事實葛藤)

사실갈등이란 사실에 대한 견해의 차이로 벌어지는 갈등이다. 여기서 사실(事實)이란 현재 상황이나 문제를 말한다. 실제로 발생하고 있는 현상이며 문제이다. 당사자들 사이에 사실에 대한 불일치로 발생하는 갈등은 "사실갈등"이다.

② 방법갈등(方法葛藤)

방법갈등이란 방법에 대한 불일치로 발생하는 갈등이다. 여기서 방법(方法)이란 목표를 성취하기 위한 최선의 수단을 말한다. 갈등문제를 해결하기 위해서 다양한 대안들을 개발할 때 이 대안들은 그 갈등문제를 해결하기 위한 수단이 된다. 당사자들 사이에 목표를 달성하기 위한 수단들에 대한 불일치로 초래되는 갈등은 "방법갈등"이라고 할 수

---

11) Pondy, L. R. (1967). Organizational conflict: Concepts and models. *Administrative Science Quarterly,* 12. pp.296~320.

12) Lippitt, G. L. (1985). Managing conflict in today's organizations. In Keith Davis and John W. Newstrom (7th ed.), ***Organization Behavior: Readings and Exercises*** (pp.442~451). New York: McGraw-Hill Book Company.

있다. 예컨대, 에너지 부족이라는 문제를 해결하기 위한 수단으로 원자력을 수단으로 할 것이냐, 수력을 수단으로 할 것이냐, 화력을 수단으로 할 것이냐, 원자에너지를 수단으로 할 것이냐, 태양에너지를 수단으로 할 것이냐, 수소에너지를 수단으로 할 것이냐 등에 대한 의견 불일치는 방법갈등이다.

③ 목표갈등(目標葛藤)

목표갈등이란 추구하고자 하는 목표가 서로 달라서 벌어지는 갈등이다. 여기서 목표(目標)란 나아갈 바 또는 문제가 해결된 때의 상태를 말한다. 갈등문제를 해결했을 때 도달되어야 할 상태를 말한다. 목표에 대한 불일치는 "목표갈등"이라고 할 수 있다. 예컨대, 개발로 인한 경제성장이 목표냐 아니면 환경보존을 위한 지속 가능한 개발이 목표냐 사이에 갈등이 발생할 수 있다.

④ 가치갈등(價値葛藤)

가치갈등이란 가치에 대한 의견 차이로 초래되는 갈등이다. 여기서 가치(價値)란 우리가 지지하는 장기적 목표와 질(質)들을 의미한다. 가치에 대한 의견충돌은 "가치갈등"을 일으킨다. 가치는 질적인 것이기 때문에 경제적 계량화가 어려우며 이념적인 것으로 흐를 수 있다. 예컨대, 천성산에 터널을 놓기 위한 건설공사에서 천성산에 사는 생태의 가치, 예컨대, 도롱뇽의 가치를 내세우며 터널 공사를 중지해 달라고 요구하며 시위를 벌이며 발생하는 갈등은 가치갈등에 관련된 것이며 이는 경제적 가치로 환산이 어려운 하나의 이념갈등형의 가치갈등인 것이다.

일반적으로 사실과 관련된 사실갈등은 해결하기가 쉬우나 가치에 관련된 가치갈등은 해결하기가 상대적으로 더 어렵다.

〈그림 1-2-1〉은 사실갈등, 방법갈등, 목표갈등, 가치갈등의 갈등 발생의 분야와 이들 분야의 상대적인 해결의 난이도를 보여주고 있다.

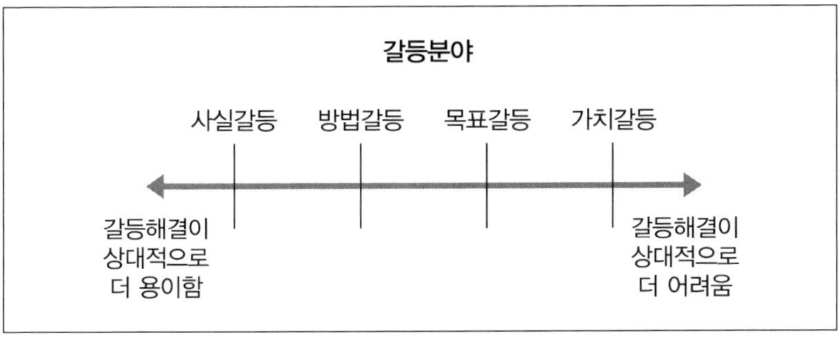

〈그림 1-2-1〉 갈등 발생 분야 및 해결 난이도

또한, Lippitt는 갈등의 가치 파괴적이고 부정적인 결과를 가져오는 성향과 가치 창조적이고 긍정적인 결과를 가져오는 성향을 구별해야 한다고 강조하고 있다.

파괴적인 가치와 부정적인 결과를 초래하는 갈등은 조직 구성원의 사기를 저하하고, 작업 성취에 필요한 에너지를 분산시키게 된다. 갈등 상태의 개인들과 집단들을 양극화시켜 분쟁의 골을 더욱 깊게 만든다. 또한, 협동적 행동을 파괴하고, 무책임한 행동을 일으키며, 의심과 불신을 조장하게 된다. 결과적으로 이러한 부정적인 갈등은 생산성을 저하하게 된다.

반면에, 창의적인 가치와 긍정적인 결과를 가져오는 갈등은 이슈들을 공개화하고 명확하게 할 뿐만 아니라 문제해결의 질을 증대시킨다. 구성원의 참여를 증대시키며, 자발적인 커뮤니케이션을 증대시킨다. 개인들 또는 집단들의 창조적인 상호관계를 강하게 한다. 결과적으로,

이러한 갈등은 성장을 촉진하게 되고 생산성을 향상하게 된다(Lippitt, 1985).[13]

이들 내용을 건설적 갈등과 파괴적 갈등의 특성이라는 관점에서 요약하여 〈표 1-2-2〉와 같이 제시할 수 있다.

〈표 1-2-2〉 건설적 갈등과 파괴적 갈등의 특성

요소	건설적 갈등	파괴적 갈등
기능성	순기능	역기능
행위성	책임 있는 행동, 행동의 자발성, 동태적 발전 계기	무책임한 행동, 파괴, 무질서, 불안과 긴장 조성
사기성	사기충천, 근무의욕 증대	사기 파괴, 근무의욕 저하
통합성	작업에 필요한 에너지 응집, 충성심 향상. 갈등 후의 새로운 통합과 조화	협동 파괴, 작업에 필요한 에너지 분산, 통합과 조화 파괴, 분열성, 양극화
감정성	신뢰, 사랑, 분쟁 해결	의심, 불신, 증오, 적개심, 분쟁의 골을 깊게 함
변화성	동태적 발전, 변화의 기회	정태적이고 변화에 저항
창의성	아이디어 공개화, 자발적인 커뮤니케이션, 창의적 아이디어 제공	아이디어 폐쇄화, 비자발적 커뮤니케이션, 창의성 질식
쇄신성	이슈의 공개화와 명확화, 동태적 쇄신 역할	이슈의 폐쇄화와 모호함, 쇄신 질식
생산성	성장 촉진, 상호관계 강화, 생산성 증대	성장 장애, 상호관계 악화, 생산성 감소
합리성	참여증대, 합리성 증대	참여 제약, 합리성보다는 정치적 책략이 활보

13) Lippitt, G. L. (1985). Managing conflict in today's organizations. In Keith Davis and John W. Newstrom (7th ed.), *Organization Behavior: Readings and Exercises* (pp.442~451). New York: McGraw-Hill Book Company.

이와 같은 논리에 따르면, 건설적 갈등은 많으면 많을수록 좋고, 파괴적 갈등은 아예 발생하지 않는 것이 좋을 수 있다. 그러나, 모든 갈등이 처음부터 건설적 갈등과 파괴적 갈등으로 구분되어 발생하는 예는 매우 드물다. 즉, 고의로 상대방이나 조직을 파괴하기 위해서 불순한 개인이나 집단에 의해서 야기된 갈등과 같은 갈등을 제외하고는 그 발생한 갈등이 파괴적인지 아닌지는 시간과 공간에 따라서 각각 개별적으로 분석되어 판단돼야 할 것이다.

4. 갈등의 양에 따른 기능

그런데, 건설적 갈등이 조직에 순기능을 한다고 했을 때 "그러한 건설적 갈등이 적은 것보다 많으면 많을수록 조직에 좋은 것인가?"라는 의문을 가질 수 있다.

사람의 몸에 좋은 보약이라면 적게 먹는 것보다 많이 먹는 것이 좋을 것 같다. 그러나, 아무리 몸에 좋은 보약이라도 자신의 몸에 지나치게 과하면 오히려 몸에 해(害)를 초래할 것이다. 그리하여, 몸에 이로운 음식이라도 중용(中庸)의 준칙을 지켜서 섭취하여야 한다.14)

그와 같이 조직에 생산을 높여주고 응집력을 높여주는 갈등은 적은 것보다 많은 것이 좋을 것이나, 아무리 좋은 갈등이라도 그것이 조직이 관리 가능한 수용범위를 넘어서 지나치게 되면 조직에 피해를 가져다 줄 수 있다. 즉, 파괴적 갈등으로 그 성질이 변할 수 있다.

---

14) 천대윤. (2018) 『활기혈단 : 십자다이아몬드와 십이단전편』. 서울 : 삼현출판사.; 천대윤. (2018) 『활기혈단 : 영양 · 운동 · 수면과 14경맥 · 경혈편』. 서울 : 삼현출판사.; 천대윤. (2018) 『활기혈단 : 기혈자압마사지와 건강양생운동편』. 서울 : 삼현출판사;

이처럼 조직이 발전하기 위해서는 조직에 갈등이 너무 없어도 좋지 않지만, 갈등이 너무 많아도 바람직하지 않다. Sampson(1971)은 갈등량(葛藤量)의 관점에서 갈등연구를 진행했는데, 갈등이 너무 심한 것은 좋지 않지만, 너무 없어도 좋지 않다고 했다. 즉, 사회체제에서 갈등이 너무 심하면 체제의 파괴(破壞)를 초래할 수 있지만, 갈등이 너무 없으면 사회체제의 침체(沈滯)를 초래한다고 주장하고 있다. 따라서, 성장으로 이끄는 갈등과 파괴로 이끄는 갈등 사이에서 균형점(均衡點)을 찾아서 관리하는 것이 매우 민감하고 다루기 어려운 것이라고 강조한다.[15]

(1) 과다갈등

과다갈등(過多葛藤)이란 갈등이 조직 또는 사회의 성장과 발전에 지장을 주고 조직이나 사회를 파괴할 정도로 지나치게 심한 상태의 갈등을 말한다. 과다갈등의 예를 다음과 같이 제시할 수 있다.

① 공장폐쇄, 파괴

기업에서 노동자(노동조합)와 사용자, 노사관계의 갈등이 극도로 대립하여 표출된 경우의 공장폐쇄, 파괴 등이 발생하는 경우가 이에 해당한다.

② 휴교, 폐교

교육기관에서 재단과 교직원 간의 갈등이 극에 달해서 학교를 휴교하거나 폐교하는 경우가 이에 해당한다.

---

15) Sampson, E. E. (1971). *Social Psychology and Contemporary Society*. New York: John Wiley & Sons, Inc.

③ **극한 정책갈등과 사회불안**

정부 정책에 이해관계를 가진 집단들 간의 갈등이 극에 달해서 행동으로 표출되고 이것이 사회를 불안으로 몰고 가는 경우가 이에 해당한다.

④ **자유 방임과 사회 혼란**

언론과 표현의 자유가 방임으로 치달아 사회 각 집단이 자신의 이익을 극대화하기 위한 행동에 수반되어 나타나는 갈등으로 인하여 사회 전체가 혼란의 소용돌이에 휘말리는 경우 등이 과다갈등에 해당한다.

(2) 과소갈등

과소갈등(過少葛藤)이란 갈등이 조직이나 사회에서 필요한 수준에 도달하지 못하고 지나치게 없어서 조직이나 사회를 침체상태에 있게 하는 수준의 갈등을 말한다. 과소갈등의 예는 다음과 같이 제시할 수 있다.

① **언론과 표현 억압**

독재체제에서 언론의 자유가 억압되어 다양한 사고(思考)나 생각이 표현될 수 없는 경우가 이에 해당한다.

② **아이디어 및 고충 억압**

직장에서 부하들의 아이디어나 불만이 자유롭게 표현될 수 없는 경우가 이에 해당한다.

③ **커뮤니케이션 및 정보 흐름 억압**

커뮤니케이션(communication), 의사소통이 경직된 폐쇄적 계층체제에서 정보 흐름이 억압된 경우 등에서 나타나는 갈등 등이 포함된다.

(3) 적정갈등

개인들 사이에 발생하는 갈등이 조직이나 사회의 성장과 발전에 도움이 될 적정수준을 유지할 때 이는 적정갈등(適正葛藤)이 된다. 즉, 갈등이 너무 심하지도 않고 너무 없지도 않은 적정한 수준의 갈등이다. 적정갈등은 건설적 갈등의 이점을 가져다준다. 적정갈등의 잠재적인 이점으로 다음을 들 수 있다(Walton, 1985).[16]

① 동기와 에너지 증대

조직이나 사회시스템이 요구하는 작업을 수행하기 위한 동기와 에너지를 증대할 수 있다.

② 혁신

관점의 다양성과 필요성에 대한 높은 감각을 지니므로 인해서 혁신을 가져올 수 있다.

③ 자신에 대한 이해

자신의 견해를 명확히 할 것과 자신의 견해를 지원할 수 있는 논증을 준비하기 때문에 자신의 지위에 대한 이해를 증대시킬 수 있다.

④ 정체성 자각

각 당사자가 자신들의 정체성에 대해서 높은 자각을 성취할 수 있어

---

16) Walton, R. E. (1985). Some benefits of interpersonal conflict. In Keith Davis and John W. Newstrom (7th ed.), *Organization Behavior: Readings and Exercises* (pp.441~442). New York: McGraw-Hill Book Company.

서 정체성 확립에 도움을 줄 수 있다.

⑤ **내부갈등관리**

개인들 사이에 발생하는 갈등은 당사자들 자신의 내부 갈등을 관리하는 수단이 될 수 있다.

갈등이 건설적 역할을 하는 것인지 파괴적 역할을 하는 것인지는 갈등의 양의 관점에서 접근한 위에 적은 내용을 〈그림 1-2-2〉와 같이 집단, 조직, 사회에서의 과소갈등과 과다갈등의 기능을 요약하여 제시할 수 있다.

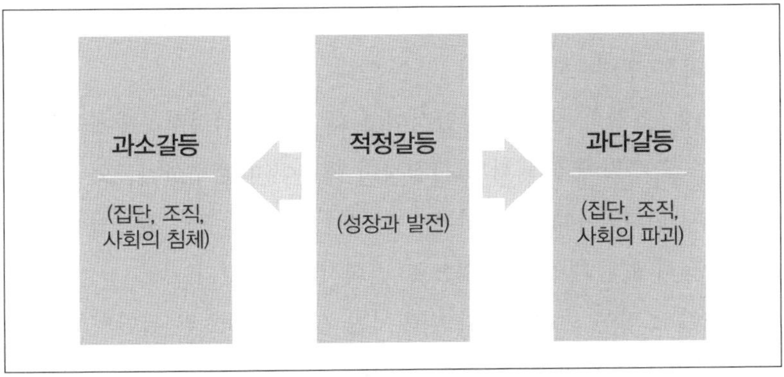

〈그림 1-2-2〉 과소갈등, 적정갈등, 과다갈등의 기능

5. 갈등의 조직변화기능

갈등이 일으킨 결과가 순기능인지 역기능인지는 조직의 맥락에 의해서 결정될 사항이다.

예컨대, 갈등이 기득권 세력을 가진 강자 집단의 의사결정권을 개방

시켜 약자 집단들에게도 참여를 보장하게 하는 효과를 가져왔다면 이는 그 강자 집단에게는 역기능적으로 작용했을지 모르나 약자 집단에게는 순기능적인 것으로 작용했다. 또한, 그러한 갈등의 결과가 조직의 목표를 달성하는 데 효과적으로 작용하게 되었다면 이것은 조직 전체적 맥락에서 순기능의 역할을 한 갈등이다.

갈등이 순기능, 역기능, 또는 이들의 복합기능을 가지고 있다는 것은 갈등을 통해서 조직을 변화시킬 수 있다는 것을 함축하고 있다. 즉, 갈등을 통해서 조직 권력의 구조, 자원배분 구조, 역할구조 등을 변경시킬 수 있다는 것을 내포하고 있다. 이를 갈등의 조직변화기능(組織變化機能)이라고 할 수 있다.

갈등을 통한 조직의 변화는 조직을 발전된 방향으로 변화시킬 수 있고, 악화한 방향으로 변화시킬 수 있다.

예컨대, 조직의 문화가 강압적이고 폐쇄적인 의사결정체제의 것일 때 소수 몇 사람에 의해서 의사결정이 이루어지고 구성원들의 참여가 배제되게 된다. 이때, 구성원들 간의 갈등 또는 집단의 갈등을 통해서 의사결정체제를 개방적인 것으로 변화시킬 수 있다.

갈등이 조직을 변화시키기 위해서는 갈등을 일으킨 집단의 욕구를 타 집단이 수용해야만 가능한 것이다.

예컨대, 의사결정과정에서 배제된 약자 집단들이 갈등을 일으켰을 때 의사결정과정을 장악하고 있는 그보다 강한 집단들에게 효과적으로 위협적인 것이 되어야 그 강자 집단들이 약자 집단들의 요구를 수용하게 된다. 이를 위해서 약자 집단은 갈등을 전략적으로 일으켜야 한다.

즉, 갈등을 의도적이고 고의로 일으켜 강자 집단의 복리를 효과적으로 위협하여 기존의 의사결정 구조, 자원배분, 권한 등에 있어서 변경을 일으켜야 한다. 이와 같은 갈등을 약자에 의해서 의도된 전략갈등(戰略葛藤)에 해당한다(Pondy, 1969).[17]

전략갈등을 일으키는 약자 집단은 갈등을 확대해서 참여자들의 수를 확대하고 참여자들의 결집을 강하게 해야 한다. 그리고, 그 확대된 세력을 기반으로 강자 집단들이 누리는 복지를 효과적으로 위협하여 집단들 간의 권력의 균형을 끌어내야 한다. 권력의 균형이 이루어지게 되면 갈등을 일으킨 집단들이 원하는 목표를 달성할 수 있게 된다(Assael, 1969).[18] 그러나, 갈등이 과도하게 되어 조직 자체를 파괴하여 갈등 당사자 집단 모두가 자멸의 길로 갈 수 있음을 앞에서 살펴보았다.

|제2절| 갈등의 차원과 형태

갈등의 차원(次元)은 갈등이 발생하는 수준(水準)을 말한다. 이 수준은 공간, 편익-비용, 행동 주체, 갈등 원천, 고의성 등 다양한 측면에서 접근할 수 있다. 각 차원에서 발생하는 갈등은 다양한 형태(形態)를 가질 수 있다.

---

17) Pondy, L. R. (1969). Varieties of organizational conflict. *Administrative Science Quarterly,* 14. pp.499~505.

18) Assael, H. (1969). Constructive role of interorganizational conflict. *Administrative Science Quarterly,* 14. pp.573~582.

1. 공간을 기준으로 한 분류

사람이 생활하는 공간 또는 사람 집합의 숫자를 중심으로 고찰할 때 갈등 차원은 개인 차원의 갈등, 팀 또는 집단차원의 갈등, 조직 차원의 갈등, 사회 차원의 갈등, 정부 차원의 갈등, 국가 차원의 갈등으로 구분할 수 있다.

(1) 개인 차원의 갈등

개인 차원의 갈등은 개인이 겪는 갈등을 말한다. 개인들 사이에 발생할 수 있고 개인 자신의 내면에서 발행할 수 있다. 이를 개인 자신이 내면에서 겪는 갈등을 개인 내 갈등이라고 하고, 개인들 사이에 발생할 땐 개인 간 갈등이라고 할 수 있다.

(2) 팀 또는 집단차원의 갈등

팀 또는 집단차원의 갈등은 조직 내의 팀 또는 집단이 겪는 갈등을 말한다. 팀이나 집단 자체가 갈등을 겪을 수 있고 팀 간, 집단 간에 갈등이 발생할 수 있다. 팀이나 집단 자체가 내부에서 겪는 갈등을 팀 내 갈등, 집단 내 갈등이라고 할 수 있다. 팀들 사이에 집단들 사이에 발생할 땐 팀 간 갈등, 집단 간 갈등이라고 할 수 있다.

(3) 조직 차원의 갈등

조직 차원의 갈등은 조직 전체가 갈등을 겪는 상황을 말하고 조직 간에도 갈등이 발생할 수 있다. 조직 전체가 내부에서 갈등을 겪는 갈등을 조직 내 갈등이라고 할 수 있고, 조직들 사이에 발생할 땐 조직 간 갈등이라고 할 수 있다.

(4) 사회 차원의 갈등

사회 차원의 갈등은 사회 전체가 갈등을 겪는 것을 말하고 이는 사회집단 간의 갈등으로 구성된다. 이를 사회갈등 또는 사회적 갈등이라고 할 수 있다. 예컨대, 의약분업 정책상에서 발생한 사회적 차원에서 이해관계집단(예컨대, 의사집단, 약사집단, 병원 집단, 정부 부처, 시민사회단체 등) 간의 갈등은 사회갈등이다.

(5) 정부 차원의 갈등

정부 차원의 갈등은 정부 전체가 갈등을 겪는 상황을 말한다. 지방정부 간, 지방정부와 중앙정부 간에 갈등이 발생할 수 있다. 이를 정부갈등 또는 정부 간 갈등이라고 할 수 있다. 예컨대, 도시계획수립과 집행과정에서 발생하는 인접한 도시 정부(지방자치단체)들 사이에서 발생하는 갈등은 정부 간 갈등이다.

(6) 국가 차원의 갈등

국가 차원의 갈등을 국가 전체가 갈등을 겪는 상황을 말하며 국가와 국가 간에도 발생할 수 있다. 이를 국가 전체가 국가 내에서 겪는 갈등을 국가 내 갈등, 또는 국가들 사이에서 갈등이 발생할 땐 국제적 갈등이라고 할 수 있다. 예컨대, 중국발 미세먼지 문제를 둘러싼 한국과 중국 간의 갈등, 일본 후쿠시마 방사능 오염 수산물 수입문제를 둘러싼 일본과 한국 간의 갈등과 세계무역기구(WTO) 한·일소송분쟁은 이에 해당하는 사례이다.

2. 조직의 편익-비용을 기준으로 한 분류

조직에 편익을 증가시키느냐 비용을 초래하느냐에 따라 갈등을 순기능적 갈등 또는 생산적 갈등과 역기능적 갈등 또는 파괴적 갈등으로 분류할 수 있다.

(1) 편익, 순기능적 갈등

순기능적 갈등은 조직에 편익을 가져다주고 개인과 조직의 생산성을 높여주고 개인과 조직의 발전을 가져다주는 생산적 갈등(生産的 葛藤)이며 건설적 갈등(建設的 葛藤)이다.

만약 기업이나 정부가 수립, 집행하는 정책이 갈등을 유발하게 될 때 순기능적 역할을 가져오는 정책의 경우 그 정책을 유치하려는 경향이 있다.

예컨대, 해당 지역주민의 고용을 증진하는 무공해 산업공장의 건립정책은 일반적으로 순기능적이고 편익을 가져다주는 정책이기 때문에 해당 지역주민은 이를 유치하려고 한다.

(2) 비용, 역기능적 갈등

역기능적 갈등은 조직에 비용을 가져다주고 개인과 조직을 파괴하는 파괴적 갈등(破壞的 葛藤)을 말한다. 기업이나 정부가 수립, 집행하는 정책이 역기능을 초래하는 것일 때 그 정책을 피하려는 경향이 있다.

예컨대, 핵폐기물매립정책, 쓰레기 매립정책 등과 같은 정책의 경우 역기능적이고 비용 수반을 초래하는 갈등을 일으키기 때문에 해당 지역주민은 그 정책을 피하게 된다. 구성원이나 지역주민이 혐오하고 피하는 정책을 강압적으로 추진하려는 경우 폭력, 폭동이 유발될 수 있다.

(3) 편익-비용의 복합적 갈등

순기능과 역기능이 복합적으로 형성되어 있는 갈등도 있다. 예컨대, 절차를 강조하고 경직된 의사결정과정을 초래하는 갈등은 조직의 안정성에 도움을 가져다줄 수 있으나, 반면에, 변화에 적응하는 적응력을 떨어뜨리게 된다.

〈표 1-2-3〉은 순기능, 역기능의 갈등을 편익-비용, 유치-기피의 관점에서 설명한 것을 요약하여 보여주고 있다.

〈표 1-2-3〉 비용-편익, 유치-기피 관점에서 본 갈등

	편익-비용	유치-기피
순기능적, 생산적 갈등	편익	유치
역기능적, 파괴적 갈등	비용	기피
순기능-역기능 복합갈등	편익/비용	유치/기피

3. 행동 주체를 기준으로 한 분류

마치와 사이몬(March & Simon, 1958)은 행동 주체를 기준으로 세 부류의 갈등을 언급하고 있는데, 개인갈등, 조직갈등, 조직 간 갈등이 그것이다.[19] 유종해(2000)는 개인 간 갈등, 개인과 집단 간 갈등, 집단 간 갈등, 개인과 조직 간 갈등, 집단과 조직 간 갈등으로 구분하고 있다.[20] 개인 간 갈등은 개인들 사이에서 발생하는 갈등이다. 개인과 집단 간 갈등은 개인과 집단 사이에서 발생하는 갈등을 말하고, 개인과

19) March, J. G., & Simon, H. A. (1966). *Organizations*. New York: John Wiley & Sons.

20) 유종해. (2000). 「현대조직관리」. 서울: 박영사.

조직 간 갈등은 개인과 조직 사이에서 발생하는 갈등을 말한다. 권기성(1994)은 갈등을 개인적 차원에서의 갈등, 집단적 차원에서의 갈등, 조직적 차원에서의 갈등으로 분류하고 있다.[21] 한편, Gordon(1987)은 개인 내 갈등, 개인 간 갈등, 집단 내 갈등, 집단 간 갈등, 조직 내 갈등, 조직 간 갈등으로 구분하고 있다.[22] 여기서는 이들을 종합하여 개인갈등, 집단갈등, 조직갈등으로 크게 분류한 다음 각 부류에서 구체적 갈등의 형태를 설명하고자 한다.

(1) 개인갈등(個人葛藤)

개인갈등이란 개인이 겪는 갈등이다. 마치(March)와 사이몬(Simon)에 의하면 개인갈등은 개인 자신이 의사결정에서 발생하는 갈등이다. Gordon(1987)에 의하면 개인갈등은 크게 개인 내 갈등과 개인 간 갈등으로 구분할 수 있다.[23] 개인 내 갈등(個人內 葛藤)은 개인 자신의 내적 갈등이고, 개인 간 갈등(個人間 葛藤)은 개인들 사이에서 발생하는 갈등이다.

① 개인 내 갈등(個人內 葛藤)

개인 내 갈등이란 개인 자신의 내적 갈등으로서 개인 자신이 밖으로 들어내지 않고 내부적으로 겪는 갈등이다. 이에는 개인 자신이 개인들과의 관계에서뿐만 아니라 집단이나 조직과의 관계에서 발생하는 개인의 내적 갈등도 포함된다. 즉, 개인 스스로 겪는 내적 갈등뿐만 아니라 개인과 집단 간에 발생하는 개인 내적 갈등이나 개인과 조직 간에 발생

21) 권기성. (1994). 조직내 집단에 있어서의 갈등유형과 갈등관리전략. 「광운대 논문집」23. pp.47~68.

22) Gordon, J. R. (1987). *Organizational Behavior*. Boston: Allyn and Bacon.

23) Gordon, J. R. (1987). *Organizational Behavior*. Boston: Allyn and Bacon.

하는 개인 내적 갈등도 개인 내 갈등에 포함된다.

예컨대, 서로 양립하지 않는 목표들 가운데서 선택해야 할 필요성이 있을 때 개인 자신이 내적으로 겪는 갈등은 개인 자신의 개인 내 갈등이다.

또한, 예컨대, 어머니가 자녀가 입학해야 할 초등학교를 사립학교를 선택해야 할 것인지 국공립학교를 선택해야 할 것인지에 대해서 고민할 때 이는 개인 내 갈등에 해당한다.

또한, 조직에서 활동하는 개인이 어떤 업무를 수행할 때 개인 자신의 이익을 위해서 행동해야 할지 조직의 이익을 위해서 행동해야 할지를 고민하며 겪는 갈등도 개인 내 갈등에 해당한다.

개인 내 갈등이 발생할 땐 이를 해결하기 위해서 더 많은 정보를 수집해야 할 것이다. 즉, 의사결정이나 행동을 하기 전에 다양한 경로를 통해서 더 많은 정보를 수집하여 분석하여야 할 것이다.

② 개인 간 갈등(個人間 葛藤)

개인 간 갈등이란 두 개인 간 합동으로 일을 해서 결과물을 산출해야 할 때 이를 위한 목표, 이슈, 행동 등에 불일치가 발생하며 일어나는 갈등이다. 일반적으로 두 개인 간에 서로가 지향하는 가치, 지위, 인지 등이 다를 때 갈등이 발생하며, 특히, 행동으로 나타나기 전에 잠재된 상태의 잠재된 갈등이 많이 발생한다. 개인 간에 갈등이 발생하면 개인 간의 커뮤니케이션이 장해(障害)를 받게 되며, 여타 문제해결을 위한 접근이 방해를 받게 된다.

(2) 집단갈등(集團葛藤)

집단갈등은 집단이 겪는 갈등을 말한다. 집단갈등은 집단 내 갈등과 집단 간 갈등으로 구분하여 설명할 수 있다.

① 집단 내 갈등(集團內 葛藤)

집단 내 갈등은 집단 자신이 내부적으로 겪는 갈등을 말한다. Gordon(1987)은 집단 내 갈등을 실체적 갈등과 감정적 갈등으로 구분하고 있다.[24)]

실체적 갈등(實體的 葛藤)이란 지적 불일치(知的 不一致) 때문에 발생하는 갈등을 말한다. 예컨대, 집단의 구성원들이 수행하는 작업이 서로 간에 충돌을 가져올 때 실체적 갈등이 발생한다. 또 다른 예로, 집단의 구성원들이 같은 자료를 가지고도 서로 다른 결론들을 끌어내어 이로부터 갈등을 겪을 때 이러한 사례도 실체적 갈등에 해당한다.

실체적 갈등의 지적갈등은 반드시 나쁜 결과만을 초래하지 않고 좋은 결과를 가져올 수도 있다. 즉, 서로 다른 결론을 도출함으로써 더 좋은 정보를 서로 교환할 수 있고, 그 결과, 혼자서 의사결정 할 때보다 더 나은 의사결정을 할 수 있다.

한편, 감정적 갈등(感情的 葛藤)이란 어떤 상황에 대해서 감정적으로 반응할 때 겪는 갈등이다. 예컨대, 집단의 구성원들이 어떤 사업에 대해서 우호적인 감정이나 비합리적인 감정을 가지게 될 때 갈등을 겪게 되고 이는 감정적 갈등에 해당한다. 비합리적 감정에 의한 감정적 갈등은 조직에 유해하다.

실제적 갈등이나 감정적 갈등은 집단을 구성하고 있는 구성원들이 자신의 지식, 가치, 신념, 사회적 배경 등이 서로 다르므로 같은 자료를 가지고도 그 자료를 각각 자신의 지적창고(知的倉庫) 또는 감정창고(感情倉庫)에 넣어서 재해석의 과정을 거치는 동안 서로 다른 결론을 끌어내기 때문에 발생한다.

---

24) Gordon, J. R. (1987). *Organizational Behavior*. Boston: Allyn and Bacon.

② 집단 간 갈등(集團間 葛藤)

집단 간 갈등이란 집단들 사이에서 발생하는 갈등이다. 예컨대, 노동자집단과 사용자집단 간에 발생하는 갈등, 예산부서와 기획부서 간에 발생하는 갈등, 감독부서와 연구부서 간에 갈등, 또는 지역사회의 집단들 사이에서 발생하는 갈등 등은 모두가 집단 간에 발생하는 갈등이다.

집단 간 갈등이 발생할 때 공동으로 문제를 해결하려고 하지 않으면 집단 간 경쟁으로 갈등이 확대되고 이는 상대방을 패배시키려고 하는 승패의 상황으로 몰고 갈 수 있다.

(3) 조직갈등(組織葛藤)

조직갈등은 조직이 겪는 갈등이다. 조직갈등은 크게 조직 내 갈등과 조직 간 갈등으로 크게 구분할 수 있다. 조직 내 갈등은 조직 내부에서 발생하는 갈등이고 조직 간 갈등은 조직들 사이에서 발생하는 갈등이다.

① 조직 내 갈등(組織內 葛藤)

조직 내 갈등이란 조직 내부에서 발생하는 갈등으로 그 형태는 다양하게 거론될 수 있다. 마치와 사이몬이 말하는 조직갈등(組織葛藤)은 조직 내의 갈등으로 조직 내에서 개인 또는 집단이 겪는 갈등이다(March & Simon, 1966). 한편, Gordon(1987)에 의하면 조직 내 갈등이란 조직 내에서 발생하는 갈등으로 수직적 갈등, 수평적 갈등, 계선과 참모 갈등, 역할 갈등으로 구성되어 있다. 또한, 권기성(1994)은 조직 내에서 발생하는 갈등을 감독자와 부하 간에 발생하는 수직적 갈등, 동일 수준의 종업원들이나 부서 간에 발생하는 수평적 갈등, 계선과 막료 간에 발생하는 계선-막료 갈등으로 분류하고 있다.

② **조직 간 갈등(組織間 葛藤)**

조직 간 갈등이란 조직들 사이에 발생하는 갈등으로 조직들이 필요 때문에 상호 작용하는 과정에서 필연적으로 일어나는 갈등이다. Gordon(1987)에 의하면 조직 간 갈등은 자신의 조직이 자신의 조직과 상호작용을 하는 공급자, 고객, 경쟁자, 정부기관 등과 겪는 갈등을 말한다.[25] 한편, 마치와 사이몬(March & Simon, 1966)의 조직 간 갈등은 집단 간 또는 조직 간에 발생하는 갈등을 말한다.[26] 또한, 권기성(1994)은 조직적 차원의 갈등을 조직 내 갈등과 조직 간 갈등으로 분류하고 있다.[27] 조직 간에 발생하는 갈등으로 공급자, 고객들, 경쟁자들, 정부기관들 사이에 발생하는 갈등을 언급하고 있다.

(4) 조직갈등의 형태

조직갈등의 형태를 Swanda(1979)는 계층적 갈등, 기능적 갈등, 계선과 참모 간 갈등, 공식과 비공식 간 갈등으로 구분하고 있다.[28] 계층적 갈등은 수직적 갈등에 해당하며, 기능적 갈등은 수평적 갈등에 해당한다고 할 수 있다.

한편, 조직 내의 하부집단 간에 발생하는 갈등을 Pondy(1967)는 협상갈등, 관료갈등, 체제갈등으로 구분하고 있다.[29] 그 내용은 다음과 같다.

---

25) Gordon, J. R. (1987). ***Organizational Behavior***. Boston: Allyn and Bacon.
26) March, J. G., & Simon, H. A. (1966). ***Organizations***. New York: John Wiley & Sons.
27) 권기성. (1994). 조직내 집단에 있어서의 갈등유형과 갈등관리전략. 「광운대 논문집」23. pp.47~68.
28) Swanda, J. (1979). ***Organizational Behavior: Systems and Applications.*** CA: Mayfield Publishing Co.
29) Pondy, L. R. (1967). Organizational conflict: Concepts and models. *Administrative Science Quarterly,* 12. pp.296~320.

① **협상갈등(協商葛藤)**

협상갈등은 이해관계(利害關係)에 얽힌 집단들 간의 관계에서 발생하는 갈등이다. 이는 주로 희소한 자원을 획득하기 위해서 서로 경쟁할 때 발생하게 된다. 예컨대, 계선과 참모 간의 관계에서 발생하는 갈등, 노동자와 사용자 간의 관계에서 발생하는 갈등, 예산의 배정 과정상에서 발생하는 부서 간 갈등 등이 주로 여기에 해당한다.

② **관료갈등(官僚葛藤)**

관료갈등은 계층제의 조직구조에서 수직적(垂直的)인 관계 또는 상사와 부하 간의 관계에서 주로 발생하는 갈등이다. 예컨대, 제도적으로 행동을 통제하려고 할 때 그러한 통제에 반발하여 발생하는 갈등은 여기에 해당한다.

③ **체제갈등(體制葛藤)**

Pondy의 체제갈등은 횡적(横的)인 관계 또는 작업 관계에 관계된 집단들 간에 발생하는 갈등이다. 이는 주로 기능(機能)으로 관련된 집단들 간에 발생하는 갈등이다. 예컨대, 동일작업을 수행하는 집단들 간에 조정(調整)이 제대로 되지 않아 발생하는 갈등은 여기에 해당한다.

④ **수직적 갈등(垂直的 葛藤)**

수직적 갈등이란 조직이 상하 수직의 계층으로 되어 있고 이러한 계층적 성격 때문에 조직이 필연적으로 겪게 되는 계층적 갈등(階層的葛藤)이다. 이는 Pondy의 관료갈등과 같다고 볼 수 있다.

각 계층은 각각 서로 다른 이해관계, 목표, 권한, 책임, 권력 등을 가지고 있고, 이러한 현상은 필연적으로 갈등을 유발하게 된다. 예컨대, 감독자와 피감독자 간에 발생하는 갈등, 상급자와 부하 간에 겪는 갈등 등은 모두 수직적 갈등이며 계층적 갈등에 해당한다.

⑤ 수평적 갈등(水平的 葛藤)

수평적 갈등이란 같은 수준의 직원들 또는 같은 수준의 부처(부서) 간에 겪는 갈등으로 주로 기능적 갈등(機能的 葛藤)과 연계되어 있다. 기능적 갈등은 조직의 기능들 때문에 발생하는 갈등이다.

수직적 갈등과 계층적 갈등이 서로 연계되어 있고, 수평적 갈등과 기능적 갈등이 서로 연계되어 있다. 예컨대, 같은 수준에 있는 기획부서와 예산부서 간, 인사부서와 예산부서 간에 발생하는 갈등은 수평적 갈등이자 기능적 갈등에 해당한다. 예컨대, 기획부서가 새로운 사업을 구상하고, 인사부서에서 직원들의 교육훈련프로그램을 증가시키면 시킬수록 예산의 증액을 초래하기 때문에 예산부서의 예산 절감 정책과는 상반되는 것이고 이는 부서 간의 갈등을 일으키게 된다.

⑥ 계선-참모 갈등(系線-參謀 葛藤)

계선-참모 갈등이란 계선-막료갈등(系線-幕僚 葛藤)이다. 이는 계선과 참모 사이에서 자원 배분이나 참모의 계선 역할에의 참모 과정 등에서 발생하는 갈등이다. 참모들은 일반적으로 계선에서 근무하는 사람들보다 교육을 더 많이 받았고, 나이가 더 젊으며, 보수가 더 많은데 이러한 요인들이 갈등을 일으킨다. 한편, 참모들은 계선 직원들에 대해 거의 권한을 가지지 않고 있는데 이 역시 갈등을 일으킨다.

⑦ 공식-비공식 갈등(公式-非公式 葛藤)

공식-비공식 갈등이란 공식적 조직과 비공식적 조직이 기대하는 것이 각각 다를 때 발생하는 갈등이다. 예컨대, 공식적인 판매부서가 설정한 판매목표가 판매원들의 비공식조직이 비공식적으로 설정한 판매목표보다 훨씬 높을 때 갈등이 발생하게 된다. 이는 판매부서장과 판매원들 간에 긴장과 대립을 초래하게 된다. 또한, 공식조직의 규범을 따르기 위해 비공식조직이 설정한 규범을 일부 구성원들이 위반할 때도 갈등이 발생하게 된다.

(5) 역할 갈등(役割葛藤)

역할 갈등이란 조직상에서 행위자들의 역할 상의 차이로 인해서 갈등을 겪는 것이다. 역할부여인 내 갈등, 역할부여인 간 갈등, 역할 간 갈등, 인격-역할 갈등, 역할과부하 갈등 등으로 설명될 수 있다(Swanda, 1979)[30]

① 역할부여인 내 갈등

역할부여인 내 갈등(役割附與人內 葛藤)이란 한 사람의 역할 부여자와 한 사람의 역할 수령자 간에 발생하는 역할 갈등이다. 즉, 조직에서 두 사람 간에 역할을 주고받을 때 역할을 부여하는 사람과 그 역할을 받는 사람 간에 발생하는 역할 갈등이다. 예컨대, 상사가 부하에게 어떤 작업을 완성하는데 필요한 인적, 물적 자원을 공급해주지 않은 채 그 작업을 주어진 날짜 안에 완성할 것을 지시했을 때 발생하는 갈등은 역할부여인 내 갈등이다.

② 역할부여인 간 갈등

역할부여인 간 갈등(役割附與人間 葛藤)이란 상반되는 두 사람 이상의 역할부여인들과 한 사람의 역할 수령인 간에 발생하는 역할 갈등

---

30) Swanda, J. (1979). ***Organizational Behavior: Systems and Applications.*** CA: Mayfield Publishing Co.

을 말한다. 즉, 어떤 사람이 역할을 받는데 그 역할을 부여하는 자들이 각각 상반되는 역할을 그 수령인에게 부여할 때 야기되는 갈등이다. 예컨대, 중간관리자가 자신의 부하가 기대하는 것과 상급관리자가 기대하는 것이 서로서로 다를 때 그 기대들을 충족시키려고 할 때 자신의 역할수행과정에서 겪는 갈등이 역할부여인 간 갈등에 해당한다.

③ 역할 간 갈등

역할 간 갈등(役割間 葛藤)이란 역할 수행자가 두 개의 다른 역할을 가지고 있고 이를 수행해야 할 때 이들 다른 역할 상의 기대를 충족시키고자 하는 과정에서 야기되는 갈등을 말한다. 예컨대, 상사 자신의 친구가 부하직원으로 재직하고 있을 때 그 상사는 친구의 역할과 상사의 임무를 수행해야 하는데 이들 역할이 서로 다르므로 이를 충족시키고자 할 때 갈등을 겪게 된다.

④ 인격-역할 갈등

인격-역할 갈등(人格-役割 葛藤)이란 임무를 수행하여야 하는 사람의 가치나 욕구에 반하는 역할이 수행되도록 기대될 때 발생하는 갈등이다. 개인적으로 수용할 수 없는 행동을 하도록 압박을 받을 때 상사들이나 동료들과 갈등을 겪게 된다. 예컨대, 제도적 압력 때문에 개인들이 승진하기 위해서 동료들을 성나게 하거나 동료들의 권리를 침해할 때 겪는 갈등이 여기에 해당한다.

⑤ 역할과부하 갈등

역할과부하 갈등(役割過負荷 葛藤)이란 개인에게 부여된 역할이 너무 많고 이를 동시에 수행해야 할 때 발생하는 갈등이다. 비록 합법적이고 정당한 일이긴 하더라도 개인 자신의 힘에 부치는 많은 작업이 부여되고 이들을 동시에 수행해야 할 때 역할과부하가 일어나고 갈등을 겪게 된다. 이들 작업에 우선순위를 배정할 수 없거나 어려울 때 더욱 갈등이 야기된다. 예컨대, 학생들이 어느 것도 무시할 수 없고 우선순위를 정할 수 없는 중요한 시험 다섯 과목을 같은 날에 치러야 할 때 역할과부하가 발생한다.

4. 접근과 회피를 기준으로 한 분류

(1) 접근성향과 회피성향

접근은 어떤 것에 가까워지는 것이고, 회피는 멀어지는 것이다. Harrison(1972),[31] Miller & Dollard(1941),[32] 권기성(1994)[33]에 의하면 갈등을 접근-접근 갈등, 회피-회피 갈등, 접근-회피 갈등, 다중 접근-회피 갈등으로 구분하여 설명할 수 있다. 이들 갈등은 두 개의 극단적 반응인 접근반응과 회피반응에 기초하여 분류한 것이다.

접근반응(接近反應)은 어떤 것에 가까워져서 친해지는 것이다. 예컨대, 어린이들은 극장, 식당, 놀이공원 등에는 접근반응을 보인다.

회피반응(回避反應)은 어떤 것에서 멀어져 등을 돌리는 것이다. 예컨대, 어린이들은 병원, 치과 등에는 회피반응을 보이곤 한다.

이러한 반응을 일상생활에서 보이는 것은 일반적으로 그러한 접근을

---

31) Harrison, A. A. (1972). *Psychology as a Social Science*. Monterey, California: Brooks/Cole Publishing Company.

32) Miller, N. E., & Dollard, J. (1941). *Social Learning and Imitation*. New Heaven.

33) 권기성. (1994). 조직내 집단에 있어서의 갈등유형과 갈등관리전략. 「광운대 논문집」23. pp.47~68.

위한 성향인 접근성향(接近性向)과 회피를 위한 성향인 회피성향(回避性向)에 의해서 굳어진 것으로 볼 수 있다.

그러한 성향은 접근자극(接近刺戟)이나 회피자극(回避刺戟)의 근접함수(近接函數)에 의해서 결정된다고 볼 수 있다. 즉, 더 가까우면 가까울수록 접근이나 회피가 더욱 강력해진다.

바라는 것에 대한 근접함수로서 접근동기(接近動機)의 증가(增加)를 접근구배(接近勾配)라고 부를 수 있다.[34] 반대로, 싫어하는 것에 대한 근접함수로서 회피동기(回避動機)의 증가(增加)를 회피구배(回避勾配)라고 부를 수 있다.

일반적으로 비록 접근동기가 처음에는 더 강하였다고 하더라도 어떤 것(사물, 사람, 일 등)에 가까워질수록 회피동기가 접근동기보다 더욱 급격히 증가한다. 즉, 가까이 다가갈수록 회피구배(回避勾配)가 접근구배(接近勾配)보다 더욱 가파르게 된다. 예컨대, 어떤 산(山)에 대한 접근과 회피성향의 자극이 동시에 발생하더라도 먼 거리에서 보았을 땐 그 산이 상대적으로 매력적으로 보일 것이다. 그러나, 가까이 다가가면 갈수록 그 산의 매력은 더욱 떨어지게 될 것이다.

(2) 접근-접근 갈등

접근(approach)-접근(approach) 갈등은 동등수준의 바람직한 또는 매력적인 대안이 두 개가 존재하고, 이들 두 개의 대안이 동시에 실현될 수 없는 상호 배타적인 성질을 가진 경우에, 이 두 개의 대안 가운데 어느 하나를 선택해야 할 때 겪는 갈등을 말한다.

이들 두 개의 대안 가운데 어느 하나만을 선택해야 할 때 그 선택된 결과가 반드시 만족을 가져오지 못하는 경우가 있다. 예컨대, 일전에

---

34) 여기서 구배(勾配)란 경사나 기울기를 말한다.

모 텔레비전의 "칭찬합시다." 프로그램에서 몇 개의 "신비의 문들"을 만들어 놓고 각각 문 뒤에 선물들을 숨겨 놓았다. 선택권을 가진 자가 어떤 문을 여느냐에 따라 선물이 결정되게 되어 있다. 이때, 선택권을 가진 자는 그 신비의 문들에 대해서 동등한 매력을 부여하지만 모두 동시에 열 수 없는 상호 배타적인 것이기 때문에 어느 문을 선택하여 열 것인지에 대해서 갈등을 겪게 된다. 그리고, 선택한 문이 열리고 그 뒤에 숨겨진 선물이 공개되었을 때 자신에게 만족을 가져다주지 않은 것일 수 있다.

만약 두 대안을 모두 선택할 수 없을 때 아무 대안도 선택하지 않으므로 인해서 비참한 결과를 가져올 수도 있다. 예컨대, "논리적 당나귀"의 우화를 가지고 접근-접근 갈등의 극단적인 비참한 결과를 설명할 수 있다.

당나귀의 좌측과 우측에 당나귀로부터 같은 거리에 맛있는 먹이인 건초 더미 A와 B를 각각 위치시킨다. 이 두 개의 먹이들인 건초 더미들은 당나귀에게 같은 매력을 가지고 있다. 즉, 접근자극의 강도가 같게 작용한다. 그 당나귀는 매사에 논리적 결과에 따라서 행동한다. 즉, 논리적으로 어떤 행동을 하기 위한 이유를 밝히지 못하면 어떠한 행동도 실행에 옮기지 못한다.

그런데, 이 상황에서 그 당나귀는 왜 한 쪽 건초 더미가 다른 쪽 건초 더미보다 선호되어야 하는지 논리적 이유를 찾지 못한다. 왜냐하면, 이들 건초 더미들은 자신으로부터 같은 거리에 자리를 잡고 있고, 같은 접근자극의 강도, 같은 매력을 가지고 있기 때문이다. 논리적인 해답을 찾지 못하는 관계로 당나귀는 어느 쪽으로도 이동하지 못하고, 어느 건초 더미의 먹이도 먹지 못하게 된다. 그 결과, 당나귀는 아무것도 먹지 못하고 굶어서 죽게 된다. 〈그림 1-2-3〉은 "논리적 당나귀"가 접근-접근 갈등을 맞고 있는 상황을 보여주고 있다.

〈그림 1-2-3〉 논리적 당나귀의 접근-접근 갈등 상황

(3) 회피-회피 갈등

이와 반대로, 회피(avoidance)-회피(avoidance) 갈등은 바람직하지 않은 두 개의 대안이 존재하고, 이들 두 개의 대안 가운데 어느 하나를 반드시 선택해야 할 때 겪는 갈등을 말한다. 바람직하지 않은 대안이란 대안을 선택하였을 때 그 대안을 선택한 사람에게 '행복'을 가져다주지 못하는 대안이다. 행복을 가져다주지 못하는 대안들 가운데서 어느 하나를 반드시 선택하여야 할 때 갈등이 발생하게 된다.

예컨대, 중대한 범죄를 지은 사람이 사형이라는 판결을 받았다고 가정하자. 그런데 그 사형 집행의 대안으로 '총살형' 또는 '교수형' 가운데 어느 하나를 선택해야 한다고 가정하자. 이 경우에 어느 쪽의 대안도 '행복'하지 않은 대안이다.

(4) 접근-회피 갈등

접근(approach)-회피(avoidance) 갈등은 대안이 바람직한 것과 바람직하지 않은 속성을 동시에 가지고 있을 때 겪는 갈등을 말한다.

일반적으로 상황이나 조건들이 완전히 좋거나 완전히 나쁜 것으로 구성된 것은 드문 현상이고, 좋은 점과 나쁜 점을 함께 가지고 있는 것이 일반적인 현상이다. 즉, 접근-회피 갈등이 가장 일반적인 갈등의 유형이라고 볼 수 있다.

이러한 갈등의 예는 다양하다. 예컨대, 인간 생활에 있어서 중대사인 결혼은 이 접근-회피 갈등의 예에 해당한다. 결혼은 일반적으로 서로 사랑하는 남녀가 앞으로의 사랑, 존경, 사회적 인정 등을 약속받으면서 이루어진다. 그런데, 다른 한편, 결혼이란 가정이라는 제도 속에서 책임, 임무 등이 따르게 되어 과거 혼자서 생활할 때보다 자유가 더욱 없어진다. 결국, 결혼은 호의적인 것과 비호의적인 것, 즉, 행복한 것과 행복하지 않은 것의 특성이 함께 붙어있는 제도이다. 그런데, 가정을 이루고 생활하는 어느 순간에 호의적인 성질보다 비호의적인 성질이 더 강하게 나타나서 비호의적인 성질의 것이 호의적인 성질의 것을 압도하게 되면, 즉, 회피자극이 접근자극을 압도하게 되면 가정이 깨어지는 예도 있게 된다. 그러나, 유교적 전통이 있는 한국 사회와 같은 사회에서는 가족, 친지, 동창, 직장 등 사회적 압력이 그렇게 깨어지는 것을 방지하고 결혼생활을 지속하게 하는 압력 요인으로 작동하는 경우가 많다.

조직의 목표 측면에서 볼 때, 어떤 목표가 바람직하다고 하여 이를 달성하고자 할 때 그 목표가 가진 부정적인 요소 때문에 그 목표 달성을 위한 노력을 하지 못하게 될 때 겪는 갈등도 접근-회피 갈등에 해당한다.

(5) 다중 접근-회피 갈등

다중(multiple) 접근-회피 갈등은 다수의 접근-회피 갈등을 겪는 것을 말한다. 즉, 대안들 하나하나가 각각 다수의 호의적인 것과 비호의적인 성질의 것을 모두 함께 가지고 있을 때 발생하는 갈등이다.

5. 순수성을 기준으로 한 분류

(1) 순수형태의 갈등

갈등이 당사자 또는 집단 간에 서로 상충하는 목표, 자원 등에 의해서 발생하는 경우가 많다. 당사자의 이익이 완전히 상반되는 경우의 갈등을 순수(純粹)한 형태(形態)의 갈등(葛藤)이라고 할 수 있다.

(2) 혼합형태의 갈등

그런데, 갈등이 반드시 당사자 또는 집단 간에 서로 상충하는 목표만 가지고 있는 것은 아니다. 갈등에 있어서 당사자 사이에 상충하는 이익은 물론 공통의 이익도 있을 수 있다. 즉, 대립과 상호의존도가 동시에 공존할 수 있다.

공통의 이익이 존재하는 경우의 갈등을 혼합형태(混合形態)의 갈등(葛藤)이라고 할 수 있다. 혼합형태의 갈등에서 승리한다는 것은 상대방에 대한 상대적인 승리가 아니라 자신의 가치체계에 대한 상대적인 이익을 얻는 것을 의미한다. 이는 협상(協商), 화해(和解), 홍정 등에 의해서 달성될 수 있다(Schelling, 1992).[35)]

이러한 혼합형태의 갈등모형에 근거하여 노사 간 갈등, 중앙정부와 지방정부 간 갈등 등의 갈등들을 상대방이 귀중하게 여기는 것을 손상하지 않고도 협상, 홍정, 화해 등에 의해서 해결할 수 있다.

35) Schelling, T. C. (1992). 「갈등의 전략」. 최동철(역). 서울: 나남.

6. 갈등 원천을 기준으로 한 분류

(1) 일반 원천을 기준으로 한 분류

갈등을 일으키는 일반적인 원천을 기준으로 목표갈등, 감정갈등, 역할갈등, 인지갈등, 행동갈등 등으로 구분할 수 있다(이한검 · 이수광, 2000).[36] 그 내용은 다음과 같다.

① 목표갈등

목표갈등은 당사자들 자신들이 목표로 설정하고자 하는 것에 대한 의견 차이로 나타나는 갈등이다. 예컨대, 사용자가 임금인상을 2%로 설정하고자 하고 노동자(노동조합)는 임금인상을 7%를 요구할 때 목표설정에 대한 의견 차이로 갈등이 발생한다.

② 감정갈등

감정갈등은 당사자들의 정서나 감정이 서로 달라 갈등이 발생하는 경우를 말한다. 감정갈등은 특정 대상에 대한 고정관념으로 인하여 발행하는 경우가 많다. 예컨대, 백인과 흑인 간의 인종적 편견에서 오는 흑백갈등은 감정갈등의 부류에 속한다고 할 수 있다.

③ 역할갈등

역할갈등은 행동 주체가 수행해야 할 역할이 둘 또는 그 이상이고, 이 역할 간에 충돌을 일으키는 경우를 말한다. 예컨대, 모 회사의 어떤 이사가 노동자를 한 사람이라도 더 포용해서 가족처럼 생활하게 해야 할 역할과 회사의 구조조정으로 인하여 노동자들 가운데 일부를 퇴사

---

36) 이한검 · 이수광. (2000). 「인간관계」. 서울: 형설출판사.

시켜야 할 역할을 동시에 가지게 될 상황에 놓일 때 역할 간에 갈등이 발생한다.

④ **인지갈등**

인지갈등은 당사자들이 자신들이 가지고 있는 아이디어, 생각 등이 상대방과 서로 다르다고 인식하는 데서 오는 갈등이다. 예컨대, 연구원들 간의 서로 다른 아이디어, 생각 등에서 오는 갈등이나, 어떤 주제에 대한 토론자들 간의 갈등이 여기에 해당한다.

⑤ **행동갈등**

행동갈등은 당사자들이 표출하고 있는 행동에 대해서 서로가 상대방의 행동을 인정하지 않을 때 발생하는 갈등이다. 이러한 갈등은 주로 문화적 또는 인식의 차이에서 오는 경우가 많다. 예컨대, 한국과 미국의 문화적 차이로 인해서 한국인이 식사 중에 나타내는 행동과 미국인이 식사 중에 나타내는 행동 간에 차이로 인하여 갈등이 발생할 수 있다.

(2) 기능을 기준으로 한 분류

갈등의 원천이 기능에 있다고 볼 때, 기업이나 정부가 수행하는 기능을 중심으로 갈등을 분류할 수 있다. 이는 주로 행정갈등(行政葛藤), 정책갈등(政策葛藤)에 포함되는 것이다. 행정갈등은 행정을 수행하는 가운데 발생하는 갈등이고, 정책갈등은 정책을 수행하는 가운데 발생하는 갈등이다. 일반적으로 정책이 수립되고 이를 집행하기 위해서 행정이 필요하게 된다.

기업이나 정부의 하는 일은 무한대에 이른다고 할 수 있을 만큼 다양하다. 따라서, 그 갈등의 형태도 다양하다.

예컨대, 정부의 정책을 넓게 볼 때, 분배정책, 재분배정책, 규제정책, 구성정책, 추출정책, 상징정책 등의 정책들이 있는데 이들 정책에 따라 이해관계자들 간에 갈등이 발생할 수 있다.

또는, 구체적인 정책에 따라서, 인사(정책)갈등, 조직(정책)갈등, 환경(정책)갈등, 권한(정책)갈등, 구역(정책)갈등, 재정(정책)갈등 등이 그러한 예에 해당한다.

특히, 정부의 경우 각종 개발정책이나 행정에 있어서 갈등이 끊임없이 일어나고 있다. 예컨대, 댐(dam) 건설, 도로건설, 상하수도건설, 수질 보전, 하수처리장건설, 사회복지시설, 소각시설(장)건설, 화장장 건설 등의 정책이나 행정에 있어서 갈등이 끊임없이 발생하고 있다.

7. 갈등의 진행 과정을 기준으로 한 분류

갈등을 진행 과정의 사건으로 볼 수 있다. 폰디(Pondy)는 갈등이 진행되는 과정에 따라 갈등을 잠재된 갈등, 인지된 갈등, 느껴진 갈등, 표출된 갈등, 갈등 여파로 분류하고 있다. 그 내용은 다음과 같다.

(1) 잠재된 갈등

잠재된 갈등은 갈등이 잠재되어 있어서 갈등이 야기될 수 있는 상황을 말한다. 이는 이전의 갈등이 미해결상태로 있거나 불완전하게 해결되었을 때 잠재해 있는 상태일 수 있다. 그러므로, 이는 잠재적 갈등이다. 그러나, 기업조직이든 정부조직이든 조직 본래의 특성상 갈등이 잠재되어 있다.

예컨대, 희소한 자원, 인사정책, 보상정책, 하부집단 간 목표의 상이, 구성원의 가치관과 사회 배경의 차이 등이 그러한 잠재된 갈등의 원인으로 항상 잠재된 것이다.

(2) 인지된 갈등

인지된 갈등은 갈등이 감각기관에 의해서 감지된 갈등을 말한다. 갈등이 있다는 것은 이것을 의식하기 때문이다. 예컨대, 같은 현상을 놓고 어떤 사람은 갈등상태라고 인식하고, 다른 사람은 이를 갈등으로 인식하지 않을 수 있다. 이는 특히 성희롱, 성차별의 문제에서 잘 나타나고 있다.

(3) 느껴진 갈등

느껴진 갈등은 갈등이 감정적으로 느껴진 갈등을 말한다. 즉, 상대방에 대해서 적대감이나 악의를 품는 것 등은 갈등을 느끼는 것이다. 사람이 갈등을 인식하지 않고 단지 느끼기만 할 수 있다. 갈등을 느끼기만 하여도 갈등상태에 있게 된다.

(4) 표출된 갈등

나타난 갈등 또는 표출된 갈등은 갈등이 밖으로 드러난 갈등을 말한다. 인지되거나 느껴진 갈등이 행동으로 외부로 나타난 것이 표출된 갈등이다.

(5) 갈등 여파

갈등 여파는 갈등의 결과가 그 이후에 미치는 영향력을 말한다. 갈등이 잘 해결되지 않았을 땐 잠재적 갈등이 더욱 심각해지게 된다.

8. 고의성을 기준으로 한 분류

갈등이 의도적으로, 고의로 발생했느냐 의도적이 아닌 또는 고의적이 아닌 것으로 일어났느냐에 따라 마찰갈등과 전략갈등으로 구분할 수 있다(Pondy, 1969).[37]

(1) 마찰갈등

마찰갈등(摩擦葛藤)은 조직의 변경을 일으키지 않는 미미한 갈등으로서, 의도적으로 일으켜 발생한 갈등이 아니라 자연 발생적으로 일어난 갈등을 말한다. 즉, 마찰갈등은 조직의 협동규범을 깨드리기는 하지만 조직의 권한 관계, 자원배분, 기능적 책임 등을 변경하지 않는 미미하거나 하찮은 갈등으로서 비의도적으로 발생한 갈등을 말한다(Pondy, 1969).[38]

일반적으로 마찰갈등이 빈번하게 발생하면 더 심각한 갈등을 미리 완화할 수 있다. 그러나, 마찰갈등도 조직에 예기치 않은 의도되지 않은 역기능적 결과를 가져올 수 있다. 따라서, 갈등의 공식적(公式的) 및 비공식적 조직(非公式的 組織)의 구조적 원천을 찾아서 갈등의 결과를 최소화할 수 있는 조직을 설계해야 한다.

(2) 전략갈등

전략갈등(戰略葛藤)은 의도적으로 갈등을 일으켜 조직의 변경이 일어나게 하는 갈등이다. 즉, 조직의 권한, 자원, 기능적 책임 등의 변경

---

37) Pondy, L. R. (1969). Varieties of organizational conflict. *Administrative Science Quarterly,* 14. pp.499~505.

38) Pondy, L. R. (1969). Varieties of organizational conflict. *Administrative Science Quarterly,* 14. pp.499~505.

을 일으키기 위해서 고의로 발생시키는 갈등이다. 전략갈등은 조직에서 약한 지배력을 가진 구성원들이 자신들보다 강한 권력을 가진 구성원들로부터 통제권 일부를 양도받기 위한 수단으로 사용되기도 한다(Pondy, 1969).[39]

전략갈등에서 저항자들이 사용하는 수단에는 불평, 탈퇴, 권력 탈취, 폭력의 위협, 폭력, 설득, 작업중단, 정부의 간여 또는 통제 등이 포함된다. 일반적으로 제조회사와 같은 실용주의적 조직 또는 공리주의적 조직에서는 이익증진을 위해서 저항자들이 저항하게 된다. 종교 등 규범적 조직에서는 권력을 탈취하기 위해서 저항이 일어난다. 여기서 말하는 권력의 탈취에는 권력 균등화, 민주주의화 등이 포함된다. 강압적 조직에서는 탈퇴하기 위해서 저항자들이 저항하게 된다.

9. 정부를 기준으로 한 분류

(1) 지방정부와 중앙정부 간 갈등

지방정부(지방자치단체)와 중앙정부가 충돌하여 갈등을 일으킬 수 있다. 즉, 기초자치단체 또는 광역자치단체가 중앙정부와 갈등을 일으키는 것이다. 목표, 자원, 사업, 예산, 인사, 개발 등 다양한 분야에 있어서 다양한 갈등이 발생하게 된다.

(2) 지방정부 간 갈등

또한, 지방정부와 지방정부가 충돌하여 갈등을 일으킬 수 있다. 즉, 기초자치단체와 기초자치단체 또는 광역자치단체가 서로 목표, 사업,

39) Pondy, L. R. (1969). Varieties of organizational conflict. *Administrative Science Quarterly,* 14. pp.499~505.

자원, 예산, 개발, 쓰레기 매립 등에 있어서 갈등을 겪게 될 수 있다.

(3) 주민과 정부 간 갈등

주민과 정부가 서로 충돌하여 갈등을 일으킬 수 있다. 즉, 기초자치단체, 광역자치단체, 또는 중앙정부가 주민 또는 시민과 서로 충돌하여 갈등을 일으킬 수 있다. 일상적인 생활에서 충돌할 수 있고, 사회복지 정책이나 사회간접자본 투자에 있어서 갈등을 겪게 될 수 있다.

(4) 시민단체와 정부 간 갈등

시민단체와 정부가 서로 충돌하여 갈등을 일으킬 수 있다. 예컨대, 환경보전단체, 인권단체 등의 NGO[40]와 정부가 충돌하여 갈등을 겪게 될 수 있다. 예컨대, 새만금사업, 한탄강댐 건설 등과 관련된 갈등들은 지역주민, 환경단체, 정부가 충돌하여 발생한 갈등들이다.

---

40) NGO란 Non-Governmental Organization의 약어이다. 직역하면 "비정부기관"이라는 뜻이다. 그러나 일반적으로 비정부기관이면서 비영리기관으로서 정부와 기업으로부터 독립되어 있고, 각종 정치적 당파로부터도 독립된 조직을 말한다.

제3장
갈등모형

|제1절| 개인갈등모형

1. 적대적 갈등모형

갈등모형(conflict model)은 갈등에 관한 현상을 알기 쉽게 설명하기 위해 글, 그림, 부호 등을 이용하여 만들어 놓은 틀이라고 할 수 있다.

매디(Salvatore R. Maddi)는 개인과 개인 삶의 갈등을 언급하고 있는데, 사람의 삶의 성질에 초점을 맞추어서 적대적 갈등 관계를 언급하고 있다. 개별자(個別者)로서 또는 조직의 구성원(構成員)으로서 개인의 갈등을 설명하고 있는 매디의 견해를 다음과 같은 갈등모형으로 정립할 수 있다(Maddi, 1972).[1]

---

1) Maddi, S. R. (1972). *Personality Theories: A Comparative Analysis*.

(1) 두 세력 간 충돌의 산물로서 갈등

갈등은 조화될 수 없는 적대적 두 세력 간의 충돌이다. 이 두 세력은 개별자(個別者)로서 개인세력과 집단세력(또는 사회세력)일 수 있고, 개별자로서 개인의 내면이나 집단구성원(또는 사회구성원)으로서의 개인의 내면에 존재하는 것일 수 있다.

(2) 두 세력 간 타협의 산물로서 삶

삶은 이들 두 세력 간의 타협이다. 타협의 최상의 상태는 두 세력 간의 역동적 균형이다. 타협의 최악의 상태에서는 한 세력이 다른 세력의 존재를 부정한다. 상대방의 존재를 부정하는 관계에서는 두 세력은 적대적으로 된다.

(3) 필연의 산물로서 갈등

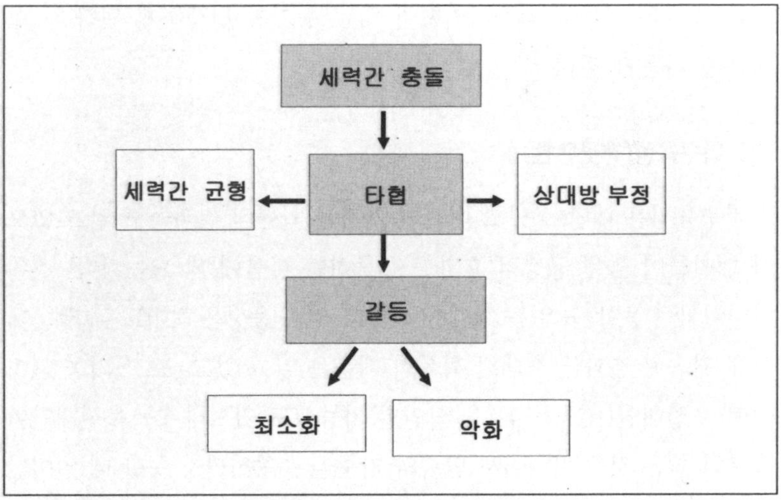

〈그림 1-3-1〉 적대적 갈등모형

Homewood, Illinois: The Dorsey Press.

역동적 균형을 유지하기 위해서 갈등은 필연적이며, 적대적 관계에서 갈등은 더욱 필연적인 것이다. 갈등은 지속적인 것이며 피할 수 없는 필연적인 것이다. 따라서, 갈등은 최소화될 수는 있으나 제거될 수는 없다.

〈그림 1-3-1〉은 Maddi의 적대적 갈등모형을 그림으로 보여주고 있다.

2. 비수용성, 비비교성, 불확실성 모형

마치(James G. March)와 사이몬(Herbert A. Simon)은 행동대안의 비수용성, 비비교성, 불확실성 등을 개인이 겪는 갈등의 요인으로 제시하고 있다. 이들 요인에 의해서 갈등이 발생하게 되고, 갈등을 인지한 개인은 갈등을 감소시키고자 하는 동기가 발생하게 된다.[2] 그 내용은 다음과 같다.

(1) 비수용성(非受容性)

비수용성은 대안도 있고 대안이 가져올 확률적 결과들도 알고 있으나 대안들이 높은 긍정적 효과를 산출하는 마음에 썩 드는 좋은 것이 아니어서 수용할 수 없는 상태를 말한다. 비수용성은 적어도 각 행동대안에 귀속된 결과들에 대한 확률적 배분은 알고 있고, 또 어려움 없이 어떤 우선대안(優先代案)을 확인할 가능성도 있으나, 그 우선대안이 충분히 좋은 것은 아니어서 만족의 기준을 충족시키지 못할 때 일어난다.

2) March, J. G., & Simon, H. A. (1966). *Organizations*. New York: John Wiley & Sons.

예컨대, 대안들이 모두 긍정적 효과를 산출하지 못하고 부정적 효과만을 초래하거나, 긍정적 효과를 초래하더라도 그 정도가 아주 미미하거나, 또는 어떤 대안이 높은 긍정적 효과를 산출할 것이 기대되더라도 높은 부정적 효과가 함께 산출될 대안은 모두 수용될 수 없는 비수용성의 대안들이 된다.

(2) 비비교성(非比較性)

비비교성은 대안이 가져올 결과들의 확률적 배분은 알고 있으나, 그 초래될 결과들의 정도가 비슷하거나 같아서 최우선대안(最優先代案)을 확인할 수 없는 때에 발생한다. 대안들이 가져올 결과들이란 개인들이 주관적으로 느끼고 각 대안에 부여하는 가치들이며 개인마다 다를 수 있다.

대안이 초래할 결과들에는, 예컨대, 높은 긍정적 가치, 보통의 긍정적 가치, 긍정적 및 부정적 가치, 또는 바람직하지 못한 부정적 가치 등이 포함될 수 있다.

예컨대, 두 개의 대안이 있을 때 이 두 개의 대안 모두가 높은 긍정적 결과들을 가져다주는 좋은 대안들일 때 비비교성의 문제가 발생한다. 또한, 모두가 보통의 가치들만 가져다주거나, 또는, 모두가 부정적 결과만을 가져다주는 대안들일 때도 비비교성의 문제가 발생한다.

(3) 불확실성(不確實性)

대안이 가져올 결과에 대한 확률을 알지 못할 때 그 대안은 불확실하다고 말할 수 있다. 따라서, 불확실성은 행동 선택과 환경의 결과들에 연계된 확률적 배분조차도 알 수 없는 경우에 야기된다. 대안들이 모두 불확실한 것들이거나, 한쪽 대안은 불확실해도 다른 쪽 대안은 부정적 결과만을 초래하는 보잘것없는 가치를 가진 것이거나, 대안들 모두가 보잘것없는 가치들을 초래하는 것들이거나 할 때 불확실성이 발생한다.

비수용성과 비비교성이 동시에 발생할 수 있다. 예컨대, 부정적인 결과들만을 초래하는 보잘것없는 가치들만을 초래하는 대안들에 대해서는 비수용성과 비비교성이 함께 초래된다. 또한, 긍정적 또는 부정적 효과를 전혀 초래하지 않게 되는 대안들만 있는 경우에도 비수용성과 비비교성이 동시에 발생한다.

높은 긍정적 효과를 초래하는 대안과 높은 부정적 효과를 초래하는 대안 두 개가 있을 땐 높은 긍정적 결과를 가져오는 대안을 선택하면 되기 때문에 갈등이 발생하지 않는다. 높은 긍정적 효과의 대안과 불확실성의 대안들이 각각 있을 때도 갈등이 발생하지 않는다. 높은 긍정적 효과의 대안과 긍정적 및 부정적 효과가 혼합된 대안이 있을 때도 갈등이 발생하지 않는다. 그리고, 높은 긍정적 효과의 대안과 낮은 긍정적 및 부정적 효과를 동시에 가진 대안이 있을 때도 높은 긍정적 효과를 초래하는 대안을 선택하면 되기 때문에 갈등이 발생하지 않는다.

비수용성, 비비교성, 불확실성이 크면 클수록 개인이 갈등을 겪게 될 확률은 더욱 높아진다. 갈등이 인지되면 이를 해소 또는 감소시키고자 하는 동기가 발생하고 개인은 이를 위해 노력하게 된다. 이러한 노력은 시간적 압박과 대안의 이용 가능성에 의해서 영향을 받게 된다.

기존 대안들의 결과들에 대해서 청징화(淸澄化)의 노력 즉, 기존 대안들의 결과들을 분명하고 명백하게 하는 노력을 시도해야 한다. 이 시도가 실패하게 되면 새로운 대안들을 찾아 나서야 한다.

〈그림 1-3-2〉는 비수용성, 비비교성, 불확실성 모형을 그림으로 보여주고 있다.

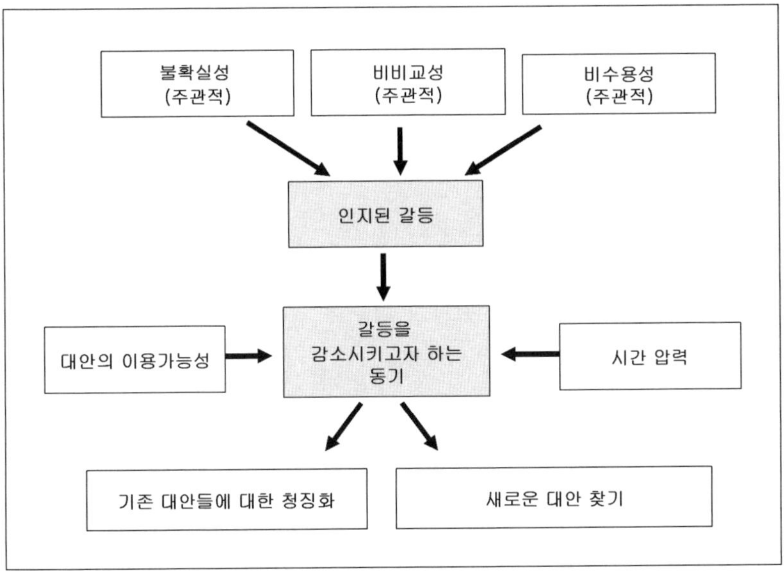

〈그림 1-3-2〉 비수용성, 비비교성, 불확실성 모형

|제2절| 조직갈등모형

1. 갈등과정모형

갈등이 어떠한 경로를 통해서 발생하는가를 제시하는 모형이 갈등과정모형이다. Schmidt와 Kochan은 집단들 간에 공유된 자원, 감지된 상호 배타적 목표, 상호의존적 활동 등을 갈등을 일으키는 주된 요인으로 제시한다. 집단 간 목표의 상호 배타성, 활동의 상호의존성, 자원의 공유성의 정도가 높으면 높을수록 잠재적 갈등의 행태도 높아지게 된

다(Schmidt & Kochan, 1972).[3]

또한, 이들 요인과 함께, 목표 선택에 영향을 미치는 요인으로 동기요인(動機要因)을 언급하고 있고, 상호의존적 활동으로 인해서 발생하는 인지(認知) 또는 감지(感知)된 간섭의 기회가 감지된 목표의 상호 배타성과 함께 갈등을 일으키는 것으로 설명하고 있다.

상호 배타적인 목표들 가운데서 왜 어떤 목표가 다른 목표에 우선하여 또는 대신하여 선택되는가를 설명하는 요인이 동기요인(動機要因)이다. 이 동기요인은 집단이 자신의 목표를 선택하는 동기를 제공한다. 이 동기는 관리자들이 처한 상황에 따라 다르다. 예컨대, 임명된 공무원이나 정치적으로 선출된 공무원들은 일반적으로 자신의 이해관계집단들의 이익을 대변하기 위해서 또는 지역구 주민의 이익을 대변하기 위해서, 또는 자신의 기존의 관할구역이나 활동영역을 유지하기 위해서 목표를 설정할 것이다.

그리고, 집단들이 선택한 목표들이 서로 일치하지 않고 배타적임을 집단의 구성원들이 인지 또는 감지하게 되면 집단은 갈등을 겪게 된다. 또한, 자원을 공유하고 있다는 것과 상호의존적인 활동은 집단 간에 서로 간섭할 기회를 제공하게 되고 이를 집단구성원들이 감지 또는 인지함으로써 갈등이 발생한다.

---

3) Schmidt, S. M., Kochan, T. A. (1972). Conflict: Toward conceptual clarity. *Administrative Science Quarterly,* 17. pp.359~370. Schmidt와 Kochan은 경쟁과 갈등의 개념을 구별하여 설명하고 있다. 경쟁과 갈등은 모두 목표의 배타성, 집단 간 자원의 이용 가능성, 집단 간 활동의 상호 의존성을 주요 요인으로 하고 있다. Schmidt와 Kochan에 의하면 경쟁과 갈등은 간섭 또는 봉쇄 활동에 있어서 주된 차이가 있다. 경쟁(競爭)에 있어서 자원은 공유될 수도 있고 상호 독립될 수도 있으나, 집단들의 활동들은 집단구성원들에 의해서 상호의존되어 있다고 인지되지 않는다. 그러므로, 집단들은 간섭의 기회를 인지하지 않는다. 그 결과, 집단들은 각자 서로 독립된 활동을 통해서 각자의 목표를 성취하려고 서로 경쟁하게 된다. 그러나, 갈등(葛藤)에 있어서 집단 간 활동은 독립적이지 못하고 상호의존적이다. 그 결과, 집단들은 간섭의 기회를 인지하게 되고 갈등을 겪게 된다.

결국, 갈등이란 집단구성원들이 목표의 배타성에 대한 감지 또는 인지와 간섭에 대한 기회를 인지 또는 감지하게 됨으로써 발생하게 된다. 즉, 집단의 구성원들이 그러한 요인이나 상황을 감지하지 못하거나 인지하지 못할 때 갈등을 발생하지 않을 수 있다.

이러한 자원, 의존성, 목표, 동기요인, 간섭기회의 요인들을 가지고 개념적인 갈등과정 모형을 그림으로 제시하면 〈그림 1-3-3〉과 같다 (Schmidt & Kochan, 1972).[4]

이러한 개념적 갈등과정모형을 발전시킨 것이 이른바 행위능력 갈등과정모형이다. 이는 공공분야에 있어서 집단 협상에서 발생하는 조직 내

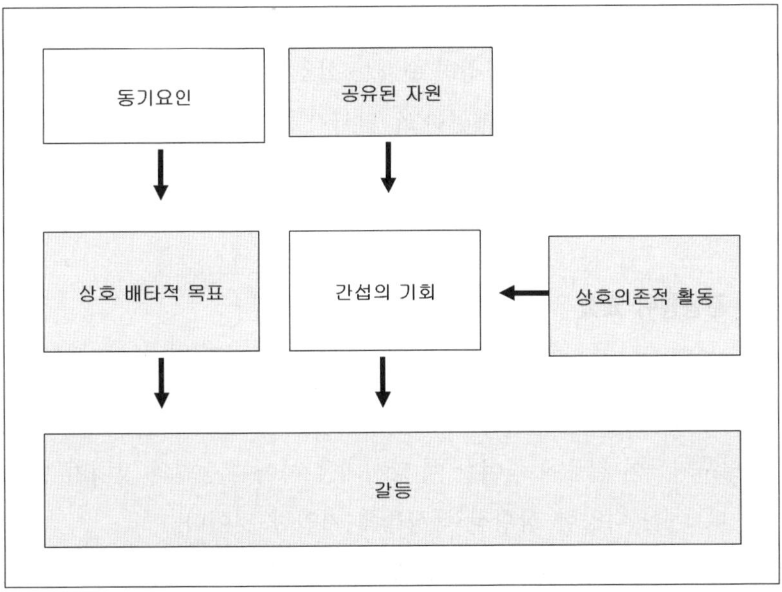

〈그림 1-3-3〉 목표, 자원, 상호 의존성의 개념적 갈등과정모형

4) Schmidt, S. M., Kochan, T. A. (1972). Conflict: Toward conceptual clarity. *Administrative Science Quarterly,* 17. pp.359~370.

부 갈등의 원인을 설명하는 과정에서 제시하고 있다. Kochan의 갈등모형을 다음과 같이 제시할 수 있다(Kochan, Huber, & Cummings, 1975).[5]

(1) 이해관계의 상반 관계

당사자들이 가지고 있는 목표들, 이해관계들, 또는 가치들이 상반된다. 각 당사자가 상대방과의 관계를 유지하므로 어떤 혜택을 누리거나 당사자들 사이에 권력이 공유된 경우에 발생하는 상호 의존성이 갈등을 일으키는 상호작용의 특성으로 작용한다.

(2) 충돌할 능력 소유

목표, 이해관계, 가치의 상반 관계는 상호의존관계에 있는 당사자들을 갈등에 종사할 동기를 제공하고, 당사자들은 자신들이 원하는 목표, 이해관계, 가치획득을 위해서 상대방의 목표, 이해관계, 가치획득과 충돌할 능력을 갖추고 있다.

(3) 갈등행위 표출

그러한 목표, 가치 등을 획득하기 위한 충돌할 능력을 기반으로 공공연한 갈등 행동이 당사자들의 관계에 출현한다. 상호의존적 관계에 있는 당사자들이 갈등에 참여할 때 당사자들 사이에 능력의 차이가 발생하는데 이는 다양한 상황적 특성들에 기인한 것이다.

이상과 같은 원인에 의해서 발생하는 갈등을 해결하기 위해서 목표들, 이해관계들, 또는 가치들의 갈등 존재를 공공연한 갈등 행동의 발

---

5) Kochan, T. A., Huber, G. P., & Cummings, L. L. (1975). Determinants of Intraorganizational conflict in collective bargaining in the public sector. *Administrative Science Quarterly,* 20. pp.10~23.

생으로부터 분리하는 것이 중요하다고 언급하고 있다.

〈그림 1-3-4〉는 행위능력 갈등과정모형을 그림으로 보여주고 있다.

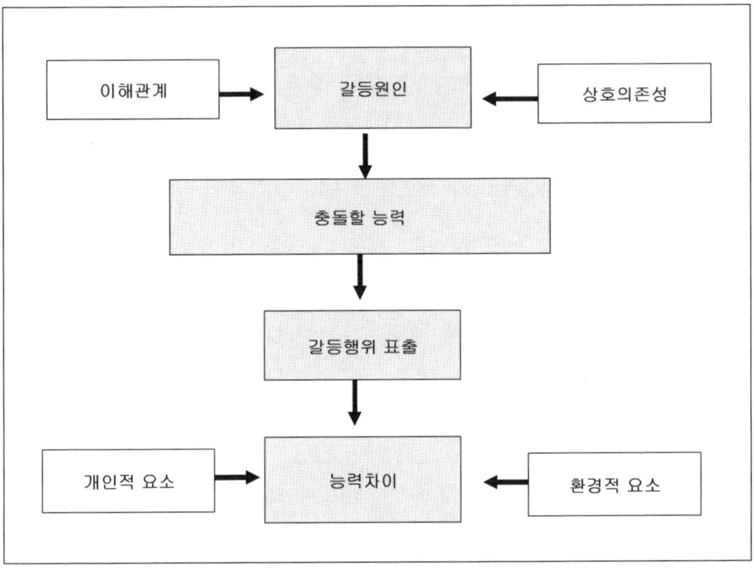

〈그림 1-3-4〉 행위능력 갈등과정 모형

2. 조직 내 개인 간 갈등모형

(1) 다른 행동대안에 대한 선호

조직 내의 개인 간 갈등모형을 마치와 사이몬(March & Simon)이 제시하고 있다. 개인 간에 갈등이 발생하기 위해서는 각 개인이 수용 가능한 행동대안들을 가지고 있어야 하며, 각 개인은 각각 다른 성향을 가지고 있고 다른 행동대안들을 선호해야 한다. 모든 개인이 하나의 대안에 의견의 일치를 본다면 갈등이 일어나지 않기 때문이다.[6]

6) March, J. G., & Simon, H. A. (1966). *Organizations*. New York: John

(2) 불확실성의 증가

불확실성과 비수용성이 개인 간 갈등의 요인이 된다. 불확실성은 의사결정 상황에 대한 과거의 경험이 많으면 많을수록 줄어들고 갈등도 덜 일어난다. 또한, 의사결정 상황이 덜 복잡하면 할수록 불확실성은 줄어들고 갈등도 덜 일어난다. 조직이 잦은 인사이동정책을 추진하고 있다면 자신의 분야에 대한 경험이 적어지게 되고 그렇게 되면 의사결정과 관련된 불확실성은 증가하게 된다.

(3) 비수용성의 증가

비수용성과 관련하여 볼 때, 이용 가능한 대안들이 많을 때 비수용성

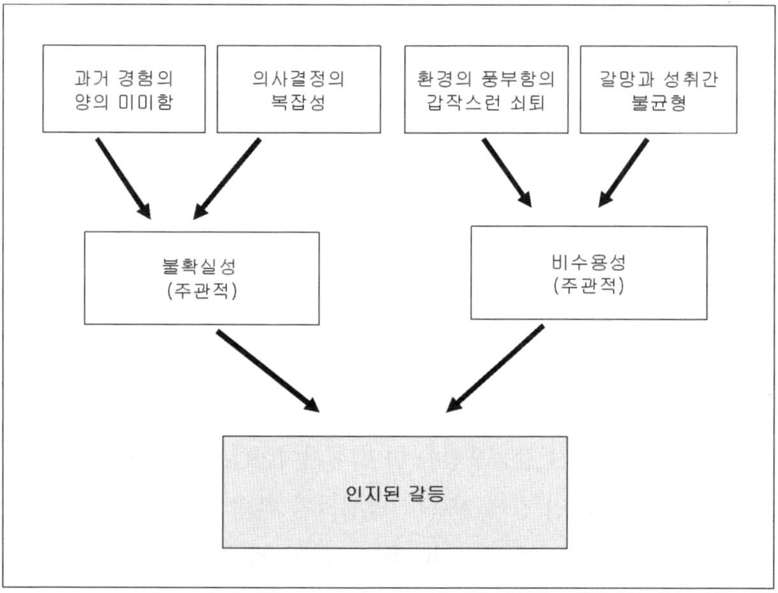

〈그림 1-3-5〉 조직 내 개인 간 갈등모형

Wiley & Sons.

은 줄어들고 갈등도 덜 일어난다. 개인이 바라던 바와 실제로 실현 가능한 성취 간에 차이가 있을 때 갈등이 발생하게 된다. 따라서, 바라던 바의 염원과 실제로 성취한 것과의 차이가 크면 클수록 조직 내의 개인 갈등은 증가할 가능성이 더욱 커진다.

그러한 차이는 환경의 풍요로움이 갑자기 쇠퇴할 때 많이 발생한다. 경기가 좋지 않을 때 기대와 성취 간의 격차는 크게 되고 개인은 갈등을 겪게 된다. 특히, 경제적 쇠퇴기나 기업의 수익이 줄어들 때 많이 발생한다.

〈그림 1-3-5〉는 조직 내의 개인 간 갈등모형을 그림으로 보여주고 있다.

3. 조직 내 집단 간 갈등모형

조직 내 집단 간에는 다양한 요인에 의해서 갈등이 발생한다. 조직 내의 집단 간 갈등모형을 마치와 사이몬(March & Simon)이 제시하고 있는데, 갈등의 주요 요인들로 크게 공동의사결정의 필요성, 목표의 상이 또는 차별화, 인지의 상이 등을 제시하고 있다.7)

(1) 공동의사결정의 필요성 존재

만약 공동의사결정의 필요성을 느끼지 못한다면 각 개별자는 상대방의 서로 다른 의견들에 대해서 관용을 보일 것이다. 그 반대로, 공동의사결정의 필요성을 느낄 때 그러한 서로 다른 의사결정을 용납하려고 하지 않을 것이며 이로 인해 갈등이 존재하게 된다.

---

7) March, J. G., & Simon, H. A. (1966). *Organizations*. New York: John Wiley & Sons.

공동의사결정에 대한 필요성을 느끼게 하는 요인들에는 제한된 합리성, 활동시간 및 작업일정(作業日程)의 상호 의존성, 조직수준, 경제환경 등의 쇠퇴와 희소자원(稀少資源)에 대한 상호 의존성 등이 포함된다.

또한, 공동의사결정을 위한 적절한 분야를 선택하려는 활동 자체도 갈등을 일으킬 수 있다. 특히, 그러한 활동이 일방적으로 이루어질 때 거기에 저항이 수반되고 갈등은 증폭된다.

조직수준(組織水準)도 공동의사결정의 필요성에 영향을 미치게 된다. 일반적으로 조직의 상부계층으로 올라갈수록 공동의사결정의 필요성은 증가하게 된다. 그 이유는 계(係) 수준에서보다 과(課) 수준에서, 과(課) 수준보다 부(部) 수준에서 그 하부집단들 또는 사람들의 협동 필요성은 더욱 증가하기 때문이다.

(2) 목표의 상이 또는 차별성

여기서 말하는 목표의 상이(相異) 또는 차별성(差別性)이란 조직 전체 목표에서 조직 내의 각 집단 또는 사람들이 추구하는 하부 목표로 내려갈수록 여러 이질적이고 차별적인 하위 부분의 목표들로 갈라지는 것 즉, 이질적 목표분화(異質的 目標分化)를 말한다.

조직에 있는 사람 또는 집단들이 조직의 목표를 주어진 것으로 보고 이를 달성하기 위해서 각 집단 또는 사람들은 자신의 목표를 설정하게 된다. 이때, 이 하부 목표들은 자신들이 작업을 수행하기에 유리한 목표로 분화하여 차별화하게 된다. 곧, 집단들 간에 자신들이 추구하는 목표가 상이(相異)하게 된다.

따라서, 조직이 공식적으로 추구하는 공식목표(公式目標)는 같다고 하더라도 각 사람 또는 집단이 작업과정에서 추구하는 목표는 이질적인 것으로 차별화되어 분화되고, 그 결과 각 집단 또는 사람이 실제로 추구하는 실질목표(實質目標)는 다르게 된다. 목표의 차별화는 갈등을 일으키게 된다. 예컨대, 기획부처(부서)에서는 많은 사업을 추진하기 위한 계획을 세우고 예산증액을 요구하지만, 재무부처(부서)에서는 가능한 지출을 억제하려고 하여 갈등이 발생하게 된다.

목표의 차별화에 영향을 미치는 요인들에는 조직의 보상시스템, 조직목표의 현용성 등이다. 조직의 보상시스템은 희소자원에 대한 구성원들의 경쟁력을 증대시키고 이는 갈등을 유발하게 된다.

한편, 여기서 언급되는 조직목표의 현용성(現用性)이란 조직목표의 주관적 현용성을 말하는 것으로 개별 조직의 목표가 얼마나 잘 성취되고 있는지를 관찰되고 검증될 수 있는 정도를 말한다. 이는 조직목표의 운영성(運營性), 명확성(明確性), 객관성(客觀性)과 관련되어 있다.

즉, 각 조직이 자신의 조직목표가 언제든지 당장 운영되어 그 결과가 평가될 수 있도록 명확하고 객관적이면 조직목표의 현용성(現用性)이 높다고 말할 수 있다. 그렇지 않고 불명확하고 추상적이고 모호할 땐 현용성이 낮다고 말할 수 있다. 목표의 현용성이 낮으면 개별 목표들을 조화시키고, 통합하는데 어려움이 발생하게 된다.

따라서, 조직목표들의 주관적 현용성이 낮으면 낮을수록 조직 내의 개별적 목표들의 분화와 차별화는 더 크게 된다. 목표의 분화와 차별화가 크게 되면 될수록 집단들 간의 갈등은 더욱 증폭된다. 목표들의 주관적 현용성에 영향을 미치는 요인들에는 조직의 유형, 조직의 크기, 조직의 수준 등이 포함된다.

여기서 조직의 유형이란 어떤 일을 수행하고 있는 조직인가에 관련된 것이다. 조직이 수행하고 있는 일의 형태에 따라서 갈등이 심할 수도 있고 그렇지 않을 수도 있다. 하부집단들로 내려갈수록 목표가 이질적으로 분화, 차별화가 많이 발생하는 조직일수록 갈등이 많이 발생하게 된다. 예컨대, 이질적인 목표분화가 많은 조사 담당조직이 목표분화가 적은 생산 담당조직보다 갈등이 더 많이 발생할 수 있다.

(3) 인지의 상이

조직의 의사결정의 기저에 흐르고 있는 인식 과정이 서로 달라서 같은 현실 문제를 각각 다르게 인지하게 되고 이로 인해서 집단 간 갈등이 발생하게 된다.

다른 인지를 초래하게 되는 요인들에는 정보원의 수의 차이, 정보처리 채널의 차이 등이 포함된다. 개인 목표들의 다름 또는 차별화가 크면 클수록 개인의 지각, 인지들의 다름 또는 차별화도 더 크게 된다.

정보를 제공하는 사람 또는 집단인 정보원의 수가 많으면 많을수록 인지의 차이는 크게 된다. 즉, 독립된 정보원의 수가 많으면 많을수록 인지의 차이는 더욱 크게 된다. 예컨대, 외부에서 정보를 제공하는 개인 또는 집단이 다수 있을 때가 정보원이 하나만 있을 때보다 인지적 갈등이 크게 된다.

정보 채널에는 공식적 채널과 비공식적 채널이 모두 포함되며 정보의 공유에 매우 중요한 역할을 담당하게 된다. 여기서 말하는 정보 채널이란 정보가 전달되는 조직 구성원들의 수를 한정하는 것을 뜻한다. 정보공급이 특정 사람들에게 제한되면 될수록 인지의 차이는 더욱 크게 된다. 정보의 불완전한 공유는 공동의사결정과정에서 불일치를 일으키게 되고 갈등을 초래하게 된다.

〈그림 1-3-6〉은 조직 내의 집단 간 갈등모형을 그림으로 보여주고 있다.

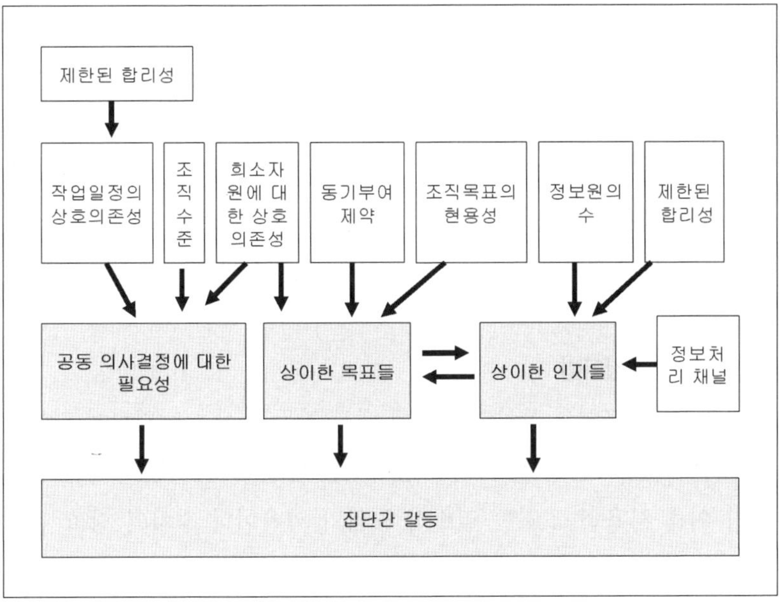

〈그림 1-3-6〉 조직 내 집단 간 갈등모형

4. 조직 하부집단 간 갈등모형

조직 내의 하부집단 간에 발생하는 갈등에 관한 개념적 모형을 폰디(Louis R. Pondy)는 관료갈등모형, 협상갈등모형, 체제갈등모형으로 구분하고 있다(Pondy, 1967).[8] 그 내용은 다음과 같다.

(1) 관료갈등모형(官僚葛藤模型)

관료갈등모형은 정치적 갈등모형(政治的 葛藤模型) 또는 수직적 갈등모형(垂直的 葛藤模型)이라고도 할 수 있는데, 수직적인 계층제조

8) Pondy, L. R. (1967). Organizational conflict: Concepts and models. *Administrative Science Quarterly*, 12. pp.296~320.

직(階層制組織)에서 상급자와 하급자 간에 발생하는 갈등을 설명하기 위해 개념화한 모형이다. 조직의 공식적인 계층구조는 제도화된 수직적 틀인데 이 제도적 기구를 이용하여 상사가 부하를 통제하려고 할 때 그에 대해 반발하는 과정에서 갈등이 발생하게 되는 갈등을 설명하기에 적합하다. 관료갈등모형은 크게 권한관계접근법, 리더십개발접근법, 역할갈등접근법으로 구분하여 설명할 수 있다.

① 권한관계접근법

권한관계접근법은 상사의 부하에 대한 감독 사실을 변경하여 갈등을 최소화하려는 수단이다. 여기서 감독사실(監督事實)이란 부하를 통제하기 위해 사용하고 있는 일반적 규칙의 사용이나 절차의 강조 등과 같은 사실들을 말한다.

버나드는 상사와 부하 사이의 권위적 관계는 부하가 상사에게 순종하는 부하의 활동들의 집합인 무차별지대(無差別地帶) 또는 수용지대(受容地帶)라고 불리는 것에 의해서 결정된다고 주장하고 있다(Barnard, 1960).[9]

사이몬은 버나드의 무차별지대를 수용지역(受容地域)이라고 부른다(Simon, 1976).[10] 이 수용지역의 범위 안에서 상사가 부하에 대해서 내리는 의사결정을 부하는 기꺼이 수용하게 된다. 즉, 무차별지대 또는 수용지역은 상사가 부하의 활동들을 통제할 때 부하가 상사의 통제에 순순히 따르는 부하의 순응 활동들의 집합을 말한다. 이 무차별지대 내에서 부하는 상사의 권한에 순응하게 되며, 이 무차별지대 내에서 상사의 재량권 행사의 합법성에 부하는 순응하게 된다.

---

9) Barnard, C. (1960). *The Function of the Executive*. Cambridge, Mass: Harvard University.

10) Simon, H. A. (1976). *Administrative Behavior*. New York: The Free Press.

그런데, 이 무차별지대는 보이지 않는 주관적인 기대의 것이기 때문에 부하가 기대하는 무차별지대와 상사가 기대하는 무차별지대가 서로 다를 경우 갈등이 잠재하게 된다. 예컨대, 부하가 기대하는 무차별지대를 넘어서서 상사가 부하의 활동들을 통제하려고 할 때 부하는 갈등을 인지하게 되고, 저항하게 된다. 상사도 자신의 통제 활동이 부하에 의해서 위협을 받게 되면 갈등을 인지하게 된다. 즉, 상사와 부하 간의 권위적 관계가 무차별지대의 범위 내에서 유지하게 되고 그 범위를 벗어나게 되면 깨어질 수 있다.

일반적으로 조직은 상사와 부하의 권한 관계는 명확하게 확정 짓고, 부하의 행동을 예측할 수 있게 할 수 있도록 규칙을 만들어 집행한다. 그런데, 그러한 규칙은 부하의 자율성을 제한하게 된다. 부하에 대한 자율성의 제한은 자율성을 바라는 부하에게 갈등을 유발하게 된다. 특히, 조직이 크면 클수록 조직은 개인 하나하나의 특성을 보살필 수 없으므로 더욱더 개인의 자율성과는 멀어지게 되는 규칙을 규정하게 된다. 또한, 조직의 과정이 형식화되면 상급자는 부하를 하나의 수단으로 취급하는 경향이 있다. 자율성이 저해되고 상사에 대한 부하의 저항이 있게 되면 상사는 더욱 규칙을 엄하게 하려는 경향이 있고 갈등은 더욱 깊어진다.

조직이 변화하는 환경에 적응해야 할 때 이러한 엄격한 규칙, 절차의 강조, 자율성 제한과 같은 요소들은 갈등의 원인이 된다. 즉, 구성원의 자율성을 제한하는 규칙의 엄격성은 안정된 환경에서는 갈등을 최소화할 수 있으나, 변화하는 환경에 적응이 요구되는 때에는 갈등의 주된 요인이 된다.

② 리더십개발접근법

리더십개발접근법은 상사의 부하에 대한 감독 스타일을 변경하여 갈등을 최소화하고자 하는 수단이다. 여기서 말하는 감독 스타일이란 참여적 관리기법들이나 연결핀(linking-pin) 관리시스템[11] 등과 같은 개인의 참여, 설득, 압력 등을 조장하는 형태이다. 권한관계접근법이 규칙이나 절차를 강조하여 개인의 자율성을 제한하는 방법인 것에 비해서, 리더십개발접근법은 개인을 설득하거나 집단 압력을 통해서 부하들의 목표들을 조직의 합법적 목표들에 더욱 가까이 접근시켜, 갈등을 최소화하려는 노력으로 리더십 이론가들에 의해서 제기되었다.

조직활동에 개인의 참여를 강조하여 개인의 자율을 감소시키고 의존성을 증대시키는 전략을 취하는 리더십개발접근법은 친밀(親密)한 관계(關係)의 형성 때문에 개인적 갈등이 오히려 증폭되는 원인을 제공하게 될 수 있다.

③ 역할갈등접근법

여기서 말하는 역할갈등접근법은 상사와 부하 사이의 중간계층에 있는 사람들이 직면하고 있는 갈등을 설명하기 위한 수단이다. 이들은 자신들 상사의 욕구와 자신들 부하의 욕구가 불일치할 때 갈등을 겪게 된다. 어느 한쪽의 욕구와 동조하게 되면 다른 쪽을 소외시키게 되는 결과를 가져오게 된다.

---

11) 연결핀(linking-pin) 관리시스템 개념은 리커트(Rensis Likert)가 처음 주장한 것으로 알려져 있다. 연결핀은 대상들을 서로 이어주는 연결고리 또는 연결장치를 말하며 이는 사람 또는 팀이 될 수 있다. 팀들로 구성된 연결핀은 각 팀의 공동 구성원들은 서로에게 연결을 제공하는 연동장치의 역할을 하게 된다. 한 팀의 한 구성원은 다른 팀의 회원이 되고 대표적 권한을 가짐으로써 다른 팀들에게 하나의 연결핀이 될 수 있다. 이 연결핀은 공식적인 것일 수도 있지만, 비공식적일 수도 있다. 대부분 조직에서 연결핀은 팀들 간의 정보전달과 통신을 위해서 필요한 수단이며 구조이다.

(2) 협상갈등모형(協商葛藤模型)

협상갈등모형은 이해관계에 있는 집단들 간에 희소자원의 획득을 둘러싸고 발생하는 갈등을 개념화한 모형이다. 즉, 각 집단에 충분히 공급될 자원의 부족이 협상갈등을 일으킨다. 이 모형은 주로 노동자와 관리자 간, 계선과 참모 간, 예산과정상의 집단 간의 갈등 등을 설명하기에 적합한 모형이다.

어떤 관계들은 전통적으로 갈등 관계에 있을 수 있다. 예컨대, 계선과 참모조직 간의 관계, 판매부서와 생산부서 간의 관계, 행정부서와 교수진 간의 관계 등과 같은 관계는 전래적으로 갈등 관계에 있을 수 있다.

노사관계갈등, 예산과정갈등 등과 같은 갈등을 해결하기 위한 해결책을 찾을 때 최종 마감 시간이 가까이 올수록 마감 시간 압박은 증대되고 갈등 또한 확대되게 된다.

협상갈등을 해결하기 위해서는 이용 가능한 자원의 총합을 늘리는 전략을 취할 수 있다. 그 반대로, 당사자들의 욕구를 감소시키는 전략을 전개할 수 있다.

시장기구들이나 행정기구들은 일반적으로 희소자원을 질서정연하게 할당하는 데 적합하도록 진화되어왔기 때문에 협상갈등은 좀처럼 표출된 갈등 수준에까지 확대되지 못한다.

그러나, 교묘한 책략으로 갈등을 일으키는 집단들에 의해서 갈등은 행동으로 표출되고 확대될 수 있다.

협상갈등에서 일반적으로 집단들 간에 협동(協同)과 경쟁(競爭) 또는 통합(統合)과 배분(配分)의 하위과정들을 가지게 되는 복잡한 관계를 갖게 된다. 갈등 관계에 있는 각 집단은 집단들이 공유하고 있는 전체 자원을 가능한 한 크게 하려는 욕구가 있는 동시에 자기 자신을 위한 몫도 가능한 한 크게 하려는 욕구도 있다.

공동 문제해결(共同 問題解決)의 과정에 있어서 집단들은 협동과 통합의 과정들을 전체 협상갈등의 하위과정들로 가지게 된다.

전략적 협상(戰略的 協商)의 과정에 있어서 배분적 과정들을 전체 협상갈등의 하위과정들로 가지게 된다. 이 전략적 협상 과정에서 각 집단은 자신이 의도하는 조직화 전략(組織化戰略)을 통해서 공중(公衆)이나 정부(政府)와 같은 적절한 제삼자에게 도덕적 지지를 확보하려고 노력하게 된다.

노사관계 협상, 예산과정 협상과 같은 협상에 참여하는 각 협상대표는 일반적으로 당파갈등(黨派葛藤)과 경계갈등(境界葛藤)의 이중갈등에 직면하게 된다. 즉, 대표들 간에 협상한 해결책에 대한 일치(一致)를 획득하려는 문제(問題)인 당파갈등(黨派葛藤)과 자신의 반대 집단의 구성원들이 추구하는 융통성(融通性)에 대한 욕구와 자신의 집단의 구성원들이 추구하는 엄중성(嚴重性)에 대한 욕구 사이의 타협(妥協)을 찾으려는 경계갈등(境界葛藤)의 이중갈등 문제에 직면하게 된다(Walton & McKersie, 1965).[12]

윌다브스키는 정부의 예산과정을 정치적 과정으로 묘사하고 입법부와 집행부 이해관계집단 간 협상의 장이며 갈등의 장으로 묘사하고 있다(Wildavsky, 1964).[13] 그런데, 기업의 예산이든 정부의 예산이든 예산 과정상에서의 협상은 노사관계의 협상과는 달리 일반적으로 비밀로 이루어지는 경향이 높으며, 합리성이라는 이름 아래 모든 의사결정을 은폐하려고 하는 경향이 있다(Pondy, 1967).[14]

---

12) Walton, R. E., & McKersie, R. B. (1965). *A Behavioral Theory of Labor Negotiations*. New York: McGraw-Hill.

13) Wildavsky, A. (1964). *The Politics of the Budgetary Process*. Boston: Little Brown.

14) Pondy, L. R. (1967). Organizational conflict: Concepts and models. *Administrative Science Quarterly,* 12. pp.296~320.

기존의 기구들이 효과적으로 작동되지 않을 때 새로운 제도적 기구를 창설하여 갈등을 해결해야 한다. 만약, 집단 간에 발생한 갈등을 해결할 제도적 기구(制度的 機構)와 같은 장치들이 이용할 수 있지 않다면 이해관계집단 간에 발생하는 갈등을 효과적이고 능률적으로 관리할 수 없게 된다. 또한, 권력을 가진 집단들이 그러한 기구들을 만들려고 하지 않으면 갈등을 효과적이고 능률적으로 관리할 수 없게 되고 궁극적으로는 갈등이 폭동으로 확대되게 된다.

(3) 체제갈등모형(體制葛藤模型)

체제갈등모형은 행정갈등모형(行政葛藤模型), 또는 횡적 갈등모형(橫的葛藤模型)이라고도 하는데 같은 계층 수준에 있는 기능상으로 같은 횡적인 관계에 있는 집단들 간에 발생하는 갈등을 설명하기 위해 개념화한 모형이다. 주로 같은 기능을 수행하는 작업 집단들 간에 발생하는 갈등을 설명하기에 적합한 모형이다. 마치와 사이몬의 조직갈등모형과 같이 기능들이 상호 연계된 집단들 간의 갈등을 설명하기에 적합하다.

횡적 갈등을 일으키는 요인에는 ① 서비스나 시설에 대한 공동 사용의 필요성, ② 미리 정해진 작업의 연속성, ③ 집단들 간의 목표들의 상이, ④ 계층에 의해서 결정지어진 정보 흐름의 연속성, ⑤ 공동작업에 관한 합의 규칙이나 만장일치 규칙 등이 포함될 수 있다.

갈등을 일어나지 못하게 하기 위해서는 다음 수단들이 사용될 수 있다.

첫째, 기능적 의존성을 줄이기 위해서는 공동 자원에 대한 의존성을 줄인다.

둘째, 자금이 부족한 경우에는 예비자금 투입 등과 같은 완충장치를 도입한다.

셋째, 일정표를 느슨하게 한다.

넷째, 합의 규칙이나 만장일치 규칙에 대한 압력을 완화한다.

그리고 다섯째로는, 욕구를 충족시키기 위해서 작업이나 정보 흐름에 있어서 여분으로 이용할 수 있는 가외경로(加外經路)들을 구축해 놓는 것도 갈등을 줄이기 위한 대안이 될 수 있다.

〈표 1-3-1〉은 관료갈등모형, 협상갈등모형, 체제갈등모형의 종·횡적 갈등, 계층 관계, 문제의 성질 등을 요약하고 있다.

〈표 1-3-1〉 관료·협상·체제갈등모형의 성질

모형	갈등의 종횡	계층관계	문제성질
관료갈등	종적 갈등	상사와 부하	통제
협상갈등	종적·횡적 갈등	이해관계집단	경쟁
체제갈등	횡적 갈등	동일계층수준	조정

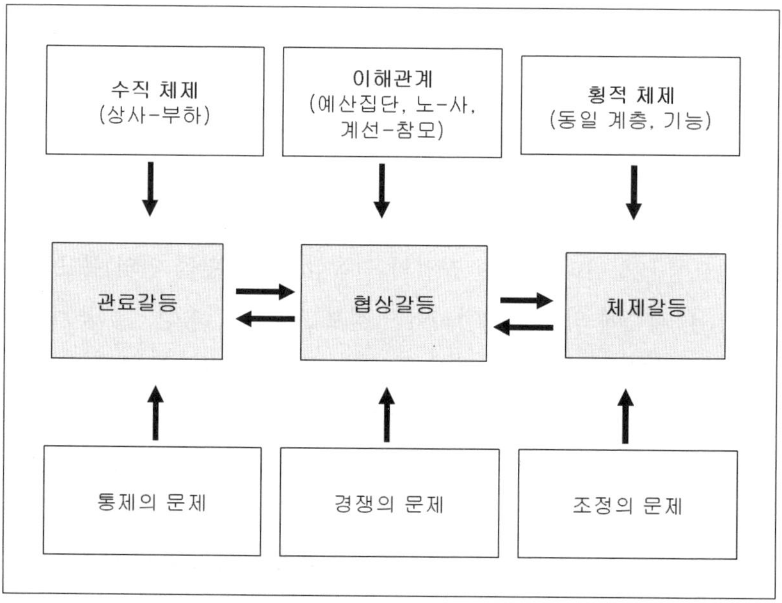

〈그림 1-3-7〉 관료갈등모형, 협상갈등모형, 체제갈등모형

관료갈등모형이 상사와 부하 간의 권한 관계에 있어서 통제(統制)의 문제를 설명하기 위한 것이라면, 협상갈등모형은 이해관계집단 간 경쟁(競爭)의 문제를 설명하기 위한 것이고, 체제갈등모형은 같은 계층 수준에서 기능상으로 연계된 집단들 간의 조정(調整)의 문제를 설명하기 위한 모형이다.

〈그림 1-3-7〉은 관료갈등, 협상갈등, 체제갈등 모형을 그림으로 보여주고 있다.

5. 역동적 갈등사건모형

갈등이 발생하기 위해서는 갈등을 일으키는 조건인 원인이 있어야 한다. 즉, 갈등은 아무것도 없는 상황에서 갑자기 발생하는 것이 아니다. 갈등의 결과가 있으려면 원인이 존재해야 하며 그 원인은 어떠한 요인들 간의 충돌 때문에 발생한다.

폰디(Pondy)는 갈등을 일회성이나 독립적인 것이 아닌 갈등사건들이 연속적으로 연계되어있는 역동적 과정으로 보고 있다. 즉, 갈등이 발생하기 위해서는 갈등을 일으키는 선행요인들이 존재해야 하며, 이 요인들을 어떻게 인지하고 대처하느냐에 따라 다음 갈등사건의 크기가 결정된다.

하나의 갈등사건은 그 이전과 그 이후의 갈등사건들과 연결되어 있다. 즉, 갈등은 역동적이고 연속적인 갈등사건으로 되어 있는데, 이 갈등사건은 선행갈등사건의 여파, 잠재된 갈등, 인지된 갈등, 느껴진 갈등, 표출(表出)된 갈등, 갈등 여파의 단계로 구성되어 있다. 그 내용은 다음과 같다(Pondy, 1967).[15]

(1) 선행 갈등사건의 여파

선행 갈등사건의 여파란 현재의 갈등사건이 발생하기 전에 일어났던 갈등사건 및 이에 대처한 결과로 남은 잔재가 주위 환경에 미치는 영향을 의미한다.

갈등은 개인, 집단, 조직, 국가사회 차원에서 발생하게 마련이다. 갈등이 발생하는 요인들에 대해서는 이미 앞에서 살펴보았다. 여기서는 조직 내에 있는 부처들 간의 갈등을 발생시키는 요인들을 Walton, Dutton, & Caffety의 견해를 중심으로 간략히 살펴보고자 한다. 이들 요인을 조직 맥락, 사회 맥락, 작업 맥락, 커뮤니케이션 맥락으로 구분하여 살펴볼 수 있다(Walton, Dutton, & Cafferty, 1969).[16)]

① 조직 맥락

집단 간 갈등이 발생하는 요인으로 조직상의 상황을 고려하여 살펴보면 권력의 비대칭, 경쟁 야기 유인들, 권한의 모호한 경계, 조직분화 등이 제시될 수 있다. 권력, 자원, 권위 등이 집단 간에 대칭으로 분배되어 있지 않을 때 갈등이 야기될 수 있다.

또한, 집단 간에 경쟁을 일으키는 유인들이 존재할 때 갈등이 발생할 수 있다. 집단 간 권한의 경계가 명확하지 않을 때도 갈등이 발생할 수 있다. 조직이 과도하게 분화될 때도 집단 간 갈등이 발생할 수 있다.

② 사회 맥락

조직 내의 사회적 환경을 고려할 때 엄격한 감독, 역할 불만이나 역

---

15) Pondy, L. R. (1967). Organizational conflict: Concepts and models. *Administrative Science Quarterly,* 12. pp.296~320.

16) Walton, R. E., Dutton, J. M., & Cafferty, T. p.(1969). Organizational context and interdepartmental conflict. *Administrative Science Quarterly,* 14. pp.522~542.

할 모호성, 동료들 간에 긴장과 반목, 처벌이나 징벌적 감독, 보상과 감독의 불공평 등이 갈등 발생의 요인들로 제시될 수 있다. 상사의 부하에 대한 감독이 인간적이지 않고 기계적으로 엄격할 때 갈등이 발생할 수 있다.

개인이 자신의 역할에 만족하지 못할 때 또는 자신의 역할이 모호하여 불분명할 때 갈등이 발생할 수 있다. 동료들 간에 긴장과 반목이 만연되면 갈등이 발생한다. 감독이 보상적이기보다는 처벌, 징벌 위주로 흐를 때 갈등이 발생한다. 보상이나 감독이 공정하지 못하고 편파적일 때 갈등이 발생한다.

③ 작업 맥락

작업조건의 맥락에서 볼 때 갈등은 상호의존적 작업, 자원의 희소성, 작업의 과부하(過負荷), 능력 불 발휘, 일에 대한 불만족, 성과 기준의 모호함, 승진기회 박탈감 등에 의해서 발생할 수 있다.

하나의 작업이 여러 집단에 걸쳐 상호 의존되어 있을 때 갈등이 발생할 수 있다. 타 부서의 작업 결과가 자신의 부서에 영향을 미치게 될 때 갈등이 발생한다. 자신의 기술을 충분히 발휘할 여건이 조성되어 있지 못하여 능력발휘가 안 될 때 갈등이 발생한다. 성과를 측정하는 기준이 모호하거나 불공평할 때 갈등이 발생한다. 승진기회가 제때에 돌아오지 않거나 박탈당한 듯한 느낌이 들게 될 때 갈등이 발생한다.

④ 커뮤니케이션 맥락

커뮤니케이션(communication) 장애 측면에서 볼 때 지리적 물리적 장애, 동시접촉의 어려움, 타부서의 작업에 대한 지식의 결여, 대인관계 기술의 결핍 등에 의해서 갈등이 일어난다.

지리적으로 멀리 떨어져 있거나 전화, 인터넷 등 정보기술이 잘 활용되지 못함으로 인해서 갈등이 발생할 수 있다. 집단 간에 동시에 접촉할 기회가 없으므로 인해서 갈등이 발생할 수 있다. 이러한 갈등은 정보기술을 이용한 다자간 화상회의(畵像會議) 등을 통해서 어느 정도 해결할 수 있다. 타부서의 작업에 대한 이해의 부재로 인하여 타부서의 작업을 경시하거나 무시할 때 부서 간 갈등이 발생한다. 대인관계 기술이 부족하여 대인관계가 원활하지 못할 때 갈등이 야기될 수 있다.

이러한 갈등들이 발생하였을 때 어떻게 대처했느냐에 따라 그 여운이 다음 갈등사건에 영향을 미치게 된다. 즉, 갈등 당사자들이 만족할 정도로 해결되지 못할 때 그 갈등은 잠재되어 있게 된다.

(2) 잠재된 갈등

잠재된 갈등이란 갈등상황을 일으키는 근원적이고 기초적인 원인을 말한다. 즉, 갈등을 위한 조건들이라고 할 수 있다. 일반적으로 잠재된 갈등은 조직에서 각 부서의 권한 관계에서 발생하는 기능적 상호 의존성(機能的 相互依存性)과 조직에서 이용할 수 있는 제한된 자원의 분배를 둘러싸고 발생하는 배분적 상호 의존성(配分的 相互依存性)에서 기인한다.

예컨대, 은행에서 대부계와 예금계는 모두 수익을 증대하여 은행을 지속해서 성장시키는 공동의 목적을 하고 있지만, 예금이 없으면 대출이 없게 되고 대출이 없으면 예금은 수익을 증대시키지 못하게 된다. 즉, 이 두 부서는 상호의존적인 기능을 하고 있다.

문제는 이 두 부서가 자신의 활동을 수행할 때 서로 충돌하게 된다는 것이다. 대부계는 낮은 대출이율로 고객을 끌어들이려는 자신의 목표를 가지고 있고, 반면에 예금계는 높은 예금이율로 고객을 끌어들이려는 목표를 가지고 있어서 이 두 부서는 서로 갈등 관계에 있게 된다.

한편, 배분적 상호 의존성의 문제는 자원이 희소하다는 이유와 이 희소한 자원은 여럿이 공동으로 사용하여야 하므로 발생한다. 즉, 자원이 풍부하고 그 풍부한 자원을 한 사람 또는 한 부서가 사용한다면 갈등은 일어나지 않을 것이다. 그런데, 자원은 한정되어 있는데 그 한정된 자원을 여러 사람 또는 부서들이 공동으로 사용해야 한다는 조건 때문에 갈등이 발생하게 된다.

이러한 갈등의 가장 전형적인 사례가 예산사정의 사례이다. 예산은 한정되어 있는데 각 부서(부처)는 자신의 사업이 가장 중요한 것이라고 주장하면서 예산 배정을 요구하게 되고 이는 다른 부서(부처)의 예산을 가로채는 결과로 나타나게 된다. 결국, 예산배분 과정에서의 상호의존성은 갈등을 일으키게 된다.

이러한 기능적 상호 의존성과 배분적 상호 의존성에 의해서 발생하는 잠재된 갈등은 결국 감정과 태도들의 집합으로 이루어지고, 이들이 점차 누적되어 가면서 잠재된 갈등의 부피는 점점 더 커지게 된다.

폰디(Pondy, 1967)에 의하면 잠재된 갈등의 3가지 기본형태를 가지고 있다. 즉, 희소한 자원을 획득하기 위한 경쟁, 자율과 자치에 대한 충동, 하부집단들이 설정한 목표 간의 상이(相異) 등은 잠재된 갈등의 대표적 형태이다. 폰디에 의하면 이러한 갈등들은 역할갈등(役割葛藤)에 의해서 분석될 수 있다. 그 내용은 다음과 같다.

① 희소한 자원을 획득하기 위한 경쟁 : 조직이 이용 가능한 자원은 한정되어 있고 각 집단이 요구하는 자원의 총합이 이 이용 가능한 자원을 초과할 때 자원을 획득하기 위해서 집단들 간에 경쟁이 발생한다. 이러한 자원획득을 위한 경쟁은 갈등을 초래하는 주요 요인이 된다.

② 자율과 자치에 대한 충동 : 일반적으로 집단들은 통제로부터 자유로워지고 싶은 욕구가 있다. 어떤 집단이 다른 집단의 영역에 속하는

활동에 대한 통제를 시도하려고 할 때 다른 집단은 자율에 대한 욕구로 인하여 갈등이 발생한다.

③ 하부집단들이 설정한 목표 간의 상이(相異) : 집단들이 공동으로 협동하여 추진해야 할 활동이 있으나 각 집단의 목표가 서로 달라 일치된 행동을 위한 합의에 도달하기 어려워서 갈등이 발생한다.

하나의 역할(役割) 세트(set)가 임무를 수행하는 사람들로 구성되어 있고, 이 역할 세트들을 모아 놓은 것을 조직이라고 볼 수 있다. 각 역할 세트에는 역할을 부여받는 사람인 초점 사람과 역할을 부여하는 역할 부여자가 있다. 이때 초점 사람이 역할 세트에 있는 사람들로부터 양립할 수 없는 역할을 기대받거나 요구받았을 때 갈등이 발생한다. 이러한 역할갈등(役割葛藤)은 희소한 자원을 획득하기 위한 경쟁, 자율에 대한 충동, 목표들의 상이 등의 잠재된 갈등을 분석하는데 사용될 수 있다고 폰디는 주장한다.

(3) 인지된 갈등

인지된 갈등이란 당사자들이 잠재된 갈등을 알아보는 것을 말한다. 각 당사자가 상대방의 진실한 입장을 잘못 이해하는 것도 인지된 갈등이다.

잠재된 갈등은 구성원들이 인지하지 못하는 상태에서도 존재할 수 있다. 반대로, 잠재된 갈등이 존재하지 않는 조건에서도 갈등은 때때로 인지될 수 있다. 당사자들이 상대방의 진정한 입장을 서로가 오해하는데서 갈등이 야기된다. 실질적인 잠재된 갈등이 존재하지 않는데도 존재하는 것처럼 상황을 잘못 인지하는 것도 구성원들 간의 갈등을 일으킨다.

잠재된 갈등상태가 존재하는 것을 관리자가 인지하지 못하여 적정한 관리를 위한 어떤 조처를 하지 못했을 때, 그 잠재된 갈등은 누적되어 손을 써도 해결할 수 없는 상태로까지 악화하여 갔을 때쯤에 관리자가 진실한 상황을 인지했을 때는 시기적으로 너무 늦을 수도 있다.

〈표 1-3-2〉는 잠재된 갈등의 현존 여부와 구성원들의 인지 간의 관계를 보여주고 있다.

〈표 1-3-2〉 잠재된 갈등과 구성원들의 인지 간의 관계

		구성원들	
		인지	불인지
잠재된 갈등	현존	현존-인지	현존-불인지
	부존	부존-인지 (의미론적 갈등)	부존-불인지

잠재된 갈등이 존재하지 않는 때 갈등이 인지되는 경우를 의미론적 갈등(意味論的 葛藤)이라고 폰디(Pondy, 1967)는 언급하고 있다. 의미론적 갈등에서는 당사자들 사이의 커뮤니케이션을 개선함으로써 갈등이 해결될 수 있다. 의미론적 갈등을 해결하기 위해서는 또한 개인 간의 관계를 개선하기 위한 다양한 관리기술을 개발할 필요가 있다. 그러나, 당사자들의 입장이 서로 정반대되는 상황에서는 공개된 커뮤니케이션은 갈등을 더 악화시킬 수 있다고 폰디는 주장하고 있다.

모든 갈등을 인지하지 못하게 되는 경우가 있다. 갈등을 인지하는 것을 제한하는 장치들인 억압장치들에 의해서 갈등을 인지하지 못하거나, 인지하지 않을 수 있다. 폰디(Pondy, 1967)는 갈등억압장치들을 크게 두 가지로 언급하고 있다. 즉, 개인이 갈등을 억압하는 자아억압장치와 조직이 갈등을 억압하는 초점집중장치이다.

① **자아억압장치**

개인들은 갈등의 위협이 심각하지 않고 온화하다고 인지할 때 갈등을 억압하는 경향이 있다. 그 결과, 갈등억압장치가 작동되어 갈등을 억압하는 경향이 있다. 그러나, 갈등이 개인의 인성과 연계될 때 갈등의 위협은 강하게 된다.

② **초점집중장치**

조직은 초점집중장치를 작동시켜 의도적으로 갈등인지를 제한하는 경향이 있다. 초점집중장치란 많은 갈등 가운데서 일부분에만 주의를 집중하고 나머지 갈등에 관해서는 관심을 가지지 않고 인지하지 않는 것을 말한다.

조직들은 그 특성상 주어진 이용 가능한 시간과 능력에 비례해서 처리할 수 있는 갈등보다 더 많은 갈등에 직면하게 된다. 그 결과 일반적으로 이들 갈등 가운데 오직 일부분에만 초점을 집중시키면서 반응하기 위해서 초점집중장치가 작동되게 된다.

(4) 느껴진 갈등

느껴진 갈등이란 개인화(個人化)된 갈등을 말한다. 이는 단순히 갈등이 있다는 것을 아는 단계인 인지된 갈등단계를 넘어서서 긴장이나 적개심 등을 느끼는 단계이다. 이때가 되면 이에 관련된 개인 또는 집단에 갈등이 개인화된다.

인지된 갈등이 잠재된 갈등의 존재를 알아보는 것이나 상대방의 입장을 오해하는 것과 관련된 것이라면, 느껴진 갈등은 개인화된 갈등으로 적개심, 불신, 두려움, 위협 등의 표현과 관계가 있으며 조직에 역기능을 초래할 가능성이 있는 갈등이다. 그 결과, 관리자들은 구성원들이 가지고 있는 느껴진 갈등에 관심을 가져야 한다.

갈등을 인지하는 것과 갈등을 느끼는 것 사이에는 상관관계가 없을 수 있다. 예컨대, 두 사람이 어떤 정책에 대해서 심각한 의견대립이 있음을 알고는 있을 수 있으나, 상대방에 대해서 적개심을 가지지 않을 수 있으며 상대방의 감정에 영향을 미치지 않을 수 있다.

적개심이나 불신 등과 같은 느껴진 갈등은 집단 토론이나 부하와 상사 간에 주기적 회의 등을 통해서 해결할 수 있다. 그러므로, 느껴진 갈등을 효과적으로 해결하기 위해서 관리자는 적대적 커뮤니케이션에 대해서 방어적 태도를 보여서는 안 될 것이다.

잠재된 갈등과는 무관한 다른 요인에 의해서 느껴진 갈등은 발생할 수 있다. 그러나, 희소한 자원 획들을 위한 갈등, 집단들 간의 목표들의 상이, 자율에 대한 욕구 등과 같은 잠재된 갈등은 방향이 정해지지 않는 긴장, 갈등을 위한 상징적 표적과 같은 적절한 표적을 제공할 수 있다.

일반적으로 개인은 자신의 성장과 발전을 바라지만, 조직은 조직의 능률성을 바라게 된다. 이 개인의 자아발전 욕구와 조직의 능률성 욕구 사이의 부조화는 갈등을 유발한다. 또한, 조직 외부로부터 오는 압력이나 자아 정체성의 상실에 의해서도 개인은 갈등을 겪을 수 있다. 개인은 이 갈등을 외부로 발산함으로써 자신의 내적 균형을 유지하려고 한다.

개인은 또한 개인의 전체 인성이 친밀한 관계에 연관될 때 갈등이 개인화된다. 적대적 감정은 가족, 숙박시설이 있는 대학, 수도원 등의 제도들에서 특징지어지는 친밀한 관계에서 가장 일상적인 것이다.

누적된 적대적 감정을 발산하기 위해서는 운동경기 등과 같은 안전밸브 구실을 하는 제도들이나 은둔(隱遁)과 퇴거를 합법화하는 무통신

(無通信) 규범 등과 같은 규범들이 요구된다.

(5) 표출된 갈등

표출된 갈등이란 실제로 관찰될 수 있는 갈등적 성향의 행동과 태도를 말한다. 즉, 표출된 갈등이란 갈등을 내포하고 있거나 갈등의 성질을 가진 행동과 태도인 갈등행태(葛藤行態)를 말하며, 수동적 저항, 공공연한 공격, 언어적 폭력, 신체적 폭력 등의 다양한 종류가 있다. 이는 일반적으로 다른 사람들의 목표성취를 방해하거나 좌절시킨다. 관리자들은 이러한 표출된 갈등이 조직에 효과적으로 작용할 수 있게 하려면 그 갈등을 건설적으로 해결하도록 세심한 노력을 기울여야 한다.

표출된 갈등은 잠재된 갈등, 인지된 갈등, 느껴진 갈등에 기초하여 일어난다. 즉, 인지된 갈등에 의해서 표출된 갈등이 나타날 수 있고, 느껴진 갈등에 의해서도 표출된 갈등이 나타날 수 있다.

표출된 갈등의 극단적인 형태에는 교도소 폭동, 정치적 혁명, 극단적 노동자 폭동 등이 포함된다. 이러한 공격들은 일반적으로 조직 규범에 따라서 금지되고 있다. 공격적이고 방어적인 연합을 통해서 반대자의 계획들을 은밀하게 파괴하거나 방해하고자 하는 시도도 표출된 갈등에 포함된다. 조직의 하층계층에 있는 사람들은 상급자의 학대에 대한 저항, 무관심, 규칙에 완고한 집착 등의 형태로 표출된 갈등을 표시한다.

어떤 행동과 태도가 갈등행태에 속하는가는 그 행동과 태도가 발생한 맥락에 따라서 판단해야 할 것이다. 즉, 조직의 욕구와 개인의 욕구들을 비교해서 판단해야 할 것이다.

모든 사람이 어떤 행위를 갈등적인 것이라고 인지하고 있다면 그 행위는 갈등적인 것이다. 또한, 만약 어떤 행위가 의식적이든 무의식적이든 다른 사람의 목표달성을 방해하고 있다면 이는 표출된 갈등에 해당한다.

그러나, 상대방이 자신의 목표성취를 방해하고 있다고 인식하지 않고 있다면 이는 표출된 갈등에 해당하지 않는다.

예컨대, 을(乙)의 행위가 무의식적으로 갑(甲)의 목표달성을 방해하고 있다고 하더라도 甲이 이를 인식하고 있지 않다면 이는 갈등 성질의 행위에 해당하지 않는다. 그러나, 甲이 乙에게 乙의 행위가 甲 자신의 목표성취에 방해가 되고 있다고 언질을 주었는데도 불구하고 乙의 행위가 계속된다면 乙의 행위는 표출된 갈등에 해당한다.

앞에서 언급한 것처럼, 인지된 갈등에 의해서도 표출된 갈등이 나타날 수 있고 느껴진 갈등에 의해서도 표출된 갈등이 나타날 수 있다. 또한, 앞에서 언급한 것처럼, 표출된 갈등은 수동적인 저항 같은 형태도 있기는 하나 일반적으로 비협력적이고 파괴적인 성질을 가지고 있다. 인지된 갈등이나 느껴진 갈등이 비협력적이고 파괴적인 성질의 표출된 갈등에 도달하기 전에 갈등을 해결하는 정책이 가장 좋은 처방책인 것으로 일반적으로 알려져 있다.

그 결과, 인지된 갈등과 표출된 갈등 사이에 있는 접점(接點)이나 느껴진 갈등과 표출된 갈등 사이에 있는 접점은 모두 갈등해결을 위한 정책들이 그 해결을 위해서 초점을 맞추어 압력을 가해야 할, 즉, 시간과 노력을 집중투자해야 할, 지점들인 압점(壓點)들이다.

정책이 행정을 통해서 실현된다고 할 때 결국 갈등해결을 위한 정책들은 그러한 압점들에 적용할 행정적 장치들이 얼마나 이용 가능한가에 달려있다고 할 수 있다.

예컨대, 노동자와 사용자 사이의 갈등을 해결하기 위한 단체교섭기구, 상급자와 하급자 사이의 갈등을 해결하기 위한 참여적 관리나 연계고리 기능 강화, 고충 처리시스템, 적법절차 시스템, 항소 시스템,[17] 내부 자원 할당을 위한 예산 기구들, 집단들 간의 다른 목표를 조정할 중재 기구 또는 조정기구들 등은 그러한 행정적 장치들에 해당한다. 이러한 행정적 장치들이 어떻게 효과적이고 능률적으로 작동하느냐에 따라 이해관계집단 간에 발생한 갈등을 해결하는 데 중대한 영향을 미치게 된다.

집단들의 책임을 명확하게 하거나 경계를 정하는 일정표, 계획, 직무기술 등을 통한 조직 재배열, 갈등 관계에 있는 집단들 간에 상호 의존성을 감소시키는 완충장치 예컨대, 판매 부서와 생산 부서 사이의 갈등을 줄이기 위해서 POS 시스템[18]의 도입, 이전가격(移轉價格)시스템[19] 등은 횡적 기능적 집단 간의 갈등을 해결하기 위한 행정적 장치들의 예에 해당한다.

그러나, 행정적 장치들을 이용 가능하다는 것만으로는 갈등이 행동으로 표출되는 것을 막기에는 충분하지 않을 수 있다. 예컨대, 만약 집단들이 자신의 목표들을 달성하기 위해서 갈등을 전략으로 사용한다

---

17) 고충 처리시스템, 행정절차 시스템, 항소 시스템 등은 상급자와 하급자 간의 갈등을 더욱 악화시킬 가능성이 있으므로 이러한 기구를 만들기 전에 참여적 관리, 대화채널 가동 등의 행정적 기구들을 먼저 적용하고 그래도 갈등이 해결이 안 될 때 적법절차나 항소 시스템 등을 가동하는 것이 좋다.

18) POS는 point-of-sale(s)의 약어로서 컴퓨터를 사용하여 판매 시점에서 판매 활동을 관리하기 위한 시스템이다. 즉, 판매된 상품은 현장(예컨대 판매대)에서 컴퓨터 단말기에 입력되면 그 상황이 메인프레임에 자동 기록되어 재고관리 등 판매 활동을 전자적으로 자동관리할 수 있게 되어 있는 시스템을 말한다.

19) 여기서 이전가격(移轉價格)이란 조직 내의 집단들 간에 상품이나 서비스를 이전할 때 책정된 가격을 의미한다. 경제적 의미의 이전가격(transfer pricing)이란, 예를 들면, 한국의 컴퓨터회사가 미국에 있는 한국 현지법인에 컴퓨터를 판매할 때 그 판매가격을 말한다. 예컨대 120만 원 원가의 컴퓨터를 125만 원으로 미국에 있는 한국 현지법인에 팔고 그 현지법인은 다시 130만 원으로 미국의 도매상으로 판매한다고 하자. 이때 125만 원이 이전가격이며 미국의 현지법인은 한 대의 컴퓨터를 판매할 때 5만 원의 이문(margin)을 본다. 다른 한편, 나쁜 의미로 사용되는 이전가격은 국제적으로 활동하는 다국적기업이 자신이 판매한 상품에 대한 세금부담을 줄이기 위해서 각국에 있는 자신의 현지법인 상호 간에 거래되는 상품이나 서비스 가격을 조작하는 가격이라는 의미로 사용되고 있다.

면 갈등이 외부로 드러나게 될 것이다. 또한, 만약 당사자들이 상호관계를 중요시하지 않을 땐 갈등이 외부로 나타나게 될 것이다. 일반적으로 갈등이 어떤 구체적 논쟁에 돌발하게 되면, 이 갈등은 촉매 역할을 하게 되어 돌발 된 갈등은 확대되기 마련이다. 갈등이 확대되면 집단들간의 관계를 안정적으로 유지하기 위해 억압되었던 개인적 갈등과 일반적 갈등에 침투하게 되어 갈등 행위가 더욱 확대, 촉진되기 마련이다.

(6) 갈등 여파

갈등 여파는 갈등이 표출된 이후에 그 표출된 갈등에 취해진 갈등해결 또는 갈등억압 등 조치의 결과에 따라서 나타나는 영향이다. 이 영향은 선행 갈등사건의 결과와 조직에 영향을 미치고 있는 환경의 복합적 결합의 결과로서 발생한다.

각 갈등사건은 집단들의 관계를 구성하는 연속된 갈등사건들 가운데 하나에 불과하다. 그 결과, 갈등사건들은 서로 연속된 의존성을 가지고 있게 되고, 선행 갈등사건은 이에 종속적으로 연결된 다른 갈등사건들에 중대한 영향을 미치게 된다. 예컨대, 예산이나 자원배분 과정에서 발생한 선례들은 이에 계속되는 차후의 예산이나 자원배분 과정에 일반적으로 제약요인으로 작용하게 된다.

만약, 선행 갈등이 모든 집단을 만족하게 하면서 해결된다면 집단들간에 한층 더 굳건한 협력적 관계가 형성될 수 있고, 그 협력적 관계를 더욱 굳건하게 형성하기 위해서 일전에 인지되지 않았던 잠재적 갈등에 초점을 맞출 수 있다. 그러나, 만약 갈등이 해결되지 않고 단순히 억압된 상태라면 잠재된 갈등 조건들이 더욱 악화할 수 있고 조건들이 해결될 때까지 한층 더 심각한 형태로 폭발할 수 있다.

선행 갈등사건의 결과뿐만 아니라 조직을 둘러싸고 있는 환경도 갈등 여파에 영향을 미친다. 조직은 폐쇄된 체제가 아니고 개방된 체제이므로 잠재된 갈등을 해결하기 위해서 더 좋은 환경을 제공할 수 있다. 반면에, 잠재된 갈등을 더욱 악화시키는 환경을 제공할 수 있다. 예컨대, 자원의 희소성으로 인해서 갈등이 발생한 경우 환경으로부터 더 많은 자원을 도입함으로써 갈등을 완화하거나 해결할 수 있다. 그러나, 경제가 IMF 체제의 감독에 들어가는 것과 같은 악화한 상황의 환경이 형성되면 조직은 자원을 획득하기에 더욱 어렵게 되고 조직 내의 갈등은 더욱 악화할 수 있다.

〈그림 1-3-8〉은 역동적 갈등사건모형을 그림으로 보여주고 있다.

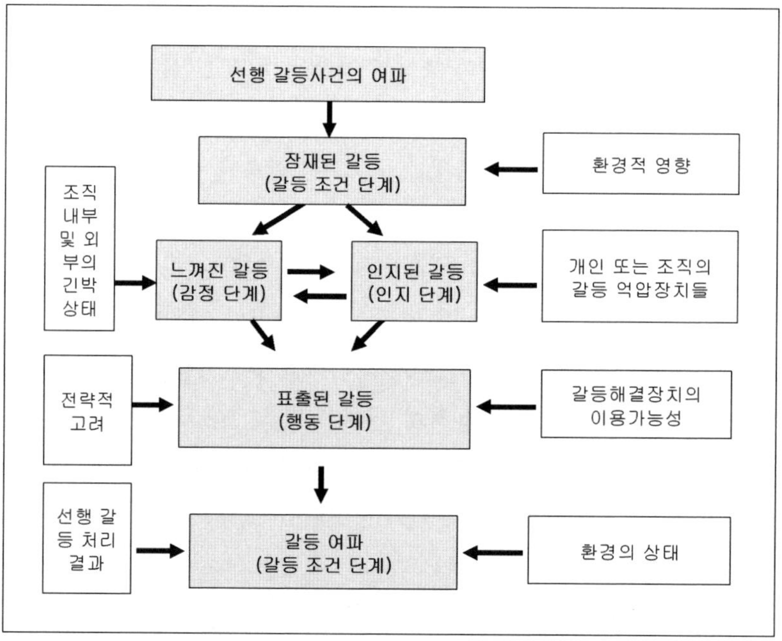

〈그림 1-3-8〉 역동적 갈등사건모형

6. 조직 내 집단갈등의 체제모형

조직 내 집단갈등을 Walton & Dutton(1969)은 투입, 전환, 산출, 환류라는 기능을 가진 체제모형으로 설명하고 있다.[20] 그 내용은 다음과 같다.

(1) 투입

투입에 해당하는 것에는 개인의 요소, 조직의 요소, 상황적 요소 등이 포함된다. 구체적으로, 상호의존적 작업, 작업이나 권력 등의 비대칭성, 성과 기준이나 보상, 조직분화, 역할 불만, 수단이나 기준 등의 모호성, 공동자원에 대한 의존성, 커뮤니케이션 장애, 개인적 기술이나 자질 등이 포함된다. 이들은 투입에 해당하는 것으로서 갈등의 요인이 된다.

(2) 전환

조직 내의 각 집단은 집단의 속성과 환경적 요인에 따라 다양한 반응을 보이게 된다. 갈등관리를 위해서 크게 집단 간 부정적 관계를 유지하는 기법, 긍정적 관계를 유지하는 기법, 그리고 갈등적 요소가 있는 집단들의 상호작용영역을 관리하는 기법으로 구분하여 설명할 수 있다.

① 부정적 기법

먼저, 부정적 기법(否定的 技法)으로, 예컨대, 집단 간 연합전술 형

---

20) Walton, R. E., & Dutton, J. M. (1969). The management of inter-departmental conflict: A model and review. *Administrative Science Quarterly,* 14. pp.73~84.

성, 정보 왜곡, 정보 숨김, 자원의 유용(流用), 규칙의 엄격 화, 규칙 회피, 개인적 접촉과 설득, 조직 구조 변경 등의 기법들을 동원하게 된다.

또한, 참모집단이 계선집단의 활동을 탐지하여 최고 관리자에게 보고하는 임무를 수행할 때, 일반적으로 계선집단은 참모집단의 아이디어에 대한 저항(抵抗)이라는 형태로 나타나게 된다.

② 긍정적 기법

한편, 긍정적 기법(肯定的 技法)으로 협동(協同)의 기법이 가장 바람직하다. 협동을 위해서는 공유된 기대를 형성하는 것, 조직 내의 긴장을 제거하는 것, 문제에 대해 공동 인식하는 것, 문제해결을 위한 공유된 인식을 가지는 것, 커뮤니케이션의 자유로움 등이 유지되게 하는 것 등이 필요하다.

일반적으로 독립된 중재자 또는 조정기구의 구조, 목표, 시간, 직원 등은 서로 연결된 집단들의 그것들 사이에 오는 중간단계수준(中間段階水準)으로 하는 것이 갈등해결을 위해서 효과적이다. 또한, 그 독립된 조정기구의 직원들은 전문지식(專門知識)을 가지고 상대적으로 높은 영향력을 미칠 수 있을 때 효과적으로 갈등이 해결된다.

관리자들은 불화나 의견 불일치를 강압적으로 해결하려고 하거나, 대수롭지 않은 것처럼 여겨 경시하거나, 두둔하려고 하거나, 숨기려 하지 말고, 공개적으로 솔직(率直)하게 맞서 나가는 것이 조직의 전반적 생산성이나 집단 간 협력을 증대시킬 수 있다.

③ 상호작용영역 관리기법

다른 집단 간, 부처(부서) 간에 상호 작용해야 하는 공유영역이 있으면 갈등이 발생하기 마련인데 관리자는 이 공유영역관리(共有領域管

理) 또는 상호작용영역관리(相互作用領域管理)를 위해서 다양한 기법(技法)들을 이용해야 한다. 이 기법들에는 일반적으로 통합된 부처를 기본 기능 집단들의 협동을 유도하기 위한 주요 목적으로 분리하는 것, 각 기능 집단들에서 차출된 대표들로 구성된 영구 팀 구성하는 것, 조직의 각 계층에 있는 모든 수준의 집단들이 직접 접촉할 수 있도록 하는 것, 공동 감독자에게 청원하는데 필요한 절차를 마련하는 것, 문서로 만들어진 커뮤니케이션과 같은 협력시스템을 구축하여 운영하는 것 등이 포함된다.

(3) 산출

갈등이 격화된 집단들이 나타내는 행위는 일반적으로 경쟁 지향적인 것이 된다. 집단 간 의사결정에 있어서 정보를 제한하거나 왜곡하고, 정보에 대한 거래가 이루어지게 된다. 집단 간 상호작용은 억제되거나 제한되어 감소한다. 감독자에게 청원하여 의사결정을 내리게 되는 경향도 있게 된다. 또한, 상대방을 의심하거나 불신하게 되고 적대적 감정을 가지게 된다. 의사결정과정이 형식화되고 경직되어 유연성이 없게 된다.

그러나, 한편, 갈등이 반드시 조직에 해로운 결과만을 가져오는 것이 아니라 유익한 결과도 가져올 수 있다. 예컨대, 갈등으로 인해서 경쟁적 행태가 증폭될 때 이는 조직에 있어서 집단 간에 견제와 균형 시스템을 유지하는 데 공헌하게 될 수 있다. 또한, 기존 집단과 경쟁하기 위해서 새로운 아이디어의 이용 가능성이 커질 수 있다. 그리고, 경쟁적 행태는 중간 관리자들의 불필요한 충돌을 감소시킬 수 있고 고위 계층에 있는 관리자들로부터 정보를 빼앗을 수도 있다. 외부조직과 갈등상태에 있을 때 자신의 조직의 강한 결속과 협동을 유발할 수 있다.

(4) 환류

갈등행태나 결과에 대해서 상급자, 고위관리자, 또는 경영진들이 어떻게 하위 집단들에게 반응하는가에 따라서 갈등으로 인한 조직의 차후의 분위기가 형성된다. 즉, 갈등이 해결되거나 최소화되거나 그 반대로 오히려 악화할 수 있다. 예컨대, 낮은 생산성, 낮은 적응력, 낮은 인적 물적 자원의 보존 능력 등에 상급자, 고위관리자, 또는 경영진들이 어떻게 반응하는가에 따라서 갈등의 강도가 결정되게 될 것이다.

기존에 그랬던 것처럼 습관적으로 반응하는 관리자나 임원들이 있을 수 있고, 감정적으로 대응하기도 하고, 신중하게 반응하기도 하는 관리자나 임원들이 있을 것이다. 일반적으로 구조조정의 결과로 조직의 구성원들이 겪는 지위저하 느낌, 권력 박탈 감정, 모호성 등은 잠재적 갈등을 증대시키는 요인들이 될 수 있다.

〈그림 1-3-9〉는 조직 내 집단갈등의 체제모형을 그림으로 보여주고 있다.

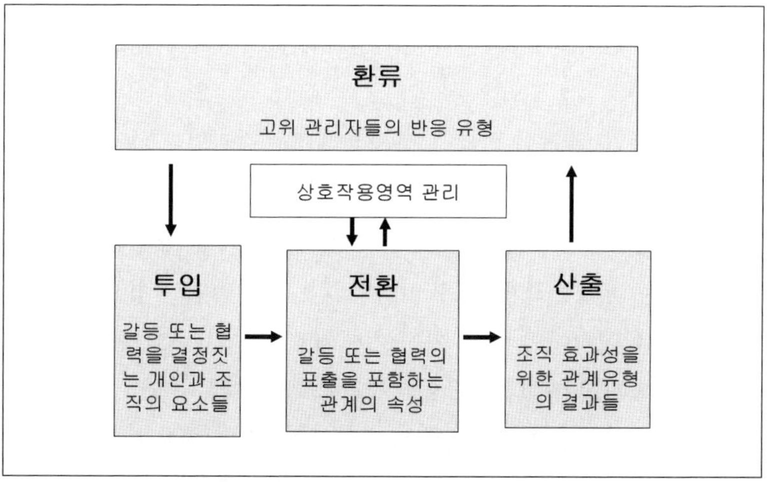

〈그림 1-3-9〉 조직 내 집단갈등의 체제모형

|제3절| 정부갈등모형

여기서 정부갈등이란 정부가 정책, 행정, 공공적인 활동을 수행하는 가운데 발생하는 갈등이라는 의미로 사용하고자 한다. 이러한 정부갈등은 중앙정부와 지방정부(지방자치단체) 간 갈등, 지방정부와 지방정부 간 갈등, 정부와 주민 간 갈등, 정부와 시민단체 간 갈등 등 다양한 형태로 나타난다. 이러한 갈등은 정책갈등, 행정갈등, 공공갈등의 형태로 나타난다.

1. 정책갈등모형

(1) 의의

정책갈등(政策葛藤)이란 정책결정환경의 각 수준 간 또는 각 수준 내에서 정책형성, 집행, 평가, 환류 과정에서 발생하는 갈등이다. 정책갈등은 정부가 각종 정책이나 사업 또는 프로그램(program)이나 프로젝트(project)를 수행하는 과정에서 발생하는 갈등이다. 정책갈등은 정책결정환경의 수준들과 각 수준의 하부수준들 차원에서 발생하며 다양한 원인에 의해서 발생한다.

(2) 정책결정환경의 수준

정책결정환경(政策決定環境)의 수준(水準)이란 정책결정(政策決定)이 이루어지는 정책환경의 수준을 말하며, 국내수준과 국제수준 그리고 글로벌수준으로 구분할 수 있다.

먼저, 국내수준이란 어떤 정책의 영향이 국내에만 한정되는 정책의 환경 수준이다. 예컨대, 어떤 국가가 자신의 국가 내부에만 영향을 미치도록 하는 정책을 수립하는 것은 국내수준의 정책결정환경을 가진다. 그런데, 국내환경 수준의 정책결정은 국내수준에서만 갈등을 일으키기도 하지만, 국내수준을 넘어서 국제수준 또는 글로벌수준 사이에서도 갈등을 일으킬 수 있다.

예컨대, 어떤 국가가 인간배아복제를 허용하는 정책을 수립하여 집행한다고 가정하자. 이 정책은 국내수준에서는 물론이고 국제적 수준 또는 글로벌수준에서 갈등을 일으킬 수 있다.

다음, 국제수준이란 어떤 정책의 영향이 국가 간에 미치는 정책의 환경 수준이다. 이러한 정책으로부터 발생하는 갈등은 국제수준의 정책갈등이다. 예컨대, 어떤 정책이 아시아지역의 국가들에 영향을 미쳐 이들 국가 사이에 발생하는 갈등은 국제수준의 정책갈등이다.

그리고, 글로벌수준이란 어떤 정책의 영향이 전 지구촌에 미치는 정책의 환경 수준이다. 이러한 정책에서 발생하는 갈등은 글로벌수준의 정책갈등이다. 예컨대, 어떤 정책이 아시아, 유럽, 아프리카지역의 국가들 모두에게 영향을 미치는 정책을 결정하는 것은 글로벌수준의 정책이며, 이러한 정책에서 발생하는 갈등은 글로벌수준의 정책갈등이다.

그런데, 정책결정환경의 각 수준 내에서 또는 수준 간에 야기되는 정책갈등은 각 수준 내에서 또는 수준 간에 걸쳐 존재하고 있는 개인, 집단, 가족, 지역사회, NGO 등의 시민단체, 기업, 지방정부, 중앙정부 등과 같은 정책결정환경의 하부수준들에 의해서 발생한다. 즉, 이들 하부수준이 국내수준과 국제수준 그리고 글로벌수준에서 갈등을 일으키게 된다. 예컨대, 어떤 국가가 인접 국가들에 나쁜 영향을 미치는 과도한 환경오염을 유발하는 산업정책을 결정하였다고 가정하자. 그러면 국내 환경단체들의 반발은 물론이고 국제적 그리고 글로벌 환경단체들의 반발을 초래하게 된다. 〈그림 1-3-10〉은 정책결정환경의 수준과 정책갈등의 원인을 보여주고 있다.

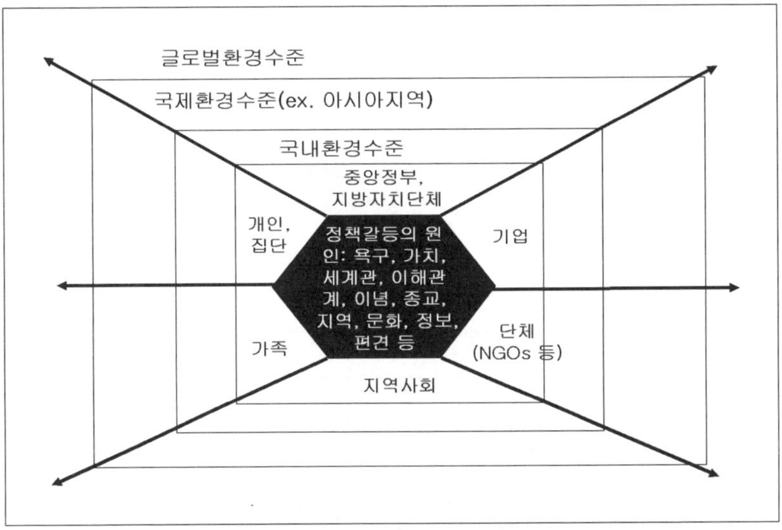

〈그림 1-3-10〉 정책결정환경의 수준 및 정책갈등의 원인

(3) 정책갈등의 원인

정책갈등은 다양한 요인들에 의해서 발생할 수 있다. 즉, 욕구, 가치, 세계관, 인종 종교, 지역, 문화, 정보, 자원, 정책, 이해관계 등과 같은 다양한 요인들에 의해서 정책갈등이 발생한다.

정책갈등은 정책들 자체 간 내용 충돌이 발생하여 갈등이 야기되거나 정책의 전략들이나 수단 간에 충돌을 일으켜 갈등이 야기될 수 있다. 그리고, 문화적 다양성, 정책과 관련된 다수의 당사자가 존재하고 이들이 서로 다른 입장을 견지하기 때문에 갈등이 야기될 수 있다.

또한, 정책갈등은 습관화된 고정된 가치, 예컨대, 대결의식, 저항의식 등과 같은 가치 때문에 야기될 수 있다. 또한, 정보결핍, 예산 부족등과 같은 부족한 자원 때문에 갈등이 발생할 수 있다.

그리고, 지식의 불완전성 때문에 갈등이 야기될 수 있다. 또한, 법령상 서로 충돌되는 요구가 발생할 때 정책갈등이 야기될 수 있으며, 정책갈등을 조정하는 기능이 미약할 때 갈등이 표출될 수 있다.

이처럼 다양한 원인에 의해서 발생하는 정책갈등은 정책의 형성, 집행, 평가, 환류의 정책과정에서 발생할 수 있다. 〈그림 1-3-11〉은 정책과정과 정책갈등의 관계를 보여주고 있다.

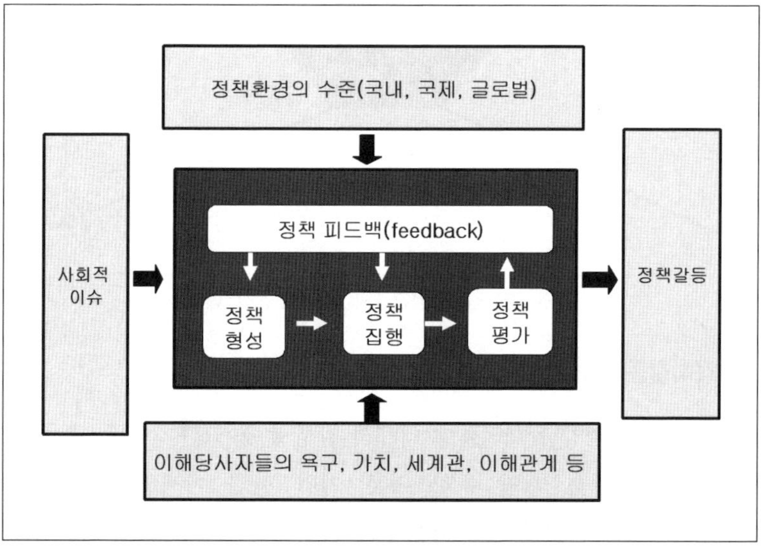

〈그림 1-3-11〉 정책과정과 정책갈등

이러한 요인은 정책결정의 국내수준은 물론이고 국제수준과 글로벌수준에서도 발생할 수 있으며 각 수준 내에서 또는 수준들 사이에 갈등을 일으키는 원천이 된다. 특히, 국제수준 또는 글로벌수준에서의 정책갈등은 인종적, 종교적, 지역적 편견 등의 요인들 때문에 갈등이 야기되는 경우가 많다.

2. 행정갈등모형

행정갈등이란 행정업무를 수행하는 과정에서 발생하는 갈등이다. 예컨대, 국방행정, 교육행정, 관세행정, 조세행정, 건설행정 등 각종 행정업무를 수행하는 과정에서 발생하는 갈등이다.

대등한 지위의 지방자치단체들 사이에 행정갈등이 발생할 수 있고, 광역자치단체와 기초자치단체 사이에 행정갈등이 발생할 수 있고, 부서(부처) 간에 행정갈등이 발생할 수 있고, 또는, 일선 부서와 민원인과의 사이에 갈등이 발생할 수 있다. 행정갈등을 해결하기 위해서는 업무 분야별로 갈등의 원인을 찾아서 분석하고 체계적인 갈등관리가 있어야 할 것이다.

이러한 행정갈등은 사실상 정책갈등과 대부분이 함께 발생한다고 할 수 있다. 그 이유는 정책을 집행하는 것이 행정이기 때문이다. 따라서, 정책갈등이 가진 특성은 행정갈등이 갖고 있다. 다만, 정책갈등이 정책결정 차원 또는 정책 과정상에서 발생하는 것이라면, 행정갈등은 행정업무수행 차원에서 발생하는 것이 서로 다른 점이다.

3. 공공갈등모형

공공갈등이란, 사적갈등과 대비되는 개념으로, 정부의 정책이나 사업을 수행하는 과정에서 시민과 정부 사이에 발생하는 갈등을 말한다. 예컨대, 쌀 수입 개방 정책, 고속철도 역사 유치사업, 원전센터 건립 정책, 새만금 사업 등은 공공갈등에 해당한다.

박재묵(2004)은 공공갈등의 출현에 영향을 미치는 구조적 요인의 범주로 ① 세계체제, ② 국가, ③ 시장, ④ 시민사회 등을 들고 있다.

〈표 1-3-3〉 정부 기능과 갈등의 형태

기능	갈등 (예시)
교육	• 교육행정정보시스템(NEIS) 구축
구조조정	• 배전분할 문제 • 주택공사-토지개발공사 통합정책 • 철도산업구조개혁
국방	• 주한미군 재배치
국제	• WTO 도하개발아젠다(DDA) 교육개방 협상 • 한-칠레 자유무역협정(FTA) 농업분야 국내 대책
기간산업 육성	• 방사성폐기물관리시설 부지선정 사업
노동	• 공무원노조 허용 • 비정규직 근로자 대우 문제 • 외국인 고용허가제 도입 • 주5일 근무제 시행 • 퇴직연금제도 도입
복지	• 건강보험재정 통합 • 국민연금재정 안정화 • 의약분업제도 개선
사회간접자본 확충	• 경부고속철 금정산-천성산 구간 공사 • 경의선 복선 전철화 • 경인운하 건설 • 새만금사업 • 서울외곽순환도로 사패산 터널구간 공사 • 평택항 및 부산신항의 항만 명칭 및 구역분리지정 • 한탄강댐 건설 • 호남고속철 분기점 역명
기타	• 불법체류자 출국조치 • 상장주식선물의 부산선물거래소 이관

※ 자료: ① 박재묵. (2004). "우리나라 공공갈등, 무엇이 문제인가?";
② 천대윤. (2004). "참여정부의 갈등관리"[21]

21) 천대윤. (2004). "참여정부의 갈등관리" 「제2기 과학기술정책혁신관리자과정」 (중앙공무원교육원 교재), pp.93~126.

그리고, 공공갈등이 빈발하게 야기되는 원인으로 ① 국가 기능의 비대화, ② 정책의 타당성 검토의 미흡, ③ 관료주의와 권위주의의 잔존, ④ 국가와 시민사회 간에 존재하는 대립적인 인식의 틀의 존재 등을 들고 있다. 또한, 공공갈등이 쉽게 해결되지 않는 원인으로 ① 갈등당사자와 쟁점 구조의 복잡성, ② 정책의 성공과 실패, 갈등의 장기화에 따른 손실과 이득에 대한 책임소재의 불분명성, ③ 중재 또는 조정 전문가의 부재 등을 들고 있다.[22)]

〈표 1-3-3〉에서 정부의 기능과 공공갈등의 형태를 예시적으로 보여주고 있다.

이러한 공공갈등은 사실상 사회갈등의 한 형태에 해당하며, 또한, 정책갈등에 해당한다고도 볼 수 있다. 즉, 상기에 언급된 공공갈등의 사례들은 사회갈등의 사례들에 해당한다.

다만, 공공갈등이라는 개념을 주장하는 관점에 의하면 공공갈등은 사회갈등보다 범위가 좁은 개념이다. 즉, 공공갈등은 이념갈등, 계층갈등 등의 일반적인 사회갈등의 분야들을 제외한 좁은 의미의 사회갈등이라고 할 수 있다.

또한, 공중에게 영향을 미치는 정책이나 사업 때문에 갈등이 발생한다는 공공갈등의 관점에 따르면, 정부 정책 과정상에서 발생하는 정책갈등을 민(民)과 관(官)의 갈등이라는 측면에서만 보게 된다면 공공갈등과 정책갈등은 사실상 같다.

---

22) 박재묵, (2004). "우리나라 공공갈등, 무엇이 문제인가?" 지속가능발전위원회 「사회통합을 위한 갈등관리정책 워크샵」, pp.7~28. 박재묵(2004)은 '공공갈등'을 '민관갈등'으로 보고 있으며, "공공갈등(public conflict) 또는 공공분쟁(public dispute)은 정부의 정책 입안 및 집행, 정부의 사업 시행, 정부의 법규제정 등 공중의 이해관계가 관련된 문제를 쟁점으로 하여 전개되는 갈등"이라고 정의하고 있다. "공공갈등 중에서도 구체적인 이익이나 권리의 실현을 목표로 하는 갈등을 특별히 공공분쟁"이라고 하여 공공갈등과 공공분쟁을 구분하고 있다(박재묵, 2004, p.7).

|제4절| 사회갈등모형

1. 마르크스주의자들의 갈등모형

카를 마르크스(Karl Marx) 및 그의 추종자들은 사회갈등을 언급하고 있는데, 그 기저는 경제체제가 그 사회의 여타 체제를 결정한다고 역설하는 데서 출발하고 있다. 그 사회의 경제체제에 내재한 모순들이 혁명적 계급갈등과 사회변화의 요인이라고 했다. 이들이 제시하고 있는 사회갈등은 변증법적 사회갈등인데 이를 사회체제 관점에서 다음과 같이 정리할 수 있다(Turner, 1974).[23)]

(1) 사회관계의 필연적 갈등 관계

사회관계들은 이해관계에 의해서 발생하는 갈등의 연속이며, 사회체제들은 조직적으로 갈등을 일으킨다. 그런데, 갈등은 사회체제들의 필연적인 특성이며, 이해관계가 양극단에 위치하게 될 때 갈등은 더욱 분명하게 드러난다.

(2) 사회변화의 동인으로 갈등

갈등은 권력 등 희소자원을 분배할 때 빈번히 나타나며, 사회체제들의 변화를 초래하는 주요 원인이다.

(3) 갈등에 의한 계급 간 투쟁

희소자원의 불공정한 배분은 지배계급과 피지배계급 간의 갈등을 심

---

23) Turner, J. H. (1974). *The Structure of Sociological Theory*. Homewood, Illinois: The Dorsey Press.

화시킨다.[24]

(4) 혁명적 갈등

지배계급과 피지배계급이 극단화되면 될수록 갈등은 더욱 폭력화될 수 있고, 갈등이 폭력화되면 될수록 희소자원의 배분과 사회체제의 변화는 더욱더 크고 혁명적으로 된다.

〈그림 1-3-12〉에서 마르크스주의자들의 갈등모형을 그림으로 보여주고 있다.

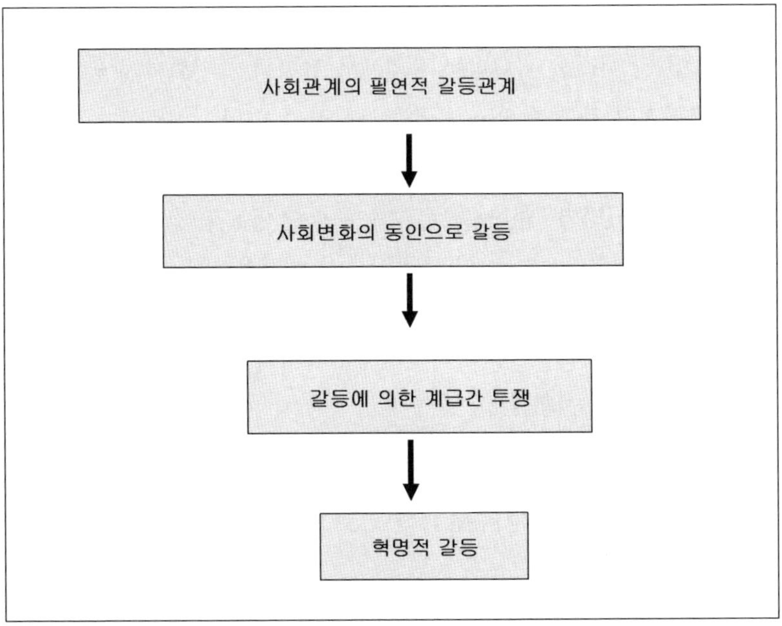

〈그림 1-3-12〉 마르크스주의자들의 갈등모형

24) 현대 수정자본주의 사회에 와서 이러한 분배의 불공정으로 인한 갈등을 해결하기 위해 사회경제적 약자 보호를 위한 재분배정책 등이 활용된다.

2. 기능주의자들의 갈등모형

게오르그 짐멜(George Simmel)도 Marx와 같이 사회갈등은 사회체제에 만연된 필연적인 것이라고 보나, Marx처럼 대립에 의한 폭력적인 것으로 보지 않고 사회구조의 이중성을 해결하기 위한 하나의 과정으로 본다. 따라서, Simmel에 있어서 사회갈등은 단지 하나의 과정이며 그 강도와 결과는 다양하다.

그리고, 사회체제를 Marx처럼 지배집단과 피지배집단 간의 대립으로 구성된 체제로 보지 않고, 결합과 분리가 혼합되어 존재하는 분리할 수 없는 유기체로 본다. 이 유기체의 결속과 안정을 위해서 갈등이 일조하고 있다. 이러한 사회라는 유기체를 유지하기 위해서 발생하는 갈등의 긍정적인 측면을 Simmel은 분석하고 있다.

사회가 어떻게, 왜 존재하게 되는지를 Marx가 변증법적 갈등모형으로 설명하고 있다면, Simmel은 기능주의 갈등모형에 근거해서 분석하고 있다. Simmel 및 그의 추종자들의 이론을 다음과 같이 정리할 수 있다(Turner, 1974).[25]

(1) 유기체로서의 사회관계

사회관계들은 결합과 분리의 과정들이 혼합된 분리할 수 없는 유기체로서의 사회체제의 맥락에서 일어난다.

(2) 갈등의 필연성

그러한 사회체제에서 갈등은 필연적이기는 하지만, 반드시 체제의 붕괴나 혁명적 변화를 초래하지는 않는다.

---

25) Turner, J. H. (1974). *The Structure of Sociological Theory*. Homewood, Illinois: The Dorsey Press.

(3) 갈등에 의한 사회체제의 안정과 결속

그 반대로, 갈등은 사회 전체 또는 그 하위체제들을 보존하기 위한 하나의 중요한 과정이며, 사회체제를 결속시키고 안정시키기 위한 변수이다.

〈그림 1-3-13〉 기능주의자들의 갈등모형을 그림으로 보여주고 있다.

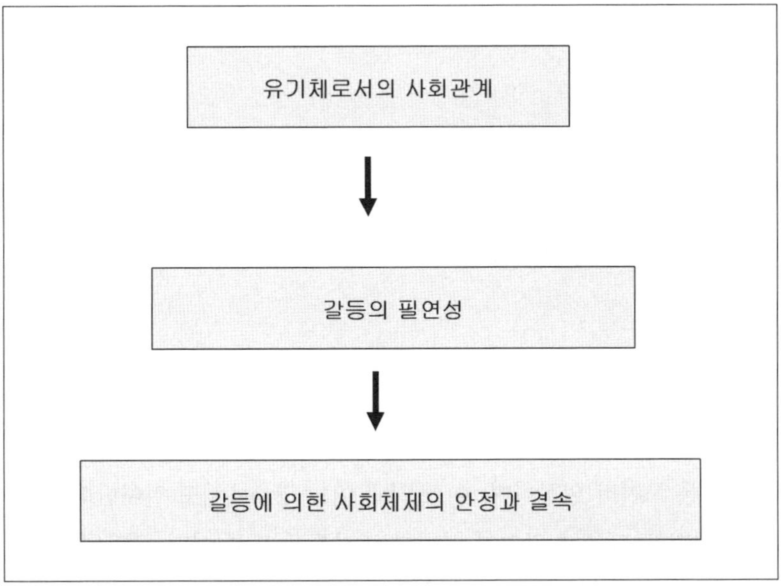

〈그림 1-3-13〉 기능주의자들의 갈등모형

제4장
갈등결정요인과 갈등결과

|제1절| 갈등결정요인

1. 갈등결정요인의 의의

갈등은 보편적 현상이며, 어느 시대 어느 장소에서도 일어난다. 이처럼 시간과 공간을 초월하여 일어나는 갈등은 또한 어떤 요인(要因)에 의해서도 야기될 수 있다. 우리나라의 어떤 개인, 집단, 조직, 사회, 정부도 그러한 갈등에서 벗어 날 수 없다. 다만, 현대를 살아가는 관리자, 경영자, 지도자들에 있어서 갈등관리능력은 그 어느 때보다도 강조되고 있다.

갈등결정요인(葛藤決定要因)이란 갈등을 일으키는 중요한 원인을 말하며, 이는 갈등결정요소(葛藤決定要素)와 같은 개념이다. 갈등결정요인은 개인, 집단, 조직, 사회의 갈등의 성격과 갈등이 발생한 상황적 요인에 따라 다르다. 그 결과, 다양한 요인들이 갈등을 결정하는 요소로써 실제적 또는 학문적으로 언급되고 있다.

즉, 갈등의 차원(次元)과 종류(種類)가 다양하게 접근되고 있는 만큼 갈등을 일으키는 원인에 대해서도 매우 다양하게 접근되고 있다. 무엇이 갈등을 일으키는가에 대해서 다양한 연구가 있었고, 다양한 갈등의 원인이 열거되고 있다. 갈등의 차원이란 갈등이 개인적 차원, 집단적 차원, 조직적 차원, 사회적 차원, 국가적 차원 등으로 구분되어 설명될 수 있는 것을 말한다. 즉, 갈등은 개인, 집단, 조직, 사회, 국가 등의 다양한 차원에서 다양한 형태로 발생한다.

갈등의 원인에는 일반적으로 가치관의 차이, 인성의 차이, 자율성에 대한 욕구, 목표의 차이, 목표의 비양립성(incompatibility), 목표의 모호성, 지위의 차이, 세력 또는 권력 불균형, 지각의 차이, 상호 의존성, 공통이익, 자원공유, 희소자원 획득을 위한 경쟁, 부적절한 보상체제, 불분명한 역할 규정, 의사소통 장애, 지위 변화, 문화적 차이, 조직의 중첩, 상대방이나 조직 등에 대한 불신, 지위 향상을 위한 경쟁, 비현실적 기대, 갈등에 대한 경험, 환경의 불확실성, 폐쇄적 패러다임 등이 포함될 수 있다.

여기서 폐쇄적 패러다임이란 집단 자기 생각과 이념에 의해서 닫힌 관념을 말한다. 예컨대, 노사 간의 갈등에 있어서 사용자는 자신의 이념인 객관적인 생산성 향상만을 고집하고, 노동자는 주관적인 자기실현 문제만을 고집하게 되면 노사 간의 갈등의 골은 더욱 깊어지게 된다(최종태, 1995).[1)]

이러한 요소들을 고려해볼 때 조직의 모든 요인이 갈등의 인자로 도사리고 있을 수 있다는 것이다. 즉, 아무리 좋은 경영, 행정, 사업, 정책

---

1) 최종태. (1995.6). 세계화시대의 노사관계전략과 생산성 향상의 과제 -사회적 생산성 중심으로-. 「생산성논집」9. pp.107~131.

이라도 거기에는 갈등의 씨앗이 도사리고 있다는 것이다.

예컨대, 규칙의 경우, 한편으로는, 규칙은 작업의 미래 예측성을 높여서 구성원들의 행동 방향을 미리 설정해 주는 역할과 조직의 안정성을 확보해 주지만, 다른 한편으로는, 규칙은 개인의 창의와 자유를 구속할 가능성이 있을 뿐만 아니라 조직이 변화하는 환경에 적응하는데 지장을 가져와서 갈등을 일으키게 된다.

개인적 이유에서, 집단적 이유에서, 사회적 이유에서, 또는 국가적 이유에서 갈등이 발생할 수 있다. 특히, 사회 내의 집단 간 갈등이나 국가 간의 갈등의 원인은 정치적, 경제적, 사회적, 문화적, 종교적, 이념적, 지리적, 또는 인종적인 것에서 출발하는 경우가 많다. 이들 원인을 몇 가지로 분류하여 다음과 같이 살펴본다.

2. 개인갈등결정요인

(1) 개인갈등의 일반적 원인

여기서 말하는 개인갈등은 개인 자신의 갈등과 개인 간의 갈등을 모두 포함하는 의미로 사용하고자 한다. 개인갈등의 원인은 연구하는 자의 관점에 따라서 다양하게 나열될 수 있으나 일반적으로 심리적 요인에 초점을 두고 언급되고 있다.

구체적으로, 개성 충돌, 오해, 가치관 차이, 커뮤니케이션 실패, 양립될 수 없는 목적 추구, 제한된 자원의 사용을 위한 경쟁, 지위 부조화, 지각의 차이, 지나친 기대감, 미해결의 억압된 갈등, 타인의 마음을 상하게 하는 말이나 행동, 불명확하고 중복된 업무, 공동책임의 업무, 무리한 업무 마감, 권한과 책임의 문제, 시간적 압박, 제한된 자원, 의사소통 결핍, 복잡한 조직계층, 정책의 부재, 원칙과 규범의 부재, 산만한 의사결정, 만장일치 요구, 정책이나 규칙에 대한 불응, 역할 불일치, 정보 부족, 환경의 불확실성, 경쟁 등에 의한 스트레스 등이 제시될 수 있다.2)

(2) 개인갈등의 인간 맥락

앞에서 언급된 개인갈등의 일반적 요인들을 인간 맥락, 작업 맥락, 조직 맥락, 커뮤니케이션 맥락, 역할 맥락 등으로 구분하여 설명하고자 한다.

개인갈등의 인간 맥락에서는 가치관의 차이, 배경의 차이, 지식의 차이, 스트레스, 좌절, 역할갈등, 경쟁, 성격차이, 개성 충돌, 이상과 현실의 차이 등이 갈등의 원인으로 작용할 수 있다.

① 배경과 가치관의 차이

개인이 자라온 사회적, 문화적, 교육적 배경이 다를 때 갈등이 발생

---

2) 개인갈등의 원인에 관해서는 연구하는 관점에 따라서 조금씩 다르게 언급되고 있다. Lippitt(1985)는 개인의 심리적 요인을 개인갈등의 중요한 요인으로 제시하고, 커뮤니케이션 실패, 오해, 개성 충돌, 가치 차이 등을 그 원인으로 언급하고 있다. 유종해(2000)는 갈등의 요인으로 ① 양립될 수 없는 목적 추구로 인한 승패(win-lose)의 상황, ② 제한된 자원의 획득과 사용에 관한 의견 불일치와 경쟁, ③ 지위(地位, status)체계에서 지위 부조화, ④ 지각의 차이 등을 제시하고 있다. 백기복(2000)은 필리(Alan C. Filley)의 갈등원인을 인용하면서 개인 간 갈등의 원인으로 개인적 요인, 업무상 요인, 조직상 요인들로 제시하고 있다. ① 개인적 요인에는 상반된 가치관, 지나친 기대감, 미해결의 억압된 갈등, 타인의 마음을 상하게 하는 말이나 행동 등을 제시하고 있다. ② 업무상의 요인에는 불명확하고 중복된 업무, 공동책임의 업무, 무리한 업무 마감, 시간적 압박 등을 언급하고 있다. ③ 조직상의 요인으로는 제한된 자원, 의사소통 결핍, 복잡한 조직계층, 정책의 부재, 원칙과 규범의 부재, 산만한 의사결정, 만장일치 요구 등을 제시하고 있다. 루싼스(F. Luthans)는 개인들이 가지고 있는 ① 가치관의 차이, ② 개인들이 성장한 사회적 배경의 차이, ③ 개인 자신의 역할 불일치, ④ 개인 간의 역할 불일치, ⑤ 개인들이 소유하고 있는 정보의 차이, ⑥ 개인들이 필요한 정보 부족, ⑦ 환경의 불확실성, ⑧ 경쟁 등에 의한 스트레스 등이 갈등을 일으킨다고 했다(이한검 · 이수광, 2000).

한다. 즉, 일반적으로 개인의 사회적, 문화적, 교육적 배경은 각자 다른 가치관을 키우게 되고 이로 인해 각 개인은 다른 가치관을 가지게 되고 이는 갈등의 원인 된다. 이러한 요인들은 의사결정과정에서 개인들 간의 갈등을 유발할 수 있다.

② 개성과 인지의 차이

각 개인이 고유하게 가지고 있는 정신적, 육체적 개성이 달라서 갈등이 발생한다. 일에 있어서 사람의 개성을 변화시키기란 매우 어려운 것이다. 개성의 차이로 갈등이 발생할 때 일반적으로 갈등당사자들을 분리해 새로운 일에 배치하는 방법이 해결책이 될 수 있다.

또한, 개인들 간에 감지, 인지하는 정도가 각각 다를 때 개인들은 갈등을 겪게 된다. 즉, 비록 같은 사회적, 문화적, 교육적 배경을 가지고 있더라도 특정 문제에 대해서 상반된 인지와 가치관을 가질 수 있는데 이는 갈등의 원인이 될 수 있다.

③ 지위 부조화 및 격차

자신에게 주어진 지위가 자신의 기술, 위신 등에 맞지 않을 때 개인은 갈등을 겪게 될 수 있다.

또한, 피라미드형 구조로 이루어진 계층제(階層制) 조직에서 상사와 부하 간의 지위 격차가 갈등을 일으키게 된다. 이때에는 상사가 부하의 가치, 아이디어, 감정 등을 진심으로 이해하게 되면 갈등을 최소화할 수 있다.

④ 달성할 수 없는 욕망과 기대

자신의 지나친 욕망이나 기대는 갈등의 원인이 될 수 있다. 그러한 욕망이나 기대는 현실의 상태 간에 차이를 가져와서 그 욕망이나 기대가 실현되지 않을 때 갈등을 일으킬 수 있다. 즉, 기대들이 충족되지 않을 때 불만족이 발생하게 되고, 이 불만족은 갈등을 일으키게 된다. 그러므로 상사는 부하가 무엇을 진정으로 기대하고 있는지를 허심탄회한 대화를 통해서 찾아내어 그 기대를 충족하는데 도와주어야 한다.

⑤ 양립할 수 없는 목적 추구

양립할 수 없는 목적을 과도하게 추구하려고 할 때 갈등이 야기된다. 성취하고자 하는 목적들이 상호 배타적이고 성공과 실패의 상황에 부딪힐 때 개인들은 갈등을 겪게 된다.

⑥ 미해결의 갈등 및 기대

해결되지 않고 억압된 상태의 갈등은 항상 갈등의 씨앗으로 남아 있게 된다. 또한, 충족되기를 바랐던 기대가 충족되지 못하고 잠재해 있을 때, 이는 불만족 상태가 되고 갈등을 일으키게 된다.

⑦ 스트레스

정신적, 육체적 스트레스는 갈등의 원인이 된다. 타인의 마음을 상하게 하는 말이나 행동도 당사자 간에 스트레스가 되어 갈등의 원인이 된다.

⑧ 정보의 차이

또한, 개인들이 소유하고 있는 정보의 양, 질에 있어서 차이가 있을 때, 또는, 개인들이 필요로 하는 정보를 충분히 획득하지 못할 때 갈등을 겪게 된다.

(3) 개인갈등의 작업 맥락

개인갈등의 작업 맥락에서는 불명확하고 중복된 업무, 공동책임 업무, 표준 이하의 업무성취, 자동화, 로봇화, 시간적 압박, 자원 부족, 업무수행 방법의 차이, 지나친 기대감, 과도한 경쟁으로 협동 결핍 등이 갈등의 원인으로 작용할 수 있다.

① 불명확하고 중복된 업무

개인 간에 작업의 경계가 명확하지 않고 중복된 경우에 갈등이 발생하게 된다.

② 공동책임 업무

공동책임은 무책임이라는 말도 있듯이, 특정 작업을 여러 사람이 공동으로 책임을 지고 있을 때 갈등이 발생할 수 있다.

③ 표준 이하의 업무성취

업무를 표준 이하로 성취하게 될 때 갈등이 발생할 수 있다.

④ 시간적 압박

무리한 업무 마감이나 시간적 압박으로 인해서 갈등이 발생하게 된다.

⑤ 제한된 자원

유형적, 무형적 자원이 제한되어 있는데 이를 획득하기 위해서 경쟁해야 할 때 갈등이 발생한다.

⑥ 자동화와 로봇화

업무 자동화(automation), 또는, 개인 자신이 자기 생각, 말, 행동,

작업으로부터 해방되어 있지 못하고 인간이 로봇화(robotization) 되어 있을 때 이로부터 탈피하기 위해서 갈등을 겪게 된다.

⑦ 업무 방법의 차이

조직 내에서 구성원 간 업무수행 방법의 차이로 인해 갈등이 발생할 수 있다.

⑧ 지나친 기대감

또한, 주위에서 자신에게 지나친 기대를 하고 있을 때 이에 부응하기 위한 행동의 필요성에서 갈등이 야기된다.

⑨ 과도한 경쟁으로 협동 결핍

또한, 협동이 없는 경쟁이 과도할 때, 개인에게 스트레스가 되어 갈등이 일어난다.

(4) 개인갈등의 조직 맥락

개인갈등의 조직 맥락의 측면에서는 정책이나 규칙에 대한 불응, 모호한 규정, 불안정한 환경요인, 성희롱, 성차별, 권한 문제, 책임성 문제, 지위 부조화, 목표 차이, 복잡한 계층 등이 갈등의 원인으로 제시될 수 있다.

① 복잡한 계층

복잡한 조직계층 때문에 개인이 갈등을 겪을 수 있다. 계층이 단순한 중소기업보다 계층이 복잡한 대기업에 근무하는 개인이 더욱 갈등을 겪게 될 수 있다.

② **원칙과 규범의 부재**

원칙과 규범이 부재한 조직에서 개인은 갈등을 일으키게 된다. 특히, 신설 회사나 조직일수록 원칙과 규범이 제대로 설정되어 있지 않아서 개인은 갈등을 기존 조직보다 더욱 많이 겪게 된다.

③ **불확실한 환경**

또한, 환경이 불확실하고 예측이 어려울 때 개인은 갈등상황에 있게 된다. 예컨대, 산업시대의 조직환경이 안정적이고 예측이 어느 정도 가능했다면, 정보시대의 조직환경이 더욱 불안정하고 불확실해졌다는 데 개인은 그 이전보다 더욱 갈등을 겪게 된다.

④ **성희롱, 성차별**

작업환경이 성희롱, 성차별에 만연되어 있을 때 개인은 갈등을 겪게 된다. 천대윤(1999)은 성희롱, 성차별을 당한 개인은 심리적, 신체적, 과업적으로 나쁜 영향을 받게 된다고 주장하고 있다. 또한, 피해자는 소극적으로 참고 견디거나, 적극적으로 대항하거나, 직장을 그만두게 되는 결과가 일어난다고 보고 있다.[3]

⑤ **조직의 목표와 개인의 목표 갈등**

개인의 목표와 조직의 목표가 서로 갈등을 일으킬 수 있다. 일반적으로 기업조직의 목표에는 수익증대, 기술개발, 환경에 적응, 사회적 책임, 시장확대 등이 포함된다.

유의할 것은, 기업의 경우엔 수익증대가 주된 목표가 될 것이나, 공공기관의 경우엔 국민의 지지를 얻어 조직활동의 영속성과 정당성을

3) 천대윤. (1999). 「성희롱 정책」. 서울: 선학사.

획득하는 것이 가장 주된 목표가 될 것이다. 기술개발, 환경적응, 사회적 책임, 시장확대 등의 목표는 공공기관에도 유사하게 적용될 수 있다.

그리고, 이들 목표를 실현하기 위한 기제에는 기획(企劃), 조직화(組織化), 동기부여(動機附與), 통제(統制) 등이 포함된다. 이들 기제는 개인이 독립적이고 자유로워지고자 하는 성향을 관리 통제하게 되어 갈등이 발생하게 된다.

〈표 1-4-1〉에서는 조직의 목표와 운영 기제를 예시하고 있다.

〈표 1-4-1〉 조직의 목표와 운영 기제(예시)

조직 목표	내용	운영기제
수익증대 (※공공기관: 국민지지 획득)	생산성 증대, 비용 절감, 판매증대, 제품 및 서비스 질 개선	·기획 ·조직화 ·동기부여 ·통제
기술개발	신기술 개발, 공정과정혁신, 정보시스템 구축	
시장확대	마케팅 전략, 틈새시장확보	
환경에 적응	조직혁신, 과정혁신, 변화관리, 창의적 경영	
사회적 책임	사회봉사, 기업윤리 (※공공기관: 공공기관 윤리)	

한편, 일반적으로 개인은 원활한 대인관계, 자율적 의사결정, 자율적 통제, 개인의 성장과 발전 등을 목표로 하고 있다. 여기서는 Abraham H. Maslow가 주장한 개인의 기본욕구를 중심으로 고찰하고자 한다. 이 기본욕구는 개인의 기본목표라고 이해하면 된다. Maslow는 개인의 기본목표 즉, 기본욕구를 생리적 욕구, 안전욕구, 사랑 욕구, 존중욕구, 자아실현욕구 등으로 구분하여 설명하고 있다.

Maslow의 욕구계층에서 가장 낮은 단계에 있는 욕구가 생리적 욕구이고 가장 높은 단계에 있는 욕구가 자아실현욕구이다. 그러나, 가장 낮은 단계에 있는 생리적 욕구는 가장 우성(優性)의 성질을 가지고 있으므로 이를 충족시키지 않으면 다음 단계의 욕구로 이동이 없게 된다. 그러므로 생리적 욕구는 가장 먼저 충족되어야 할 욕구이다.

생리적 욕구(生理的 欲求)는 인간의 동물적 본능에 관한 것으로서 생체내의 균형을 유지하려는 욕구에 관련된 요구이다. 이를 항상성 욕구(恒常性 欲求)라고 할 수 있다. 예컨대, 배가 고프면 먹을 것을 찾고, 졸음이 오면 자고 싶고, 비가 오면 비를 피할 집을 찾는 것 등은 항상성 욕구에 해당한다. 이는 경제적 활동 관계에서 바라볼 때 경제적 욕구(經濟的 欲求)에 해당한다. 예컨대, 의식주(衣食住), 임금, 휴가, 주택 등을 모두 노동자의 생리적 욕구에 관련된 것이다.

이 생리적 욕구는 Maslow의 욕구계층단계에서 가장 낮은 단계에 속해 있으나 가장 우성(優性)의 성질을 가진 것이다. 즉, 이것이 해결되지 않으면 그 상위의 욕구는 충족되지 않는다는 것이다. 예컨대, 노동자에게 일을 시키고 임금을 주지 않거나, 일한 대가에 비해서 저임금을 주게 되면 노동자의 생리적 욕구는 충족되지 않게 되고 갈등이 발생하게 된다.

안전욕구(安全欲求)는 개인의 안전에 관한 것이다. 예컨대, 질병, 위협, 불공평, 부정, 이혼, 죽음, 무질서, 천재지변, 전쟁 등으로부터 해방되고자 하는 욕구이다. 예컨대, 노동자가 병을 앓고 있거나, 동료나 상사로부터 각종 위협을 당하거나, 불공평하고 부정하게 대우를 받거나, 무질서한 작업장에서 일하게 될 때 노동자는 갈등을 겪게 된다.

사랑 욕구를 사회적 욕구(社會的 欲求)라고 한다. 또한, 애정욕구(愛情欲求) 또는 애정과 소속욕구(所屬欲求)라고도 한다. 이는 인간이 외톨이가 아니라 사회적 존재임을 강조하는 욕구이다.

사회적 존재로서 인간은 가족관계에 있어서 아버지, 어머니, 자녀의 관계가 형성된다. 학교에서는 선생님, 친구 등에 관련된 관계가 형성된다. 그리고, 직장에서는 동료, 부하, 상사 등에 관련된 관계가 형성된다. 이들 관계에서 사람들은 자신이 소속하고 있는 집단, 조직, 또는 사회의 구성원들과 친밀하게 지내고자 한다. 이 욕구가 사회적 욕구이며 사랑의 욕구이다.

존중욕구(尊重欲求)는 존경욕구(尊敬欲求)이다. 자기 자신에 대한 안정적이고 높은 평가를 자기 자신으로부터 받는 자아 존중욕구와 다른 사람들로부터 존경을 받는 것에 관한 욕구이다. 자아존경은 자신의 능력, 성취, 그리고 다른 사람들로부터 존경을 말한다.

이 욕구에는 자기 자신의 성취, 신임, 강력함, 자유, 독립 등에 관한 욕구와 타인으로부터 받는 평판, 명성, 인정, 친절, 감사 등에 대한 욕구가 포함된다. 개인이 이들 욕구를 성취하지 못할 때 열등감, 실망, 나약함, 쓸모없음 등의 감정에 붙잡히게 되고 갈등을 겪게 된다.

자아실현욕구(自我實現欲求)는 자신의 내부에 잠재해 있는 자신이 무엇이 될 수 있다거나 되어야 한다고 믿는 것을 스스로 실현하고자 하는 욕구이다. 자아실현욕구는 사람마다 다르다.

예컨대, 어떤 이는 자상한 어머니가 되는 욕구가 자아실현욕구이고, 어떤 이는 고상한 아버지가 되는 것이 자아실현이 된다. 자신의 조직에서 최고의 연봉을 받는 욕구가 자아실현욕구가 될 수 있고, 대인관계를 원활히 하여 회사 조직에서의 생활을 무사고로 영위하는 것이 자아실현이 될 수 있다.

자아실현욕구 욕구계층단계의 가장 높은 단계에 있는 최고의 욕구이다. 그러나, 이는 그 하위에 있는 욕구가 실현되지 않으면 실현될 수 없는 욕구이다. 그리고, 가장 열성목표(劣性目標)이기 때문에 우성목표들이 실현되지 않으면 나타날 수 없는 목표이다.

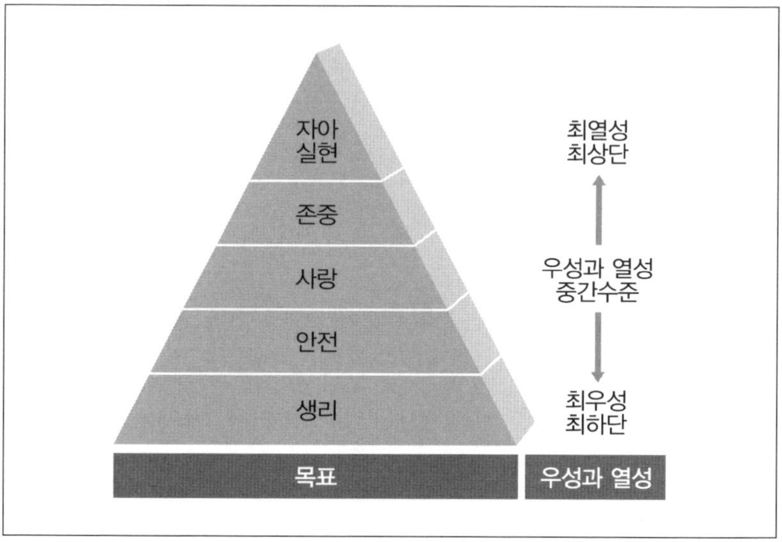

〈그림 1-4-1〉 개인의 목표 간의 위계와 우열성의 정도

〈그림 1-4-1〉은 개인의 목표들 사이의 위계와 우성과 열성의 정도를 보여주고 있다. 그림에서 보듯이 생리적 목표가 가장 하단에 있으나 가장 우성의 것이다. 그리고, 자아실현목표가 가장 상단에 있으나 가장 열성의 목표이다.

이러한 내용이 시사하는 바는 조직에서 개인이 자아실현 하기 위해서는 생리적 목표 즉, 경제적 목표가 성취되지 않으면 실현될 수 없다는 것이다. 즉, 임금, 생계문제가 해결되지 않으면 다른 목표를 성취할 수 없으므로 그 개인은 조직에서 갈등을 겪게 되고, 그 갈등상황에 개인 스스로 방어적으로 반응하는 방식을 고안해서 행동하게 된다는 것이다. 즉, 소극적으로 체념하거나 도피하기도 하고, 적극적으로 반항하거나 저항하기도 한다.

〈표 1-4-2〉에서는 Maslow가 주장한 개인의 기본욕구라는 목표에 관한 내용을 요약하여 제시하고 있다. 개인의 목표와 조직의 목표가

충돌할 때 개인은 갈등을 경험하게 된다. 이때 개인과 조직 간에 갈등을 겪게 되고 개인과 집단 간에 갈등을 겪을 수 있다. 또한, 개인 내적으로 갈등을 겪을 수 있고 개인 간에 갈등을 겪게 될 수 있다.

〈표 1-4-2〉 개인 목표 (예시)

목표 (=욕구)	내용	특성
자아실현	자신의 내부에 잠재해 있는 자신이 무엇이 될 수 있다거나 되어야 한다고 믿는 것을 스스로 실현하고자 하는 욕구, 목표	최상단에 위치. 최열성목표(最劣性目標)
존중	존경욕구. 자아존중 및 타인으로부터 존경. 자기 자신의 성취, 신임, 강력함, 자유, 독립 등과 타인으로부터 받는 평판, 명성, 인정, 친절, 감사 등에 관한 욕구	열성의 정도가 사랑목표보다 강함.
사랑	사회적 욕구. 애정욕구. 소속욕구. 자신이 소속하고 있는 집단, 조직, 또는 사회의 구성원들과 친밀하게 지내고자하는 욕구	열성 및 우성의 정도가 중간 수준임.
안전	정신적, 육체적 안전. 질병, 위협, 불공평, 부당한 대우, 부정, 무질서, 천재지변, 전쟁 등으로부터 안전 욕구	생리목표보다 우성의 정도가 낮음.
생리	항상성 욕구. 경제적 욕구. 의식주(衣食住), 임금, 휴가, 주택 등에 관한 욕구	최하단에 위치. 최우성목표(最優性目標)

(5) 개인갈등의 커뮤니케이션 맥락

커뮤니케이션의 맥락에서는 커뮤니케이션 실패, 오해 등이 갈등의 원인으로 작용할 수 있다.

① 오해

의사전달과정에서 발생하는 오해는 개인갈등의 중요한 원인이 될 수 있다. 의미에 대한 오해, 내용에 대한 오해, 해석에 대한 오해 등이 갈등의 원인이 될 수 있다. 오해가 발생하면 같은 현상을 각각 다르게 이해하게 되고 갈등이 일어난다.

② 커뮤니케이션 실패

공식적 커뮤니케이션 루트(route)가 없거나 경색되어 있을 때 갈등이 발생한다. 자신이 의도한 정보가 흐르지 않거나 왜곡되어 있을 때 갈등이 발생한다. 의사전달에 장애가 발생하여 원활한 의사전달이 이루어지지 않을 때 갈등이 발생한다.

③ 의사전달기술의 미숙함

개인 자신의 의사전달 기술이 미숙하여 자신의 의사를 제대로 전달할 수 없을 때 갈등이 발생한다.

(6) 개인갈등의 역할 맥락

개인 자신이 수행하는 역할이 자신에게 맞지 않을 때 또는 개인들 간에 역할이 일치하지 않을 때 개인은 갈등을 겪게 된다. 특히, 개인들은 자신의 역할이 자신에게 기대된 것과 맞지 않을 때 갈등을 일으키기 쉽다. 역할이란 결과의 개념이 아니라 지위, 역할기대, 역할정의, 행동 등의 요소가 동태적으로 어울려져서 산출되는 과정의 개념이다.

즉, 역할이란 조직 또는 사회가 개인에게 요구하는 것인 역할요구(役割要求) 또는 역할압력(役割壓力), 자신의 지위에서 무엇을 해야 한다고 생각하는지에 대한 역할정의(役割定義) 또는 역할경험(役割經驗), 그리고 요구된 것과 정의된 것에 따라서 행동 등으로 옮기는 역할행태(役割行態) 또는 역할반응(役割反應)의 요소들로 이루어지는 일종의 과정인데 이들 요소가 부조화할 때 갈등이 발생한다.

〈그림 1-4-2〉에서는 역할을 하나의 과정으로 보았을 때 이를 구성하고 있는 요소들을 보여주고 있다.

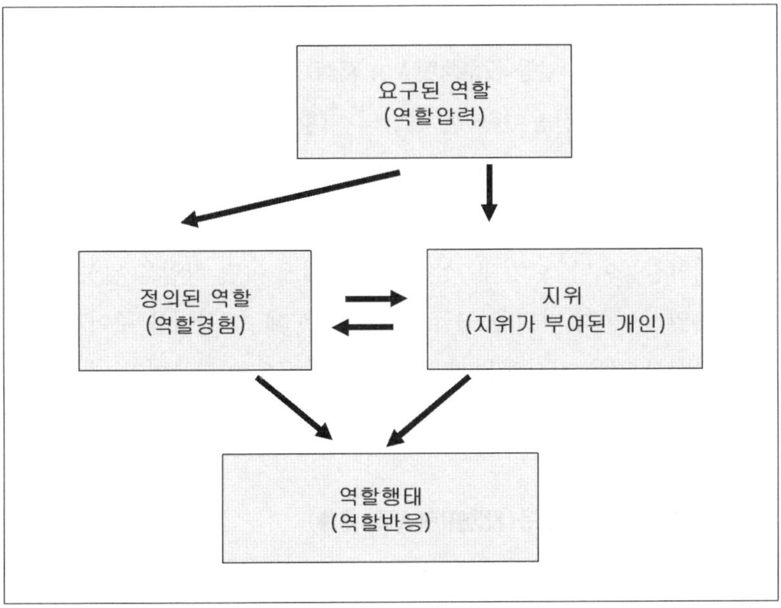

〈그림 1-4-2〉 역할과정의 요소들

예컨대, 조직이나 사회의 어떤 개인에게 어떤 지위(地位)가 부여되면, 특정 역할이 그 개인에게 요구되고, 그 개인은 자신의 경험 등에 의해서 정의된 역할에 따라 어떻게 행동할 것인가를 결정하고 행동하게 된다. 그렇게 행동한 것이 사회 또는 조직이 받아들이지 않을 때 그 개인은 갈등을 겪게 된다.

역할갈등은 일반적으로 ① 역할 간에 충돌 또는 갈등(役割間 葛藤)을 일으키거나, ② 어떤 역할이 자신의 능력에 비해 과도하여서 부담으로서 작용할 때, 즉, 과부하(役割 過負荷)로 작용할 때, 또한, ③ 역할이 하나가 아니고 여러 개일 때, 즉, 다중역할(多重役割)일 때 발생하게 된다. Swanda(1979)는 역할갈등을 ① 역할부여인 내 갈등, ② 역할부여인 간 갈등, ③ 역할 간 갈등, ④ 인격-역할갈등, ⑤ 역할과부하 갈등으로 구분하여 설명하고 있다.[4] 그 내용은 다음과 같다.

① 역할부여인 내 갈등(役割附與人內 葛藤)

역할부여인 내 갈등이란 한 사람의 역할 부여자와 한 사람의 역할 수령자 간에 발생하는 역할갈등이다. 즉, 조직에서 두 사람 간에 역할을 주고받을 때 역할을 부여하는 사람과 그 역할을 받는 사람 간에 발생하는 역할갈등이다. 예컨대, 상사가 부하에게 어떤 작업을 완성하는데 필요한 인적, 물적 자원을 공급해주지 않은 채 그 작업을 주어진 날짜 안에 완성할 것을 지시했을 때 발생하는 갈등은 역할부여인 내 갈등이다.

② 역할부여인 간 갈등(役割附與人間 葛藤)

역할부여인 간 갈등이란 상반되는 두 사람 이상의 역할부여인들과 한 사람의 역할 수령인 간에 발생하는 역할갈등을 말한다. 즉, 어떤 사람이 역할을 받는데 그 역할을 부여하는 자들이 각각 상반되는 역할을 그 수령인에게 부여할 때 야기되는 갈등이다. 예컨대, 중간관리자가 역할을 부여하며 자신의 부하가 수행해 주기를 기대하는 것과 그 중간관리자의 상급관리자가 기대하는 것이 상반될 때, 그 부하가 그 상반되는 기대들을 충족시키려고 할 때 자신의 역할수행과정에서 겪는 갈등이 역할부여인 간 갈등에 해당한다.

---

4) Swanda, J. (1979). *Organizational Behavior: Systems and Applications*. CA: Mayfield Publishing Co.

③ 역할 간 갈등(役割間 葛藤)

역할 간 갈등이란 역할 수행자가 두 개의 다른 역할을 가지고 있고 이를 수행해야 할 때 이들 다른 역할 상의 기대를 충족시키고자 하는 과정에서 야기되는 갈등을 말한다. 예컨대, 자신의 친구가 부하직원으로 재직하고 있을 때 그 상사는 친구의 역할과 상사의 임무를 수행해야 하는데 이들 역할이 서로 달라서 이를 충족시키고자 할 때 갈등을 겪게 된다.

④ 인격-역할 갈등(人格-役割 葛藤)

인격-역할(人格-役割) 갈등이란 맡은 역할을 잘 수행하는 사람의 가치나 욕구에 반하는 역할이 수행되도록 기대될 때 발생하는 갈등이다. 개인적으로 수용할 수 없는 행동을 하도록 압박을 받을 때 상사들이나 동료들과 갈등을 겪게 된다. 예컨대, 제도적 압력 때문에 개인들이 승진하기 위해서 동료들을 성나게 하거나 동료들의 권리를 침해할 때 겪는 갈등이 여기에 해당한다.

⑤ 역할과부하 갈등(役割過負荷 葛藤)

역할과부하 갈등이란 개인에게 부여된 역할이 너무 많아 자신의 힘에 비추어 짐이 되고 이를 동시에 수행해야 할 때 발생하는 갈등이다. 비록 합법적이고 정당한 일이긴 하더라도 개인 자신의 힘에 부치는 많은 작업이 부여되고 이들을 동시에 수행해야 할 때 역할과부하가 일어나고 갈등을 겪게 된다. 이들 작업에 우선순위를 배정할 수 없거나 어려울 때 더욱 갈등이 야기된다. 예컨대, 학생들이 어느 것도 무시할 수 없고 우선순위를 정할 수 없는 중요한 시험 다섯 과목을 같은 날에 치러야 할 때 역할과부하가 발생한다.

⑥ **다중역할 갈등(多重役割 葛藤)**

다중역할 갈등이란 역할이 하나가 아니고 여러 개일 때, 즉, 다중역할일 때, 발생하는 갈등을 말한다.

역할과부하 갈등이 과중한 역할을 동시에 수행해야 할 때 발생하는 갈등이라면, 다중역할 갈등은 다수의 역할을 해내야 할 때 발생하는 갈등이다.

우리나라의 여성의 경우 여러 개의 역할을 동일인이 수행하고자 하는 과정에서 역할 간에 충돌이 일어나 갈등이 발생하거나 역할이 과중하여 갈등을 흔히 겪게 된다.

예컨대, 결혼한 직장여성일 때 일반적으로 며느리의 역할인 시부모에 대한 역할, 아내의 역할인 남편에 대한 역할, 어머니의 역할인 자녀

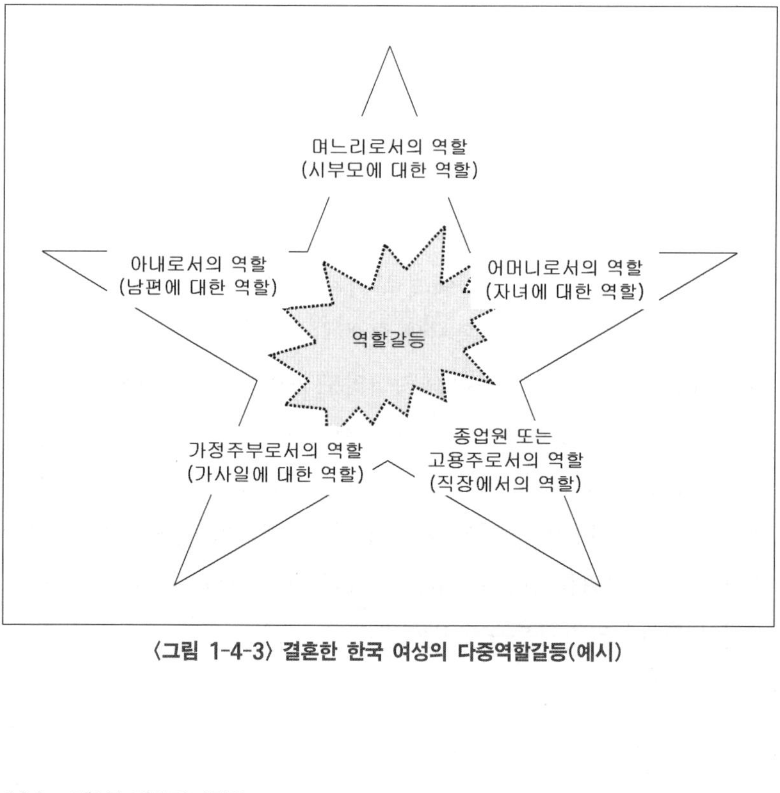

〈그림 1-4-3〉 결혼한 한국 여성의 다중역할갈등(예시)

에 대한 역할, 가정주부의 역할인 가사 일에 대한 역할, 종업원 또는 고용주의 역할인 직장에서의 역할 등을 수행하게 된다.

〈그림 1-4-3〉은 결혼한 한국 여성의 다중역할 갈등의 예를 가정적으로 보여주고 있다.

다양한 역할을 해내기 위해서는 그에 합당한 역할 정체성(役割正體性)이 확립되어야 한다. 즉, 시부모에 대한 역할을 해내기 위한 역할 정체성, 남편에 대한 역할을 해내기 위한 역할 정체성, 자녀에 대한 역할을 해내기 위한 역할 정체성, 가사 일에 대한 역할을 해내기 위한 역할 정체성, 직장에서의 역할을 해내기 위한 역할 정체성 등의 역할

〈표 1-4-3〉 개인 차원의 갈등결정요인

차원	맥락	개인갈등결정요인 (예시)	
개인	조직 맥락	• 정책이나 규칙에 불응 • 환경요인 • 권한 문제 • 지위 부조화	• 모호한 규정 • 성희롱, 성차별 • 책임성 문제 • 조직 목표와 갈등
	인간 맥락	• 스트레스 • 역할갈등 • 성격 차이 • 가치관의 차이 • 배경의 차이	• 좌절 • 경쟁 • 개성 충돌 • 이상과 현실의 차이 • 지식의 차이
	작업 맥락	• 협동 부족 • 자동화 • 시간적 압박 • 방법의 차이	• 표준 이하의 성취 • 로봇화 • 자원 부족
	커뮤니케이션 맥락	• 커뮤니케이션 실패(경색, 왜곡 등) • 오해 • 미숙한 의사전달 기술	
	역할맥락	• 역할충돌 • 역할부여인 내 갈등 • 인격-역할갈등	• 다중역할 • 역할부여인 간 갈등 • 역할과부하

정체성이 확립되어 있어야 갈등이 발생하지 않는다. 역할 정체성 간에 경계가 모호해지고 정체성 상실의 때가 와서 역할갈등이 발생하게 된다.

이들 다중역할은 일반적으로 역할과부하로 작용하여 역할수행에 짐이 되고, 역할 간에 역할 간 갈등을 일으키게 된다.

이러한 개인 차원에서 발생할 수 있는 갈등의 내용을 개인의 조직, 인간, 작업, 커뮤니케이션 맥락으로 편의상 분류하여 〈표 1-4-3〉에서와 같이 예시할 수 있다.

3. 집단갈등결정요인

(1) 집단갈등의 일반적 원인

여기서 말하는 집단갈등은 주로 조직 내에 있는 부서 등 집단들 간에 발생하는 갈등을 말한다. 그러나, 여기에 소개된 집단갈등의 원인은 사회 전체적인 차원(社會 全體 次元)에서 집단갈등 또는 조직갈등의 원인으로 고려될 수 있는 것도 있겠다.

예컨대, 타 조직 및 타 조직의 작업에 대한 이해 부족이라던가, 타 집단 및 타 집단의 작업에 대한 이해 부족이라던가, 공동의사결정이나 희소한 자원의 공동이용 등과 같은 것이 그러한 예에 해당한다.

이는 곧 조직 차원의 갈등과 일맥상통한 것이다. 따라서, 여기서 말하는 집단갈등은 조직갈등의 의미를 포함하는 것이다.

조직 내의 집단들 간의 관계는 조직의 구조나 조직 내의 의사결정의 구조, 작업의 구조, 상대방에 대한 태도 및 상호작용의 형태, 정보교환 및 커뮤니케이션의 형태 등의 요인들에 따라서 갈등과 협조의 다양한 관계가 형성된다. 그리고, 이들 집단관계는 집단 또는 조직에 고유하게 잠재해 있는 다양한 요인들에 의해서 발생하는 잠재된 갈등의 기능에 의해서 나타나는 결과라고 할 수 있다.

조직에서의 갈등원인을 구체적으로 살펴보면, 개성 충돌, 인식 차이, 가치관 차이, 커뮤니케이션 장애 또는 실패, 의견 불일치, 상호 의존성, 비대칭성, 고도의 수평적 분화, 낮은 공식화, 희소성 자원에 대한 상호 의존성, 과도한 경쟁, 구성원의 이질성, 역할 상의 불만, 지위와 신분의 불일치, 상호 의존성, 이해관계 차이, 전문가에 의존 증가, 보상제도 및 성과 기준의 문제, 역할 불만족과 모호성, 유인의 부적합성, 부서 간 권한 및 관할구역의 모호성, 상대방의 작업에 대한 지식의 결핍이나 지리적 요인 등에 의한 커뮤니케이션 장애, 경쟁을 일으키는 유인, 대인관계 기술의 미숙함, 과거의 갈등 경력 등이 제시될 수 있다.[5)]

---

5) 조직에서 발생하는 갈등의 원인은 연구관점에 따라서 다양하게 제시될 수 있다. 예컨대, Lippitt(1985)는 ① 커뮤니케이션 실패, ② 오해, ③ 개성 충돌, ④ 가치 차이, ⑤ 목표 차이, ⑥ 표준 이하의 성취, ⑦ 방법에 대한 차이, ⑧ 책임 문제, ⑨ 권한 문제, ⑩ 협동의 부족, ⑪ 좌절, ⑫ 희소자원에 대한 경쟁, ⑬ 정책이나 규칙에 대한 불응 등을 갈등의 원인으로 언급하고 있다. Lippitt, G. L. (1985). Managing conflict in today's organizations. In Keith Davis and John W. Newstrom (7th ed.), *Organization Behavior: Readings and Exercises* (pp.442~451). New York: McGraw-Hill Book Company. 권기성(1994)은 조직 내에서의 갈등의 원천으로 ① 개인 간 또는 집단 간 의견의 불일치, ② 과업 수행상의 상호 의존성, ③ 고도의 수평적 분화, ④ 낮은 공식화, ⑤ 희소성 자원에 대한 상호 의존성, ⑥ 구성원의 이질성, ⑦ 역할 상의 불만, ⑧ 지위와 신분의 불일치 등을 들고 있다. 권기성. (1994). 조직 내 집단에 있어서의 갈등유형과 갈등관리전략. 「광운대 논문집」23. pp.47~68. 한편, 백기복(2000)은 집단들 간의 갈등원인으로 ① 상호 의존성, ② 인식의 차이, ③ 집단 간 이해관계 차이, ④ 전문가에 의존 증가 등을 제시하고 있다. 인식의 차이에는 목표의 차이, 시간 인식의 차이, 지위의 차이, 부정확한 지각 등이 포함된다. 집단 간 이해 차이에는 제한된 자원, 보상제도 등이 포함된다. 백기복. (2000). 「조직행동연구」. 서울: 법문사. Walton과 Dutton(1969)은 조직에서의 하부집단 간에 발생하는 갈등의 원인으로 ① 상호 의존성, ② 비대칭성, ③ 성과 기준, ④ 보상과 감독, ⑤ 조직분화, ⑥ 역할 불만족과 모호성, ⑦ 모호성, ⑧ 공동자원, ⑨ 커뮤니케이션 장애, ⑩ 개인적 기술과 자질 등을 제시하고 있다. Walton, R. E., & Dutton, J. M. (1969). The management of interdepartmental conflict: A model and review. *Administrative Science Quarterly,* 14. pp.73~84.

또한, 조직의 전통적이고 타고난 특성상으로 갈등 관계에 있을 수 있다. 예컨대, 생산증대와 품질 강화 간에는 갈등 관계에 있고, 판매와 공학(工學) 간에 갈등 관계에 있고, 병원의 행정과 간호 간에는 갈등 관계에 있다.

심각한 경제적 쇠퇴기에는 갈등이 증대된다. 즉, 경제가 극히 어려운 경제적 쇠퇴기에는 구조조정 등이 실행되고 그 결과 조직의 구성원들은 직장에서 해고당하는 불안감에 시달리게 되기 때문에 갈등이 발생하게 된다.

상급자가 부하들 가운데 특정 부하를 편애하거나 정실인사를 실시하는 경우에 구성원들 간에 갈등이 발생하게 된다.

일반적으로 조직의 권한 구조가 이중권한구조(二重權限構造)로 되어 있는 조직에서는 다른 권한 구조에 종사하는 사람들끼리 갈등이 빈번하게 발생할 수 있다. 예컨대, 조직의 권한이 수직적이고 관료적으로 조직된 행정 권한 구조와 수평적이고 전문직업적으로 조직된 전문직업 권한 구조로 구성된 대학, 병원, 공립학교, 공공복지조직 등과 같은 조직에서는 관료적 지향성과 전문가적 지향성 간의 배타적이고 부조화된 권한의 특성으로 인하여 갈등이 빈번할 수 있다. 그러나, 이중권한구조라도 어느 한쪽 권한 구조가 다른 쪽 권한 구조보다 압도적으로 지배적일 때 내부 갈등이 상대적으로 낮게 된다(Darkenwald, 1971).[6]

그리고, Walton, Dutton, Cafferty(1969)는 부서 간에 갈등을 일으키는 갈등결정요인(葛藤決定要因)들로 ① 개인의 특성적 요인, ② 부서 간 연락의 임무를 맡은 사람들에 대한 유인의 부적합성, ③ 부서 간 권한 및 관할구역의 모호성, ④ 상대방의 작업에 대한 지식의 결핍이나 지리적 요인 등에 의한 커뮤니케이션 장애, ⑤ 부서 내 집단 간의 충돌, ⑥ 공동자원에 의존, ⑦ 구조적 비대칭, ⑧ 경쟁을 일으키는 유인, ⑨ 대인관계 기술의 미숙함 등을 제시하고 있다. Walton, R. E., Dutton, J. M., & Cafferty, T. p.(1969). Organizational context and interdepartmental conflict. *Administrative Science Quarterly,* 14. pp.522~542.

6) Darkenwald, G. G., Jr., (1971). Organizational conflict in colleges and

Schmidt와 Kochan은 집단들 간에 공유된 자원, 감지된 상호 배타적 목표, 상호의존적 활동 등을 갈등을 일으키는 주된 요인으로 제시하고 있다. 집단 간 목표의 상호 배타성, 활동의 상호 의존성, 자원의 공유성의 정도가 높으면 높을수록 잠재적 갈등의 행태도 높아지게 된다.

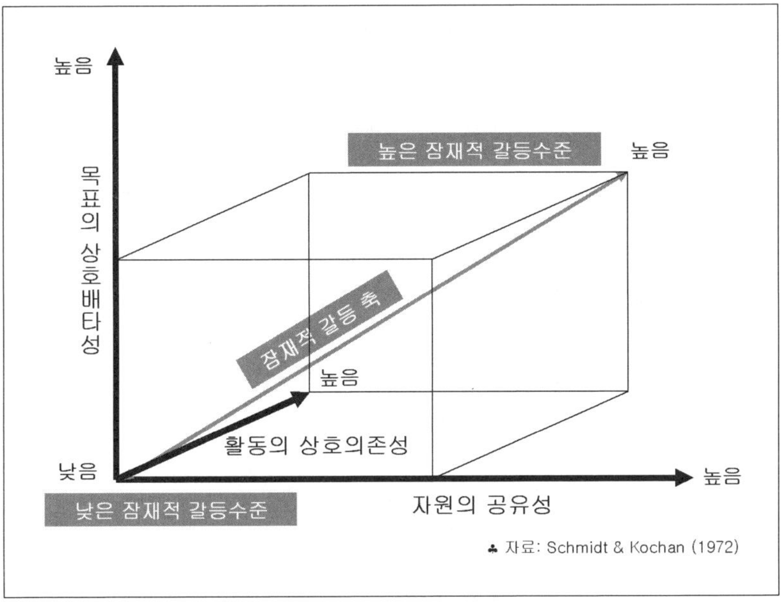

〈그림 1-4-4〉 잠재적 갈등의 요인과 수준

〈그림 1-4-4〉에서는 잠재적 갈등의 요인들인 자원의 공유성, 목표의 상호 배타성, 활동의 상호 의존성이 3차원 입체상자구조에서 x, y, z축에 각각 나타나 있고, 잠재적 갈등의 축이 3차원 상자의 아래에서 위쪽의 대각선상으로 뻗고 있고, 이에 해당하는 잠재적 갈등의 수준을 보여주고 있다(Schmidt & Kochan, 1972).[7]

---

universities. *Administrative Science Quarterly,* 16. pp.407~412.

7) Schmidt, S. M., Kochan, T. A. (1972). Conflict: Toward conceptual

〈표 1-4-4〉 집단차원의 갈등결정요인

차원	맥락	집단갈등결정요인 (예시)
집단	조직 맥락	• 권력, 권한의 비대칭 및 모호한 경계 • 과도한 조직분화 • 경쟁 야기 유인들 • 상호의존적 활동 • 모호한 규칙 • 상호 배타적인 목표 • 희소자원의 공동사용 • 공동 의사결정형태
	인간 맥락	• 보상과 감독의 불공정 • 승진 기회 박탈감 • 인간이 아닌 일 중심의 엄격한 감독 • 동료 간 긴장과 반목 • 처벌 또는 징벌적 감독 • 비호의적인 감독 문화 • 역할 불만족 • 역할 모호성 • 갈등 경력 • 편애, 정실 • 부서 간 마찰, 불화
	작업 맥락	• 작업의 상호 의존성 • 작업에 대한 보상의 부적절함 • 성과 기준의 모호성 • 예산제약 등 희소한 자원 • 과도한 작업 • 과중한 책임 • 연락 업무의 조정력 미숙함 • 기술을 충분히 발휘하지 못함 • 직업에 대한 불만
	커뮤니케이션 맥락	• 물리적 장애 • 동시접촉의 어려움 • 대인관계 기술의 결핍 • 타부서 작업에 대한 이해와 지식 결여

clarity. *Administrative Science Quarterly,* 17. pp.359~370.

이들 요인을 조직 맥락, 인간 맥락, 작업 맥락, 커뮤니케이션 맥락의 관점에서 〈표 1-4-4〉에서와 같이 분류할 수 있다.

그런데, 어떤 요인들이 갈등을 일으키는 것이냐는 조직의 구조, 관리자, 구성원, 환경 등의 상황에 따라서 판단할 사항이다.

예컨대, 조직에 있어서 권한의 계층구조는 공공조직이나 민간기업에서 갈등을 해결하는 장치로 작동되기도 하나 갈등을 일으킬 수 있는 요인이 되기도 한다.

(2) 집단갈등의 구체적 원인

이하에서는 이들 맥락을 구성하고 있는 요인들 가운데서 일부를 구체적으로 살펴보고자 한다.

① 상호 의존성

여기서 말하는 상호 의존성은 주로 작업 관계에 있어서 조직 내의 집단들이 상호 의존관계에 있는 상태를 말한다. 작업의 상호 의존성 때문에 발생하는 갈등은 조직 내에 있는 집단들이 공동으로 작업을 수행하기 위한 정보, 지원, 순응 등 상호 협력적 행동이 필요한 상황에서 야기된다. 상호의존적 작업은 협력적 유인을 제공하기도 하지만 부서간의 갈등을 일으키기도 한다. 상호의존적인 작업이 집단 간에 협력과 우정 등을 가져다주는 순기능을 제공하느냐 아니면 반목, 적대감 등을 초래하는 역기능을 가져오느냐는 개인, 조직의 속성에 의존한다. 반목, 적대감 등이 집단 간에 발생할 때 변화에 저항하게 된다.

작업 과부하(作業 過負荷)도 협력적 유인을 제공하기도 하지만 갈등을 일으키는 요인이 되기도 한다. 즉, 작업이 지나치게 많을 때 이를 완성하기 위해서 상호 지원의 이점을 일으킬 수도 있으나, 그 반대로 지나치게 많은 작업 때문에 자원의 희소성 문제가 부각 되고, 이는 집단 간에 거래 또는 협상을 충동하게 되며 긴장, 욕구 불만, 공격 등을 일으킬 수 있다.

② 부적절한 유인, 보상과 감독

제공되는 유인들이 최적화에 도달하지 못하고 미달할 때 갈등이 발생한다. 유인들이 최적화에 미달할 때 각 부서 간 이해관계의 갈등이 발생한다. 감독자가 부서 간 협동을 끌어내는 데 실패할 때 갈등이 발생한다.

조직의 보상체제가 하부집단들의 개별적 성과를 평가하여 보상을 주게 되면 조직 전체의 성과를 하나로 보고 평가하여 보상을 주는 때보다 더 많은 갈등이 집단들 간에 야기된다.

감독체제도 부하직원들을 1대 1로 감독하게 되면 부하직원들을 하나의 집단으로 간주하여 감독할 때보다 부하직원들은 동료들 간에 더 많은 갈등을 접하게 된다.

③ 비대칭성

여기서 비대칭성이란 주로 업무 관계에서 발생하는 작업, 권력, 권위, 지식 등의 비대칭적이고 불균형적인 상호 의존성을 말한다.

일반적으로 대칭적인 상호 의존성과 대칭적인 형태의 업무는 조직 내의 집단들 간에 협력을 증진할 수 있다. 그 반대로, 불균형적이고 비대칭적인 상호 의존성은 조직 내에 있는 집단들 간의 갈등을 유발할 수 있다.

예컨대, 참모집단(參謀集團)과 계선집단(系線集團) 사이의 갈등은 종종 비대칭적 업무 관계에서 유발된다. 즉, 참모들은 현실의 문제점을 발견하고, 새로운 아이디어를 제시하고, 현실을 개혁하려는 성향이 있는 반면에, 계선(系線)들에겐 이들 작업과 의무적으로 연계되어 있지 않기 때문에 계선(系線)과 참모(參謀) 집단들이 가진 업무의 비대칭성은 갈등을 일으킨다. 예컨대, 참모집단은 계선집단의 문제점들을 발견하고, 새로운 아이디어를 실현하려고 노력하지만, 계선집단(系線集團)엔 의무적인 것이 아니므로 이들 집단 간에 갈등이 야기된다. 이와 유사한 예로, 기획부처(부서)와 예산부처(부서) 사이에 발생하는 갈등도 업무의 비대칭성에서 초래되는 경우가 많다. 예컨대, 기획부처(부서)는 미래지향적인 업무성향을 지닌 데 반해서 예산부처는 현실 또는 과거 지향적인 업무성향을 가지고 있어서 이들 사이의 업무 비대칭성은 갈등을 유발하게 된다.

이러한 갈등은 권력, 지식, 위신 등이 조직에서 형성되어 있는 위계지위(位階地位)에 의해서도 발생할 수 있다.

예컨대, 상호의존적 작업을 공동으로 수행하는 데 있어서 다양한 가치를 가지고 있는 집단들 간에 상대적인 권력(權力)의 영향력에 관한 가정이 주어지는 경우 그러한 권력 영향력의 균형이 깨어질 때 집단 간에 갈등이 야기된다. 예컨대, 서울시 각 구청의 사회복지사업을 수행하는 데 있어서 사회복지노동자, 행정가, 교수집단이 각각 조화롭게 통제될 것이라고 믿었던 것들이, 실제로 사업을 수행하는 과정에서 상황이 통제되지 않을 때 집단 간에 갈등이 발생한다.

지식(知識)과 관련하여 볼 때, 부서 간에 분배된 지식과 부서 간의 횡적 영향력 간의 불일치가 갈등의 원인이 된다. 각 부서의 영향력이 주된 경쟁적 요소와 일치하면 할수록 부서 간의 갈등이 한층 더 효과적으로 해결된다.

예컨대, 식품생산회사에 있어서 시장전문지식과 식품과학(食品科學, food science)이 필수적이기 때문에 판매부서와 연구부서가 부서 간 갈등 해결에 한층 더 영향력이 있다. 그러나, 냉장고, 텔레비전 등 가전제품 생산회사의 경우엔 생산제품의 품질과 고객에게 배달이 경쟁

기업에 이기기 위한 매우 중요한 요소이기 때문에 판매부서와 생산부서가 부서 간 갈등을 해결하는 데 있어서 가장 영향력이 있다.

위신(威信)의 위계질서와 관련하여 볼 때, 연구부서(硏究部署)의 위신이 공학부서(工學部署)보다 높고, 공학부서의 위신이 생산부서(生產部署)보다 더 높게 위계질서 되어 있을 때, 연구부서가 공학부서에 그리고 공학부서가 생산부서에 사업지휘가 이루어진다면 갈등이 발생하지 않는다. 그러나, 그 반대로 생산부서가 공학부서에 그리고 공학부서가 연구부서에 지휘가 이루어질 때 기존 위계질서의 파괴로 인해 이들 부서 간에 갈등이 발생하고 부서 간 관계가 끊어질 수 있다.

④ **성과 기준**

각 부서의 업무성과를 평가하는 기준이 각각 다를 경우 갈등이 발생할 수 있다. 예컨대, 참모부서(參謀部署)가 변화와 혁신을 추구할 때, 계선부서(系線部署)가 안정과 보수를 추구하게 되면, 이들 부서 간에 갈등이 발생하게 된다. 또한, 예컨대, 질적 결과를 성과평가의 기준으로 하는 부서와 양적 결과를 성과평가의 기준으로 하는 부서 사이에 갈등이 야기된다. 또한, 예컨대, 생산부서가 장기적이고 경제적 운영을 평가 기준으로 삼을 때 판매부서가 훌륭한 고객에게 단기적이고 신속한 공급을 평가 기준으로 세우게 되면 이들 부서 간에 갈등이 발생하게 된다.

조직과 사회와의 관계에서 볼 때, 조직이 추구하는 목표와 사회가 요구하는 목표가 일치하지 않을 때 조직에 갈등이 발생한다.

⑤ **조직분화**

일반적으로 같거나 유사한 작업을 위해서는 비인격적이고, 계층적 권한을 가지고, 일반적 규칙과 전문화에 의해서 그 권한이 구체적으로 사전에 규정되고, 정책과 행정이 분리된 관료적 조직(官僚的 組織)이 유용하다. 그러나, 유사하지 않은 작업을 위해서는 관료적 조직보다는 인간관계 조직(人間關係 組織)이 더 유용하다.

일반적으로 대규모 조직은 관료적 조직과 인간관계 조직을 모두 가지고 획일화된 작업과 획일화되지 않은 작업을 모두 처리하고 있다. 이러한 과정에서 갈등이 야기된다. 즉, 각 부서가 환경의 각 부분에 대응하기 위해서 각기 다른 형태의 작업을 수행할 때 각 부서는 내부 분화를 촉진할 것이다.

다른 부서로부터 자유로워지고 싶은 관계로 자율(自律)에 기반을 둔 운영을 하고자 한다. 서로 다른 목표(目標)를 설정하게 되고, 서로 다른 규범(規範)을 가지고 운영하게 된다. 다른 부서와 협동(協同)을 증진해야 하지만 다른 한편 경쟁(競爭)하게 되고 적개심(敵愾心)을 가지게 된다. 그 결과 긴장(緊張)과 갈등(葛藤)이 만연하게 된다.

분화는 조직이 환경에 대응하기 위한 구조, 환경, 시간, 인간 등의 요인들에 의해서 결정된다(Lawrence & Lorsch, 1967).[8] 분화된 각 부서는 타 부서로부터 자유로워지고 싶고 독립적으로 운영되고자 한다. 그 결과, 서로 다른 구조적 형식을 가지게 된다. 즉, 규칙의 엄격성 정도, 감독의 협소 정도, 성과평가의 빈도, 구성원들에 대한 너그러움과 강압의 정도, 조직구조의 딱딱함 또는 형식의 정도 등 구조요인(構造要因)이 서로 다르다. 또한, 새로운 과학기술지식, 고객, 시장기회, 원재료 비용, 처리 등의 환경요인(環境要因)이나, 정책이나 기획의 장기 또는 단기적 시간관념 등의 시간요인(時間要因), 인간관계에 있어서 자유로움의 개방성과 지휘명령의 통제성(統制性) 등의 인간

8) Lawrence, p.R., & Lorsch, J. W. (1967). *Organization and Environment: Managing Differentiation and Integration*: Boston, MA: Harvard University.

요인(人間要因)에 있어서 서로 다른 입장을 견지하게 된다.

이러한 분화는 환경이 안정적일 때보다 환경의 불확실성 정도가 높아질수록 더욱 가속화된다. 그러나, 비록 과대 분화가 갈등의 잠재적 요인이기는 하나 그것이 자동으로 갈등 행동을 일으키지는 않는 것으로 지적되고 있다(Walt & Dutton, 1969).9)

조직의 분화는 분업을 그 전제로 하게 된다. 분업은 한편으로는, 행정적으로는 뚜렷하고 분명한 선을 하부집단 간에 그을 수 있을지는 모르지만, 다른 한편으로는, 하부집단 간 기능적으로 상호 의존성을 증대시키게 된다. 이는 결국, 하부집단 간에 경계의 불명확성과 책임의 모호성을 증대시키게 된다. 이러한 현상은 집단들을 연결하는 각 집단의 연결지점에서 더욱 그러하다(Corwin, 1969).10)

따라서, 조직의 구조가 분화되면 될수록 분화된 하부집단들을 연계시키기 위한 정교한 연결시스템이 필요하게 된다. 이는 상호 의존성을 더욱 증가시키게 되고 하부집단 간 긴장과 갈등을 더욱 증가시키게 된다. 결국, 분업 또는 분화는 갈등의 중요한 요인이 된다.

일반적으로 분화는 조직의 크기, 전문화, 권한의 계층, 조직의 복잡성 등의 요인에 의해서 결정된다(Corwin, 1969).11) 조직의 크기 즉, 규모(規模)가 크면 클수록 구조, 기능 등이 복잡하게 되고 이는 부서 간 또는 하부집단 간의 갈등을 일으킨다. 조직의 수평적 분화(水平的分化)는 분업 즉, 노동의 분업 때문에 발생한다. 작업 또는 능력에 의

9) Walton, R. E., & Dutton, J. M. (1969). The management of inter-departmental conflict: A model and review. *Administrative Science Quarterly,* 14. pp.73~84.

10) Corwin, R. G. (1969). Patterns of organizational conflict. *Administrative Science Quarterly,* 14. pp.507~520.

11) Corwin, R. G. (1969). Patterns of organizational conflict. *Administrative Science Quarterly,* 14. pp.507~520.

한 노동과 인적 자원의 분화는 직원들의 차별화를 더욱 가속하게 되고 집단 간 경계를 구체적으로 설정하게 된다. 그런데 이러한 행위는 갈등의 중요한 요인이 된다.

조직의 수직적 분화(垂直的 分化)는 계층에 의해서 일어난다. 계층은 조직의 복잡성을 증가시키게 된다. 이때 수직적 계층의 분화는 권한의 계층적 분화를 일으키게 된다. 각 계층은 자신의 구성원들에게 다른 계층과는 다른 목표, 문제, 이익들을 가지도록 강요하게 된다. 이는 다른 계층과 긴장과 갈등을 일으키게 된다.

이러한 조직의 규모, 수평적 분화, 수직적 분화 등은 조직의 전반적 복잡성을 증가시키게 된다. 집단들 간의 상호 의존성, 이해관계의 분화 등은 집단들 간에 역할, 목표 등의 차이를 가져오게 된다. 이는 집단 간 경쟁과 긴장을 고조시키게 되고, 더 나아가 집단 간 갈등을 증가시키게 된다.

⑥ 역할 불만족

역할이 불만족스럽거나 모호할 때 갈등이 야기된다. 이들은 조직성장률, 조직 수준, 계층의 차이 등 조직의 기본 변수들에 주로 관련되어 있다. 조직 성장이 느리거나 승진의 기회가 느릴 때 역할 모호성은 적으나 역할 불만족은 증가한다. 조직의 상위 계층으로 올라갈수록 관할 구역이나 권한의 범위가 모호해지고 이는 갈등을 일으키게 된다.

자신이 기대했던 역할에 만족하지 못한 상황이 발생할 때 갈등이 야기된다. 예컨대, 참모집단은 지위 상승이 차단되어 있으므로 인해서 승진의 기회가 없음을 느낄 때 갈등을 겪는다. 또한, 조직의 하위계층에 임용된 사람들은 자신이 고위계층으로 승진하는 것이 사실상 불가능한 것임을 인식할 때 갈등을 느낀다.

또한, 조직의 보상, 지위, 권력 등이 계층 수준에 따라 지나치게 차이가 나고 강조될 때 개인들은 자신의 보상, 지위, 권력의 승진에 매진하는 성향을 지니게 되고 이는 횡적 협력을 어렵게 하여 횡적 갈등을 일으키게 된다.

또한, 한 부서가 다른 부서의 활동을 비공식적으로 보고하게 될 때도 갈등이 야기된다. 예컨대, 참모가 다른 계선집단의 작업활동을 관리자에게 보고하게 될 때 갈등이 발생한다.

모호한 역할은 갈등을 일으키게 되는데, 일단 역할 불만족이 발생하면 작업에 대한 책임성이 모호하게 정의될 때 집단 간 갈등은 더욱 증가할 가능성이 있다.

⑦ 모호성

모호성은 상벌, 절차, 수단, 평가 기준 등 다양한 면에서 발생할 수 있으며, 이들의 모호성은 집단 간의 갈등을 증대시킬 수 있다. 두 부서 사이에 칭찬 또는 비난을 배정할 수 없을 때 두 집단 간에 갈등이 증대될 가능성이 있다.

예컨대, 참모집단과 계선집단이 협동하여 산출을 증대하였다고 할 때, 어느 집단에 공헌을 돌려야 할지 모호한 경우가 발생한다. 그와 반대로, 두 집단을 비난해야 할 경우가 발생했을 때 참모집단과 계선집단 가운데 어느 집단을 비난해야 할지 모호한 경우가 발생한다. 이러한 관계는 생산과 판매부서 등에서도 같게 발생할 수 있다.

절차가 명확하지 않은 것, 형식성의 정도가 낮은 것, 일상성이 낮은 것, 목표에 대한 수단의 불확실성 등은 부서 간의 갈등을 증대시킬 수 있다. 따라서, 모호한 절차, 목표, 수단 등은 집단 간의 갈등을 증대시킬 수 있다.

집단의 성과를 평가하는 기준이 명확하지 않을 때 긴장과 갈등을 일으킬 수 있다. 특히, 기업조직의 양적인 성과와는 달리 공공조직의 업무성과는 질적인 것이 많은데, 이때 성과를 평가할 기준이 명확하지 않을 때 갈등을 증대시킬 수 있다. 예컨대, 성과급을 지급하는 평가기준이 명확하지 않은 상태에서 그리고 그 모호한 기준을 가지고 성과급을 지급하게 되면 각 집단 간 또는 개인 간의 갈등을 증대시키게 된다.

작업을 수행하는 경계가 분명하지 못하고 모호할 때 자원획득을 위한 경쟁이나 자원통제를 위한 갈등이 발생할 수 있다. 따라서, 갈등이 파괴적인 양상으로 번질 때 조직을 재설계하여 작업경계를 명확히 해주어야 한다.

⑧ 공동자원

집단들이 사용해야 할 자원이 무한하지 않고 유한하여 희소하고, 그 희소한 자원을 공동으로 사용해야 할 때 갈등이 야기될 수 있다. 여기서 공동으로 사용해야 할 자원인 공동자원에는 물질적 자원(物質的 資源)뿐만 아니라 비물질적 자원(非物質的 資源)도 포함된다. 즉, 인적자원, 운영기금, 예산, 물리적 장소, 장치, 서비스, 정보, 권한, 권력 등 유형적 자원(有形的 資源)과 무형적 자원(無形的 資源)이 모두 포함될 수 있다. 이들 자원은 모두 각 집단이 자신의 목표를 성취하는데 필요한 것들이다.

만약 두 집단이 상호의존적인 작업을 하고 있고 이들이 희소한 자원을 획득하기 위해서 경쟁(競爭)해야 할 경우, 두 집단 간에 협력은 감소하고 갈등이 증가하게 된다. 자원할당을 위해서 제삼자가 개입할 수 있다.

⑨ 커뮤니케이션 장애

집단 간의 협력을 위해서 커뮤니케이션은 필수적이다. 그런데, 조직의 커뮤니케이션은 많은 장애 요인들에 의해서 둘러싸인 복잡한 과정이기 때문에 갈등이 발생하게 된다. 즉, 전달하고자 하는 내용의 의미가 상대방에게 제대로 전달되지 않거나 왜곡되어 전달되면 커뮤니케이션에 문제가 발생하게 되고 이는 집단 간 협력을 저해하게 된다.

커뮤니케이션 장애는 지리적, 물리적, 시간적, 공간적 장애들에 의해서 발생할 수 있다. 이 장애는 전달 부서와 전달받는 부서 간에 발생하게 된다. 비록 인터넷 등 정보기술이 발달하여 지리적 장애들을 어느 정도 극복할 수 있다고는 하나 아직 의사전달과정에서 발생하는 장애들을 완전히 제거하기에는 이르다.

커뮤니케이션 장애는 상대부서의 업무나 절차 등을 무시할 때도 발생할 수 있고, 대인관계 기술의 결핍으로도 발생할 수 있다. 특히, 의사전달기술이나 통신방법의 양식이 서로 달라 같은 현상을 다른 내용으로 이해하게 되어 갈등이 발생할 수 있다.

조직은 협력을 증진하기 위해서 커뮤니케이션을 잘 다루어야 하는데 이를 다루는 능력에 따라 복잡한 조직을 효과적으로 잘 관리하는 것에 영향을 받게 된다. 조직에는 정보 흐름 채널이 다양하게 존재하는데 그 채널들이 정보 흐름을 왜곡하고 편견 등을 유발하여 커뮤니케이션을 방해할 수 있다(March & Simon, 1966).[12]

커뮤니케이션 장애는 서로 다른 내용의 교육훈련(教育訓練)에 의해서도 발생할 수 있다. 예컨대, 생산부서와 판매부서가 받는 훈련의 내용이 각각 다를 때 이들 부서 간에 갈등이 증진될 수 있다.

공동경험(共同經驗)은 커뮤니케이션의 장애를 감소시킬 수 있다. 즉, 상대방이 하는 일을 서로 이해하게 되면 협력이 그만큼 증진될 수 있다. 또한, 상대방의 권력, 자원, 일 등에 대한 지식(知識)이 많으면

---

12) March, J. G., & Simon, H. A. (1966). *Organizations*. New York: John Wiley & Sons.

많을수록 무지로 인한 상대방과의 갈등은 그만큼 줄어든다.

⑩ 개인적 기술과 자질

각 집단을 대표하는 대표들이 가지고 있는 가치, 배경, 교육, 나이, 사회적 지위, 성, 인종, 출신 지역 등의 요인들이 서로 다를 경우에는 대표들 간에 공감대를 형성하는 데 어려움이 있으며, 집단 간 협력을 저해하는 경향이 있다. 조직 내에서 각 개인 또는 각 부서가 가지고 있는 그러한 요인들의 차이로 인하여 협력이 저해될 수 있다. 이들 차이를 극복하고 협력을 유도하기 위해서 작업 흥미를 높이는 것, 승진기회 제공 등의 사회적 만족(社會的 滿足) 유인들을 이용하면 효과적일 수 있다.

〈표 1-4-5〉 조직 차원의 갈등결정요인

차원	맥락	조직갈등결정요인 (예시)	
조직	조직내 맥락	• 목표 • 감독 • 불신 • 경쟁 • 조직구조 • 책임, 권력 • 상호의존성 • 업무, 작업불만 • 공통이익 • 희소성: 자원, 직위, 권력 등	• 대인기술 • 구성원의 이질성 • 역할불만 · 중복 • 의사결정체제 • 의사소통 • 기대성과 • 보상제도 • 모호한 규정 • 시간적 압박 • 지위향상 • 폐쇄적 패러다임
	조직간 맥락	• 희소한 자원 • 이질적 조직문화 • 복잡한 사회구조 • 상호의존성 • 공통이익 • 상호간 불신	• 허위정보 • 모호한 법령 • 경쟁 • 물리적 분리 • 커뮤니케이션 불충 • 제한된 상호작용

권위주의적이고 독단적인 성향을 지닌 사람들은 갈등행위를 증대시키는 경향이 있다. 내향적인 사람은 외향적인 사람보다 협력증진에 실패하고 갈등을 일으키는 경향이 있다. 자신의 행동 기술의 범위가 좁은 사람들은 집단 간 관계에서 통합적 능력을 전부 발휘하지 못하는 경향이 있다.

조직 차원의 갈등결정요인 관점에서 이러한 내용을 분류하여 〈표 1-4-5〉에서와 같이 제시할 수 있다. 조직 내 맥락이란 조직 내에서 발생하는 갈등상황을 말하고 조직 간 맥락이란 조직들 사이에서 발생하는 갈등상황을 말한다.

4. 정부갈등결정요인

한편, 중앙정부와 지방정부(지방자치단체) 간에도 갈등이 발생하는데 그 원인으로는 ① 중앙정부의 권위주의적 국가운영 방식, ② 중앙정부의 기득권 고수 고집, ③ 이해관계조정의 불확실성, ④ 지방정부 자신의 자체역량의 미흡, ⑤ 정부 기능의 복잡한 연계, ⑥ 지역이기주의 등을 제시할 수 있다(정규서, 1996).[13] 그 내용은 다음과 같다.

(1) 권위주의적 운영

중앙정부의 권위주의적 국가운영 방식에 의한 갈등이란 중앙정부가 지방정부를 독립된 법인체로 보지 않고 자신의 하부조직으로 보는 현상으로 인하여 초래되는 갈등을 말한다. 인사, 조직, 사무, 권한 등이 중앙정부 위주로 운영되게 되면 지방정부는 중앙정부의 하부조직으로

13) 정규서. (1996). 중앙정부와 지방자치단체간의 갈등관리에 관한 연구. 「인천대 논문집(인문・사회과학편)」21. pp.207~234.

전락하게 되고, 주민과 중앙정부 사이에서 지방정부는 업무수행 과정에서 갈등을 겪게 된다.

(2) 기득권 고수

중앙정부가 기득권을 고수하기를 고집하게 되면 중앙정부와 지방정부 간에 역할, 권한, 업무 등에 있어서 합리적인 배분이 이루어지지 않게 되고, 갈등이 발생하게 된다.

(3) 이해관계조정의 불확실성

이해관계조정의 불확실성에서 오는 갈등이란 각종 이해관계자가 정부의 정책에 관여할 때, 정부가 이들 이해관계자의 이익을 조정하거나 중재할 능력을 잃을 때 초래되는 갈등을 말한다.

(4) 자체역량 부족

지방정부 자신의 자체역량이 미흡하여 발생하는 갈등은 지방정부가 스스로 사업이나 업무를 처리할 능력을 키우지 않고 중앙정부로부터 많은 업무의 이양을 요구하는 경우에 발생하는 갈등을 말한다.

(5) 기능의 복잡한 연계

정부 기능의 복잡한 연계로 인한 갈등이란 특정 기능(예컨대, 정부물자의 구매와 관리)이 중앙정부, 특별지방행정기관, 지방정부가 복잡하게 연계되어 업무가 분담되어 처리되는 경우에, 이해관계의 상이 또는 대립으로 인하여 발생하는 갈등을 말한다.

(6) 지역이기주의

일반적으로 중앙정부와 지방정부 간의 갈등을 초래하는 지역이기주의의 주된 것으로 핌피주의(PIMFYism)와 님비주의(NIMBYism)를 들 수 있다. 정규서(1996)는 핌피주의라는 용어를 사용하는 대신에 임피주의(IMFYism)라는 용어를 사용하면서 유치적 지역이기주의라고 부르고, 님비주의를 기피적 지역이기주의라고 부르고 있다.[14)]

핌피주의에서 PIMFY는 Please In My Front Yard의 약어인데, 해당 지방정부가 자신의 지역개발에 유리한 사회간접자본 시설(예컨대, 고속철, 고속도로), 공공기관(예컨대, 대학교, 도청) 등 특정 시설을 적극적으로 환영, 유치하고자 하는 지역이기주의이다.

반면, 님비주의에서 NIMBY는 Not In My Back Yard의 약어이다. 님비주의는 해당 지방정부가 쓰레기 소각장, 핵폐기물 처리장, 대기와 수질을 오염시키는 굴뚝산업공단 등 지역이나 지역주민에게 부정적인 효과를 초래하는 혐오시설 또는 비선호시설과 같은 특정 시설을 자신의 지역에 유치하는 것을 일방적으로 배척(排斥), 기피(忌避)하는 지역이기주의이다(Rosenbaum, 1995).[15)]

그런데, 같은 산업이 시간이 지남에 따라 핌피주의의 대상인 선호시설에서 님비주의의 대상인 비선호시설로 전환되는 사례도 있다. 예컨대, 과거에는 지역의 경제발전을 위해서 공해를 배출하는 굴뚝산업공단을 유치하는 것을 선호하여 핌피주의가 우세했으나, 지금은 그러한 공해 배출 산업에 대한 혐오 또는 비선호 때문에 님비주의가 우세하고 있는 현상이 그러한 예에 해당한다.

예경희・홍양희(1998)는 님비현상을 일으키는 비선호시설을 둘러싼 갈등의 원인으로 부(負)의 외부효과(Negative External Effect,

---

14) 정규서. (1996). 중앙정부와 지방자치단체 간의 갈등관리에 관한 연구. 「인천대 논문집(인문・사회과학편)」21. pp.207~234.

15) Rosenbaum, W. A. (1995). *Environmental Politics and Policy*. Washington, DC: A Division of Congressional Quarterly.

Negative Externality), 부의 외부효과에 대한 주민의 조직화(組織化)와 동원화(動員化) 용이, 기술적인 불안전성, 공중의 참여가 없는 결정과 집행 등을 언급하고 있다.16)

부의 외부효과란 혐오시설 또는 비선호시설이 자기 지역에 위치함으로써 발생하는 비용이 그 시설이 자기 지역에 가져다주는 편익에 비해 매우 커서 입지 지역에 피해가 누적되는 경우를 말한다. 그 피해는 경제적, 환경적, 사회적 문제를 초래하게 된다.

부의 외부효과에 대한 주민의 조직화와 동원의 용이성도 갈등을 일으킨다. 즉, 혐오시설 또는 비선호시설의 입지로 인해서 발생하는 부정적인 외부효과는 명백하여 주민들이 자신들의 반대 의사를 표현하기 위한 조직화와 동원화가 가능한 데 반하여, 그 시설로 인하여 발생하는 편익은 명백하지 못하고 측정도 불가능하여 주민들이 인식조차도 하지 못한다는 것이다.

기술적 불안정성에 의한 갈등이란 사용되는 기술에 대한 주민들의 불신 때문에 갈등이 발생한다는 것에 관한 것이다. 예컨대, 쓰레기 소각장 설치로 인해서 발생할 수 있는 주민에게 암 유발, 기형아의 피해를 주는 다이옥신(dioxin) 발생을 검증하기 위한 과학적 장비와 설비들을 지방정부와 관련 소각장설치시설기관이 설치하더라도 그 지역주민들이 이들 장비와 설비들에 대해 믿을 수 없다며 불신을 하게 되면 갈등이 일어나게 된다.

공중의 참여가 없는 결정과 집행 때문에 갈등이 발생한다는 것은 정부가 어떤 지역에 시설입지를 위해서 단지 법적, 경제적, 기술적 타당성 등을 평가해서 해당 지역주민의 의견수렴이 없거나 소수의 주민만 형식적으로 참여시켜 결정한 것을 발표하게 되기 때문에 갈등이 발생

16) 예경희・홍양희. (1998. 2). 비선호시설 입지에 대한 지방정부와 주민간 갈등관리. 「교육과학연구」11(3). pp.179~202.

한다는 것이다. 그러한 발표에 주민들이 격렬하게 반대한다. 주민들의 격렬한 반대에 직면하자 정부는 자신 활동의 정당성, 불가피성, 안정성 등을 홍보하여 시설입지의 타당성을 방어하게 된다는 것이다. 이러한 정책·행정 모형을 예경희·홍양희(1998)는 비선호시설입지에 대한 지방정부와 주민 간의 갈등관리 연구에서 지방정부가 주로 활용했던 DAD 모형 즉, 결정(Decision) - 발표(Announce) - 방어(Defense) 모형이라고 소개하고 있다.[17)]

(7) 공공정책

공공정책은 갈등 그 자체라고 해도 지나친 말은 아니다. 공공정책과정에는 공공정책의 특성으로 인하여 다양한 이해관계집단이 관여하게 되며, 이는 곧 이들 집단의 이해관계 차이로 인하여 갈등을 유발할 수 있고, 참여 욕구의 증대에 반하여 제도가 경직된 관계로 갈등이 발생할 수 있다.

특히, 민주화가 되면 될수록 집단의 참여 욕구가 증가할 수 있다. 참여 욕구가 증가할 때 이를 수용하는 제도적 장치가 경직되어 있으면 갈등이 발생하게 된다.

이성근(1996)은 집단의 참여 욕구와 제도적 경직성 사이에서 갈등이 발생한다고 주장하고 있다. 한국의 공공정책과정에 참여 요구가 증가하는 이유를 소외계층과 피해집단이 분배에 대한 기대와 기득권 계층 자신의 이익을 보호하고 증진하기 위한 욕구 때문이라고 언급하면서, 제도적 장치들이 이들의 욕구를 수용하기에는 너무나도 경직되어 있어서 갈등이 발생하고 있다고 주장하고 있다. 또한, 분배의 형평성이 보장되지 않아서 공공정책과정에서 갈등이 발생한다고 주장하고 있다

---

17) 예경희·홍양희. (1998.2). 비선호시설입지에 대한 지방정부와 주민 간 갈등관리. 「교육과학연구」 11(3). pp.179~202.

(이성근, 1996).[18]

다른 한편, 주민의 참여가 실질적으로 보장되지 않는 행정기관의 일방적인 독선주의, 비공개 행정으로 인한 투명성이 보장되지 않음, 객관성이 모자란 협상, 합리적 이성보다는 권위나 감정에 의한 문제접근, 갈등조정능력의 미숙함 등이 공공정책과정에서 갈등을 일으킬 수 있다(예경희・홍양희, 1998).[19]

이상의 내용을 〈표 1-4-6〉에서와 같이 정책적 맥락과 행정적 맥락에서 갈등 발생의 원인을 요약하여 제시할 수 있다.

〈표 1-4-6〉 정부 차원의 갈등결정요인

차원	맥락	정부갈등결정요인 (예시)
정부	정책적 맥락	• 정책특성: 규제정책, 분배정책, 재분배정책, 구성정책 • 세계관 • 욕구 • 가치(환경, 이념, 경제개발 등) • 이해관계(지역주의 등) • 문화 • 정보 • 투명성 • 공정성
	행정적 맥락	• 업무특성 • 목표 • 문화 • 이해관계 • 정보 • 투명성 • 공정성

18) 이성근. (1996). 대도시 주택공영개발과정의 갈등관리체제와 공동 생산적 참여 접근. 「한국지역개발학회지」8(1), pp.167~185.

19) 예경희・홍양희. (1998. 2). 비선호시설 입지에 대한 지방정부와 주민간 갈등관리. 「교육과학연구」11(3). pp.179~202.

5. 사회갈등결정요인

(1) 사회갈등의 일반적 원인

여기서 말하는 사회갈등은 사회적 갈등(社會的 葛藤)으로서 지역사회 또는 사회 전체가 갈등을 겪는 상황을 말한다. 일반적으로 사회갈등은 각 이해관계집단의 갈등 관계에 기인한다. 예컨대, 노동자-사용자 관계, 대기업-중소기업 관계, 흑인-백인 등 인종 관계, 생산자-소비자 관계, 도시-농촌 관계 등에 의해서 갈등이 발생한다.

이도선(1990)은 한국사회의 갈등을 ① 정통성의 위기(正統性의 危機)에서 오는 정치적 갈등(政治的 葛藤)과 ② 분배의 위기(分配의 危機)에서 초래되는 사회경제적 갈등(社會經濟的 葛藤)으로 크게 분류하고 있다.[20]

일반적으로 정치체제에서의 정통성의 위기는 주로 후진국에서 발생하여 왔으며 이는 언제나 정치적 갈등을 야기 시켜왔다. 그런데, 이러한 정통성의 위기는 조직의 인적, 물적 자원의 배분에서도 갈등을 일으키게 된다. 즉, 합당하지도 않은 정당성과 정통성이 없는 사람을 "낙하산" 인사로 기관의 장에 임명하는 것과 같은 상황에서도 정치적 갈등이 야기될 수 있다.

분배의 위기로 인한 사회경제적 갈등은 경제의 선진국이나 후진국이냐를 막론하고 사회적 갈등을 일으키고 있다. 특히, 후진국은 빈부의 격차로 인하여 더욱 사회경제적 갈등의 정도가 심각하다. 사회경제적 갈등이 악화하면 이는 정치적 갈등으로 비화하고 사회 전체적으로 동요가 일어나고 불안이 가속화될 수 있다.

사회갈등은 정치적, 경제적 요인뿐만 아니라 인종, 지역, 이념, 종

---

20) 이도선. (1990.5). 한국사회의 갈등관리. 「국회보」 283. pp.23~32.

교, 문화, 환경, 공간 등과 같은 요인에 의해서도 발생할 수 있다. 즉, 인종적 갈등(人種的 葛藤), 지역적 갈등(地域的 葛藤), 이념적 갈등(理念的 葛藤), 종교적 갈등(宗敎的 葛藤), 문화적 갈등(文化的 葛藤), 환경적 갈등(環境的 葛藤), 지역공간(地域空間) 등으로 인해서 사회적 갈등이 야기될 수 있다.

흑백인종 간의 인종적 갈등, 소수민족 간의 민족적 갈등, 동서지역 간의 지역갈등, 공산주의와 자유주의 간의 이념적 갈등, 정부와 비정부 단체 간의 이념적 갈등, 기독교와 이슬람교 간의 종교적 갈등, 불교와 기독교 간의 종교적 갈등, 경제개발(지역개발)과 환경보전과의 환경적 갈등, 지역공간의 확대에 따른 인접 지역사회와의 지역공간 갈등 등의 갈등이 악화할 경우 사회적 혼란을 가져올 수 있다.

또한, 불공평(不公平), 불공정행위(不公正行爲), 착취(搾取)에 의해서도 갈등이 발생한다. 지역 간 또는 계층 간 정치적, 경제적, 사회적, 문화적, 교육적 불공평, 불공정행위, 착취가 존재한다고 구성원들이 믿고 있고, 이 인식들이 확산할 때 갈등은 심화한다.

(2) 제도적 이해관계

갈등은 기관 또는 제도 사이에서도 발생할 수 있다. 예컨대, 정부기관 간 갈등이나, 학교(교육기관) 간 갈등이나, 병원(의료기관) 간에 발생하는 갈등, 또는, 정부부서와 민간분야 간 갈등 등이 그러한 예에 해당한다.

이들의 갈등원인은 일반적으로 이해관계에 의해서 발생한다. 각 당사자가 추구하는 목표, 자원 등에 있어서 상대방의 것과 양립을 할 수 없을 때 갈등이 발생할 수 있다. 예컨대, 과거 1990년대 후반에 일어났던 의약분업 갈등에서 보는 바와 같이 정부, 의사협회, 약사협회 등 자신들이 추구하려는 목표와 획득하려는 자원(예컨대, 경제적 수입,

생존권)이 상대방과 양립하지 못할 때 갈등이 발생하게 된다. 진료는 의사가 맡고(處方, 처방), 약은 약사가 짓는다(調劑, 조제)는 의약분업은 우여곡절(迂餘曲折)을 겪은 끝에 2000년 8월 1일부터 시행에 들어가게 되었다.

(3) 파업과 폭동의 요인

Clark Kerr과 Abraham Siegel은 파업과 폭동을 일으킬 성향이 있는 사회를 설명하기 위한 기준으로 고립성(孤立性), 동질성(同質性), 무계층성(無階層性), 비이동성(比移動性), 불충성(不忠性) 등을 제시하고 있다(Lammers, 1969).[21]

① 고립성(孤立性)

고립성이란 사회의 나머지 사람 또는 집단으로부터 단절, 격리, 또는 고립된 정도를 말한다. 군대조직과 같이 여타 사회로부터 고립된 조직은 파업이나 폭동을 일으킬 가능성이 크다.

② 동질성(同質性)

동질성이란 작업이나 경험 등에 있어서 동질화되어 있는 정도를 말한다. 조직의 구성원들이 가지고 있는 경험이나 수행하고 있는 작업이 균질적이고 동질적일 때 이질적 조직보다 파업을 일으킬 가능성이 크다.

---

21) Lammers, C. J. (1969). Strikes and Mutinies: A comparative study of organizational conflicts between rulers and ruled. *Administrative Science Quarterly,* 14. pp.558~572.

③ **무계층성(無階層性)**

무계층성이란 직업의 계층화가 없는 정도를 말한다. 자신들의 조직이 수행하고 있는 직업이 계층화되어 있지 않을 때 파업을 일으킬 가능성이 크다.

④ **비이동성(非移動性)**

비이동성이란 조직에서 수평적 이동 및 수직적 이동 기회가 없는 정도를 말한다. 조직의 구성원들이 조직에서 수평적으로 이동할 기회나 수직적으로 이동할 기회가 없을 때 파업을 일으킬 가능성이 크다.

⑤ **불충성(不忠性)**

불충성이란 사용자 또는 고용주에 대한 애정이 없거나 충성심이 없는 정도를 말한다. 조직에 애정(愛情)이 없거나 충성심(忠誠心)이 없는 구성원들이나 집단은 파업을 일으킬 가능성이 크다.

〈표 1-4-7〉 사회 차원의 갈등결정요인

차원	맥락	사회갈등결정요인 (예시)	
사회	정치 · 경제 맥락	• 정통성 • 분배(권력, 부, 명성 등) • 고용 • 무계층성 • 불충성	• 이해관계 • 비이동성
	사회 · 문화 맥락	• 인종 • 종교 • 문화 • 고립성 • 제도적 이해관계	• 지역 • 이념 • 환경 • 동질성
	기술 · 정보 맥락	• 기술변화	• 정보격차

이러한 내용을 요약하여 〈표 1-4-7〉에서와 같이 사회 차원에서 발생 가능한 갈등의 원인을 정치·경제적 맥락, 사회·문화적 맥락, 기술·정보 맥락에서 살펴볼 수 있다.

|제2절| 갈등결과

1. 갈등의 일반적 결과

갈등으로 인해서 발생하는 결과는 갈등의 성질에 따라서 다양하다. 조직변경의 측면에서 볼 때 조직의 권한 관계, 자원배분, 기능적 책임 등을 변경하지 않는 미미한 또는 하찮은 갈등도 있을 수 있고 그러한 것들을 변경시켜서 조직의 변경이 일어나는 것도 있을 수 있다 (Pondy, 1969).[22] 예컨대, 파업이나 폭동 등과 같은 갈등은 파업이나 폭동을 일으킨 집단 자신의 이익증대, 기존 조직으로부터 탈퇴, 또는 기득권을 가진 집단으로부터 권력탈취 등과 같은 결과들을 초래할 수 있다(Lammers, 1969).[23]

갈등은 제삼자의 영향에 따라 처음에 기대했던 것과는 다른 결과가 나타날 수 있다. 예컨대, 제삼자가 노사(勞使)당사자의 갈등과정에 참여하여 노동자와 사용자의 어느 편을 들어주느냐에 따라 갈등의 결과

---

22) Pondy, L. R. (1969). Varieties of organizational conflict. *Administrative Science Quarterly,* 14. pp.499~505.

23) Lammers, C. J. (1969). Strikes and Mutinies: A comparative study of organizational conflicts between rulers and ruled. *Administrative Science Quarterly,* 14. pp.558~572.

가 차이가 나게 된다. 여기서 제삼자란 갈등당사자가 아니면서 갈등과정에 참여하는 자를 말한다. 예컨대, 노-사 갈등에 있어서 시장(市長)이 갈등관리자로 참여할 경우 이 시장이 제삼자가 된다. 또는, 미디어를 동원하여 여론을 끌어들일 때 이 여론(輿論)도 제삼자의 역할을 하게 된다.

또한, 파업과 같은 갈등을 일으키고자 하는 운동인 갈등운동이 성공할 것인가의 문제는 항의집단(抗議集團) 힘에 의해서만 결정되는 것이 아니다. 다른 조건이 같다면 갈등운동의 성패 여부는 항의집단에 대응하는 대항집단(對抗集團)의 힘과 항의집단의 힘의 충돌 때문에 나타난다. 즉, 항의집단의 상대적 힘의 강도에 의해서 갈등운동의 승패가 좌우된다.

예컨대, 노동자가 임금인상을 위해서 파업이라는 항의운동을 일으켰을 때 사용자는 이에 대항하기 위한 대항운동을 전개하게 된다. 이때, 대항운동의 힘에 대한 노동자의 항의운동의 상대적인 힘의 세기에 따라 파업갈등의 성공이 달려있게 된다. 항의집단 구성원들의 참여 수, 참여의 정도, 단합의 정도, 그리고 항의집단 대표자들의 의견일치 정도 등이 또한 갈등의 승패에 영향을 미치게 된다.

결국, 다른 조건이 같다면, 항의집단의 상대적 힘의 세기와 갈등분쟁에 참여하는 제삼자집단의 간여 정도에 따라 갈등의 결과가 결정되고 갈등의 승패가 결정 나게 된다.[24] 〈그림 1-4-5〉에서는 이를 보여주고 있다.

기능적 측면에서 볼 때 갈등은 개인, 집단, 조직에 역기능적 또는 순기능적 결과를 초래할 수 있다. 앞에서 언급된 조직에 변경을 초래하

---

24) 갈등의 결과는 다양한 요인에 의해서 영향을 받게 된다. 예컨대 갈등운동 전략의 명확성의 정도, 참여자들의 단결 정도, 지도자들의 의견일치 정도, 사회문화적 용인 정도 등이 그러한 예에 해당한다.

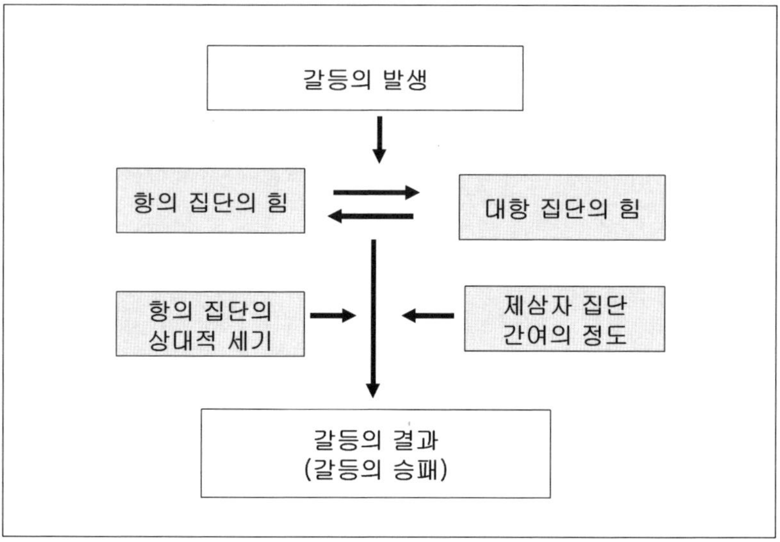

〈그림 1-4-5〉 상대적 세기와 제삼자 간여의 결과

는 갈등도 순기능이거나 역기능적 영향을 초래할 수 있다. 권기성(1994)은 조직구성원들이 갈등에 반응하는 형태를 ① 의사소통의 단절, ② 정보제공의 철회, ③ 결근, ④ 이직, ⑤ 저항, ⑥ 생산성 저하, ⑦ 경쟁, ⑧ 혁신, ⑨ 창의성 계발 등을 들고 있다.[25] 오광록(1996)은 갈등의 과소 수준, 적정 수준, 과다 수준 상태에서 나타나는 갈등결과를 언급하고 있다.[26]

조직 내에 있는 집단 간에 발생하는 갈등은 ① 경쟁 지향성, ② 정보 숨김과 왜곡, ③ 정보 통제와 제한, ④ 제한된 상호작용 유형, ⑤ 적대적 감정, ⑥ 견제와 균형, ⑦ 기존 아이디어와 경쟁하기 위한 새로운 아이디어의 이용 가능성 증대, ⑧ 중간관리자들의 공모(共謀) 형태의

25) 권기성. (1994). 조직 내 집단에 있어서의 갈등유형과 갈등관리전략. 「광운대 논문집」23. pp.47~68.

26) 오광록. (1996. 6). 갈등관리에 관한 이론적 고찰. 「대전산업대 논문집」13 (1). pp.487~503.

감소, ⑨ 형식성과 경직성, ⑩ 집단 간 상호작용 비율의 감소 등의 특성들을 결과로 가져올 수 있다(Walton & Dutton, 1969).[27]

이들 특성의 결과가 역기능적 영향을 초래할 것인지 순기능의 영향을 초래할 것인지는 조직과 개인의 특성 등 다양한 요인에 의해서 결정된다. 따라서, 갈등이 역기능 역할을 하는지 순기능 역할을 하고 있는지는 이들 특성의 결과를 평가하여 판단할 사항이다.

예컨대, 경쟁 지향성이 집단 구성원들을 창의적이고 역동적으로 만들 것인지 무기력하게 만들 것인지는 구성원들의 개성, 조직의 특성, 조직의 안정성, 집단 간 가치공유, 집단 간 합법적 권한 위계 등의 요인들에 의존하게 된다(Walton & Dutton, 1969).[28]

또한, 예컨대, 의사결정에 있어서 경직성, 형식 절차의 강조 등은 변화에 대한 적응력을 떨어뜨리지만, 조직의 안정성을 증가시킬 수 있다. 경쟁은 일반적으로 집단 간 견제와 균형을 제공하고 구성원들에게 자극과 동기를 부여할 수 있는 반면에 무기력하고 쇠약하게 할 수 있다. 상관에게 의사결정을 의뢰하는 것은 상관과 자주 접할 기회를 제공하고 의사결정의 질을 높일 가능성도 있기는 하나 그 반면에 의사결정의 질을 떨어뜨릴 수 있다.

그러나, 일반적으로 집단 간 갈등 관계는 낮은 친화감, 낮은 신뢰감, 낮은 존경심 등을 가져오게 하고, 적대감, 의심, 고정관념 등을 일으키게 한다. 그리고, 이들은 협력 관계에 지장을 주게 되고 생산성이 낮아지게 영향을 미치게 된다. 그리고, 개인들은 긴장하게 되고 부서 간

---

27) Walton, R. E., & Dutton, J. M. (1969). The management of inter-departmental conflict: A model and review. *Administrative Science Quarterly,* 14. pp.73~84.

28) Walton, R. E., & Dutton, J. M. (1969). The management of inter-departmental conflict: A model and review. *Administrative Science Quarterly,* 14. pp.73~84.

관계를 끊게 된다. 또한, 집단 간 상호작용의 감소를 가져오고 이는 집단 간 협력이나 작업수행을 방해하게 된다.

반면에, 집단 간 갈등 관계는 각 집단은 자신의 집단내의 협력(協力), 응집력(凝集力)을 증대시킬 수 있다. 자신의 상관에게 한층 더 존경을 증대시킬 가능성도 있고 집중화의 경향이 있을 수 있다. 그러나, 중앙집권화의 경향이 강화될 수 있고 이는 부하들의 좌절을 초래할 수 있다. 최고지도자의 협상 기술, 정책형성 기술이 발달할 수 있다.

2. 개인의 방어적 반응

개인은 다양한 요인에 의해서 갈등을 겪게 된다. 상사, 동료, 부하, 고객, 조직의 규율, 업무, 역할 등 다양한 요인에 의해서 갈등을 경험한다. 개인들은 갈등을 겪을 때 다양한 반응을 보이게 된다. 이 반응은 주로 그 갈등으로부터 자신을 방어하기 위한 방어적 반응이다.

개인갈등에 대한 방어적 반응의 형태는 다양하다. 소극적으로 체념하거나 도피하기도 한다. 반항이나 저항하거나 적극적으로 정면 돌파를 시도하기도 한다.

여기서는 Timothy W. Costello & Sheldon S. Zalkind(1963)의 견해를 중심으로 개인이 겪는 갈등에 개인 자신이 어떻게 방어적 반응을 보이는지에 대해서 다음과 같이 살펴보고자 한다.[29]

(1) 체념(諦念)

체념(諦念)이란 곤경 따위에게서 벗어날 길이 없음을 알고 모든 것

29) Costello, T. W. & Zalkind, S. S. (1969). *Psychology in Administration*. Englewood Cliffs, NJ: Prentice-Hall.

을 단념하고 운명에 따르기로 마음먹는 것을 말한다. 즉, 자신의 주위 환경과 심리적 만남을 끊거나 개인적 감정적 관여를 억제하여 삼가는 것을 말한다.

예컨대, 포상, 칭찬, 격려 등을 받지 못한 종업원(직원)이 자신이 하는 일이 좋은 결과를 가지고 오든 나쁜 결과를 가지고 오든 전혀 관심을 가지지 않는 것은 체념에 해당한다.

그러므로, 관리자는 조직에 활기를 불어넣고 생산성을 높이기 위해서 그러한 체념상태에 있는 노동자(근로자)들을 파악하여, 그들의 체념의 원인을 알아낸 다음, 그 원인에 대한 처방책을 시행함으로써, 그 체념의 늪으로부터 노동자(근로자)들을 해방해 주는 전략을 사용하는 것이 바람직하다.

(2) 억압(抑壓)

억압(抑壓)이란 생각, 충동 등을 완전히 억제하는 것을 말한다. 즉, 죄의식이나 걱정을 일으키기 때문에 심리적 혼란을 가져오는 충동, 경험, 느낌 등을 의식으로부터 완전히 배제하는 것을 말한다.

예컨대, 강압적인 고용주 아래에서 일하는 부하가 자신의 곤란한 상태의 사정들을 자신의 고용주에게 말하는 것을 의식적으로 잊어버리거나 빠뜨리고서는 고용주에게 말하지 않는 것은 억압에 해당한다.

이러한 상황은 갈등을 해결하는 것이 아니라 밖으로 표출하지 않고 내면적으로 억제해 의식에서 지워버리고자 하는 반응에 해당하기 때문에 이러한 상황이 계속되면 차후에 더 큰 갈등상황으로 확대될 수 있다. 그러므로, 관리자는 노동자(근로자)들의 심리적 갈등들을 밖으로 거리낌 없이 들어낼 수 있도록 하는 자유로운 조직 분위기를 조성해야 한다.

(3) 도피(逃避)

도피(逃避)란 어떤 일에서 철수하여 물러나거나 도망하여 피하는 것을 말한다. 즉, 좌절, 걱정, 갈등을 겪는 현장으로부터 심리적 또는 신체적으로 물러나는 것을 말한다.

예컨대, 판매원이 자신의 큰 주문이 실패하자 그 날의 나머지 시간엔 일하지 않고 쉬어 버리는 것은 도피에 해당한다. 또한, 예컨대, 나이가 많은 노동자가 상사와 동료로부터 지속해서 거절과 퇴짜를 맞자 어떤 우호적인 태도도 무시하고 "혼자 있고 싶어라···" 하는 사람이 되는 것은 도피에 해당한다.

이러한 도피 현상은 조직 생활에서 발생하는 일종의 무력감에 해당한다. 특히, 내성적인 성향을 지닌 노동자(근로자)들이 도피반응을 자주 보이고, 외향적이고 공격적인 노동자(근로자)라도 여러 차례의 실패를 통하여 도피하고자 하는 사람들도 여기에 해당한다. 이들 정신적, 육체적으로 도피자들을 발견하여 심리적인 도피 현상을 먼저 치유해주는 것이 필요하다.

(4) 반항(反抗)

반항(反抗)이란 순순히 따르지 않고 대들거나 맞서는 심리 현상을 말한다. 즉, 무의식적인 작용으로 적극적으로 또는 수동적으로 저항하는 심리 현상을 말한다.

예컨대, 위원회 연구과제를 면하는 데 실패한 관리자가 회의 석상에서 사람들이 제시하는 모든 제안을 혹평하는 것은 반항에 해당한다.

반항은 조직의 하부계층에 있는 사람이든 상부계층에 있는 사람이든 불문하고 모든 계층의 사람들에게서 나타날 수 있는 저항적 심리 현상이다. 반항은 정책집행에 있어서 불응을 초래하는 원인이 될 수 있다.

(5) 반동형성(反動形成)

반동형성(反動形成)이란 억압된 느낌이나 충동에 정반대 방향으로 작용하는 느낌이나 특성을 보이는 무의식적 반작용을 말한다. 즉, 의식에 수용될 수 없는 충동들이 억압되고, 이들 대신에 그 반대의 태도들이나 행동 방식들이 강하게 표현되는 것을 말한다.

예컨대, 승진하지 못한 종업원(직원)이 자신의 고용주를 비난하기보다는 그와는 정반대로 회사의 정책들을 열렬히 지지하면서 고용주를 지나치게 방어하는 것은 반동형성에 해당한다.

이러한 현상은 어떤 일로 상대방과 갈등을 겪게 될 때 상대방을 비난하기보다는 그 전보다 더욱 사랑함으로써 상대방과 친해지고 상대방의 협조를 얻어내어 추진하고 있는 일을 성공리에 끝내고자 할 때 사용하기도 한다. 어차피 조직에서 같이 생활할 사람들이라면 "눈은 눈으로 이는 이로" 반응을 보여야 할 필요가 없다고 보는 것이다.

(6) 전환(轉換)

전환(轉換)이란 지금까지의 경향, 상태, 정책 등이 다른 것으로 바뀌는 것을 말한다. 즉, 정서적, 감정적 갈등들이 무능, 고통, 기능 불량 등의 감각적, 신체적 증상으로 표현되는 것을 말한다.

예컨대, 자신이 소중하게 여긴 계획이 경영진으로부터 거절당했을 때 갈등을 겪게 되고 이는 작업에서 멀어지게 할 정도의 극심한 두통으로 바뀌는 것이 여기에 해당한다.

재미있는 일례로, 미국 사람들은 그러한 갈등상황에서 머리가 아픈 증상이 많이 발생하고 한국 사람들은 그러한 갈등상황에서 위장이 아픈 증상이 많이 발생한다고 한다.

(7) 전이(轉移)

전이(轉移)란 과거에 경험했던 감정, 욕망 등을 다른 것에 대신 나타내는 감정전이(感情轉移)를 말한다. 즉, 감정을 유발한 근원에게 감정을 표출하기보다는 다른 대상, 생각, 사람 등에게 울적한 감정을 대신 나타내는 것을 말한다.

예컨대, 자신이 기안한 것이 상사로부터 퇴짜를 받았을 때 그 분한 감정을 상사에게 하지 않고 자신의 부하가 어떤 것을 요청할 때 퉁명스럽게 그것을 거절함으로써 상사로부터 얻은 분한 감정을 해소하려는 것은 전이에 해당한다.

이는 부모로부터 꾸지람을 들은 학생이 그 분풀이를 부모에게 하지는 못하고 대신 자신의 동생에게 하거나 밖에 나가서 동네 아이들에게 화풀이하는 것과 같은 현상이다.

(8) 환상(幻想)

환상(幻想)이란 현실로는 있을 수 없는 것을 상상으로 있는 것처럼 하여 대리 만족을 얻는 것을 말한다. 즉, 공상, 백일몽, 가공적 행동으로 현실로부터 도피하거나 상상된 만족을 얻는 것을 말한다.

예컨대, 부하가 회의 석상에서 사장의 잘못들을 바로잡아줌으로써 그 회사의 실질적 리더로 공개적으로 알려지는 백일몽은 갖는 것은 여기에 해당한다.

특히, 정보사회에서 사이버 세상에서 게임이나 오락 등을 통하여 대리 만족하는 현상들이 발생할 수 있다. 이러한 현상은 개인의 스트레스를 사이버공간에서 해소하고자 하는 것이라고 할 수 있다.

(9) 합리화(合理化)

합리화(合理化)란 잘못된 행동이나 말에 대해서 그럴듯한 이유를 붙여 둘러맞춤으로써 정당화시키고자 하는 것을 말한다. 모순되거나 바람직하지 못한 행동, 신념, 진술, 동기들에 대해서 받아들일 수 있는 설명이나 이유를 제공함으로써 그들을 정당화하는 것을 말한다.

예컨대, 허위로 조작으로 지출을 불려 쓴 비용계정에 대해서 다른 사람들도 다 그렇게 하고 있다고 이유를 붙여 둘러댐으로써 정당화시키고자 하는 것은 합리화에 해당한다.

합리화는 조직의 모든 분야에 잠재적으로 현실적으로 구체화하여 있는 경우가 많다. 남들이 다 그렇게 하는데 자신만 안 하면 바보라는 것이며 남들이 다 그렇게 하는데 왜 자신만 가지고 나무라는 것이냐고 반응을 보이게 된다. 특히, 나쁜 타성이 관례화되어 있을 때, 이는 조직의 분위기를 해치고 생산성 향상에 지장을 주게 된다.

(10) 퇴보(退步)

퇴보(退步)란 지금까지의 상태보다 더 못한 이전의 것으로 되돌아가는 것을 말한다. 즉, 좌절감에 직면한 개인이 이제까지의 상태보다 더 못한 이전의 적응수준으로 되돌아가는 것을 말한다.

예컨대, 약간의 관리직 일에 실패한 관리자가 자신의 부하들에게 더 적합한 기술적으로 하찮은 일들이나 사무원의 일들로 바쁘게 시간을 보내는 것은 퇴보에 해당한다.

그러므로 조직에서 사람을 승진시키기 위해서는 그 승진직급에 맞는 교육훈련을 먼저 시킨 후에 그 결과에 따라서 승진시키는 것이 바람직하다.

(11) 대상(代償)

대상(代償)이란 개인갈등에 대한 보상을 다른 것으로 대신 갚아주는 것을 말한다. 즉, 실질적으로 또는 상상으로 부족한 점이라고 느끼는 것에 대해서 갈등을 느끼고 이 부족한 부분을 메우기 위해서 개인 자신이 열심히 목표에 헌신하게 되는 것을 말한다.

예컨대, 수십 년을 조직에서 일했으나 높은 자리에 승진이 되지 못한 경우에 개인은 갈등을 겪게 된다. 이때 자신은 기대된 목표에 도달하지 못한 부족분을 메우기 위해서 자신을 그 목표에 더욱 헌신하는 경우가 여기에 해당한다.

이는 자신을 더욱 채찍질하여 단련하고 마침내 그 목표를 달성하고자 하는 심리 현상에 해당한다. 세상을 비난하기보다 자기 자신을 비난하는 형에 해당한다.

(12) 동일시(同一視)

동일시(同一視)란 타인과 자기를 같은 것으로 여겨 자신의 욕구를 실현하려는 심리 현상을 말한다. 즉, 다른 사람의 행동을 모방하여 자신의 행동을 취함으로써 자신의 자부심을 높이고자 하는 심리 현상이다.

빈번히 다른 사람의 가치나 신념을 자신의 것으로 받아들임으로써 자신의 자존심을 높이고자 하는 심리 현상, 또는, 다른 사람들이나 집단들의 삶의 반전에서 겪는 슬픔이나 기쁨을 함께 공유함으로써 대리만족하고자 하는 심리 현상 등도 동일시에 해당한다.

예컨대, 부사장의 보좌관이 자신 부사장의 어휘나 버릇 등을 흉내냄으로써 자신의 자부심을 높이고자 하는 것은 동일시에 해당한다.

일반적으로 동일시는 낮은 지위나 명성을 가진 사람이 자신보다 높은 지위에 있는 사람의 것들을 모방함으로써 만족을 얻고자 하는 심리 현상이다. 이를 긍정적 동일시(肯定的 同一視)라고 할 수 있다.

한편, 예컨대, 학생이 자신을 미워하는 선생님을 희롱하거나 비방할 목적으로 선생님의 어떤 행동을 흉내 내어 자신을 만족하게 하고자 하는 것과 같은 현상은 일종의 부정적 동일시(否定的 同一視)라고 할 수 있다.

(13) 투사(投射)

투사(投射)란 자신의 문제들을 타인에게 돌림으로써 자신은 거기에서 해방되려는 심리상태를 말한다. 즉, 개인이 자기 자신의 바람직하지 못한 자질이나 수용할 수 없는 감정 등을 다른 사람들에게 귀속시킴으로써 그러한 자질이나 감정에 대한 인식에서 자기 자신을 보호하는 것을 말한다.

예컨대, 조직에서 성공하지 못한 사람이 본심은 다른 사람들의 승진을 봉쇄하고자 하면서 외면적으로는 다른 사람들이 자기 자신을 억압하려고 힘을 쓰고 있다고 지속해서 느끼는 것은 투사에 해당한다.

이는 일종의 양면적 심성을 가진 것이라고 할 수 있다. 즉, 겉으로는 상대방을 도와주는 것처럼 보이나 속으로는 상대방의 일을 방해하는 것이라고 볼 수 있다.

(14) 집착(執着)

집착(執着)이란 어떤 일에 마음이 쏠려 거기에서 떠나지 못하는 병적 상태(病的 狀態)를 말한다. 즉, 모든 정황을 고려해볼 때 그 행동이 그 문제들을 해결할 수 없다는 것이 명백한데도 불구하고 비적응적 반응(非適應的 反應)을 지속(持續)해서 고집(固執)하는 것을 말한다.

예컨대, 어떤 공정과정(工程過程)이 관리자에 의해서 비경제적이라고 선언된 이후에도 종업원이 자신의 의견이 요청되지 않았기 때문에 하나의 항의로서 그 공정과정을 오랫동안 지속해서 실행하는 것은 집착에 해당한다.

이러한 일은 고객과의 대응 관계에서도 나타날 수 있다. 예컨대, 고객과 다툼이 있고 난 뒤에 일을 빨리 처리해 줄 수 있는 것도 조직의 내규 등을 이유로 들면서, 어떤 과정에 병적으로 집착하고, 질질 끌어서, 고객을 골탕 먹이고자 하는 항의의 반응이 있을 수 있다.

개인갈등에 대한 이러한 반응들 때문에 개인 자신들의 시간, 활동, 작업이 제약을 받게 된다. 그렇게 되면 인적, 물적, 정보 자원들이 조직의 효율적 활동으로부터 이탈하게 된다. 이는 개인 자신뿐만 아니라 집단 및 조직의 효율적 활동에 지장을 주게 되고, 생산성 향상에 걸림돌이 된다. 그러므로, 관리자들은 그러한 반응과 이탈상태 등을 세심하게 관찰하고 문제가 발견되면 적절한 처방을 해야 한다.

3. 빈도별 갈등결과

(1) 과소 갈등의 결과

갈등이 과소한 상태에서는 무사안일, 획일성, 적응력 둔화, 포기, 침체 등의 현상이 나타난다. 권기성(1994)은 갈등이 없거나 거의 없을 때 사람들은 현실에 안주하고 위기의식을 느끼지 못하여 급격한 외부 환경변화에 대한 적응력이 떨어지고, 집단의사결정의 질이 떨어진다고 주장하고 있다. 즉, 변화와 혁신 대신에 동조와 안정만을 추구하여 조직이 경직되고, 정체되어, 새로운 아이디어가 출현하지 않고, 결국엔 집단의사결정의 질이 저하(低下)한다는 것이다.

(2) 과다 갈등의 결과

갈등이 과다한 상태에서는 불안, 혼란, 분열, 투쟁, 위협, 비협조, 목표의식 결여 등이 나타난다. 일반적으로 갈등의 강도가 높거나 만연된 경우엔 스트레스(〈표 1-4-8〉 참조), 불신, 적대감, 긴장, 분노, 상대방에 대한 불신, 오해, 왜곡, 욕구 또는 성취의 좌절, 흥분, 의사소통의 질과 양의 변화, 근시안적 시각, 복잡성 증가, 낮은 직무 만족, 동기부여 감소, 타인 회피, 타인 위협, 이직이나 결근 등의 증가, 생산성 감소 등의 역기능을 초래할 수 있다.

〈표 1-4-8〉 스트레스 대처 방법

과도한 스트레스는 갈등을 일으킨다. 그 강도가 지나치면 만성화되고 질병으로 악화할 뿐만 아니라 타인과 조직에 해를 입힐 수도 있다. 이러한 성질의 스트레스에 효과적으로 대체하기 위해서 다음 사항들이 도움이 될 것이다. • 긍정적인 마음을 가지고 긍정적으로 생각한다. • 부정적 측면보다 긍정적 측면을 본다. • 자기 자신에게 긍정적으로 이야기한다. • 유쾌한 계획을 세우고 실행한다. • 건강 달리기, 조깅(jogging) 등 육체적 활동이나 체육을 한다. • 몸과 마음을 건강하게 하는 영양 음식을 골고루 잘 섭취한다. • 적정한 수면시간을 취하며, 질 높은 잠을 잔다. • 타인과 사귀고, 사회적 교류를 증진한다. • 여유를 가지고, 취미 생활을 한다.

권기성(1994)은 집단 간에 고도의 갈등이 존재할 때, 집단 내부에 동류의식과 응집력이 증대되고, 집단 구성원들의 충성심이 강조되고, 보다 과업 지향적인 집단이 되고, 전제적(專制的)인 리더십이 등장하기 쉽다고 주장하고 있다. 다른 한편, 상대방 집단뿐만 아니라 자기 집단에 대해서도 왜곡된 시각을 가지게 되고, 집단 간에 의사소통이 감소하고 상호작용이 감소한다. 또한, 상대집단에 대한 태도와 행동이

문제(問題) 지향에서 승패(勝敗) 지향으로 전환된다(권기성, 1994).[30]

또한, 부서 간에 갈등이 과다하게 지속할 때 타 부서의 업무나 정책을 직접 또는 간접적으로 방해하게 된다. 즉, 타 부서에 대해 협조하거나 칭찬하기보다는 비방하고 훼방(毁謗)을 놓게 된다. 또한, 정보의 흐름이 경직되거나 억제되고 심하면 정보의 왜곡 현상이 발생한다. 타 부서에 대해서 불쾌한 반응을 보이고 적대적으로 된다. 또한, 상대 부서를 압도하기 위해서 자신 부서의 욕구를 과장(誇張)하여 주장하기도 한다(Walton, Dutton, & Cafferty, 1969).[31]

이러한 요소들 가운데 몇 가지를 구체적으로 살펴보자.

① 왜곡(歪曲)

갈등의 강도가 깊어지게 되면 당사자들은 정보교류를 억제하거나 정보를 왜곡하게 된다. 즉, 다른 부서가 필요한 정보를 그 부서에 자발적으로 제공하여 도우려고 하지 않고 사실과 다른 왜곡된 정보를 제공하는 경향이 있다.

예컨대, 작업에 필요한 정보를 상세하고 구체적으로 문서로 작성하여 다른 부서에 제공하는 것이 다른 부서가 작업을 원활히 수행하는데 필요한데도 불구하고 그러한 일이 자신의 업무 이외의 일로 여겨지게 되는 결과로 구두로 대충 몇 가지만 전달해 버리는 행위 등이 여기에 해당한다.

---

30) 권기성. (1994). 조직내 집단에 있어서의 갈등유형과 갈등관리전략. 「광운대 논문집」23. pp.47~68.

31) Walton, R. E., Dutton, J. M., & Cafferty, T. p.(1969). Organizational context and interdepartmental conflict. *Administrative Science Quarterly,* 14. pp.522~542.

② **방해(妨害)**

갈등이 깊어지게 되면 상대방과 사소한 일에도 자주 충돌(衝突)하게 되고, 협조하지 않는 비협조적인 태도로 나오게 되고, 상대방이 하는 일에 훼방(毁謗) 놓고, 상대방의 사업이나 정책을 방해(妨害)하게 된다. 상대방을 중요하게 보지 않고 고려하려고도 하지 않는다.

한 부서의 관리자가 다른 부서의 관리자가 하는 일을 도와주거나 촉진하기보다는 훼방이나 방해하게 된다. 특히, 업무 관계가 서로 연관되어 있거나 자원을 공동으로 사용하여 사업이나 정책을 추진해야 할 때 방해 현상이 두드러지게 나타난다.

③ **불신(不信)과 적대(敵對)**

갈등의 강도가 깊어지게 되면 서로를 불신하게 되고 적대감을 느끼게 된다. 다른 부서와 깊은 갈등 관계에 있게 되면 그 부서의 직원들이나 관리자를 미워하거나 믿지 못하게 되고 서로 적대적 감정을 가지게 된다.

④ **과장(誇張)**

갈등의 강도가 심해지게 되면, 상대방에게 영향을 미치려고 일부러 자신의 욕구를 사실보다 지나치게 과도하게 떠벌려서 주장하는 것을 갈등협상 전술로 사용하는 경향이 있다.

즉, 한 부서가 다른 부서에 대해서 어떤 사항을 요청할 때 긴급하지도 않은 것을 "매우 긴급"을 필요로 한다고 주장하거나, 신속한 결과를 보고자 하는 업무를 부탁받았을 때 "꽤 많은 시간"이 필요하다고 하거나, 사업집행을 위해서 "막대한 예산"이 필요하다는 등의 거짓되고 과장된 주장을 하게 되는 경향이 있다.

(3) 적정 수준의 갈등

적정 수준의 갈등은 순기능을 초래할 수 있다. 갈등이 적정 수준으로 유지될 때는 문제 인식, 기술 혁신, 창조성, 다양성, 변화 지향성, 목표 실천성, 집단 결속력, 도전성 등의 현상이 나타난다. 무기력한 상태에 있는 개인, 집단, 조직에 자극을 주어 활력을 불어 변화를 유도할 수 있다.

또한, 창조성이 증대될 수 있고, 개인 또는 조직의 발전이 있을 수 있다. 그리고, 외부 집단 또는 조직과의 차별화로 내부 응집력의 증대와 충성심을 배양할 수 있다. 건설적인 갈등은 집단 간 또는 조직 간에 커뮤니케이션을 증대시키고 이해관계나 신념의 차이들을 서로 인정하게 된다. 집단 간 또는 조직 간 갈등에 있어서 이를 조정하기 위한 최고 지도자의 정책형성 기술, 협상 기술, 통찰력 등이 발달할 수 있다.

〈그림 1-4-6〉에서는 과소갈등, 과다갈등, 적정 수준의 갈등 등의 갈등의 수준과 조직 생산성과의 관계를 보여주고 있다.32)

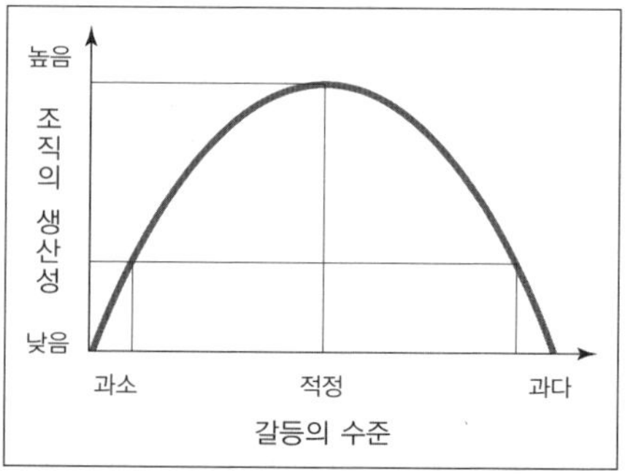

〈그림 1-4-6〉 갈등의 수준과 조직 생산성 관계

32) Ivancevich, John M. and Matteson, Michael T. (1993). *Organizational Behavior and Management*. Irwin, Homewood, IL.; Brett, Jeanne M., Goldberg, Stephen B., & Ury, William L. (February 1990). Designing Systems for Resolving Disputes in Organizations. *American Psychologist*, 45(2), pp.162~170.; Hossain, Zahid. (October 2017). The Impact of Organizational Conflict on Employees' Performance in Private Commercial Banks of Bangladesh. *IOSR Journal of Business and Management*, 19(10), pp.12~21.; Henry, Ongori. (2009). Organisational Conflict and its Effects on Organisational Performance. *Research Journal*

〈그림 1-4-6〉에서 보듯이 조직에 갈등이 너무 많아도 조직구성원들의 생산성이 떨어지지만, 갈등이 너무 적어도 역시 생산성이 떨어진다는 것이다. 따라서, 관리자가 조직의 갈등을 적정 수준으로 잘 관리할 때에 조직의 생산성이 최대로 향상될 수 있음을 함축하고 있다.

4. 최고관리자 반응

집단 간 갈등으로 구성원들이 생산성의 저하, 적응력의 상실, 인적자원의 상실, 물적 자원의 낭비, 낮은 협력 등을 특성을 나타낼 때 최고관리자(最高管理者)가 이들에게 어떻게 반응할 것인가가 중요하다.

일반적으로 관리자는 이들에게 습관적으로 반응하거나, 감정적으로 반응하거나, 신중하게 반응하게 된다. 갈등을 집단 간 관계를 증대시키는 기회로 활용할 수 있다.

일반적으로 집단의 생산성이 낮을 때 최고관리자는 측정 가능한 객관적인 성과를 각 집단에 강조하게 될 수 있다. 또한, 보상, 자원할당, 통제, 감독 등의 수단을 쓸 수 있다. 새로운 사람을 충원할 수도 있다. 조직의 특성, 차이를 변화시키는 것으로 반응할 수 있다. 또는, 공동자원에 대한 의존을 낮추는 기법을 사용할 수 있다.

또한, 빡빡한 일정보다 여유 있는 작업 일정을 제공하는 방식, 집단 간 비용을 이전시키는 방식, 엄격하게 역할을 분리하는 방식, 물리적 장소를 분리하는 방식, 종사하고 있는 작업을 변경하는 방식 등을 사용

---

of Business Management, 2(1), pp.16~24.; Hossain, M.A., Uddin, M.K., Hasan, M.R. and Hasan, M.F. (December 2018). Conflict Management on the Organizational Performance : A Synthesis of Literature. Journal of Innovation Development Strategy, 12(1), pp.56~67.

할 수 있다.

그런데, 이들 수단은 그 사용방식에 따라 또한 다른 갈등을 일으킬 수 있는 원인이 될 수 있다. 즉, 최고지도자의 반응양식에 따라서 또한 다른 갈등을 초래할 수 있다. 갈등을 해결하기 위해 제삼자를 조정자, 중재자로 초빙할 수 있다. 또한, 구성원들에 대한 재교육, 새로운 문화 형성 등을 통해서 조직의 갈등을 관리할 수 있다.

제5장 갈등관리전략

|제1절| 갈등관리의 맥락과 주체

1. 갈등관리의 역사적 맥락

갈등관리란 갈등을 관리하는 것으로, 이에는 갈등의 예방, 해소, 자극 등이 포함될 수 있다. 즉, 조직에 해를 초래할 갈등은 사전에 방비하는 것이 가장 바람직한 갈등관리일 것이며, 만약에 이미 발생한 것이라면 이를 해소해야 할 것이다. 그러나, 조직에 이로움을 가져다주는 갈등은 자극하여 갈등을 조장하는 것이 좋을 것이다.

사회 전체 맥락에서 볼 때 효과적인 갈등관리를 위해서는 갈등이 사회의 어떤 수준(水準)에서 발생하고 있는가를 먼저 이해하는 것이 바람직하다. 즉, 갈등이 개인의 내적인 것인지, 개인 간 갈등인지, 집단의 성격인지, 조직의 성격인지, 사회문화적 성격인지 등을 먼저 파악하고 그에 대한 관리기법을 개발해야 할 것이다.

이는 결국, 갈등의 수준(水準), 형태(形態), 강도(强度), 해당 갈등에 관련된 사람 또는 집단의 수(數)와 성격(性格), 조직 또는 사회의 특성(特性), 구조(構造), 문화(文化) 등과 같은 다양한 변수들을 고려하여 갈등을 관리하여야 한다는 것을 의미한다. 이를 상황적 갈등관리(狀況的 葛藤管理)라고 할 수 있다.

또한, 갈등 해결기법들의 효과성과 적절성은 행정가 또는 경영자의 관리철학(管理哲學)에 의존한다. 예컨대, 열린 커뮤니케이션 기법과 안전장치 제도들은 갈등해결에 중요한 역할을 할 것이나 현실의 어떤 상황에서는 갈등을 더욱 악화시킬 가능성도 있다는 한계를 인식하고 남용되어서는 안 될 것이다(Pondy, 1967).[1] 이러한 인식의 기반 아래서 갈등관리기법들을 살펴보기로 한다.

갈등관리는 갈등을 관리하는 것이다. 오늘날 기업 또는 공공기관의 관리자들은 갈등을 진단하고 처방할 수 있는 역량을 가지고 있어야 한다. 즉, 앞으로 행동으로 나타날 갈등의 징후를 미리 읽을 수 있어야 하고, 거기에 대한 관리전략을 세워야 한다. 갈등의 종류에 따라서 처방하는 방법을 알고 있어야 한다. 갈등이 발생한 경우엔 그 원인을 찾아내고, 각 갈등의 원인과 성질에 따라서 처방하는 방법을 알고 있어야 한다.

오늘날 이러한 관리자의 갈등관리 능력에 대한 인식을 일반화되어 있다고 볼 수 있으나, 과거에는 그러하지 않았다.

20세기 초 과학적 관리법에 입각한 고전적인 갈등관점에 의하면 갈등관리의 필요성이 없다는 것이다. 즉, 관리를 과학적으로 잘하면 갈등이 발생할 이유가 없으므로 갈등관리에 대한 필요성이 발생할 이유가

1) Pondy, L. R. (1967). Organizational conflict: Concepts and models. *Administrative Science Quarterly,* 12. pp.296~320.

없다는 것이다. 만약 갈등이 발생하면 이는 갈등을 일으키는 "문제 노동자"에 의해서 야기된 것이기 때문에 그 문제 노동자를 즉각 제거함으로써 갈등을 제거할 수 있다고 믿었다.

그런데, 조직에 있어서 갈등은 일상적인 것이며, 불가피한 것이다. 그리고 갈등이 반드시 나쁜 것이 아니며, 상황에 따라서 갈등을 조장할 필요가 있다. 갈등이 최적 수준에서 관리된다면 조직에 이익을 가져다 줄 수 있다. 이러한 인식이 확산한 현대에 있어서 갈등관리의 필요성에 대한 인식도 확산하였다. 〈표 1-5-1〉은 갈등관리에 대한 전통적 입장과 현대적 입장을 비교하여 보여주고 있다.

〈표 1-5-1〉 갈등관리에 대한 견해

	입장	관리전략
전통	갈등은 백해무익(百害無益)한 것이기 때문에 피해야 할 성질의 것이다.	갈등관리의 필요성이 전혀 없다. 규칙, 통제 등의 방법으로 갈등이나 갈등 발생 요인을 제거하기만 하면 된다.
현대	갈등은 지극히 일상적인 것이다. 최적 수준에서 관리된다면 조직에 이익을 가져다줄 수 있는 성질의 것이다.	갈등을 피하거나 제거하는 것은 불가능하다. 갈등은 효과적이고 능률적으로 관리되어야 한다.

이러한 요인을 고려할 때 현대에 있어서 갈등관리란 갈등을 제거 또는 해결하는 것에 한정된 것이 아니라, 조직에 도움을 가져다줄 것으로 판단되는 갈등을 조장하거나, 필요한 갈등을 적정 수준으로 유지하거나, 갈등을 자극하여 증대하는 것, 그리고 조직에 해악을 가져오는 갈등을 해소하는 것 등에 관련된 활동들의 일체를 말한다.

또한, 갈등이 조직에 순기능과 역기능을 가져다준다고 할 때 순기능은 갈등이 적정 수준을 유지할 때이고 갈등이 너무 많거나 너무 적으면

조직에 역기능을 초래한다고 조사되고 있다(권기성, 1994).[2)]

따라서, 갈등관리란 갈등의 강도를 조절하는 과정이라고 할 수 있다. 즉, 갈등관리란 과도한 갈등으로 인해 조직의 생산성이 떨어질 때 그 과도한 갈등을 해소 또는 감소시켜야 하고, 반대로, 과소한 갈등으로 인해 역시 조직의 생산성이 떨어질 때는 오히려 갈등을 조장하여 생산성을 향상하도록 하여야 한다. 즉, 갈등을 적정 수준으로 유지하여 조직의 생산성이 최대가 되도록 하여야 한다.

결국, 갈등관리란 과도 수준의 갈등 해소는 물론이고 과소 수준의 갈등은 조장하고, 조직에 갈등을 적정 수준으로 유지하여 조직의 생산성이 최대로 향상될 수 있도록 갈등을 해소, 조장, 또는 유지하는 과정이라고 할 수 있다. 그리하여, 앞에서 언급한 바와 같이 갈등관리는 조직에 해악을 가져오는 갈등을 제거 또는 해결하는 것에 한정된 것이 아니라, 조직에 도움을 가져다줄 것으로 판단되는 갈등을 조장하거나, 필요한 갈등을 적정 수준으로 유지하거나, 갈등을 자극하여 증대하는 것 등에 관련된 활동들의 일체를 말한다.

2. 갈등관리의 주체

갈등관리는 갈등을 겪는 사람 자신이 하거나, 갈등상황에 있는 당사자가 관리하는 것이 좋을 것이다. 여기서 당사자란 조직, 집단, 개인 등이 포함된다.

예컨대, 조직과 개인 간에 갈등이 발생할 때, 갈등관리의 주체는 조직과 개인이 될 것이다. 집단과 집단 간에 갈등이 발생할 땐, 집단들이

---

2) 권기성. (1994). 조직 내 집단에 있어서의 갈등유형과 갈등관리전략. 「광운대 논문집」 23. pp.47~68.

당사자가 된다. 개인과 개인 간에 갈등이 발생하는 경우 개인들이 당사자가 된다.

이때 개인 혼자서 관리하거나, 둘이나 세 사람이 "연합"하여서 관리하거나, 또는 다수의 무리가 "다수"로서 관리 주체가 될 수도 있다. 당사자 간에 해결이 되지 않을 때는 제삼자가 갈등을 관리하는 방법도 고려해야 할 것이다. 제삼자란 갈등당사자가 아닌 자로서, 개인일 수도, 집단일 수도, 조직일 수도 있다.

조직과 개인 간에 갈등이 발생하는 경우 개인은 다양한 방법을 동원하여 갈등을 해결하려고 할 것이다.

예컨대, 현존하는 관계를 다시 정립하거나, 조직으로부터 탈퇴 즉, 사직 등을 시도하거나, 자신의 신념이나 가치를 수정하려 하거나, 자신의 행동을 조직의 환경에 맞게 변화시키려고 할 것이다.

또한, 조직의 관리자, 경영자, 또는 조직 당국(當局)은 하부집단들의 갈등이 발생할 때 상황에 따라서 다양한 전략을 취할 것이다.

예컨대, 하부집단들 사이에 갈등이 발생한 경우와 하부집단들이 조직의 상층부 집단에 대한 항의 갈등이 발생한 경우에 대응하는 전략이 다를 수 있다. 하부집단이 조직 상층부에 대한 도전은 조직 자체의 권위에 대한 도전일 수 있으므로 조직의 관리자, 경영자, 또는 조직 당국은 신중한 전략을 취해야 한다.

갈등관리를 할 때 명심해야 할 것은 갈등당사자들이 상대방을 비난하거나 판단해서는 안 된다는 것이다. 즉, 갈등을 일으킨 사실들(facts, problems)에 대한 다툼 등에 초점을 맞추어야지, 사람(person, people)에 초점을 맞추어 사람을 증오하거나 비방하는 등의 인신공격을 해서는 갈등이 제대로 해결되지 않는다는 것이다.

그러므로, 갈등관리자는 갈등당사자들이 상대방에게 인신공격하도록 하는 상황을 허용해서는 안 된다는 것을 명심하고, 그러한 상황이

도래하기 전에 적정한 조처를 해야 한다. 또한, 갈등관리자 자신도 갈등당사자들에 대해 인신공격을 해서는 안 되며, 분쟁 중인 사실에 대해서만 초점을 맞추어 갈등을 해결해야 할 것이다.

또한, 갈등관리자는 리더십(leadership)을 발휘할 때 감정이입과 공평성, 객관성, 중립성 등을 유지하도록 해야 한다. 그러나, 방관자적 중립적인 태도를 보이면 어떤 것도 인식하지 못하고 리더십에 손상을 가져오기 때문에 이러한 태도를 보여서는 안 된다. 여기서 말하는 방관자적 중립적인 태도란 어떤 조치도 취하지 않고 자유방임적 태도를 보이는 것을 말한다. 갈등관리자는 방임적 방관자적 태도를 보여서는 안 되며, 소통하는 민주적 리더십을 발휘하여야 한다.

|제2절| 갈등조장전략 및 규범 · 기술적 전략

1. 갈등조장전략

때때로 관리자 또는 지도자는 다양한 이유에 의해서 갈등을 조장할 필요성이 있게 된다. 갈등조장전략(葛藤助長戰略)은 크게 집단 간의 부정적 관계를 위해서 사용하는 갈등전략과 긍정적 관계를 위해서 사용하는 갈등전략으로 구분하여 설명할 수 있다.

(1) 부정적 관계의 갈등조장전략

집단 간에 부정적 관계를 위해서 사용하는 갈등 전술들은 각 집단이 처한 상황에 따라 다르다. 그 필요성은 일반적으로 상대집단과 자원,

지식, 권력 등이 대립 관계에 있을 때 상대방보다 우위를 점하여 권력과 영향력 등을 상대방보다 우세하게 확장하기 위해서 발생한다.

예컨대, 참모집단(參謀集團)과 계선집단(系線集團) 사이의 관계가 그러한 관계에 있다. 최고관리자(最高管理者)가 참모집단에 계선집단의 활동을 감시하여 보고하라고 지시하면 참모집단은 그 임무를 수행하게 된다. 그런데, 이에 대항해서 계선집단은 참모집단의 아이디어 집행을 방해하거나 참모집단의 승진을 방해하여 참모집단에 맞서게 된다.

또한, 같은 집단 간 또는 서로 다른 집단 간에 권력투쟁이 벌어질 때도 갈등 전술들이 구사되게 된다.

예컨대, 계선집단 간에 권력 암투가 발생하게 되면 정치적 연합, 자원의 남용, 자금의 횡령, 정보의 왜곡 등의 갈등 전술들을 구사하게 된다.

또한, 업무가 서로 다른 집단 간에는 상대집단에 엄격한 규칙을 만들거나 개인적 접촉, 설득, 조직구조의 변경 등의 갈등 전술들을 통하여 상대집단을 제압하려고 하는 경향이 있다.

(2) 긍정적 관계의 갈등조장전략

한편, 긍정적 관계를 위한 갈등을 조장하는 기법도 각 집단이 처한 상황에 따라 다르다. 그 필요성은 일반적으로 다음과 같다.

① 조직이 무기력하고 침체한 상태에서,
② 새로운 아이디어 개발의 필요성에서,
③ 조직의 응집력이 허물어져 있는 상태에서,
④ 혁신을 위한 갈등이 필요한 상태에서,
⑤ 조직에 활력을 불어넣고,

⑥ 창의성과 조직의 쇄신을 위해서,

⑦ 건설적으로 갈등을 해결할 필요성이 있을 때,

⑧ 협동을 위해서 갈등을 자극할 필요성이 있을 때 갈등을 자극하는 전략전술(戰略戰術)을 사용할 수 있다.

조직에서의 협동을 증진하기 위해서는 일반적으로 조직 내에서 긴장이 없어야 하며, 집단 간에 공유된 기대가 존재해야 하며, 문제에 대한 인식이 존재해야 하며, 문제해결이 있어야 하며, 원활한 커뮤니케이션 등이 존재해야 한다.

(3) 일반적 갈등조장전략

갈등조장전략(葛藤助長戰略)을 구사하기 위해서는 앞에서 본 바와 같이 부정적 관계를 위한 것이냐 긍정적 관계를 위한 것이냐를 먼저 파악하는 것이 좋다.

갈등을 조장하기 위한 일반적 전략으로 이한검・이수광(2000)은 ① 현존 조직을 재배치하는 방법, ② 경쟁을 조장하는 방법, ③ 조직 내의 상호의존성을 증대하는 방법, ④ 조직의 가치와 다른 가치를 가진 외부 전문가 영입하는 방법 등을 제시하고 있다.[3]

유종해(2000)는 갈등을 조장하기 위해서는 갈등이 자유스럽게 나타날 수 있도록 ① 분위기를 조성할 것을 선결 조건으로 제시하고 있다. 그러한 조건에서 ② 공식적 의사전달통로와 비공식적 의사전달통로를 고의로 변경하여 갈등을 조장할 것, ③ 정보의 흐름의 양을 과다하게 하거나 억제하여 갈등을 조장할 것, ④ 조직 내의 계층 수와 기능적 조직단위의 수를 늘려서 조직단위 간의 의존도를 높여 갈등을 조장할

---

3) 이한검・이수광. (2000). 「인간관계」. 서울: 형설출판사.

것, ⑤ 구성원의 이동 또는 직위를 다시 설정하여 갈등을 조장할 것, ⑥ 지도 과정상에서 지도 방식을 교체하여 갈등을 조장할 것, ⑦ 구성원의 태도를 변화시켜 갈등을 조장할 것 등을 갈등을 조장하는 기법으로 제시하고 있다.[4]

2. 규범적 전략

협상이나 협동 또는 대결 등의 갈등관리 전략들을 사용하는 궁극적인 목적은 갈등당사자들이 합의를 끌어내는 것이다. 이 합의를 끌어내기 위해서는 규범적인 방법에 대해서 인식하고 있는 것이 갈등관리에 도움이 될 수 있다.

오광록(1996)은 월(J. A. Wall)과 캘리스터(R. R. Callister)의 규범적 관리와 기술적 관리를 갈등관리의 전략으로 언급하고 있다. 규범적 전략은 당사자들이 갈등관리를 위해서 알고 있어야 할 전략에 대한 것이다. 규범적 전략에는 갈등의 원인, 결과, 해결 대안에 대한 인식, 협동적 목표설정, 상황 변화 시도, 열린 마음 가지기, 반대 견해에 대한 공개토론, 행동 변화 시도, 대안 메모, 분위기 개선, 적극적 행동, 기능적 가치관 유지하기 등이 포함된다(오광록, 1996).[5] 이들 규범적인 전략의 내용을 다음과 같이 분위기 조성, 문제인식과 목표설정, 대안개발과 선택, 집행과 환류 단계로 구분하여 설명할 수 있다.

4) 유종해. (2000). 「현대조직관리」. 서울: 박영사.
5) 오광록. (1996.6). 갈등관리에 관한 이론적 고찰. 「대전산업대 논문집」13 (1). pp.487~503.

(1) 분위기 조성

조직에서 발생한 문제들에 대한 대응전략이나 해법은 조직의 구성원들이 알고 있는 경우가 종종 있다. 문제는, 그러한 것을 서로 교환하기 위한 분위기나 문화가 형성되어 있지 않기 때문에 구성원들은 상급자나 갈등을 해결하는 위치에 있는 리더와 정보를 공유하기를 꺼리게 된다. 그 결과, 부정확한 정보나 확인되지 않는 소문(rumor)이 나돌아 다니게 되고, 이는 결국, 조직에 해를 끼치게 되는 행동을 일으키게 된다. 조직의 구성원들은 좌절, 노염, 초조, 불만족을 경험하게 된다 (Lippitt, 1985).[6]

이러한 현상은 악순환으로 반복된다. 그 이유를 하비(Jerry Harvey)는 행동불안, 부정적 환상, 실질적 위험, 분리의 두려움, 집단사고, 실질적 갈등과 인공적 갈등에 대한 두려움 등에서 기인한다고 보았다 (Lippitt, 1985). 여기에 애빌린 역설, 합의에 따른 관리의 조직 역기능 내용을 더하여 다음과 같이 살펴보고자 한다.

① 행동불안

행동불안이란 사람들은 자신들의 신념에 따라 행동하는 것에 관해서 불안을 느끼는 경향을 보인다는 것이다.

② 부정적 환상

부정적 환상이란 만약 공개적이고 적극적으로 잘못된 것을 해결하게 되면 새로운 문제들이 창조될지 모른다는 환상(幻想)을 사람들이 가지

---

6) Lippitt, G. L. (1985). Managing conflict in today's organizations. In Keith Davis and John W. Newstrom (7th ed.), ***Organization Behavior: Readings and Exercises*** (pp.442~451). New York: McGraw-Hill Book Company.

고 있다는 것이다.

③ 실질적 위험

실질적 위험이란 우리가 다른 사람들과 직면하는 현실 삶에 있어서 그 현실이 자신의 역할과 직업의 안전성에 영향을 미칠지도 모른다는 것을 말한다.

④ 분리의 두려움

분리의 두려움이란 만약 어떤 사람이 공개적으로 폭로하거나 털어놓게 되면 자신의 집단으로부터 배제되는 위협을 받을 수 있다는 것이다.

⑤ 집단사고

여기서 말하는 집단사고란 혁신, 창조 등에 저항하는 집단행동의 유형을 형성하는 것을 말한다.

그러므로, 이러한 부정적인 영향을 미치는 집단사고를 예방하기 위해서는 두려움 없이 허심탄회하게 정보를 공유할 수 있는 분위기 조성과 커뮤니케이션 통로의 개방이 효과적인 갈등관리에 있어서 절대적으로 중요하다.

또한, 갈등을 해결하기 위한 상호 협동적인 분위기, 문화가 조성되어 있어야 한다. 그리고, 스트레스가 적은 분위기를 유지해야 한다. 상하 수직 간에 정보의 자유로운 흐름이나 부처(부서) 간에 커뮤니케이션의 개방이 필요하다. 반대 견해에 대한 공개토론과 같은 것을 가져야 하며 갈등당사자에 대한 상호 이해 분위기가 성숙하여 있어야 한다.

⑥ 실질적 갈등과 인공적 갈등에 대한 두려움

여기서 말하는 실질적 갈등이란 사람들이 실질적(real) 차이 등으로 실질적인 갈등, 분쟁하고 있을 때 발생하는 것이다.

예컨대, P 부장이 K 부장에게 "G 계획은 기술상으로는 가능하다고 하지만, 내가 가진 자료상으로 볼 때는 가능하지 않다. 즉, 그 G 계획은 실현 불가능한 것이다." 그리하여, 실질적인 차이 때문에 P 부장과 K 부장 사이에 갈등이 일어난다.

이러한 실질적인 갈등이 일어날 땐 그 갈등을 무시하고 넘어가서는 안 된다. 갈등을 일으키는 그 차이를 가져오는 실질적인 문제의 원인을 찾아서 해결하도록 하여야 한다.

한편, 인공적 갈등이란 사람들이 자신들이 취할 행동들에 조직(집단) 분위기상 어쩔 수 없이 또는 무의식적으로 합의해놓고는 그 반대의 행동을 취할 때 발생하는 것이다. 즉, 조직(집단) 분위기에 휩쓸려, 실제 자신의 의사와는 반대로 자신을 속이며(phony) 동의하기 때문에 갈등이 발생하는 것이다. 이는 일반적으로 방위적 반응행동(防衛的 反應行動)에 의해서 일어난다.

만약, 이러한 인공적 갈등이 잘 관리되지 못할 때, 적대적이고 부정적인 언행으로 상대방을 공격할 수 있는 상황이 벌어질 수도 있다. 예컨대, 만약, 앞에서 언급한 G 계획을 조직 분위기상 P 부장이 K 부장이 합의하여 실행하였는데, G 계획이 실패로 끝나자, P 부장이 K 부장에게 "내가 분명히 그 G 계획은 실현 불가능하다고 말했었다."라고 말하자, K 부장은 P 부장에게 "왜 나를 공격하는 것인가. P 부장이 제대로 일만 잘 해 주었어도 그 G 계획은 성공할 수 있었어."라고 언성을 서로 간에 높이며 갈등을 겪는 상황과 같은 갈등이 일어날 수 있다.

⑦ 애빌린 역설, 합의에 따른 관리의 조직 역기능

하비(Jerry Harvey) 교수는 실질적 갈등과 인공적 갈등이 벌어지는 상황을 "애빌린 역설(Abilene Paradox)"이라는 용어로 설명했다.

애빌린 역설에서 나오는 애빌린(Abilene)은 미국 텍사스(Texas)주 북서부지역에 있는 인구 약 12만 명 정도의 도시이다.

지금(1974년 한여름, 섭씨 40도), 하비 교수는 아내와 함께, 텍사스주 콜맨 카운티(Coleman County)에 있는 인구 약 5천 명의 도시 콜맨(Coleman)에 여름 휴가 여행 와서 장인, 장모, 아내, 하비 4명의 가족이 휴식하며 즐겁게 시간을 보내고 있다.

그런데, 그때, 갑자기 장인어른이 "오늘 저녁 식사는 애빌린(Abilene)에 가서 하는 것이 어떻겠냐?"라고 제안한다.

그러자, 하비 교수의 아내가 "아빠, 그거 좋은 생각이에요. 저도 함께 가요."라고 응수하면서 즉석에서 동의한다.

지금, 여름 기온 섭씨 40도가 넘는 날씨이고 그곳은 지금 이곳에서 약 90km 정도 떨어진 곳이다. 하비 교수의 자동차는 구형이라서 차 안의 냉방기능도 잘 안 되고, 도로를 달릴 때 먼지가 날린다. 하비 교수는 내심으로는 이 더운 여름에 운전하는 것이 싫어서, 왕복 시간을 계산하면, 이 뜨거운 여름에 약 4, 5시간을 운전해야 하므로, 반대하고 있지만, 아내의 아버지가 그렇게 말씀했고, 또한 아내도 동의했기 때문에, 처댁 식구들에게 미움받기 싫어서, 장모님의 눈치를 살피고 있다. 만약, 장모님이 안 가신다고 하면 즉각, "저도 장모님처럼 거기에 가지 않는데 찬성표를 던집니다."라고 말할 준비를 하고 있었다.

그런데, 이게 어떻게 된 영문인가. 하비 교수의 생각과는 반대로, 장모님도 "나도 애빌린에 가서 식사하고 싶다. 애빌린에 가본 지 오래되었거든."이라고 말씀해 버리시는 것이 아닌가.

가족 분위기가 이렇게 돌아가니, 할 수 없이 하비 교수도 자신의 내심의 의사와는 반대로 자기 자신을 속이며(phony) "네, 좋아요. 우리 거기 가서 저녁 식사해요."라고 하면서 동의한다.

그런데, 애빌린(Abilene)에 가서 식사하고 난 뒤, 콜맨(Coleman)

으로 돌아오는 길에, 자동차 운전으로 왕복 약 4, 5시간이 소요되어, 모두가 지치고 피곤했다. 가족들이 모두 피로하고 피곤하고 짜증이 난 상태다. 불만과 불평이 터져 나온다.

더 놀라운 사실은, 각자 자신의 진실(불평, 불만)을 털어놓기 시작하는데, 사실은 아무도 그곳에 가고 싶지 않았었다는 것이다.

즉, 장인어른은 사위도 왔고 하니 가족의 행복을 위해서 뭔가 즐거운 일을 만들고 싶어서 그냥 한번 말해 본 것뿐이고, 만약 다른 사람들이 가고 싶지 않다면 자신도 가고 싶지 않았다는 것이다.

하비 교수의 아내 역시 가고 싶지 않았지만, 아버지가 말씀하셨기 때문에, 또한 남편을 행복하게 해 주고 싶어서, 그냥 거기에 동의한 것이어서, 다른 사람들이 가지 않겠다면 자신도 안 가겠다는 것이었단다.

장모님도 역시 가고 싶지 않았지만, 남편과 딸이 간다고 말했기 때문에, 가족을 행복하게 해주기 위해서, 그냥 간다고 말했다는 것이었단다.

즉, 각자 개인적으로는 애빌린에 가고 싶지 않았었지만, 가족의 화합을 깨뜨리지 않기 위해 자기 자신을 속이며(phony), 자신의 의사에 반하여 그곳에 가서 저녁 식사하는 데 동의했다는 것이다. 즉, 가족 모두가 애빌린에 가서 식사하는 것에 동의했지만, 실제로는 가족 각 개인적으로는 그 누구도 진실로 거기에 가기를 원하지 않았다는 것이다.

그리하여, 가족의 평화, 화목을 위해서 동의한 것이 실제 결과적으로는 오히려 가족의 불만, 불평, 논쟁, 갈등을 일으키게 된 것이다. 즉, 가족의 평화와 화목을 위했던 것이 오히려 결과적으로 가족의 더 큰 불화와 갈등을 일으키게 된 것이다. 이러한 역설적인 모순된(paradoxical) 현상을 두고 애빌린 역설(Abilene Paradox)이라고 말한다.

이처럼, 애빌린 역설은 조직(집단) 내 각 개인은 개별적으로 실제로는(really) 마음속에서는 조직(집단)의 결정에 동의하지 않으나(실질적 갈등), 조직(집단) 전체적으로 동의하고 결정하는 것이어서 조직(집단) 분위기상 각 개인 자신을 속이며(phony) 자신의 의사와는 반대로 동의하여(인공적 갈등), 어쩔 수 없이 따르게 되면서 발생하는 갈등 현상을 말한다. 즉, 실질적 갈등과 인공적 갈등을 겪게 되는 것이다.

이는 조직(가정, 교회, 학교, 사회단체, 기업, 공공기관, 정부 등)에서 구성원들의 합의(agreement)에 따른 관리라고 하더라도 애빌린 역설(Abilene Paradox)과 같은 상황이 일어날 수 있고, 그리하여 실질적 갈등과 인공적 갈등이 발생할 수 있다는 것을 함축하고 있다.

즉, 조직에서 갈등(conflict) 그 자체를 잘못 대응, 관리해서 갈등이 일어난다기보다는 조직이 합의(agreement)한 것에 대해서 제대로 대응, 관리할 능력을 갖추지 못함으로써 일어나는 갈등이며, 조직에서 발생하는 갈등은 대부분이 이러한 갈등이라고 하비(Jerry Harvey)는 주장한다. 조직에서 발생하는 일종의 집단사고(groupthink), 집단의사결정의 병폐라고 할 것이다.

그런데, 집단사고(groupthink)와 애빌린 역설을 구별하는 관점도 있다. 예컨대, 애빌린 역설은 각 개인은 집단 결정 안건에 실질적으로는 반대하지만, 집단분위기상 합의에 이르게 되어 갈등이 발생하게 되는 합의 관리를 잘못해서 일어나는 갈등이라는 것이다. 그에 반해, 집단사고는 집단의 각 개인이 집단적인 결정에 반대하는 것이 아니라 일반적으로 좋아서 합의에 이른다는 것이다. 그러나, 넓은 의미에서 보면 애빌린 역설도 일종의 집단의 집합적 의사결정 기능의 문제점이 나타나는 현상을 설명하고 있다.

애빌린 역설(Abilene Paradox) 사례에서 보는 것처럼 조직에서 집합적인 집단의사결정에 의해서 구성원들이 무의식적으로 동의하며, 갈등을 발생시키고 있다. 즉, 조직 분위기상 어쩔 수 없이 개인 각자의 의사에 반해서 동의하여 합의해놓고는, 막상, 실제 합의한 것을 집행하는 과정에서는 각종 불만, 불평이 쏟아져 나오며, 오히려 더 큰 조직갈등을 일으키는 것이다.

이는 조직(가정, 교회, 학교, 사회단체, 기업, 공공기관, 정부 등)에서 일어나고 있는 조직 역기능(organization dysfunction)의 한 단면을 보여주고 있다.

결국, 조직관리에서, 구성원들의 합의에 따른 관리가 좋은 측면도 있지만, 역기능적인 측면도 갖고 있다는 것이다. 그리고, 이러한 갈등이 빈발하고 악화할 때 구성원들에게는 분노, 반감, 우울증, 무감각 등과 같은 역기능적인 조직의 병리 현상이 나타날 수 있다. 그러므로 관리자는 이를 잘 파악하여, 합의에 따른 그 합의의 저변을 잘 살피면서 조직을 관리하며, 갈등관리를 잘 하여야 할 것이다.

(2) 문제인식과 목표설정

분위기가 성숙하면 서로가 열린 마음으로 문제와 그 원인과 그 원인의 결과에 대한 인식(認識)을 함께 공유하고, 문제해결을 위한 목표를 명확히 설정해야 한다.

(3) 대안개발과 선택

문제해결을 위한 목표가 설정되면, 이를 달성할 대안들을 개발하고, 개발한 대안들 가운데서 문제해결과 목표달성을 위한 최적의 대안을 선택해야 한다.

(4) 집행과 환류

갈등을 해결하기 위한 분위기가 지속해서 유지되어야 하며 참여자들이 적극적으로 행동해야 한다. 집행과정에서 발생하는 정보를 필요한 곳에 환류시켜 다음 행동과 전략에 보강이 있어야 할 것이다.

3. 기술적 전략

기술적 전략은 개인 간 또는 집단 간 갈등당사자들이 갈등관리를 위해서 실제로 수행해야 할 기술로서의 전략을 말한다. 갈등관리자는 이러한 기술들을 학습하고, 잘 이용할 수 있는 능력을 배양해야 한다.

이러한 기술적 전략들에는 타협(妥協), 회피(回避), 철수(撤收), 협력(協力), 강압(强壓), 유화(宥和), 대결(對決), 화해(和解), 징벌(懲罰), 규제(規制) 등이 포함된다(Lippitt, 1985; 오광록, 1996).[7)]

이 전략들은 모두가 각각 장단점을 가지고 있다. 따라서, 갈등의 유형과 갈등이 발생한 상황에 따라서 선택적으로 사용돼야 할 것이며, 일반적으로 단독으로 사용되기보다는 복합적으로 연계되어 사용되는 것이 바람직할 것이다.

이 갈등해결전략(葛藤解決前略)들 가운데서 개인 간 또는 집단 간에 갈등이 발생하였을 때 관리자들이 자주 사용하는 전략들을 중심으로 살펴보기로 한다. 갈등관리에 많이 사용되고 있는 유형들을 가지고 상대방의 욕구를 만족하게 하느냐 자신의 요구를 만족하게 하느냐의

---

7) ① Lippitt, G. L. (1985). Managing conflict in today's organizations. In Keith Davis and John W. Newstrom (7th ed.), *Organization Behavior: Readings and Exercises* (pp.442~451). New York: McGraw-Hill Book Company. ; ② 오광록. (1996. 6). 갈등관리에 관한 이론적 고찰. 「대전산업대논문집」13 (1). pp.487~503.

관점에 근거해서 〈그림 1-5-1〉과 같이 나타낼 수 있다.

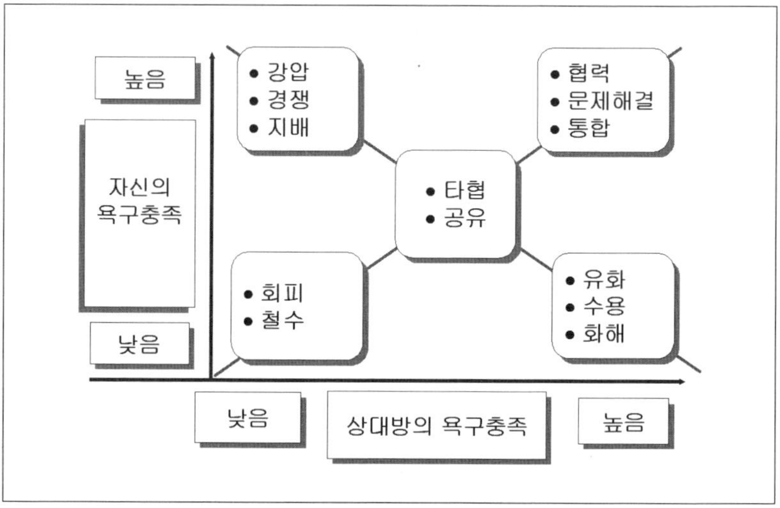

〈그림 1-5-1〉 기술적 갈등해결전략들의 예

〈그림 1-5-1〉에서 타협방식은 상대방과 자신의 욕구가 모두 얼마씩 충족되고 있다. 타협방식은 원칙적으로 당사 간에 상호 이익을 얻을 수 있을 때 사용한다. 반면에, 강압방식은 자신의 욕구가 일방적으로 충족되고 있다. 그리고, 유화 또는 화해방식은 상대방의 욕구가 일방적으로 충족되고 있다. 회피방식은 상대방 욕구충족도 낮고, 자기 자신의 욕구 충족도 낮다. 그 반대는, 협력방식 또는 문제해결방식이 있다. 협력 또는 문제해결방식은 가장 고차적으로 당사자 모두의 욕구를 높게 충족시키면서 갈등을 해결하는 방식이다.

|제3절| 갈등관리의 기술적 전략

1. 타협

(1) 타협의 의의

타협(妥協 compromise, compromising)이란 서로가 얼마간씩 양보하여 갈등을 해결하는 전략이다. 그러므로 타협은 절충(折衷)을 의미하기도 한다. 아무것도 가지지 못하는 것보다 반이라도 가지는 것이 낫다고 하는 가정에 근거하여 전개하는 것이 타협전략이다. 이는 강압전략과 유화전략의 중간 부분에 위치하는 전략이라고 볼 수 있다.

타협은 갈등당사자 모두에게 얼마간의 만족을 갖다 주는 해결책을 찾는 전략이다. 따라서, 타협은 갈등당사자 모두에게 어느 정도의 이득을 보는 것과 손실을 보는 것이 경험하게 된다.

타협은 일반적으로 세력이 동등한 당사자들이 해결책을 찾으려고 할 때 일어난다. 타협전략을 행사하는 가운데 일반적으로 서로가 주고받기하는 거래(bargaining)가 형성되게 된다.

(2) 타협전략 사용의 환경

일반적으로 다음과 같은 상황에서 타협전략을 사용할 수 있다.

① 대등한 힘

상대방이 자신과 대등한 힘을 가지고 있고 서로 배타적인 목표들을 가지고 있을 때 타협전략이 사용될 수 있다. 이는 당사자 누구도 상대방에게 특정의 이슈(issue) 때문에 강제할 힘을 가지고 있다고 믿지 않고 있어야 한다.

② 타 전략의 대용

경쟁전략, 협력전략 등이 성공하지 못할 때 그 대체전략으로 타협전략을 사용할 수 있다.

③ 시간적 압력

정해진 시간이 다가오고 편법으로 해결을 보아야 할 필요성이 있을 때 타협전략을 사용할 수 있다.

④ 일시적 해결

복잡한 문제들에 있어서 일시적이고 잠정적으로 화해 또는 해결하기 위해서 타협전략을 사용할 수 있다.

⑤ 불필요성

승리가 필요하기는 하나 그 승리를 획득하기 위해서 에너지, 시간, 돈을 투입할 필요성을 느끼지 못할 때 타협전략을 사용할 수 있다.

2. 회피(回避)와 철수(撤收)

(1) 회피와 철수의 의의

회피(回避 avoidance, avoiding)란 갈등을 일으킨 문제를 직접 해결하지 않고 뒤로 미루거나 피하여 갈등해결을 피하거나 연기하는 전략이다. 또한, 어떤 행동을 취해야 할 필요성이 있을 때 중립적 태도를 유지하기도 한다.

철수(撤收 withdrawal)란 잠재적 갈등 또는 현재 돌발한 갈등상황으로부터 정신적 또는 육체적으로 퇴각하는 전략을 말한다. 일반적으로 갈등을 희망이 없는 것으로 보거나 무익한 것이라고 볼 때 이 전략을 사용한다. 갈등으로 인한 긴장이나 좌절과 싸우기보다는 차라리 갈등 상황으로부터 자신을 스스로 물러나게 하는 전략이다.

철수는 회피와 상호 교환적인 의미로 사용되기도 하고, 회피의 하부 개념으로 사용되기도 하고, 이들을 구별하여 사용하기도 한다. 구별하는 견해에서는 회피가 연기를 포함하는 것에 반하여 철수는 그 갈등문제에서 손을 떼는 것을 의미하는 것으로 사용한다. 그러나, 전략적으로 구사하는 일시적인 철수는 회피의 전략과 같다고 할 수 있다.

그러므로, 여기서는 특별한 언급이 없는 한 철수가 회피에 포함되는 것으로 간주하여 설명하고자 한다. 예컨대, 회피전략이라고 하면 철수전략도 포함되는 것으로 사용하고자 한다.

회피전략의 가장 큰 문제점은 갈등을 일으키는 상황이나 원인을 무시한다는 데 있다. 즉, 갈등을 회피한다는 것은 갈등을 사라지게 하는 것이 아니라 더욱 악화시킬 수 있다. 그 결과, 상향적이고 개방적인 커뮤니케이션의 발달에 부정적인 영향을 미칠 수 있고, 상급자의 도움이나 태도에 부정적인 영향을 미칠 수 있다. 따라서, 회피전략은 갈등을 건설적으로 해결하려는 전략에 부정적으로 영향을 미치게 된다.

(2) 회피전략 사용의 환경

일반적으로 다음 상황에서 회피전략을 사용한다.

① 관리효과의 미미함

갈등이 발생하긴 했으나 관리효과 측면에서 볼 때 그 중요성이 매우 미미할 때 회피전략을 사용할 수 있다.

② **프로젝트 수행 중**

어떤 프로젝트를 수행 중일 때 그 프로젝트를 완수할 때까지 집단 간의 갈등을 못 본체 덮어두는 것도 회피전략에 해당한다.

③ **제압할 묘안의 부재**

상대방을 이길 방법이 보이지 않을 때 회피전략을 취할 수 있다.

④ **이득보다 손실**

대결(對決)하였을 때 얻는 이득과 손해를 비교해보았을 때 손해가 이득보다 더 크면 회피전략을 취할 수 있다.

또한, 현재의 분쟁을 그대로 놓아두는 것이 그것을 해결하는 것보다 이익이 된다고 판단될 때 회피전략을 사용할 수 있다.

⑤ **더 중요한 문제가 기다림**

현재의 갈등적 이슈보다 더 중요한 이슈들이 압력 요소로 존재하고 있을 때 회피전략을 취할 수 있다.

⑥ **기회의 부재**

자신의 이해관계를 충족시킬 어떤 기회도 전혀 없다고 인지할 때 회피전략을 사용할 수 있다.

⑦ **해결자가 따로 있을 때**

당해 갈등을 자신보다 더 효과적으로 해결할 수 있는 사람이 따로 있을 때 회피전략을 사용할 수 있다.

(3) 회피전략의 형태

일반적으로 회피전략의 구체적 방법으로 다음과 같은 예를 들 수 있다.

① 코멘트(comment) 회피

대화가 협박이나 위협의 징후를 보이기 시작할 때 관리자들은 어떤 논평, 의견, 설명 등의 코멘트를 무시하여 갈등상황에서 철수할 수 있다. 예컨대, "현시점에서 나는 어떤 것도 말할 수 없다"라고 하면서 코멘트 언급을 회피하는 것이다.

② 주제 변경

긴장과 위협의 상황에 들기 시작하는 대화에서 관리자들은 그 대화 주제를 재빨리 바꿈으로써 갈등상황에서 철수할 수 있다.

③ 상사에게 책임 전가

어떤 이슈에 대한 책임을 보다 상위에 있는 관리자에게로 전가함으로써 갈등상황에서 철수할 수 있다.

④ 발뺌이나 연기하기

상대방이 시간이 지나면 갈등의 이슈를 잊기를 바랄 때 단순히 발뺌이나 연기전략을 사용함으로써 갈등상황에서 철수할 수 있다. 예컨대, "그 사건을 조사하는 중이다."라는 식으로 말하면서 갈등상황을 벗어나는 것이다.

⑤ 바통 넘기기

자신보다 더 효과적으로 당해 갈등을 해결할 해결사가 존재할 때 그 해결사에게 바통을 넘기고 자신은 그 상황을 벗어난다.

3. 협력(協力)과 문제해결(問題解決)

(1) 협력과 문제해결의 의의

협력(協力 collaboration, collaborating)이란 협동(協同)을 말하며 서로가 마음과 힘을 모아서 함께 갈등을 해결하려는 전략이다. 이는 자신의 목표에 대해서 매우 단호한 태도를 견지하면서도 상대방과의 협력적 입장을 동시에 취한다.

문제를 해결하기 위한 대안들을 상호 협력하여 찾으며, 문제를 해결하는 문제해결(問題解決 problem solving) 방식도 협력, 협동 방식에 해당한다. 공동으로 힘을 합쳐 문제를 해결하기 위해서 "만약 우리가 이것을 시도한다면 어떻게 될까?"라는 식으로 접근하는 것이 좋을 수 있다.

문제해결을 위해서는 갈등을 비개인화(非個人化), 객관화(客觀化)해야 한다. 즉, 갈등당사자들은 상대방을 패배시키려고 하기보다는 문제를 해결하는데 자신들의 정력을 쏟아야 한다. 그리고, 모든 당사자는 신뢰분위기(信賴雰圍氣)를 형성하여야 하며, 당사자들의 목표, 태도, 감정, 의견 등이 자유롭게 허용되도록 하고, 건설적 해결을 위해서 모든 당사자가 노력해야 한다(Lippitt, 1985).[8]

협력, 문제해결 방식은 자신의 목표에 대해서 단호한 태도를 보이는

---

8) Lippitt, G. L. (1985). Managing conflict in today's organizations. In Keith Davis and John W. Newstrom (7th ed.), ***Organization Behavior: Readings and Exercises*** (pp.442~451). New York: McGraw-Hill Book Company.

동시에 상대방에 대해서도 매우 협력적이긴 하나, 일반적으로 시간을 매우 많이 소모한다는 큰 단점이 있다.

(2) 협력전략 사용의 환경

일반적으로 다음과 같은 상황에서 많이 사용된다.

① 통찰력을 융합하기 위해

다양한 견해를 가진 사람들의 통찰력을 융합하기 위해서 협력전략이 사용될 수 있다.

② 친분(親分)의 유지를 통한 작업을 위해서

서로의 친밀한 관계를 유지하고 이러한 감정을 통해서 작업을 수행하기 위해서 협력전략이 사용될 수 있다.

③ 통합적 해결을 위해서

타협을 통해서 해결하기에는 너무나도 중요한 이슈들이기 때문에 통합적 해결책을 발견하기 위해서 협력전략이 사용될 수 있다.

4. 강압(强壓)과 경쟁(競爭)

(1) 강압과 경쟁의 의의

강압(强壓 forcing)이란 순응(順應)과 반대되는 개념으로 상대방의 사상, 감정, 행동을 수용하거나 이해하려고 노력하지 않고 자신의 사상, 감정, 행동에 상대방의 것을 강제로 지배하는 전략이다.

경쟁(競爭 competing)이란 힘(power)으로 갈등을 관리하는 것이다. 상대방(예컨대, 부하직원)의 관점을 받아들이거나 상대방의 관점에 순응하기를 거부한다. 따라서, 경쟁전략은 상대방과의 협력적(collaborating) 특성은 낮고 강압적, 단언적 성질이 높은 전략이다.

갈등관리전략에 있어서 강압전략과 경쟁전략은 서로 호환되어 사용되는 용어로, 상대방의 아이디어, 생각, 관점을 배려하기를 거부하고, 자신의 아이디어, 생각, 관점만을 강압적으로, 힘으로 밀어붙이는 전략이다.

강압・경쟁전략은 다른 사람들의 욕구 등을 고려하지 않고 어떠한 비용을 치르더라도 설정된 목표를 달성하려고 하는 관리자들이 주로 사용하는 전략이다. 자신의 욕구에 순응하지 않는 부하들을 기꺼이 희생시키는 관리자들이 강압・경쟁전략을 많이 사용한다.

강압・경쟁전략을 사용하는 사람들은 실패란 자기 자신 이미지의 손상이며 지위의 축소이기 때문에, 그리고, 성공은 자기 자신의 성취감과 흥미를 가져다주기 때문에 어떠한 희생을 치르더라도 승리를 획득하려고 한다.

강압・경쟁전략은 차후의 갈등 여파에 부정적인 영향을 남기게 된다. 그리고 후일에 더 큰 갈등을 일으킬 원인을 제공하게 된다. 또한, 단기적으로는 갈등을 해결하여 생산성을 높이는 것처럼 보일지 모르나 장기적으로는 생산성 노력의 손실을 초래해서 생산성이 저하된다.

강압・경쟁전략은 기획의 적절성, 감독자의 도움, 목표설정에의 참여 등에 부정적인 결과를 초래하게 된다. 그리고, 관리자들이 강압적으로 나올 때 궁극적으로 패자가 되는 사람은 직원들이기 때문에 직원들은 정책을 수립하고 집행하는 데 있어서 협조하려고 하지 않게 된다.

의사소통(communication) 기술이 부족한 관리자들이 강압・경쟁전략을 사용하는 경향이 많다. 또한, 공개적 경쟁(競爭 competing)이나 승패(win-lose) 상황에서 강압・경쟁전략이 많이 사용된다. 장기화한 갈등문제를 힘으로 빨리 해결하고자 할 때도 강압・경쟁전략을 사용하는 경향이 많다. 강압・경쟁전략은 일반적으로 다음과 같은 상황에서 사용될 수 있다.

(2) 강압・경쟁전략 사용의 환경

① 신속한 의사결정의 필요성

강압・경쟁의 긍정적 효과 측면에서 보면, 강압・경쟁전략은 신속하고 결정적인 의사결정을 내려야 할 상황에서 필요할 수 있다. 특히, 비상사태에서 신속하고 단호한 행동이 필수적으로 요구되는 상황에서 강압・경쟁전략이 사용될 수 있다.

② 무경쟁의 수혜자들에 반대하여

경쟁하지 않는 행동이나 태도로 이익을 즐기는 사람들에게 반대하여 강압・경쟁전략을 사용할 수 있다.

③ 분명히 옳은 것

어떤 이슈에 대해서 자신이 분명히 옳다고 믿고 있고 그것이 회사의 발전에 중요하다고 판단될 때 강압・경쟁전략을 사용할 수 있다.

④ 중요한 정책이나 대중에겐 인기가 없는 경우

어떤 정책이나 조치가 중요하기는 하나 대중에게 인기가 없는 경우에 강압・경쟁전략을 사용할 수 있다. 예컨대, 예산삭감, 경비삭감, 인기가 없는 규칙의 집행 등과 같이 반드시 시행해야 할 사항이나 대중에게 인기가 없는 것들을 위해서 강압・경쟁전략이 사용될 수 있다.

(3) 강압 · 경쟁전략의 문제점

강압 · 경쟁전략에도 문제점이 있다. 강압 · 경쟁의 부정적 효과 측면에서 보면 강압 · 경쟁자는 타인을 고려하지 않는 자기중심적 독단에 빠지고 그 결과 협동심이 없어진다. 또한, 강압 · 경쟁자는 권력 지향적으로 된다. 강압 · 경쟁자는 상대방을 억압하고 위협하며, 상대방을 강압적인 방법으로 지배하려고 한다. 더욱이 강압적 방법을 사용하는 것은 때에 따라서는 사태를 더욱 악화시키는 결과를 가져올 수 있다.

(4) 경쟁과 대결

경쟁과 유사한 전략으로 대결(對決)이 있다. 대결(confrontation)이란 불일치를 직접 강조하는 전략이다. 예컨대, 문제해결전략에 있어서 피해자들은 자신들의 불일치를 주장하고 이 불일치를 통해서 작업을 완수하려고 한다.

5. 유화(宥和)와 화해(和解)

(1) 유화와 화해의 의의

유화(宥和 smoothing)란 갈등 분야에 있어서 합의와 해결을 할 수 있는 분야는 강조하고 합의와 해결이 어려운 분야는 중요시하지 않는 전략이다. 이는 생산성보다는 인간관계의 유지에 초점을 맞추고 있다. 모든 관계 당사자들의 상호관계를 중요시하고 관련된 사람들을 행복하게 하기 위한 전략이다.

유화는 화해(和解 accommodation, accommodating)와 호환되어 사용되기도 한다. 화해는 분쟁을 끝내기 위해서 조정, 합의한다는 의미로 사용되고 있다. 여기서는 유화전략과 화해전략을 상호 호환하여 사용하고자 한다.

유화·화해전략은 자기 자신의 독단적인 행동은 매우 약하고 상대방과의 협동을 강조하게 된다.

(2) 유화·화해전략 사용의 환경

일반적으로 다음과 같은 상황에서 유화·화해전략이 사용된다.

① 상대방과 당사자들의 만족을 위해

상대방을 만족하게 해 갈등당사자 모두가 만족하게 되기 위한 갈등관리 방식으로 유화·화해전략이 사용된다. 자신의 목표에는 거의 관심을 두지 않거나, 사건이 자신보다 상대방에게 중요한 것일 때, 또는, 상대방이 승리했다고 경험하게 하려고 사용된다.

② 생산성보다 화합, 인간관계

화합을 유지하는 것이 중요하다고 느낄 때 유화·화해전략을 사용한다. 이는 생산성보다 인간관계를 중요시하는 관리방식에서 많이 사용되고 있는 것으로 다른 사람의 욕구에 따르는 방식이다.

③ 시간적 여유가 없을 때

이는 주로 문제해결, 타협, 강압 등의 방식을 사용할 시간적 여유가 없을 때 유화·화해전략이 사용된다.

④ 다른 방법들보다 이득이 더 많을 때

타협, 강압, 회피 등 다른 전략들을 사용하는 것이 유화·화해전략을 사용하는 것보다 손실 또는 불리한 점이 더 많을 때 유화·화해전략이 사용한다.

⑤ 잠정적으로 갈등을 중지시키기 위해

수행 중인 사업, 정책이 끝날 때까지 갈등을 중지시키기 위한 단기적 전략으로 유화・화해전략이 사용된다.

⑥ 사회적 신뢰 구축을 위해

차후의 이슈들을 위한 사회적 신뢰를 구축하기 위해서 유화・화해전략이 사용될 수 있다.

⑦ 손실을 최소화하기 위해서

자신이 상대방보다 한 수 아래이고, 자신이 손실을 보게 될 때 그 손실을 최소화하기 위해서 유화・화해전략이 사용될 수 있다.

⑧ 직원들을 학습시키기 위해서

부하들이 자신들의 실수로부터 학습하도록 발전시키기 위해서 유화・화해전략이 사용될 수 있다.

유화・화해전략은 느껴진 갈등을 단기적 또는 장기적으로 감소시키는 데 도움이 될 수 있다. 그러나, 적대적 또는 부정적 감정을 느끼지 않는다고 해서 갈등의 근본적 원인이 치유되는 것은 아니다. 따라서, 유화・화해전략은 회피전략을 사용하는 것보다는 좀 더 적극적인 갈등해결전략이긴 하나 갈등을 근본적으로 해결하진 못한다는 문제점을 가지고 있다.

(3) 유화・화해전략의 형태

유화・화해전략을 사용하는 관리자들은 다음 전략들을 사용할 수 있다.

① **커피 타임**

긴장, 반목이 고조되기 시작하는 현장에서 이를 풀기 위해서 커피 타임(tea time, coffee time, break time)을 갖는다.

② **유머사용**

긴장된 갈등상황에서 긴장과 적의를 풀어주는 유머를 사용한다.

③ **공동참여이벤트**

생일파티를 사무실에서 함께 거행하는 것과 같은 공동으로 참여하여 즐길 수 있는 이벤트를 가진다.

④ **주제 변경**

긴장과 적대감을 일으키고 있는 주제(主題)를 긴장과 적대감을 일으키지 않는 다른 것으로 대체한다.

|제4절| 역할갈등에 관한 전략

1. 역할갈등해결전략의 의의

역할(役割)이란 개인이 조직이나 사회에서 주어진 지위에 맞게 기대되는 행동을 수행하기 위한 일련의 과정을 의미한다. 즉, 역할은 지위부여(地位附與), 역할기대(役割期待), 역할정의(役割定義), 행동(行動) 등의 과정을 거치게 된다.

(1) 지위부여

여기서, 지위부여(地位附與)란 사회나 조직에서 개인이 어떤 지위를 부여받게 되는 것을 의미한다. 개인은 자신이 소속된 조직이나 가정, 지역사회, 또는 사회 전체에서 어떤 지위를 부여받게 된다.

(2) 역할기대

그리고, 역할기대(役割期待)란 개인은 부여된 직위에 맞는 어떤 행동을 수행할 것을 그 조직이나 사회로부터 요구받게 되는 것을 의미한다. 개인에게 어떤 지위가 주어지면 그 지위에 맞는 역할을 해낼 것을 그 역할 부여한 자나 조직, 사회로부터 요구받게 된다.

(3) 역할정의

한편, 역할정의(役割定義)란 지위를 부여받은 개인이 역할기대에 부응하여 자신이 해야 할 역할을 정의하는 것을 의미한다. 역할을 부여받은 자는 자신의 경험이나 조직이나 사회의 상황적 요소 등을 고려하여 자신이 수행해야 할 역할들을 정의하여 그 정의된 기준에 따라 활동하게 된다.

(4) 행동

끝으로, 행동(行動)이란 개인이 역할기대와 역할정의에 따라 그에 반응하는 것을 말한다. 개인은 그 정의된 역할에 따라서 어떤 행동을 하게 된다.

이러한 역할과정에서 지위가 구조적 요소라면 역할은 기능적 요소라고 할 수 있다. 역할정의 과정은 개인의 내면적 사고과정이라고 할 수 있다. 이 역할정의 과정에서 개인은 자신의 경험, 지식 등을 모두 동원하여 역할을 정의하게 된다.

그런데, 개인이 수행하는 역할 상에 갈등이 일어나게 되면 개인은 이에 대처할 전략을 수립하여 전개해야 한다. Hall(1972)은 개인이 수립하여 전개하는 전략형태를 크게 구조적 역할재정의, 개인적 역할재정의, 반동적 역할행동 전략 등으로 유형화하고 있다.[9] 〈그림 1-5-2〉는 이를 보여주고 있다.

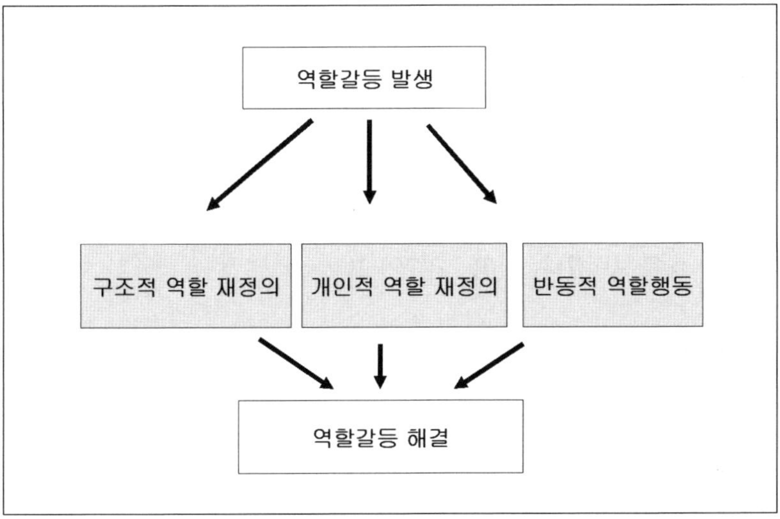

〈그림 1-5-2〉 역할갈등해결전략(예시)

2. 구조적 역할재정의 전략

구조적 역할재정의 전략(構造的 役割再定義 戰略)이란 구조적으로 부여된 역할을 그 역할을 부여한 자와 상호 합의를 통해 역할을 수정하여 다시 정의하는 전략이다. 즉, 사회 또는 조직의 구조적인 이유에

9) Hall., D. T. (1972). A model of coping with role conflict: The role behavior of college educated women. *Administrative Science Quarterly,* 17. pp.486.

의해서 역할을 부여한 자와 받은 자 간에 기존에 기대된 역할을 협상(協商) 또는 재협상(再協商)을 통해서 재정의하여 새로운 역할을 정의하고 이에 합의하는 전략이다. 기존 역할을 다시 정의하는 방법에는 역할 축소, 역할 재배치 등 다양하다.

이 전략은 역할을 부여한 자와 받은 자 어느 한쪽도 희생시키지 않는 전략이다. 구조적 역할재정의 전략은 외부 환경을 자신에게 적합하게 변경하는 전략이다. 즉, 역할을 부여받은 개인이 개인 자신의 외부에서 역할을 부여한 자의 욕구, 목표 등을 변경하여 역할을 부여받은 자의 욕구에 더 적합하게 만들어 버리는 전략이다.

구조적 역할재정의 전략을 위해서 구체적으로 다음과 같은 일부제거, 외부구원요청, 내부협조요청, 문제해결, 역할통합, 규범변경 등의 전략을 취할 수 있다(Hall, 1972).[10]

(1) 일부제거

일부제거(一部除去)란 역할 가운데서 특정 활동을 제거하는 전략이다. 이때 역할 전체를 포기하지는 않는다. 즉, 구조적으로만 역할이 재정의되고 기본적인 역할은 유지된다. 이는 일반적으로 역할을 부여한 자와 합의하여 어떤 임무를 수행하기 위한 활동들을 축소하게 된다.

예컨대, 활동들의 우선순위를 결정하고 우선순위가 낮은 활동을 제거하고 우선순위가 높은 것에만 온 힘을 집중하는 전략은 여기에 해당한다.

10) Hall., D. T. (1972). A model of coping with role conflict: The role behavior of college educated women. *Administrative Science Quarterly,* 17. pp.486.

(2) 외부구원요청

외부구원요청(外部救援要請)이란 역할집합(役割集合)의 외부(外部)로부터 역할지원을 받아서 특정 역할활동을 완수하는 전략이다. 이때, 외부로부터의 역할지원은 역할부여자가 아닌 외부인과 공식적인 상호 합의를 통해서 이루어진다.

예컨대, 결혼한 여성이 회사업무 때문에 아이를 돌볼 시간이 없을 때 아이를 돌보아주는 사람을 고용(雇傭)하는 전략은 여기에 해당한다. 고용주가 새로운 업무를 종업원에게 부과하여 그 종업원의 업무가 과중할 때 자신을 도와줄 아르바이트생들을 회사 외부로부터 고용하는 것도 여기에 해당한다.

(3) 내부협조요청

내부협조요청(內部協助要請)이란 역할집합(役割集合)의 내부(內部) 구성원으로부터 지원을 요청받는 전략이다. 이때, 지원자는 지원을 받은 사람의 역할집합의 구성원이며, 이들은 상호 합의에 따라서 지속적인 협조가 이루어진다.

예컨대, 가정에서 아내가 남편에게 가사 일의 도움을 요청하여 남편으로부터 도움을 받는 것은 여기에 해당한다. 또한, 회사에서 자신에게 역할을 부여한 사람으로부터 도움을 받는다던가, 회사 내부직원들로부터 도움을 받는 전략 등도 여기에 해당한다.

(4) 문제해결

문제해결(問題解決)이란 역할을 부여한 자와 함께 협동하여 갈등문제를 해결하는 전략이다. 자신에게 역할을 부여한 자와 상호 합의에 따라서 역할을 다시 정의한다던가, 정신적인 지원을 받는다던가, 갈등해결의 방법을 공동으로 연구하는 것 등은 여기에 해당한다.

예컨대, 갈등을 겪고 있는 직원이 부장과 허심탄회하게 갈등 해결방법을 토론하여 갈등을 해결하는 것은 여기에 해당한다. 또한, 가정에서 갈등을 겪는 아내가 남편과 함께 허심탄회하게 토론하여 갈등 해결방법을 찾는 데 도움을 주는 것은 여기에 해당한다.

(5) 역할통합

역할통합(役割統合)이란 갈등이 벌어지고 있는 역할들을 통합하여 각 역할이 다른 역할에 공헌하도록 중첩해 일치 부분들을 찾아내어 역할 간에 놓여 있는 장벽을 제거한 후 역할들이 상호 보강된 방식으로 동시에 성취되도록 하여 갈등을 해결하는 전략이다.

예컨대, 갈등상태에 있는 직원이 상사에 대해서 분개하기보다 상사의 역할을 이해하고 상사의 역할이 있으므로 인해서 자신이 성장하고 있음을 감사하는 마음을 가지고 상사와 서로 협동하여 갈등을 해결하는 것은 역할통합전략에 해당한다. 또한, 갈등을 겪고 있는 아내가 남편을 원망하기보다 남편의 가정 및 직장에서의 역할들을 이해하고 그에게 감사하는 마음을 가지고 남편과 함께 협동하는 것도 여기에 해당한다.

(6) 규범변경

규범변경(規範變更)이란 사회적으로 당연하다고 기대되고 정의된 역할을 변경하는 전략이다. 역할을 부여하는 자의 규범을 변경하기보다 사회 전체나 지역사회 전체가 당연하다고 여겨온 사회적 규범이나 기대들을 변경하는 전략이다. 이는 역할을 부여한 자와 받은 자 사이의 문제가 아니라 역할을 받은 자와 사회 전체 사이의 문제이다.

예컨대, 역할부여자로서의 상사가 가지고 있는 기대들에 반대하여 상사의 기대와 규범을 직접 변경하려고 노력하기보다는 일반적인 사회적 기대를 변경하는 전략을 취하는 것은 규범변경전략에 해당한다. 또한, 여성이 전문직에 종사하는 것을 제한하는 사회적 규범에 의문을 갖고 이러한 사회적 규범이나 기대를 변경하고자 하는 전략도 규범변경전략에 해당한다.

3. 개인적 역할재정의 전략

개인적 역할재정의 전략이란 부여된 역할에 대해서 개인 자신이 내린 개념적 정의를 다시 정의하는 전략이다. 이는 구조적 변화가 아니라 개인 지각(知覺)의 변화에 해당한다. 구조적 역할재정의 전략이 외부환경을 변경하는 것인 데에 반해서 개인적 역할재정의 전략은 기대된 역할에 대한 자신의 태도나 인지를 변경하는 전략이다.

예컨대, 부여된 역할들에 대해서 우선순위를 확립하는 전략이라던가 역할갈등은 피할 수 없는 운명적인 것이라고 태도를 보이는 것 등은 여기에 해당한다. 개인적 역할재정의 전략은 구조적 역할재정의 전략보다 적극적이지 못하고 방어적이고 소극적인 전략이다. 구체적으로 다음과 같은 우선순위확립, 구획분리, 역할간과, 태도변경, 역할제거, 역할순환, 자아이익발전 등의 전략을 취할 수 있다(Hall, 1972).

(1) 우선순위확립

우선순위확립(優先順位確立)이란 역할들에 대한 우선순위를 확립하고 가장 중요한 활동들을 먼저 수행하는 전략이다. 즉, 수행해야 할 활동들을 그 중요도에 따라서 등급을 매기고 가장 중요하다고 판단되는 활동들을 먼저 행동에 옮기는 전략이다. 역할 우선순위를 확립하는 것은 일회성이 아니라 계속된 성질의 것으로 지속해서 역할을 평가하고 역할 간에 균형을 잡아 나가야 한다.

예컨대, 몸이 아플 때 근무하는 것보다 병원 가는 것에 시간을 먼저 배정하는 것은 우선순위확립전략에 해당한다. 또한, 헬스클럽에 가는 것보다 중요한 회사업무에 먼저 시간을 할당하는 것도 여기에 해당한다.

(2) 구획분리

구획분리(區劃分離)란 역할 간에 경계를 명확하게 구분하여 역할이 중복되지 않게 하고 특정 역할을 행할 때 다른 역할이 첨부되지 않도록 하는 전략이다. 즉, 역할들을 명확하게 구분하여 분리한 다음 어떤 역할을 행할 때 그 수행하는 역할에만 전념하고 다른 역할엔 주의를 환기하지 않는 것으로 동시에 여러 역할을 추진하지 않는 전략이다. 이는 역할통합과 반대되는 전략이라고도 할 수 있다.

예컨대, 집안일을 회사로 가져가지 않고, 회사 일을 집에 가져오지 않는 전략은 여기에 해당한다. 또한, 예컨대, 회사의 일을 절대로 집에 가져오지 않고, 집에 귀가하면 가족과 함께 가족의 욕구를 충족시키는 활동을 하는 전략은 구획분리전략이다.

(3) 역할간과

역할간과(役割看過)란 역할요구를 무시하거나 역할 수준을 낮추는 전략이다. 이는 맡은 바의 역할에는 변경이 없이 그대로 존재하나 수행해야 할 특정 활동에 대한 기대를 무시하는 전략이다.

예컨대, 특정 역할요구의 이행을 무시하거나, 사소한 작업을 무시하거나, 완벽함을 강조하기보다 조금 부족함을 기준으로 삼는 전략 등은 역할간과전략에 해당한다.

(4) 태도변경

태도변경(態度變更)이란 역할에 대한 기존의 태도를 변경하거나 갈등을 줄이는 데 도움이 될 새로운 태도를 발전시키는 전략이다.

예컨대, 현재의 활동에 반감을 품기보다는 현재의 활동에 적극적으로 참여하는 것이 나와 내 가족, 내 직장이 더욱 발전하게 될 것이라는 인식을 가지고자 노력하는 전략은 태도변경전략에 해당한다.

(5) 역할제거

역할제거(役割除去)란 어떤 역할 전체를 제거, 삭제하거나 그 역할 전체로부터 완전히 철수하는 전략이다. 이는 특정 역할을 행하기 위해서 또 다른 중요한 개인의 이익을 참거나, 억누르거나, 포기하는 것 등의 희생에 관련된 것이다. 이는 심각한 내적 갈등을 겪게 되며 마지못해서 희생이 이루어진다.

예컨대, 자신이 심하게 지쳐있다고 느낄 때 작업을 중단하는 전략은 역할제거전략이다.

(6) 역할순환

역할순환(役割循環)이란 한 역할에서 또 다른 역할로 관심을 옮겨서 각 역할을 교대로 회전(回轉)하여 취급하는 전략을 말한다.

예컨대, 여러 대의 기계를 동시에 운전하기보다는, 한때 돌보지 않아서 소홀히 했던 분야를 평가하는 것이나 가장 시간과 주의를 필요로 하는 분야를 평가하는 전략은 역할순환전략에 해당한다.

(7) 자아이익발전

자아이익발전(自我利益發展)이란 개인적인 이익을 역할 수요를 위한 유효한 원천으로 간주하고 자아의 이익 또는 자신의 기대에 가중치를 더 두어 발전시키는 전략이다.

예컨대, 결혼한 여성이 자녀들이 어릴 때 속박당하는 것으로부터 해방되기 위해서, 책임들의 균형을 이루기 위해서, 자신의 여가직업을 선택하는 전략은 자아이익발전전략에 해당한다.

4. 반동적 역할행동전략

반동적 역할행동전략이란 구조적 또는 개인적 역할재정의 전략들을 사용하지 않고, 수동적이거나 반동적 역할행동을 통해서 역할갈등에 대처해 나가는 전략이다. 반동적 역할행동전략을 수행하는 개인은 자신에게 맡겨진 역할은 변경하거나 수정할 수 없는 필연적인 것으로 받아들이기 때문에 이를 극복할 방법을 찾아 역할갈등에 효과적으로 대처함으로써 역할부여자들의 욕구를 만족하게 하는 것이 더 효과적이라는 가정이 깔려있다.

예컨대, 역할수행의 질을 높임으로써 그 성과의 질을 증대하고 이에 의해서 역할을 부여한 자들의 기대를 충족시키는 전략은 여기에 해당한다. 구체적으로 다음과 같은 기획개량, 수동적 반응, 적극적 반응 등의 전략을 취할 수 있다(Hall, 1972).

(1) 기획개량

기획개량(企劃改良)이란 모든 역할기대가 충족되어야 한다는 가정 아래에서, 시간이 관리되는 방식에는 변경을 가하지 않고, 역할 성과의 능률성을 증대하기 위해서 활동들을 기존의 것보다 더 잘 기획(企劃)하고, 더 좋은 시간표(時間表)를 짜고, 더 좋게 조직(組織)하는 전략이다. 예컨대, 결혼한 여성이 자녀들의 나이에 맞게 자신의 작업계획을 변경하는 전략은 여기에 해당한다.

(2) 수동적 반응

수동적 반응(受動的 反應)이란 모든 역할요구가 충족될 것이라는 가정과 결과로서 일어나는 갈등에 대응할 어떤 수단도 없다는 가정 아래서, 의식적으로 어떤 전략도 구사하지 않고, 역할요구를 통제하기 위한 어떤 시도나 반응도 하지 않고, 역할갈등에 대해 수동적으로 반응하는 전략이다. 예컨대, 시간이 모든 갈등을 해결해 줄 것이라고 믿고 역할갈등에 대해 어떤 대응도 하지 않는 것은 여기에 해당한다.

(3) 적극적 반응

적극적 반응(積極的 反應)이란 모든 역할요구에 부응하기 위해서, 모든 기대를 충족시키기 위해서 더 열심히 일하는 전략이다. 예컨대, 역할 성과를 위해서 더 많은 시간, 정력 등을 투입하는 전략은 적극적 반응전략에 해당한다.

|제5절| 갈등해결전략

갈등을 해결하기 위한 전략들은 상황에 따라서 달라질 수 있다. 여기서 말하는 갈등해결전략이란 불협화음의 갈등을 협화음으로 옮기는 것, 악화한 갈등을 사그라지게 하는 것, 갈등문제를 해소하는 것 등에 관련된 일체의 전략을 의미한다.

지금까지 제시된 전략들에는 순응(順應), 협동(協同), 완화(緩和), 절충(折衷), 타협(妥協), 협상(協商), 강압(强壓), 연합(聯合), 합리화(合理化), 회피(回避), 종합적 생산성 전략, 인간성 회복, 문제해결(問題解決), 공동목표 설정, 상위목표제시, 자원의 증대, 상관의 명령, 권력, 갈등당사자의 태도 개선, 구조적 요인의 개편, 심리적 조정, 의식주의(儀式主義), 지연작전(遲延作戰), 지원요청, 역할재정의, 가장, 상징적 또는 물리적 탈퇴, 회귀(回歸), 언어적 또는 물리적 공격, 경쟁심리 자극, 사고 패러다임의 전환, 인사교류, 개방적인 커뮤니케이션, 프로젝트 조직, 조직 재설계(組織再設計), 상사의 리더십, 신뢰도 제고, 바람직한 조직문화 형성, 커뮤니케이션 촉진 등이 포함되고 있다.11)

---

11) • 최종태(1995)는 노사 간에 발생하는 갈등 해소를 위해서 종합적 생산성(total productivity) 전략을 제시하고 있다. 최종태. (1995.6). 세계화 시대의 노사관계 전략과 생산성 향상의 과제 -사회적 생산성 중심으로-. 「생산성논집」9. pp.107~131.; • 오광록(1996), 이한검 · 이수광(2000), 백기복(2000)은 라힘(M. A. Rahim)의 갈등관리전략인 ① 협동, ② 절충, ③ 회피, ④ 순응, ⑤ 강압을 제시하고 있다. • 백기복(2000)은 이들 갈등관리전략을 개인 간에 발생한 갈등을 관리하기 위한 기법으로 언급하고 있다. 오광록. (1996.6). 갈등관리에 관한 이론적 고찰. 「대전산업대 논문집」13 (1). pp.487~503. ; 이한검 · 이수광. (2000). 「인간관계」. 서울: 형설출판사.; 백기복. (2000). 「조직행동연구」. 서울: 법문사.; • 이도선(1990)은 한국 사회의 갈등을 해소하기 위해서 ① 인간성 회복과 ② 협동적 노력을 주장하고 있다. 이도선. (1990.5). 한국 사회의 갈등관리. 「국회보」 283. pp.23~32.; • 유종해(2000)는 갈등을 해소하기 위한 기법으로 ① 문제해결, ② 상위목표제시, ③ 자원의 증대, ④ 회피, ⑤ 완화, ⑥ 타협, ⑦ 상관의 명령, ⑧ 갈등당사자의 태도 개선, ⑨ 구조적 요인의 개편 등을 제시하고 있다. 유종해. (2000). 「현대조직관리」. 서울: 박영사.; • Magid(1967)는 역할갈등의 해결기법으로 ① 타협, ② 합리화, ③ 심리적 조정, ④ 의례(儀禮)에 따라 응하는 의식주의(儀式主義)적 반응, ⑤ 일을 지연시켜 자기에게 유리하게 하려는 지연작전(遲延作戰), ⑥ 다른 사람에게 지원요청, ⑦ 주요 역할의 평가, ⑧ 역할재정의, ⑨ 역할구획(役割區劃), ⑩ 역할반전(役割反轉), ⑪ 병에 걸린 것처럼 가장, ⑫ 연극공연, ⑬ 상징적 또는 물리적 탈퇴, ⑭ 회귀(回歸), ⑮ 언어적 또는 물리적 공격 등을 언급하고 있다. Magid, A. (1967). Dimensions of administrative role and conflict resolution among local officials in Northern Nigeria. *Administrative Science Quarterly,* 12. pp.321~338.; • 백기복(2000)은 집단 간 갈등을 관리하는 기법으로 ① 협상, ② 공동목표설정, ③ 공동 관심사 강조, ④ 자원확충, ⑤ 갈등의 회피, ⑥ 직접 대면,

여기서 주의할 것은 이들 전략이 상황에 따라서는 새로운 갈등의 씨앗이 될 수 있다는 것을 관리자들은 명심해야 한다는 것이다.

예컨대, 갈등을 해소하기 위해서 인사교류를 단행하였을 때 새로운 인사에 의해서 새로운 갈등이 야기될 수 있다는 것이다.

그러므로, 이들 전략은 상황을 보아가면서 조심스럽게 사용해야 할 것이며, 필요하면 복합적으로 사용하는 것이 좋을 것이다. 이들 전략 가운데서 일부를 관리적 전략, 행태적 전략, 구조적 전략, 제삼자에 의한 전략의 부류로 구분하여 구체적으로 살펴보고자 한다.

1. 관리적 전략

(1) 불변-합 및 가변-합 게임전략

당사자 모두에게 이익이 돌아갈 수 있는 근거는 당사자 간의 갈등이 당사자 가운데 한 편이 승리하면 상대방은 패하게 되는 영-합(零-合) 게임인 불변-합(不變-合) 게임이 아니라 당사자 모두가 이득을 얻게 되는 상호의존적 공통의 이해관계가 존재하는 가변-합(可變-合) 게임전략에 근거하기 때문이다(Schelling, 1992).[12]

예컨대, 노동자와 사용자가 불변-합 게임전략을 사용하여 갈등을 해

---

⑦ 권력을 이용한 갈등 해결, ⑧ 행동 변화 유도, ⑨ 조직구조의 변화, ⑩ 외부압력에 대한 연합방어, ⑪ 외부인력의 영입, ⑫ 조직구조의 변화, ⑬ 경쟁심리 자극 등을 제시하고 있다. 백기복. (2000). 「조직행동연구」. 서울: 법문사.; • 장동운(1997)은 갈등을 일으키는 ① 사고 패러다임의 전환, ② 상위목표설정, ③ 인사교류, ④ 개방적인 커뮤니케이션, ⑤ 프로젝트 조직, ⑥ 조직 재설계, ⑦ 상사의 리더십, ⑧ 신뢰도 제고, ⑨ 바람직한 조직문화 형성 등을 제시하고 있다. 특히 바람직한 조직문화 형성과 ⑩ 커뮤니케이션 촉진을 강조하고 있다. 장동운. (1997). 「갈등관리」. 서울: 무역경영사.

12) Schelling, T. C. (1992). 「갈등의 전략」. 최동철(역). 서울: 나남.

결하려고 하면 순수한 형태의 갈등이 생겨 쌍방이 극한 상황으로 치달을 수 있다. 예컨대, 사용자가 임금인상 5%대로 노동자가 임금인상 20%대로 각각 계속 자신들의 주장만을 거듭하게 되면 결말이 나지 않을 것이다. 극한 상황으로까지 치달을 수 있다.

반면에, 가변-합 게임전략을 사용하여 갈등을 해결하려고 하면 혼합 형태의 갈등이 생겨 노동자와 사용자 쌍방이 이득을 얻게 된다. 예컨대, 사용자의 5%대나 노동자의 20%대를 주장하는 그 이면에 있는 실질적 이유는 사용자는 기업의 생산성 향상을 원하는 것이고 노동자는 노동자의 복지향상을 통해서 기업의 생산성을 높이고자 하는 것이다.

궁극적으로 노동자의 만족 없이는 기업의 생산성 향상은 어렵게 된다는 것, 또한 과도한 임금인상으로 제품의 가격경쟁력이 떨어지고 이로 인해 기업이 도산해서는 노동자도 일자리를 잃게 된다는 것 등을 서로가 이해하지 않으면 안 될 것이다. 이는 결국 이들의 주장이 상호 의존적인 공통의 이해관계를 가지고 있다는 것을 함축하고 있다. 그 공통의 이해관계라는 전제를 두고서 사용자의 생산성 향상의 목적과 노동자 복지향상의 목적을 동시에 충족하도록 해야 할 것이다. 이것이 가변-합 게임전략이고 쌍방이 모두 이익을 볼 수 있는 갈등해결전략이다.

(2) 종합적 생산성 전략

최종태(1995)는 노사 간에 발생하는 갈등 해소를 위해서 종합적 생산성(total productivity) 전략을 통해서 해결하자고 주장하고 있다.[13] 종합적 생산성이란 전통적인 생산성 개념인 결과로서 경제적 생산성 개념과 현대적 생산성 개념인 과정으로서 사회적 생산성 개념

13) 최종태. (1995.6). 세계화 시대의 노사관계전략과 생산성 향상의 과제 -사회적 생산성 중심으로-. 「생산성논집」9. pp.107~131.

을 결합한 개념이다. 경제적 생산성은 경제적인 효과를 말하고 사회적 생산성은 생활의 질, 작업장의 질, 건강, 교육, 환경, 공평성 등으로 이루어진 사회적 효과를 말한다.

이 사회적 생산성은 경제적 생산성인 산출을 도출하기 위한 과정으로서의 생산성에 해당한다. 과정으로서의 사회적 생산성은 투입으로서의 협력적인 노사관계가 전제되어야 한다. 즉, 협력적인 노사관계가 투입되어서 사회적 생산성이 형성되고 그 결과로서 경제적 생산성이 산출된다. 그 결과, 종합적 생산성은 완전고용, 산업경쟁력, 양질의 제품 및 서비스, 지속적인 경제성장, 높은 생활 수준, 사회적 안정 등을 주요 구성요소로 하고 있다.

(3) 경쟁(competition)과 지배(dominance)

경쟁전략은 지배전략(支配戰略)이다. 즉, 경쟁은 자신이 상대방을 지배하여 승-패(勝-敗)의 상황을 초래한다. 이는 "Win-Lose" 전략 즉, "I Win, You Lose." 전략이다. 서로 대항하고 자신의 목적을 성취하기 위해서 권력 게임을 사용한다. 상대방의 굴종을 강요하게 된다.

일반적으로 경쟁전략은 비상사태와 같이 신속하고 단호한 행동이 절대적으로 필요할 때 사용될 수 있다. 또한, 인기가 없는 정책이 집행될 필요성이 있는 중요한 이슈에도 사용될 수 있다. 예컨대, 비용삭감, 인기가 없는 규칙을 집행해야 할 때 경쟁전략이 사용될 수 있다.

또한, 당신이 옳다고 믿는 회사의 복지를 위해서 필요한 이슈에 경쟁을 사용될 수 있다. 그리고, 경쟁을 회피하고 비경쟁적인 행동을 선호하고 이를 통해서 이익을 보려는 사람들에 반대하여 경쟁전략이 사용될 수 있다.

지배전략은 주로 희소한 자원, 직위, 권력을 놓고 갈등이 벌어진 상황에서 발생한다. 지배전략에서는 경쟁 상대를 다른 곳으로 이동시키거나, 제거하거나, 무력화시키게 된다. 상대방을 지배하기 위해서 개인이 혼자서 지배하거나, 둘 이상이 연합하여 지배하거나, 다수로서 지배할 수 있다.

① **단독 지배**

개인이 경쟁 상대보다 우수한 자질을 가졌을 때, 정신적 육체적으로 상대방보다 우수할 때 상대방을 지배할 가능성이 크다. 권한, 추종자들, 보상들을 통제할 수 있는 위치에 있는 사람은 상대방을 제거하는 수단으로 이들을 사용할 수 있다. 즉, 전출, 정직, 징계, 해고 등의 방법으로 상대방을 제거할 수 있다.

지배적 당사자는 자신이 패배할 것으로 생각하면 스스로 자신을 갈등상황으로부터 철수하는 전략을 사용하기도 한다. 즉, 이익만 빨리 챙기고 입을 닫고 뒤로 물러나 있는 것이다.

지배자는 해고 등의 수단으로 자신이 직접 상대방을 제거하는 직접적인 방법을 사용할 수도 있지만, 다른 사람을 시켜서 그 상대방을 제거하는 간접적인 방법을 사용할 수도 있다. 예컨대, 자신을 추종하는 추종자들을 시켜서 상대방을 그 집단으로부터 제거하는 것은 간접적인 방법이다. 또한, 지배자는 단순히 위협적이고 적대적 행동을 상대방에게 보이는 것만으로도 상대방을 제거할 수 있다.

이들 지배전략은 주로 관리자들이 많이 사용할 수 있다. 예컨대, 갈등의 원인이 된 노동자에게 해고나 중징계를 하겠다고 위협함으로써 갈등을 해결할 수 있다. 그리고, 실제로 관리자가 갈등을 일으킨 노동자를 징계, 정직, 해고함으로써 갈등을 해결할 수 있다. 또한, 부하 관리자를 시켜서 문제를 일으킨 노동자를 다른 부서로 전출 보내게 함으로써 갈등을 해결하는 방법도 지배전략에 해당한다.

② **연합 지배**

연합 지배란 특수 이해관계를 가진 둘 이상의 사람들이 제휴하여 목적을 이루는 것을 말한다. 이는 다양한 권력 원천들을 결속시키는 연합에 의해서만 조직이 목적을 이룰 수 있다는 가정에 입각하고 있다.

지도자들은 조직되지 않은 상대방보다 더 강한 힘을 가진 소수의 지지자와 연합을 유지함으로써 자신들의 권력을 유지하는 경향이 종종 있다. 예컨대, 조직화하지 않은 남성들에 대항해서 여성단체들이 연합하여 자신들이 원하는 특정 정책을 관철하는 경우가 종종 있다.

③ **다수 지배**

다수지배전략은 상대방보다 더 많은 사람이 특정 사람을 지지하여 목적을 이루고자 하는 전략이다. 다수지배전략은 다수가 소수의 힘을 무력화시킴으로써 성공할 수 있다. 다수의 이해관계는 정책, 목표, 보상 등을 통제할 수 있다.

(4) 협동(collaborating)

협동은 자신과 상대방 모두의 만족을 위해서 협동으로 갈등을 해결하는 것이다. 문제와 갈등을 도전으로 간주한다. 문제해결의 태도를 보이고 통합적인 해결책을 찾는다. 어려움에 직면하여 아이디어와 정보를 공유한다. 모두가 승리할 수 있는 상황을 찾는다.

특히, 조직 내의 집단 간에 발생하는 갈등을 해결하기 위한 기본 수단은 협동이라고 할 수 있다. 따라서, 최고관리자는 조직의 구성원들이 서로 협동하여 조직의 목표를 달성할 수 있는 다양한 관리기법을 개발하고, 개인 또는 집단들이 협동하여 작업을 완수할 수 있는 다양한 유인들을 제공해야 할 것이다.

일반적으로 협동전략으로서 문제해결전략은 타협하기에는 너무나도 중요한 것들이기 때문에 타협할 수 없는 경우에 통합적 해결책을 찾기 위해서 사용될 수 있다. 또한, 자신의 목표가 가르침을 받거나 배워야 할 경우나, 각자 다른 견해를 가진 사람들의 통찰력을 통합하기 위해서 문제해결전략을 사용될 수 있다. 그리고, 관심들을 통합하여 하나의 일치를 얻기 위해서나 상호관계로 연결된 감성을 통해서 작업하고자 할 때 문제해결전략이 사용될 수 있다.

(5) 절충(compromising)

절충은 타협을 말한다. 일반적으로 협상이 이루어지고 자신과 상대방이 서로 얼마간 양보하는 거래와 교환이 이루어진다. 그 결과, 만족스럽거나 수용할 수 있는 해결을 찾는다.

예컨대, 파업이나 폭동이 기득권 집단에 대한 항의운동으로 발생하였을 때 기득권 집단과 파업 집단 간에 서로 얼마간 양보하여 서로의 목표를 성취하고 이를 통해서 갈등을 해결할 수 있다.

일반적으로 절충전략은 목표들이 중요하기는 하나 더 단호한 전략을 취할 필요가 없을 때 사용될 수 있다. 또한, 같은 힘을 가지고 있는 상대방들이 상호 배타적인 목표들을 추구해야 할 때 이 절충전략이 사용될 수 있다.

복잡한 이슈들에 대한 일시적 해결을 위해서나 시간적 압박 속에서 정략적이고 편법의 해결에 도달하기 위해서도 절충전략이 사용될 수 있다. 그리고, 협동이나 경쟁이 성공하지 못할 때 보충수단으로 절충전략이 사용될 수 있다.

(6) 협상(negotiation)

협상은 둘 또는 셋 이상이 합의 등에 도달하기 위해서 대화하는 과정이다. 또한, 협상은 참여 당사자들 사이에 권력 관계의 부분들을 규제하는 과정이다. 예컨대, 파업이나 폭동이 발생했을 때 조직 당국이 파업이나 폭동을 일으킨 집단들과 협상을 하는 것은 여기에 해당한다.

협상의 결과물인 합의를 문서화(文書化)하여 놓는 것이 좋다. 그 내용은 구체적이고 명확해야 한다. 특히, 외국과의 협상에서는 더욱 구체적이고 명확한 합의문서 작성이 필요하며, 이는 훗날에 발생하게 될 동일분쟁에 대한 해결기준의 한 부분을 차지하게 된다.

(7) 거래(bargaining)

일반적으로 협상과 거래는 같은 의미로 사용되기도 한다. 협상이 합의 등에 도달하기 위한 대화의 과정이라면, 거래는 그 과정에서 어떤 것을 받는 답례로 그 무엇을 수행하기로 상호 합의를 끌어내는 과정이다. 한편, 다른 사람들과 역할 상의 갈등이 발생한 경우엔 역할 거래를 통해서 서로의 역할을 수정하여 갈등을 해결할 수 있다.

(8) 회피(avoiding)

회피란 갈등을 적극적으로 해결하지 않고 뒤로 미루거나, 쥐고 있거나, 피하거나, 무시하는 전략을 말한다. 파업이나 폭동의 형태로서 이익의 증진 운동, 조직에서 탈퇴 운동, 권력 탈취 운동 등이 발생한 경우에 조직 당국은 그 갈등해결을 위해서 관료적 규칙에만 호소하고 아무런 조치도 취하지 않고 대응을 하지 않는 전략을 취하는 경우도 여기에 해당한다(Morgan, 1986).[14]

즉, 시간이 모든 것을 해결할 것이라는 기대 속에 아무런 조치도 취하지 않는 것이다. 이러한 전략은 일반적으로 파업이나 폭동 운동 등 갈등이 자신의 목표를 성취하지 못하고 자연적으로 사라져 끝날 것이라는

---

14) Morgan, G. (1986). *Images of Organization*. Newbury Park: SAGE Publications.

기대를 조직 당국이 가지고 있을 때 사용된다(Lammers, 1969).[15]

일반적으로 회피전략은 당신의 관심을 만족할 만한 기회를 감지하지 못할 때 사용될 수 있다. 어떤 이슈가 사소한 것이거나 더 중요한 이슈들이 기다리고 있을 때 회피전략이 사용될 수 있다.

또한, 갈등문제의 해결로 돌아오는 이득보다 손해나 방해가 잠재적으로 더 클 때 회피전략이 사용될 수 있다. 사람들을 진정시키고 관점을 다시 회복하기 위해서 회피전략이 사용될 수 있다. 즉각적인 의사결정을 내리기보다 정보를 수집하는 것이 더 필요할 때 회피전략이 사용될 수 있다.

또한, 자신이 역기능적 갈등의 중간에 자신도 모르게 끼어 있고 그 갈등이 자신의 통제 역량을 초과하고 있을 때 회피전략이 사용될 수 있다.

그리고, 당해 갈등을 더 효과적으로 해결할 다른 존재들이 있을 때 회피전략이 사용될 수 있고, 이슈들이 다른 이슈들의 전조가 될 때도 회피전략이 사용될 수 있다.

(9) 유화(smoothing)

갈등이 발생했을 때 잠정적으로 유화전략을 사용할 수 있다. 어떤 문제가 발생했을 때 건드려서 풍파를 일으키기보다는 조용히 덮어두는 전략이다. 따라서, 유화전략을 "덮어두기" 전략이라고도 할 수 있다.

예컨대, 중요한 사업을 수행하는 동안에 갈등이 발생했을 때 그 사업이 완성될 때까지 모든 상황을 그대로 유지하고자 할 때 갈등문제들을 그대로 못 본체 덮어두는 전략이다. 또한, 문제해결이나 타협, 강압 등

---

15) Lammers, C. J. (1969). Strikes and Mutinies: A comparative study of organizational conflicts between rulers and ruled. *Administrative Science Quarterly,* 14. pp.558~572.

의 전략을 사용할 시간적 여유가 없을 때 이 덮어두기 전략을 사용할 수 있다.

시간이 되면 사태가 스스로 해결될 것이라고 믿을 때 이 방법이 사용될 수 있다. 유화전략은 단기간에 갈등을 누그러뜨릴 수 있긴 하나, 갈등의 문제를 근본적으로 해결하지 못한다는 한계를 가지고 있다.

(10) 화해(accommodation)

여기서 화해란 일종의 "맞추기"이며 "굴복"이다. 즉, 상대방의 사상, 감정, 행동을 이해하여 자신의 것을 거기에 맞추어서 갈등을 해소하는 기법이다. 예컨대, 임금인상을 위해서 파업이나 폭동이 발생하였을 때 조직 당국이 이에 순순히 응하여 즉, 순응하여 갈등을 해결하는 것이다. 따라서, 화해전략을 순응전략이고도 할 수 있다.

일반적으로 화해전략은 당신이 잘못임을 발견하고 더 좋은 입장이 허락되도록 허용하고 당신이 합리적임을 보여주기 위해서 사용될 수 있다. 이슈들이 당신 자신보다 다른 사람들에게 더 중요하고 그들을 만족하게 해 협력을 유지하기 위해서 순응전략이 사용될 수 있다. 또한, 부하가 자신의 실수로부터 학습하고 발전하게 하려고 화해전략이 사용될 수 있다.

조화와 안정이 매우 중요할 때 화해전략이 사용될 수 있다. 당신이 상대방보다 한 수 아래이거나 손실을 볼 때 그 손실을 최소화하기 위해서도 화해전략이 사용될 수 있다. 또한, 차후의 이슈들에 대한 사회적 신용을 구축하기 위해서 화해전략이 사용될 수 있다.

(11) 강압(forcing)

강압이란 순응과 반대로 자신의 사상, 감정, 행동을 관철하기 위해 상대방의 것을 강제로 지배하는 전략이다. 강압에는 무력적 조치(武力

的 措置)를 하는 것뿐만 아니라 경제적 제재(經濟的 制裁) 및 사회적 제재(社會的 制裁)도 포함된다고 할 수 있다(Lammers, 1969).[16)]

경제적 제재(經濟的 制裁)는 경제적 요인에 관련된 강제적 조치들을 취하여 갈등을 해결하려는 것이다. 예컨대, 파업이나 폭동이 발생했을 때 조직 당국이 직장을 폐쇄(職場閉鎖)하여 갈등을 해결하려는 것은 경제적 제재에 해당한다.

사회적 제재(社會的 制裁)는 사회적 이해관계에 관련된 강제력을 행사하거나 지지를 얻어서 갈등을 해결하고자 하는 것이다. 예컨대, 파업이나 폭동이 발생했을 때 조직 당국이 지역사회의 지도자들로부터 도덕적 지원(道德的 支援)을 요청하거나 호소하여 갈등을 해결하고자 하는 것은 사회적 제재에 해당한다.

(12) 권한(authority)

갈등이 발생했을 때 갈등당사자들보다 더 높은 계층에 있는 권한에 호소하거나 그 권한을 이용하여 해결할 수 있다. 이때의 권한은 갈등당사자에게 영향력을 미치는 힘을 말한다. 여기에는 운이나 초자연적 권한 또는 조직의 계층 권한에 호소하는 것 등이 포함된다.

① 운에 호소

운(運)에 호소하는 전략은 사람이나 집단의 의식적인 통제를 벗어나는 사건들에 의존함으로써 갈등을 해결하는 전략이다. 즉, 우연, 승산, 확률, 상황의 변화 등 사람이나 집단의 의식적인 통제가 불가능한 사건들에 호소하는 전략이다.

---

16) Lammers, C. J. (1969). Strikes and Mutinies: A comparative study of organizational conflicts between rulers and ruled. *Administrative Science Quarterly,* 14. pp.558~572.

예컨대, 동전을 던져서 동전의 어느 면이 나타나는가에 따라 갈등당사자의 승패를 결정하거나, 제비뽑기하여 갈등을 해결하려는 전략은 운에 호소하는 것이다. 운에 호소하는 전략이 성공하기 위해서는 갈등당사자들이 그 방법을 사용하여 갈등을 해결할 것을 사전에 합의해야 한다.

상황적 요인들의 변화가 갈등당사자에게 승패를 결정지어주어 갈등이 해결될 수 있다. 예컨대, 경제적 여건들의 변화, 소비자 기호의 변화, 집행부의 태도 변화 등과 같은 요인들이 갈등당사자의 한편에 힘을 실어주어서 상대방을 압도하게 하여 갈등을 해결할 수 있다. 예컨대, A 부서와 B 부서 간에 의견대립으로 갈등이 발생했을 때 그러한 변화가 B 부서에 지배적 힘을 실어주어 A 부서를 압도하게 되고 갈등이 해결될 수 있다.

② 초자연적 권한에 호소

초자연적 권한은 종교적인 권한에 의존하는 것이다. 일종의 미신이나 터무니없는 일이라고도 할 수 있다. 예컨대, 신(神)의 공명정대함에 의존하거나, 별의 운세에 의지하거나, 예언자를 따르거나, 또는, 초자연적 존재로부터 나타나는 징후들을 준수하여 갈등을 해결하는 일들은 초자연적 권한에 호소하는 전략들이다. 이때, 호의를 받은 측은 승자가 되고, 호의를 받지 못한 측은 패자가 된다. 패자는 일반적으로 갈등상황으로부터 철수한다.

③ 조직의 권한에 호소

조직의 계층에 호소하는 전략은 갈등을 해결하기 위해서 공식적인 조직의 계층에 의존하는 전략이다. 명령통일(命令統一)의 원칙과 권한계통(權限系統)의 원칙을 이용하여 갈등을 해결한다.

예컨대, 동일수준의 계층에서 일하는 사람들 간에 갈등이 일어날 때 그보다 상층에 있는 자신들의 공통 상관에게 호소하여 갈등을 해결하는 것이다. 상사와 부하 간에 갈등이 일어났을 땐 그 상사의 상사에게 호소하여 그 갈등을 해결할 수 있다.

이때, 문제점은 조직이 경직되어 있을 때 명령통일과 권한계통의 원칙도 경직되어 있게 마련이다. 따라서, 비록 부하의 의견이 옳다 하더라도 부하의 편을 들지 않고 상사의 의견에 따르도록 강요하는 경향이 있다. 또한, 상사가 존경을 받지 못하고 있을 때 상사의 조직의 권한에 의한 판단도 존경을 받지 못하게 된다.

조직의 공식적, 수직적 명령체계의 권한에 의한 강압적인 순응을 강조하게 되면 행정계층의 신뢰성이 상실되게 된다. 또한, 전문가들이나 기술개발의 독립적 조직의 사람들은 전통적인 형태의 수직적인 명령체계에 저항하게 된다. 이때는 조직의 권한에 의존하여 갈등을 해결하려는 전략은 그 효력에 있어서 의문시된다. 따라서, 조직의 공식적, 수직적 명령체계에 의한 강압적인 갈등 해결방식은 가능한 피하는 것이 바람직하며, 꼭 사용해야 한다면 최후 수단으로 사용하는 것이 좋다.

조직의 문화가 다양해지고 자율적인 관리방식의 문화가 자리 잡은 조직에서는 관리자들은 하위계층에 갈등이 발생하였을 때 강압적인 방법을 동원하기보다는 "부드러운" 방법을 동원하는 것이 바람직하다. 예컨대, 갈등상황에 있는 당사자들 만나서 설득(說得)하여 갈등을 해결하거나, 갈등당사자들의 동료(同僚)들을 이용하여 갈등을 해결할 수 있다.

(13) 문제해결(problem solving)

문제해결전략이란 갈등을 초래하는 문제의 원인을 찾아내어 이를 뿌리째 뽑아내어 문제를 해결함으로써 갈등을 해소하는 전략이다. 예컨대, 임금문제로 갈등이 발생하면 임금문제의 원인을 찾아내어 이를 해결하고, 의사결정과정의 문제로 갈등이 발생하면 의사결정과정 프로세스(process), 흐름(flow)에서 문제의 원인을 찾아내어 이를 해결하여 갈등을 해결하는 것과 같이 갈등을 초래한 문제의 원인 자체를 해결함으로써 갈등을 해결하는 것이다.

문제해결전략은 모든 갈등에는 그 원인이 있다는 가정에 근거하고 있으며, 일반적으로 합리적이고 규범적인 절차를 따른다. 즉, 갈등문제가 발생하면, 그 원인을 찾아내고, 사실적 정보를 수집하고, 대안을 작성하고, 최적의 대안을 선택하여 집행함으로써 문제를 해결하는 순서를 일반적으로 따른다. 그 결과, 문제해결은 많은 시간이 있어야 한다는 단점을 가지고 있다. 그러나, 갈등문제가 깨끗이 해결되면 그 비용을 상쇄하고도 남는다.

문제해결에는 반드시 과거에 발생한 갈등의 문제만을 해결하는 것에 그치지 않고, 미래에 발생할 갈등의 문제를 미리 해결하는 것도 포함된다. 예컨대, 어떤 문제로 갈등이 잠재되어 있다고 판단될 때 조직 당국 또는 관리자가 이를 미리 간파하고 그 문제를 해결함으로써 개인이나 집단이 행동으로 갈등을 표출하기 전에 갈등을 해결하는 것이다.

(14) 상위목표 또는 공동목표 제시

조직 내의 집단들 간에 각 집단의 목표 추구로 인하여 갈등이 발생할 때 관리자들은 상위목표를 제시하여 그 집단들의 목표가 그 상위목표에 종속되어 상위목표에 매달려 이를 달성하게 노력하게 함으로써 갈등을 해결할 수 있다. 또한, 협동하지 않으면 달성되지 않는 공동목표를 설정하여 갈등을 협동으로 전환하여 갈등을 해소할 수 있다.

(15) 자원의 증대

기금(基金), 사람, 장소 등의 유형적 자원뿐만 아니라 권력, 권한, 정보 등의 무형적 자원에 대한 경쟁이 존재할 때 갈등이 발생하게 된다. 자원의 희소성으로 인해서 갈등이 발생할 때 자원을 늘려서 갈등을 해소할 수 있다.

예컨대, 기금부족(基金不足)으로 갈등이 발생할 때 예산을 늘리고, 사람이 부족할 땐 직원을 새로 충원하여 갈등을 해결할 수 있다. 또한, 정보 부족으로 갈등이 발생한 경우엔 정보를 충분히 공급해 주거나 그러한 정보를 공유할 수 있는 정보시스템을 구축하여 개방적으로 운용함으로써 갈등을 해결할 수 있다.

2. 행태적 전략

(1) 인간성 회복과 상호 협동적 노력

한국 사회의 갈등을 해소하기 위해서 이도선(1990)은 갈등을 부정적이고 병적으로 보지 않고 긍정적으로 보고 수렴할 것, 갈등당사자를 적대시하지 않고 대등한 당사자로서 신뢰할 것, 부와 권력의 공정성과 근로자, 빈민, 농민 등의 상대적 박탈감 회복에 의한 인간성을 회복할 것, 대화와 타협의 협동적 문화가 정착될 것 등을 언급하고 있다.[17]

그리고, 협동시스템을 구축해 놓는 것은 갈등해결을 위한 중요한 요소이다. 예컨대, 갈등을 해소하고 협력을 위한 문서로 만들어진 의사전달시스템을 마련해 놓는 것도 협동시스템의 하나의 예가 된다(Walton & Dutton, 1969).

---

17) 이도선. (1990. 5). 한국 사회의 갈등관리. 「국회보」 283. pp.23~32.

협동적 문화를 위해서 도이취(M. Deutsch)의 솔직하고 개방된 의사소통, 갈등 해소의 필요성 인식, 각자의 이해 합법성 인식, 친절과 진실로 각자의 이해 폭을 줄여나갈 것 등을 주요 요인으로 인용하고 있다(이도선, 1990).

(2) 갈등당사자들의 태도 변화

갈등당사자들이 상대방에 대한 적대적 감정이나 피해의식 등을 가지지 않고 대등한 인격체로서 그리고 동반자로서의 태도를 견지하면 갈등을 해소할 수 있다.

(3) 사고 패러다임의 전환

갈등당사자의 기존에 가지고 있는 사고의 관점을 전환함으로써 갈등을 해소할 수 있다. 상호의존성과 상호관계에 대한 이해를 변화시킴으로써 갈등을 해소할 수 있다. 고정관념, 감정 등을 수정하거나 변화시킴으로써 갈등을 해소할 수 있다.

(4) 개방적인 커뮤니케이션

솔직하고 개방적인 커뮤니케이션으로 정보를 공유하는 행위는 갈등을 해소할 수 있다. 정보공유를 위한 정보 흐름 채널을 다양하게 구축하고 그 채널을 개방하는 것은 정보의 왜곡과 호도를 줄이고 협력을 증진하는 길이 된다.

열린 커뮤니케이션 정책을 통하여 모든 계층, 모든 부처의 사람들이 직접 대화와 접촉을 할 수 있도록 하는 것도 갈등을 줄이는 방법이다. 확대 간부회의, 확대 직원회의, 열린 문 정책, 간담회 등 다양한 기법들을 사용할 수 있고 정보기술(IT)을 활용하면 효과가 더욱 증대될 것이다.

(5) 신뢰성 제고

서로의 신뢰성을 높이는 것이 갈등 해소에 중요하다. 집단 간에 긴장과 반목 그리고 불신이 팽배해 있는 조직은 그렇지 않은 조직에 비해 갈등이 증폭된다.

상사와 부하 간에 신뢰성을 높이는 것도 매우 중요하다. 예컨대, 일선 기관에 근무하는 사람들이 무엇을 알고 있는 또는 조직의 구성원들이 진정으로 무엇이 충족되기를 기대하고 있는지를 알아내는 방법은 상사와 부하 또는 경영진과 직원들 간에 상호 신뢰에 기반을 둔 허심탄회한 대화를 통해서 가능하다.

3. 구조적 전략

(1) 갈등당사자들의 역할 수정

갈등이 역할 상의 문제로 발생하였을 땐 역할을 수정함으로써 갈등을 해결할 수 있다. 예컨대, 자신의 역할에 대한 인지나 태도, 기대 등을 변경 또는 수정함으로써 갈등을 해결할 수 있다. 또한, 서로 간에 역할 협상을 통하여 자신들의 역할을 다시 정립함으로써 갈등을 해결할 수 있다.

(2) 조직 재설계

① 조직 재설계의 의의

조직을 다시 설계하여 갈등을 해결할 수 있다. 조직의 구조적 문제 때문에 갈등이 발생할 때 조직의 구조를 변경함으로써 갈등을 해소할 수 있다. 또한, 모호한 작업 경계, 모호한 역할 등과 같은 것을 명확히 하기 위해서 조직 재설계를 하는 것이 좋을 것이다. 조직을 재설계할 때에는 기능을 중심으로 할 것인가, 변화하는 상황에 유동적으로 적응하도록 조직할 것인가 등을 고려해야 한다.

② **연결핀**

갈등상태에 있는 다양한 성향을 지닌 집단들 또는 사람들에게 공통적 요소가 있을 때 그 공통적 요소를 연결핀으로 하여 〈그림 1-5-3〉과 같이 집단들을 연결하여 조직의 구조 내부로 통합함으로써 갈등을 해결할 수 있다.

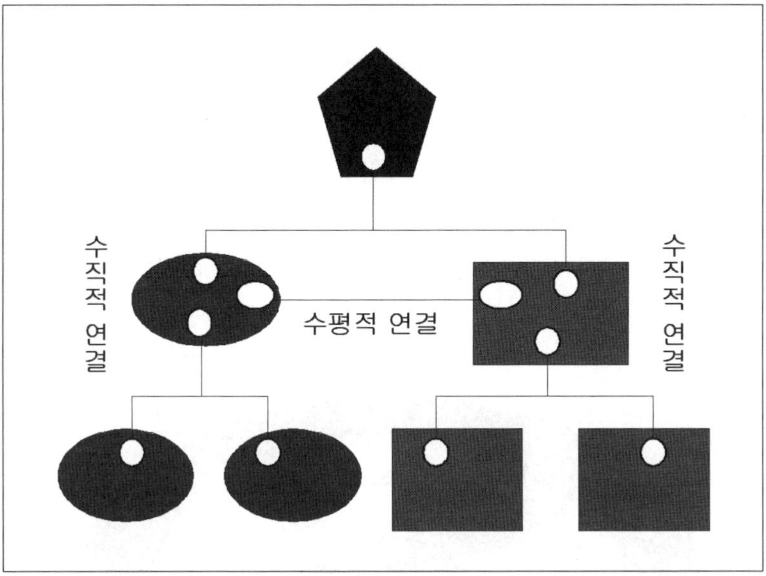

〈그림 1-5-3〉 연결핀에 의한 수직적, 수평적 연결

그 공통적 요소로는 지위, 사람 등 다양하게 선택될 수 있다. 수직적으로 연결할 수도 있고 수평적으로 연결할 수도 있다. 이렇게 함으로써 협동을 증진하고 응집력과 의사소통을 원활히 하고 동기부여를 충분히 할 수가 있다.

③ **프로젝트, 매트릭스 조직**

프로젝트(project) 조직이나 매트릭스(matrix) 조직을 사용하여 갈등을 해결할 수 있다. 즉, 특정한 일을 중심으로 횡적으로 연결된 프로젝트팀이나 전통적 조직체계에 일 중심의 프로젝트팀을 접목한 매트릭스 조직을 임시로 운영하여 갈등을 해결할 수 있다. 이렇게 하여 각 개성이 다른 집단들에게 협동하여 갈등을 해결할 수 있다.

④ **완충장치**

만약 갈등이 집단들 간의 상호작용으로 인하여 발생할 때 (물리적) 완충장치를 이용하여 그 집단들을 강제로 분리하여 상호작용을 못 하게 하여 갈등을 해소할 수 있다. 자원의 공동이용 때문에 갈등이 발생하고 있다면 이 또한 (물리적) 완충장치로 자원을 강제로 분리하여 각각 분리되어 자원이 사용되도록 함으로써 갈등을 해결할 수 있다.

〈그림 1-5-4〉 완충장치를 이용하여 분리한 예

〈그림 1-5-4〉는 (물리적) 완충장치를 이용하여 상호 작용하는 집단들 또는 공동으로 이용되고 있는 자원을 분리한 것을 예시하고 있다.

⑤ 분리 및 영구 팀

기본 기능 집단들이 협동하지 않으면 안 되게끔 주요 목적에 따라 통합된 부처를 분리하여 갈등보다는 협력을 유발하게 할 수 있다. 통합부처의 각 집단에서 선출된 대표들로 구성된 영구 팀을 구성하는 것도 집단들 간의 협력을 유발하게 할 수 있다.

⑥ 새로운 일에 배정

또한, 사람들의 개성이 서로 달라서, 개성이 서로 충돌하므로 발생한 갈등을 해결하기 위해서 당사자들 또는 일부를 새로운 일에 배정하는 방법도 조직 재설계의 부분에 해당한다고 할 수 있다.

⑦ 중복활동에 의한 분리

서로 다른 집단들이 상호 작용함으로써 발생하는 갈등을 해결하기 위해서 특정 활동들을 중복시켜 그 상호작용을 분리함으로써 갈등을 피할 수 있다. 예컨대, 정보처리업무를 하는 중앙부처와 지방부처가 있을 때 지방부처가 중앙부처에 정보처리업무를 위한 서버사용을 위해서 호의를 부탁할 필요 없이 지방부처가 자체적으로 서버를 구축하여 사용함으로써 중앙부처와의 갈등을 피할 수 있다.

주의할 점은 중복활동이 조직에서 과다하게 될 때 조직의 자원을 낭비하게 된다. 예컨대, 앞에서 언급한 예에서 서버를 하나만 구축하여 사용해도 될 것을 두 곳에나 구축함으로써 예산, 조직, 인력, 보안, 건물 등에 관련하여 추가적인 자원이 필요하게 되고 이러한 과정에서 새로운 갈등을 초래할 수 있다.

참고할 것은, 비행기 시스템, 정보통신 시스템 등과 같은 중요한 시스템들의 경우에 만일에 사고가 발생하였을 때 비용의 문제를 떠나서 안정성 등의 문제를 더 중요하게 고려하여야 할 때, 고장이나 장애 등의 비상시에 그 필요에 대응하기 위해서 정상 장치 그 이상으로 여분의 예비용을 중복하여 설치함으로써 시스템의 안정성을 높이거나, 또는 오류 없이 정보를 전달하기 위해 그 필요한 양 이상으로 정보를 전달하는 장치를 구축하여 운영할 수도 있다. 이러한 것을 리던던시(redundancy, 중복성 : 여분의 예비용 시스템 중복 설계)라고 한다.

예컨대, 비행기의 중요한 조종장치는 만일의 사태 때 고장이 나서 작동이 안 될 비상시의 경우를 대비해서 중복적으로(일반적으로 삼중으로) 시스템을 설계하여 설치하는데 이는 비용문제를 떠나서 비행기의 안정성을 높여 승객들을 안전하게 보호하기 위한 것이다.

(3) 인사교류

인사교류를 통해서 갈등을 해소할 수 있다. 갈등을 일으키는 사람들을 타부서로 이동시켜 분리함으로써 갈등을 해결할 수 있다.

(4) 외부인사 또는 제삼자 영입

외부인사를 영입함으로써 갈등을 해소할 수 있다. 또한, 제삼자를 갈등의 중재자 또는 고문으로 영입하여 갈등을 해결할 수 있다.

(5) 상관의 리더십

직원 간 또는 부처 간의 갈등 해결을 위해서 상관의 리더십은 갈등 해소를 위해서 중요하다. 특히, 자원, 지식, 권력의 획득을 위한 하부집단 간의 갈등을 줄이는데 상관이나 지도자는 제삼자로서 중요한 임무를 수행하게 된다.

또한, 하부집단 간에 갈등이 발생하였을 때 이를 해결하기 위해 공동 상관에게 호소할 수 있는 절차를 구체적으로 마련해 두는 것은 갈등해결을 위한 중요한 수단이 된다.

(6) 바람직한 조직문화 형성

조직문화의 바람직한 형성은 갈등 해소에 중요하다. 개인, 집단 간에 협력과 이해의 조직문화를 형성하는 것은 갈등관리에 중요한 수단이 된다. 상사와 부하 간에 상호 이해의 문화를 형성하는 것은 갈등의 해결 또는 갈등의 최소화에 매우 중요한 것이다.

예컨대, 상사와 부하 간에 지위 차별로 인하여 발생하는 갈등에 있어서 상사는 진심으로 부하의 가치, 아이디어, 감정에 귀를 기울이는 조직문화가 형성되면 갈등의 최소화가 이루어질 수 있다.

4. 제삼자에 의한 전략

갈등관리에 있어서 제삼자란 갈등을 겪고 있는 당사자가 아닌 자로서 개인일 수도 있고, 집단일 수도 있고, 조직일 수도 있다. 또한, 특별위원회 등도 제삼자가 될 수 있다. 기업 간의 갈등일 경우에는 정부당국(政府當局)도 제삼자가 될 수 있다. 또한, 신문, 텔레비전, 인터넷 등 미디어를 통한 여론(輿論)도 제삼자가 될 수 있다. 제삼자가 관리자 또는 최고경영자일 때 관리자 또는 경영자의 관리기법이 갈등관리기법에 영향을 미치게 된다.

일반적으로 제삼자에 의한 갈등관리는 협의, 회유, 중재, 조정, 재정, 강압 등의 전략에 의해서 수행될 수 있다.

(1) 협의(協議)

제삼자에 의한 전략으로써 협의란 당사자들이나 이들과 관련된 자들이 모여서 의논하여 갈등을 해결하기 위한 해결책들을 찾도록 제삼자가 주선하는 전략이다.

협의가 이루어지면 협의 사항을 문서(文書)로 명확하고 구체적으로 작성해 놓는 것이 좋다. 합의된 내용이 구체적이고 명확하게 명기되어 있지 않을 때는 후일에 가서 상황이 바뀌면 갈등이 다시 일어나거나 더 악화할 수 있다. 특히, 외국과 협의할 때에는 더욱 그러하다.

(2) 회유(懷柔)

제삼자에 의한 전략으로써 회유란 갈등을 해결하기 위해 갈등당사자들을 제삼자의 의견이나 제시된 대안에 따르도록 구슬리고 달래는 전략이다.

(3) 조정(調停)

제삼자에 의한 전략으로써 조정이란 제삼자가 갈등당사자 사이에 들어가서 화해를 끌어내는 협상 전략이라고 할 수 있다. 일반적으로 당사자의 합의에 따라서 외부 사람이 선택된다. 그리고, 합의에 따라서 조정자가 내린 결정이 구속적 효력을 가지게 할 수도 있다. 즉, 당사자의 합의가 없는 한 조정자가 내린 결정에 대해서 갈등당사자에게 강제할 권한이 없다. 일반적으로 비공식적으로 진행할 수 있다. 조정은 일반적으로 사적 성질의 것이다.

(4) 중재(仲裁)

제삼자에 의한 전략으로써 중재란 제삼자가 갈등당사자 사이에 들어가서 당사자의 욕구를 조율하여 해결하는 전략이다. 재판 측면에서 볼 때 중재는 공법절차에 따른 소송에 대한 하나의 대안으로 사용되고 있는 사적 갈등 해결 절차이다.

일반적으로 갈등당사자가 그 문제에 관한 전문가를 선택한다. 결정된 사항은 구속력을 가질 수도 있고 가지지 않을 수도 있다. 그러나, 중재는 조정과는 달리 구속력을 가지도록 하는 것이 일반적이다. 중재는 사적 성질의 것이 원칙이나 법원의 명령에 따른 중재는 비자발적이고 공적 성질의 것이다.

(5) 재정(裁定)

제삼자에 의한 전략으로써 재정은 일반적으로 구속적 의사결정을 내릴 수 있는 권한을 가진 제삼자가 개입하여 갈등을 해결하는 전략이다. 법원 재정은 법원의 권위적인 개입으로 구속력을 가진 결정을 내릴 수 있는 중립적 제삼자가 갈등당사자의 증거와 논쟁을 근거로 하여 갈등을 해결하려는 공적인 갈등 해결 수단이다. 미리 정해진 엄격한 규칙에 따라서 의사결정이 진행된다. 결정된 사항에 대해서는 구속력을 가지나, 이에 불복할 땐 항소(抗訴)할 수 있다. 재정은 공적 성질의 것이다.

(6) 강압(强壓)

제삼자에 의한 전략으로써 강압이란 갈등당사자들을 물리적 힘, 법적 강제 등 강제력을 사용하여 갈등을 해결하는 전략이다.

일반적으로 제삼자에 의한 갈등해결전략은 하나의 전략만이 사용되는 것이 아니고 여러 전략이 복합적으로 사용되고 있다. 또한, 여기에 제시되지 않은 다양한 변형된 전략들도 있을 수 있다.

그러나, 일반적으로 법원 등과 같은 외부제도를 이용하지 않고 자체적으로 해결하는 것이 바람직하다. 이는 시간, 돈, 에너지 등의 투입에 대한 비용-효과적인 측면을 고려할 때도 바람직하다.

〈표 1-5-2〉 협상, 조정, 중재, 재정의 특성

	協商 (negotiation)	調停 (mediation)	仲裁 (arbitration)	裁定 (adjudication)
자발성 유무	자발적.	자발적 또는 비자발적.	자발적 또는 비자발적.	비자발적.
제삼자 유무	없음.	당사자 선택에 의한 외부인.	당사자 선택에 의한 제삼자. 일반적으로 해당 주제에 대한 전문가임.	강요된 중립적 제삼자로서, 해당 주제에 대해 비전문가일 수 있음.
구속력 유무	합의에 따른 구속력 설정 가능.	합의에 따른 구속력 설정 가능.	구속력 또는 비구속력 존재.	구속력을 가지며, 항소의 대상이 됨.
공식성과 조직성의 정도	일반적으로 비공식적, 비조직적.	일반적으로 비공식적, 비조직적.	공식성의 정도가 낮음. 당사자 합의에 따른 절차적 규칙과 내용에 관한 법이 결정될 수 있음.	미리 정해진 엄격한 규칙에 따라서 공식성과 조직성의 정도가 매우 높음.
절차의 성격	증거, 논증, 이익 등의 제출에 제한이 없음.	증거, 논증, 이익 등의 제출에 제한이 없음.	각 당사자가 증거나 논증을 제출할 기회를 얻음.	각 당사자가 증거나 논증을 제출할 기회를 얻음.
결과	상호 수용할 수 있는 바랐던 바의 합의.	상호 수용할 수 있는 바랐던 바의 합의.	이성에 따른 의견에 기반을 둔 원칙에 근거한 의사결정이거나, 이성에 따르지 않은 타협.	이성에 따른 의견에 기반을 둔 원칙에 근거한 의사결정.
사적 유무	사적(私的)	사적	사적 또는 공적	공적(公的)

※ 자료출처: Goldeberg, Sander, & Rogers, 1999, p.4에서 각색.

갈등관리를 위해서 구체적으로 어떤 전략을 사용할 것인가는 관리자 또는 경영자의 관리철학과 갈등의 구체적 원인에 따라서 선택할 사항이다.

〈표 1-5-2〉는 제삼자가 관여하는 조정, 중재, 재정을 협상과 비교하여 간략히 보여주고 있다.

|제6절| 건설적 갈등관리전략

1. 건설적 갈등관리전략의 의의

많은 연구자는 갈등의 긍정적 기능을 강조해 왔다. 즉, 갈등은 부정적인 것이 아니며, 피해야 할 성질의 것도 아니다. 오히려 응집력을 키우고 성장과 발전을 위한 긍정적 기능이 갈등에 있음을 오래전부터 강조해 왔다.[18]

그러한 긍정적인 기능을 가진 갈등을 건설적인 갈등(建設的 葛藤)이라고 말할 수 있다. 이 건설적인 갈등을 집단, 조직, 사회 발전을 위

---

18) 예컨대, 코저(Lewis A. Coser), 짐멜(Georg Simmel) 등은 이미 1950년대 중반부터 완벽하게 조화로운 집단은 경험적으로나 현실적으로 존재하지 않는다고 강조했다. 만약, 그러한 집단이 존재한다면 그 집단은 변화와 발전이 없는 무능하고 무감각한 집단이다. 현실의 집단은 유기체의 구조로 되어 있으며 각 부분은 자신들의 각기 다른 다양한 의견, 아이디어, 감정 등을 자유롭게 흐르게 하는 것이 집단의 발전을 위해서 필연적인 것이라고 주장하고 있다. Coser, Lewis A. (1956). *The Functions of Social Conflict*. New York: The Free Press.; Coser, Lewis A. (Sep., 1957). Social Conflict an the Theory of Social Change. *The British Journal of Sociology*, Vol. 8(3), pp.197~207.; Simmel, Georg. (1955). *Conflict and the Web of Group Affiliations*. New York : The Free Press.

한 하나의 자원(資源)으로 간주하고 이용하는 것이 바람직하다.

건설적 갈등은 파괴적 갈등의 개념에 반대되는 것이다. 파괴적 갈등(破壞的 葛藤)이 조직에 역기능의 결과를 초래하는 것이라면, 건설적 갈등(建設的 葛藤)은 조직에 순기능의 결과를 가져오는 갈등을 말한다.

일반적으로 건설적 갈등을 위해서는 ① 분위기 조성, ② 갈등 해결을 위한 장치들에 대한 표준화가 되어 있어야 하며, ③ 고충을 표출할 배출구가 확립되어 있어야 하며, ④ 체제 내에서 권력의 균형이 창조, 유지되어야 하며, ⑤ 갈등당사자들 간에 그 전보다 더욱 빈번하고 효과적인 커뮤니케이션이 존재해야 하며, ⑥ 체제의 자원을 한층 더 공평하게 분배되어야 하며, ⑦ 과거의 행동에 대한 비판적 평가가 가능해야 하고, ⑧ 유연성을 가져야 한다.

2. 건설적 갈등관리전략의 형태

(1) 분위기 조성

갈등해결이란 결국 갈등당사자들이 최종 합의에 이르게 하는 것이 된다. 그 합의에 이르게 하기 위해서는 먼저 그러한 것에 이르게 하기 위한 사전 요건으로 분위기가 조성되어야 한다. 일반적으로 그러한 분위기는 즐겁고, 유쾌(愉快)한 분위기(雰圍氣)가 된다.

개인 간 갈등이든, 집단 간 갈등이든, 또는 사람에 관련된 갈등이든, 일에 관련되어 발생하는 갈등이든 간에 대부분 갈등을 해결하기 위해서는 유쾌한 분위기를 조성하는 것이 최종 합의를 해내는 데 도움이 된다(Sampson, 1971).[19]

유쾌한 분위기를 조성하는 데 방해가 되는 것은 자신만을 생각하는 자아 지향적인 욕구만을 주장하는 것이다. 자신의 욕구만을 주장하고 고집해서는 합의에 도달하기가 어렵다. 갈등이 높으면 높을수록 합의에 이르는 정도는 낮아지게 된다.

유쾌한 분위기 조성하여 합의에 이르게 하도록 의장이나 사회자와 같이 해당 집단을 인도하는 리더의 역할이 중요하다. 특히, 작업과 같은 요인에 의해서 발생하는 갈등을 감소시키거나 합의에 이르게 하는 데는 더욱 그렇다. 개인 간에 갈등이 발생할 때는 해당 개인들을 서로 분리하거나 갈등을 일으키는 문제로부터 철수시키는 것이 좋다.

관리자들은 불화나 의견 불일치를 강압적으로 해결하려고 해서는 갈등을 효과적으로 해결할 수 없다. 또한, 대수롭지 않은 것처럼 여겨 경시하거나, 두둔하려고 해서도 안 되고 숨기려고 해서도 안 된다. 그러한 의견 불일치, 불화, 의사결정 과정상의 갈등 등을 공개적(公開的)이고 진솔(眞率)하게 맞서서 대처해 나가는 것이 조직 전체적 관점에서 집단 간 협력증진에도 도움이 되고 조직의 전반적 생산성 향상에도 도움이 된다(Walton, Dutton, & Cafferty, 1969).[20]

(2) 갈등해결 장치들의 표준화

건설적 갈등은 갈등해결을 위한 절차, 제도 등의 개선을 가져온다. 조직은 건설적 갈등을 위해서 갈등을 체계적으로 해결하기 위한 기법, 절차 등을 표준화해야 한다. 이들 기법, 절차 등에는 자체규제, 커뮤니케이션 채널 개선, 체제적 분배 정책, 협회나 위원회에 의한 규제, 제삼자에 의한 규제, 정부 등 외부기관의 권력에 의존하기 위한 청원 등

19) Sampson, E. E. (1971). *Social Psychology and Contemporary Society*. New York: John Wiley & Sons, Inc.

20) Walton, R. E., Dutton, J. M., & Cafferty, T. p.(1969). Organizational context and interdepartmental conflict. *Administrative Science Quarterly,* 14. pp.522~542.

다양하다.

일반적으로 독립된 중재자 또는 조정기구의 직원들은 전문지식(專門知識)을 가지고 영향력을 미칠 수 있는 자들로 구성해야 한다. 또한, 그러한 조정기구의 구조, 목표, 시간, 직원 등은 갈등 관련 집단들의 그것들보다 낮거나 높은 것보다 이들의 중간수준(中間水準)에 위치하는 것이 갈등해결을 위해서 효과적이다(Walton, Dutton, & Cafferty, 1969).[21]

일반적으로 갈등해결을 위한 청원 등의 경우에 내부기구를 먼저 이용하는 것이 조직의 안정성을 위해서 바람직하다. 그러므로, 내부기구를 먼저 이용하고 그 이용 결과가 만족스럽지 못할 때 외부기구를 이용하는 것이 바람직한 절차이다. 예컨대, 기업의 경우, 정부에 청원하기보다 기업 자체의 자아 규제적인 절차에 의존해서 체계적으로 해결해야 할 것이다.

정형화, 일상화, 표준화된 장치들 또는 제도들은 기법, 절차, 장치 등을 미리 정하여 두는 것으로, 앞으로의 예측성을 높여 미래의 갈등해결에 도움을 준다. 예컨대, 만약 조직의 구성원들이 모두 동의하는 갈등해결 절차가 마련되어 있다면, 비록 구성원들이 자신들의 이해관계에 의해서 갈등이 발생하더라도 조직 전체는 안정을 유지할 수 있다.

이러한 장치들은 사회적 갈등을 해결하기 위해서도 필요하다. 즉, 사회적 수준에서 구성원들이 만족하는 갈등해결을 위한 장치들이 표준화되어 개발되어 있다면, 사회집단 간 이해관계에 따라 갈등이 발생하더라도 전체 사회체제는 안정을 유지할 수 있다.

---

21) Walton, R. E., Dutton, J. M., & Cafferty, T. p.(1969). Organizational context and interdepartmental conflict. *Administrative Science Quarterly,* 14. pp.522~542.

(3) 고충처리기구의 확립

건설적 갈등은 불평, 불만을 받아들여 해소할 기구의 개선을 가져온다. 조직은 건설적인 갈등을 위해서 불만, 갈등 등을 표출할 수 있는 공식적인 고충처리기구(苦衷處理機構)를 적극적으로 구축, 운영하여야 한다. 개인은 물론이고 집단, 조직들은 서로가 상대방의 정책이나 특성을 무시하는 경향이 있는데 이를 해결하기 위해서 고충처리기구가 필요하다. 자체 기구를 효과적으로 운영하고 그렇지 못할 땐 외부기구를 이용하도록 한다.

예컨대, 대기업의 하청업체(下請業體)들이 겪는 불만들은 대기업 자체의 제도적 장치(예컨대, 하청업체 대표들과 대기업 대표의 불만평가기구 등)에 의해서 해결하는 것이 바람직하나 그렇지 못할 땐 정부권력 즉, 정부의 규제기관에 의해서 해결해야 할 것이다.

불평, 불만 등을 표출할 기구가 공식적으로 존재하지 않게 되면 불만, 불평 사항들은 더욱 누적되게 된다. 잠재된 갈등이 표출되게 되고 이는 극단적인 행동으로 나타날 수 있다.

(4) 권력의 균형

건설적 갈등은 경제적, 정치적 권력의 균형을 증진한다. 조직은 건설적 갈등을 위해서 경제적, 정치적 권력이 균형적으로 배분되도록 해야 한다. 경제적, 정치적 권력의 균형적 배분은 자원배분, 책임, 이익분배 등을 위해서 필요한 것이다. 조직 간의 활발한 상호작용은 갈등 해결을 촉진할 수 있다.

일반적으로 경제적 권력에 종속된 자들은 경제적, 정치적 권력을 창조하여 사용하고자 하는 경향이 있으므로, 분배체제에서 한쪽의 우월지배는 다른 쪽의 집단화를 일으킨다.

필적(匹敵)할만한 권력의 확립은 권력의 무분별한 마구잡이 사용을 억제하는 효과를 가져온다. 또한, 필적할 만한 권력의 확립은 분배시스템의 효율성을 보장하는 데 도움이 됨은 물론 자원할당에 있어서 더 큰 형평성을 보장할 수 있다. 또한, 관리조직의 자기 만족적 권력의 사용에 대항하는 효과도 가져온다.

예컨대, 노동자 집단과 사용자 집단 간의 경제적, 정치적 권력이 균형을 이루고 있을 때 어느 한 편의 다른 편에 대한 독단적인 자원할당이나 무차별적인 권력의 사용을 억제하는 효과를 가지게 된다. 그렇지 않으면 어느 일방이 다른 쪽에 끌려다니게 된다.

대기업 집단과 하청업자 집단의 경제적, 정치적 권력 관계가 균형을 이루고 있을 때 한하여 분배시스템에 있어서 어느 한 편의 다른 편에 대한 독단적이고 무분별한 정치적, 경제적 권력의 남용을 방지할 수 있다. 그렇지 않으면, 어느 일방은 경제적, 정치적 자유를 과도하게 누리지만, 다른 쪽은 경제적, 정치적 자유가 억압받게 된다.

만약 초기의 갈등을 통해서 권력의 균형이 이루어지지 않게 되면, 갈등을 일으킨 약자 집단들은 초기의 갈등을 확대하고자 시도한다. 만약 갈등을 확대하여 기득권을 가진 강자 집단들의 복지를 효과적으로 위협하게 되면 권력의 균형이 대충 이루어지게 되고, 권력의 균형이 이루어지게 되면 자신들의 욕구를 실현할 수 있게 된다(Assael, 1969).[22]

이처럼, 강자 집단의 복리를 효과적으로 위협하여 조직변경, 즉, 의사결정의 구조, 자원배분, 권한 등에 있어서 변경을 일으키고자 하는 약자에 의해서 의도된 갈등은 전략갈등에 해당한다(Pondy, 1969).

---

22) Assael, H. (1969). Constructive role of interorganizational conflict. *Administrative Science Quarterly,* 14. pp.573~582.

(5) 커뮤니케이션 개선

건설적 갈등은 커뮤니케이션의 채널을 향상한다. 조직은 건설적인 갈등을 위해서 공식적인 커뮤니케이션 채널을 개선해야 한다. 즉, 각 집단 또는 조직의 서로 다른 이해관계, 신념, 가치 등이 자유롭게 흐를 수 있도록 의사전달 수단들이 합법화되어야 한다. 자유로운 커뮤니케이션 문화가 형성되면 집단 간, 조직 간 적개심도 줄어들게 된다.

일반적으로 독재체제는 다양성을 인정하려 하지 않고 갈등을 유발하는 아이디어나 관점을 긍정적인 것으로 보지 않고 부정적인 것으로 취급한다. 독단적이고 독재성향을 지닌 관리자는 구성원들 아이디어의 갈등을 성장을 위한 잠재력을 가진 것으로 보지 않고 이를 강압적으로 억압하여 외관상(外觀上)의 평화와 질서를 유지하고자 하는 경향이 있다.

그러나, 갈등이 조직의 성장을 위한 잠재력을 가진 것으로 보게 되면 그러한 아이디어의 갈등이 자연스럽게 표출될 수 있는 분위기를 만들어 주어야 한다. 집단에서 아이디어의 갈등 등이 자연스럽게 표출될 수 있도록 하기 위해서는 개인의 자발적 참여(參與)와 관여(關與)가 극대화되도록 커뮤니케이션 구조가 구축, 운영되어야 한다.

커뮤니케이션 채널이 왜곡되거나 폐쇄되어서는 안 된다. 그렇게 되면 오해와 불신이 발생하게 된다. 객관적이고 사실적인 자료가 왜곡됨이 없이 흘러야 한다. 이 채널을 통해서 정책이 왜곡됨이 없이 흐르게 되고 그 정책에 대한 집단 또는 조직들의 반응도 왜곡됨이 없이 흐르게 된다.

집단, 조직들은 상대방의 특성, 정책 등을 무시하는 경향으로 인하여 커뮤니케이션상의 어려움이 많이 발생한다. 그러한 무시 경향은 소위 집단이기주의, 부서(부처)이기주의, 조직이기주의 등에 의해서 발생한다. 이를 해결하기 위해서 커뮤니케이션이 한층 더 개선되어야 한다.

이는 자체적으로 해결되는 것이 바람직하나 그렇지 못할 땐 외부기관을 통해서 해결되어야 할 것이다.

(6) 공평한 자원 배분

건설적 갈등은 기능, 권력, 자원 등의 공평한 배분을 가져온다. 조직은 건설적 갈등을 위해서 기능, 권력, 책임, 자원 등의 배분을 공평하게 해야 한다. 단기적인 안목이 아니라 장기적인 안목(長期的 眼目)에서 조직의 인적, 물적, 정보 자원을 다시 정의하고 할당해야 한다.

이는 기업에서나 정부에서나 같이 적용된다. 예컨대, 대기업과 하청업자 간의 기능, 권력, 책임, 자원의 공평한 분배가 건설적 갈등을 위해서 필요하다. 정부의 경우, 중앙정부와 지방정부 간에 기능, 권력, 책임, 자원 등이 공평하게 배분되어야 한다.

만약, 이러한 배분이 공평하지 못할 때 파괴적 갈등이 야기될 수 있다. 예컨대, 기업의 경우, 최고 권력자가 자신의 권력의 합법적 분배를 거절할 때 파괴적 갈등이 야기될 수 있다. 대기업이 하청업자에 자신의 경제적, 정치적 권력의 합법적 분배를 거절할 때 이들 관계를 파괴하는 갈등이 발생할 수 있다. 정부의 경우, 중앙정부가 모든 권력, 자원을 독점하여 지방정부에 이양하기를 거부한다면 이들 관계를 파괴하는 갈등이 야기될 수 있다.

(7) 비판적 평가와 환류

건설적 갈등은 조직의 정책, 사업, 행동 등에 대한 비판적 평가를 증진한다. 조직은 건설적 갈등을 증진하기 위해서, 환경의 변화에 대처하기 위한 유연성을 가지기 위해서, 조직의 행동, 정책 등에 대한 비판적인 심사, 평가가 이루어져야 한다. 이 심사, 평가는 지속적인 평가, 재평가이어야 한다.

평가된 결과에 대한 정보는 필요한 곳에 필요한 때에 환류(還流)되어야 한다. 이 평가와 환류를 위해서 조직구성원들에게 개방적인 커뮤니케이션 채널을 활용해야 한다.

이는 최고경영자 또는 최고지도자의 관리 철학의 변화를 가져오고, 정책의 변화와 조정을 초래하게 된다. 그러나, 조직의 정책 등에 대한 비판적 평가가 반드시 현존하는 갈등을 해소하지는 않는다.

예컨대, 과도하게 중앙집권적이고 경직된 의사결정체제 하에서의 정책평가는 단지 새로운 갈등을 일으키는 결과만 초래할 수 있다. 따라서, 커뮤니케이션 체제 개선 등 다른 조건들과 함께 사용되어야 건설적 갈등의 효과를 가져올 수 있다.

(8) 유연성

건설적 갈등은 조직의 유연성을 증가시킨다. 조직은 건설적 갈등을 위해서 조직의 체제, 구조, 커뮤니케이션, 의사결정, 자원배분 등에 있어서 유연성 가져야 한다. 각기 다양한 구성원들의 욕구 표출로 인한 갈등을 조정, 해결하기 위해서 유연하게 대처해야 한다. 다른 조직과의 경쟁 관계에서도 유연하게 대처해야 한다. 환경의 변화에 대해서도 경직되지 않고 유연하게 대처해야 한다.

예컨대, 기업의 경우, 변화하는 환경에 따라 하청업체들과 유연하게 대처해야 한다. 정부의 경우, 환경의 변화에 대응하기 위해 정부들(예컨대, 중앙정부와 지방자치단체, 광역자치단체와 기초자치단체) 간에 유연한 관계를 유지해야 한다.

제6장
정부 · 공공 · 사회갈등의 관리전략

|제1절| 정부갈등의 관리전략

1. 의의

여기서 말하는 정부갈등이란 정부 차원에서 발생하는 갈등을 의미하고자 한다. 정부는 국방, 외교, 경제, 교육, 문화, 산업 등 다양한 기능들을 수행해야 하므로 이러한 기능들을 원활하게 수행하기 위해서 각종 정책을 수립하여 집행하게 된다.

예컨대, 각종 활동을 규제하기 위한 규제정책(規制政策), 자원이나 자본 등을 배분하기 위한 분배정책(分配政策), 이미 분배된 부(富)와 자원 등을 다시 분배하기 위한 재분배정책(再分配政策), 헌법상이나 제도상의 조직 구축이나 변경 등을 위한 구성정책(構成政策) 등은 그러한 다양한 기능들을 수행하기 위한 정부의 정책들에 해당한다.

그런데, 이들 기능을 수행하기 위한 각종 정책의 수립과 집행 및 행정은 다양한 이해관계자들의 관심을 직접 또는 간접적으로 불러일으키게 되고, 그 결과, 그러한 정책의 수립과 집행 및 행정을 둘러싸고 이해관계자들 사이에 갈등이 발생하기 마련이다. 이러한 갈등으로 인해 지방정부(지방자치단체)와 중앙정부 사이에 갈등이 발생할 수 있고, 지방자치단체들 사이에 갈등이 발생할 수 있고, 중앙정부 전체가 갈등을 겪을 수 있다.

정부갈등을 효율적으로 관리하기 위해서 다양한 관리전략들을 사용할 수 있다. 여기서는 일반적 갈등관리방법을 적용하는 전략, 협력과 지원체제에 의한 관리전략, 간접관리방법에 따른 관리전략 등을 중심으로 논의하고자 한다.

2. 관리전략

(1) 일반적 갈등관리방법 적용

정책이나 행정의 추진과정에서 정부들 사이에 갈등이 발생할 때 이에 대한 관리전략으로 일반적인 갈등관리전략을 사용할 수 있다. 즉, 정부를 개인, 집단, 조직의 집합으로 간주할 때 개인, 집단, 조직의 갈등을 관리하기 위한 일반적으로 제시된 갈등관리기법을 적용하여 갈등을 관리할 수 있다는 것이다.

다만, 정부들 사이에 발생하는 갈등을 관리한다는 점에서 일반적인 개인, 집단, 조직이 가지고 있지 않고 정부만이 가지고 있는 특성 때문에 추가적인 갈등관리기법이 요구된다고 할 수 있다. 예컨대, 지역이기주의 극복을 위한 기능의 명확한 분담, 법규의 현실화, 시장 논리의 도입 등이 그러한 것이다.

미국의 한 예를 들면, 핵폐기물 저장장소의 선정에 있어서 강압적인 명령과 통제의 방식이 아니라 시장 논리를 도입하여 핵폐기물은 지하(예컨대, 150m 이하)에 매장되고, 이는 동식물에 해가 되지 않으며, 이 폐기물 장소를 제공하는 지역에 정부 차원에서 특별 혜택(예컨대, 경제적인 지역개발 지원) 등이 있음을 광고하고, 지방단체장 및 그 주민들과 오랜 기간의 협상 등을 통해서 저장장소의 허가를 받아낸 성공 사례를 교훈으로 삼아야 할 것이다.[1)]

(2) 협력과 지원체제에 의한 관리

중앙집권 정치체제에서 지방분권 정치체제로 전환되면 그에 따른 기존의 의사결정 방식도 전환되어야 한다. 정규서(1996)는 중앙정부가 권위주의적인 일방적 지시, 통제의 국가운영에서 벗어나 지방정부의 자율을 넓혀주고, 지방정부 간 갈등을 조정하는 등 수평적이고 동반자적 역할분담 관계를 형성하고 협력과 지원체제로 갈등을 관리할 것을 주장하고 있다.[2)]

그 주장을 구체적으로 보면, ① 지방의 특색과 중앙의 정책 기본구조를 중시할 것, ② 중앙의 정책 기본구조를 지방이 벗어날 상황이 발생할 땐 중앙과 지방이 타협할 것, ③ 합리적 기준에 의해서 자원을 배분할 것, ④ 정부 간 경영 관계의 모형을 설정하여 업무처리 과정상에서

1) Sandia Report. (2011). ***Granite Disposal of U.S. High-Level Radioactive Waste.*** Sandia National Laboratories.; Geological Survey Professional Paper 1050. (1977). ***Geological Survey Research 1977***. U.S. Government Printing Office. ; 한국원자력연구소. (1998). 『세계 주요국의 고준위폐기물처분 개념 및 기술기준』.

2) 정규서. (1996). 중앙정부와 지방자치단체 간의 갈등관리에 관한 연구. 「인천대 논문집(인문・사회과학편)」21. pp.207~234.

발생하는 갈등을 처리할 것, ⑤ 지방정부의 의견을 경청할 것, ⑥ 국가 이익과 지역 실리를 조화할 것 등을 제시하고 있다(정규서, 1996).[3]

이는 기본적으로 상호 협력과 지원체제에 기반을 둔 갈등관리방식이라고 할 수 있다. 중앙과 지방의 정책이 시스템 사고에 바탕을 두어 서로가 협조와 지원을 하지 않으면 소기의 성과를 얻을 수 없음을 인식해야 할 것이다.

(3) 간접관리방법에 따른 관리

한편, 중앙정부의 일방적인 명령과 통제에 의한 중앙정부가 지방정부를 직접 관리하는 방식이 아니라, 지방정부의 자율과 권한에 의한 관리방식인 간접관리방식을 시도하는 것도 중앙과 지방 간의 갈등을 관리하기 위한 기법으로 강조되고 있다.

명령(command)과 통제(control)가 2C에 의한 관리라면, 간접관리는 4C, 즉, 커뮤니케이션(communication), 화해와 조정(conciliation), 타협(compromise), 협력(cooperation)을 중심으로 이루어질 것을 강조하고 있다.

① 커뮤니케이션(communication) : 당사자 간에 활성화된 커뮤니케이션,

② 화해와 조정(conciliation) : 문제해결의 열린 마음의 화해와 조정,

③ 타협(compromise) : 당사자 이해관계의 양보에 의한 타협,

④ 협력(cooperation) : 합의된 내용을 협조하여 집행하는 협력 등

4C를 중심으로 간접관리가 이루어질 것이 강조되고 있다(정규서,

3) 정규서. (1996). 중앙정부와 지방자치단체 간의 갈등관리에 관한 연구. 「인천대 논문집(인문・사회과학편)」21. pp.207~234.

1996).[4]

간접관리는 중앙정부의 직접적인 명령과 통제에 의한 관리가 아니라 간접적인 수단이나 제삼자에 의한 관리이기 때문에 그 간접관리의 수단에는 제한이 없다. 정규서(1996)는 간접관리의 수단으로 개선된 모니터링과 평가방법, 계약조건의 충실한 이행과 불이행 때 제재, 협상, 보조금 지원 등 각종 지원 등을 제시하고 있다. 우리나라 지방자치법은 조정위원회, 행정협의회, 자치단체조합, 재정지원, 기술지원, 인력지원 등을 관리수단으로 규정하고 있는데 이들도 모두 간접관리의 수단에 포함된다.

|제2절| 공공갈등의 관리전략

1. 의의

공적 분야가 아닌 사적 분야에서 사인(私人)들 사이에 발생하는 갈등을 사적갈등(private conflict)이라고 한다면,[5] 사적갈등과 대비

4) 정규서. (1996). 중앙정부와 지방자치단체 간의 갈등관리에 관한 연구. 「인천대 논문집(인문·사회과학편)」21. pp.207~234.

5) 여기서 말하는 사인(私人)이란 민(民)을 의미하며, 사적자격(私的資格)으로서의 개인(個人)뿐만 아니라, 사적자격으로서의 시민, 시민단체, 기업 등을 포함하는 넓은 개념이다. 이러한 민(民)의 개념은 공적자격으로서의 관리(官吏) 즉, 공무원(公務員), 정부기관(政府機關), 정부(政府), 국가(國家) 등을 포함하는 관(官)이라는 개념에 대비되는 개념이다.

되는 개념으로서 공공갈등(public conflict)은 정부의 정책이나 사업의 수립 및 집행과정에서 공공정책의 추진과정에서 공중의 이해관계의 쟁점들을 둘러싸고 민(民)과 관(官) 사이에 발생하는 갈등이다.

공중의 이해관계가 걸린 공공정책을 둘러싸고 민과 관 사이에서 발생하는 갈등은 다양한 원인에 의해서 다양한 형태로 표출된다. 이러한 다양한 형태의 갈등을 관리하는 기법은 갈등의 종류만큼이나 다양하다.

2. 관리전략

(1) 공동생산적 참여

"갈등관리는 해당 갈등의 원인에 따라서 관리해야 한다."라는 원칙이 공공갈등의 관리에도 적용된다. 이성근(1996)은 분배의 형평성이 보장되지 않아서 공공정책의 추진과정에서 갈등이 발생한다고 보고, 해결기법으로 공동생산적 참여(共同生産的 參與)를 주장하고 있다.[6] 여기서 공동생산적 참여란 "공공정책과정에 있어서 직접 이해당사자인 정책주체와 사익주체(私益主體)가[7] 공공정책과정에 공동생산적 참여자로 직접 참여함으로써 그들 간의 상호작용을 통해서 각종 공공재 또는 공공서비스를 생산하고, 그 결과에 대해 이해관계를 가지는 일체의 활동"으로 정의되고 있다(이성근, 1996, p. 173). 이는 적대적 관계나 피해 심리를 벗어나서 동반자적 공생적 관계를 회복하여 갈등을

---

6) 이성근. (1996). 대도시 주택공영개발과정의 갈등관리체제와 공동생산적 참여 접근. 「한국지역개발학회지」8(1), pp.167~185.

7) 여기서 사익주체(私益主體)란 사적자격으로서의 개인, 시민, 시민단체, 기업 등을 말한다.

관리하는 것이 바람직하다는 것이다.

이러한 동반자적 공생적 관계는 예경희 · 홍양희(1998)의 주장에서도 나타나고 있다. 이들은 비선호시설 입지에 대한 지방정부와 주민 간 갈등이 발생할 때 이를 관리하는 방안으로 ① 주민참여의 제도화, ② 정보공개의 내실화, ③ 보상체계의 완비, ④ 홍보활동의 강화, ⑤ 광역행정체제의 활성화, ⑥ 입지분쟁조정위원회 설치, ⑦ 관련된 법과 제도의 정비, ⑧ 비선호시설을 선호시설로 전환하거나 비선호시설 입지 시 선호시설도 함께 입지 시킬 것 등을 언급하고 있다.8)

특히, 주민참여에 있어서 지역주민들의 요구 반영, 인근 지역주민들과의 타협과 조정, 각 집단의 대표성 있고 균형 있는 참여, 참여자 선정과정의 투명성 등을 통한 상향적 참여를 강조하고 있다. 또한, 입지선정을 위한 초등계획단계에서부터 환경단체, 전문가, 주민 등을 제도적으로 참여를 보장해야 하며, 이 초동단계에서부터 협상이 진행되어서, 입지의 선정, 보상, 사후관리 등의 모든 과정에 공생적 노력이 필요하며 객관적인 단체에 의한 중재나 조정의 노력이 있어야 한다고 주장하고 있다. 그리고, 효과적인 협상, 중재 등을 위해서는 성숙한 시민의식이 회복해야 한다고 주장하고 있다(예경희 · 홍양희, 1998).9)

(2) 과학적 이해와 사회적 합의

박재묵(2004)은 공공갈등의 예방 및 해결기법으로서 갈등에 대한 과학적 이해, 하부구조 구축, 사전 예방, 제도 구축, 갈등의 새로운 가치 수용, 사회적 합의 등을 제시하고 있다. 구체적인 내용은 다음과

8) 예경희 · 홍양희. (1998. 2). 비선호시설 입지에 대한 지방정부와 주민 간 갈등관리. 「교육과학연구」11(3). pp.179~202.
9) 예경희 · 홍양희. (1998. 2). 비선호시설 입지에 대한 지방정부와 주민 간 갈등관리. 「교육과학연구」11(3). pp.179~202.

같다.[10])

① 갈등에 대한 과학적 이해가 필요하다. 갈등의 원인, 과정, 결과에 대한 과학적 이해를 기반으로 갈등 해결방안이 마련되어야 한다.

② 사회·문화적 하부구조 구축에 힘을 기울여야 한다. 갈등해결의 장기적 관점에 근거해서 공적 신뢰, 의사소통, 타협의 문화를 만들어가는 작업인 사회·문화적 하부구조를 구축하는 작업에 힘을 기울여야 한다.

③ 예방적 갈등관리가 중요하다. 사후 처방보다는 사전 예방적 차원에서 갈등관리정책이 이루어져야 한다. 이를 위해 정부의 업무프로세스혁신과 구조개혁이 지속해서 필요하다.

④ 제도 구축이 필요하다. 갈등을 예방, 조정, 관리하기 위한 법률, 조직 등과 같은 제도적 장치가 마련되어야 한다.

⑤ 갈등의 새 가치와 양식을 기꺼이 받아들여야 한다. 갈등을 통해서 나타나는 새로운 가치와 생활양식은 갈등의 순기능적 방향에서 긍정적으로 수용해야 한다.

⑥ 사회적 합의가 중요하다. 장기적 관점에서 갈등을 순조로이 해결하기 위해서는 정부의 독선적이고 일방적인 문제해결 방식이 아니라 민과 관이 함께 협동하며 문제를 해결하는 사회적 합의 형성이 중요하다.

(3) 신뢰구축

신창현(2004)은 공공갈등은 불신에서 비롯된다고 보고, 이를 예방하기 위해서는 신뢰가 중요하다고 강조한다. 공공갈등을 예방하기 위

10) 박재묵. (2004). 우리나라 공공갈등, 무엇이 문제인가. 「사회통합을 위한 갈등관리 정책 워크샵」. pp.7~28.

해서는 신뢰조성, 공정성, 중립성, 소수의견 존중, 합의형 참여제 등과 같은 전략이 필요함을 강조하고 있다. 이에 대한 구체적 내용은 다음과 같다.11)

① 정부가 먼저 국민을 신뢰하여야 한다. 신뢰는 쌍방통행이며, 정부와 국민이 모두 서로를 신뢰해야 한다. 특히, 정부가 먼저 국민을 신뢰하여 잘못된 정보라도 공개하며, 시행착오에 대해선 솔직하게 인정하여 용서와 사과를 구하고, 신뢰를 회복하여 정부의 권위를 회복해야 한다.

② 공정성과 중립성이 보장되어야 한다. 정부는 중립적인 입장에서 공정하게 조정자의 역할을 행하여야 한다.

③ 정부는 약자의 편에 선 조정자가 되어야 한다. 힘센 자의 편에 서는 것이 아니라 힘이 약한 자의 편을 들어야 한다. 강자와 약자 사이에서 기계적인 중립은 강자를 편드는 결과가 초래되기 때문이며, 약자의 편에 서는 것이 진정한 중립이기 때문이다.

④ 정부 내의 갈등부터 해소해야 한다. 정부 각 부처 간의 갈등부터 해결해야 공공갈등이 해결된다. 예컨대, 2000년대 초기에 악화하였던 새만금간척사업갈등과 같은 지역주민과 정부 간 갈등의 경우 이를 해결하기 위해서 환경부, 농림부, 해양수산부, 행정자치부, 전라북도, 국무조정실, 감사원 등 정부기관 간의 갈등부터 해결하여야 했던 것이 그러한 정부 내 갈등 해소 사례에 해당한다. 내부갈등이 해소되지 않은 상태에서 외부갈등을 해결하려고 하면 갈등이 더욱 악화하기 때문이다.

⑤ 소수의견을 존중해야 한다. 호미로 막을 수 있는 작은 갈등을 내

---

11) 신창현. (2004). 공공갈등 예방을 위한 몇 가지 제언. 「사회통합을 위한 갈등관리정책 워크샵」. pp.97~100.

버려 둬서 가래로도 막지 못하는 큰 갈등으로 확대하게 하는 주된 이유는 소수의견을 존중하여 갈등을 공개적이고 적극적으로 해결하려고 노력하지 않고, 갈등을 억압하려고만 하는 소극적으로 해결하려고 하기 때문이다. 이해당사자들과 정부 간에 상호신뢰가 형성되지 않으면 갈등은 해결되지 않는다.

⑥ 합의형의 참여제도가 활성화되어야 한다. 정부가 모든 문제를 가부장적으로 해결하려고 하는 발상을 바꾸어야 한다. 비판과 견제형의 참여보다는 권한과 책임을 공유하는 합의형의 참여를 활성화해야 한다.

⑦ 공공갈등을 예방하기 위한 법률이 제정되어야 한다. 권위주의나 다수결주의에 의한 갈등억제가 아니라 이해관계자들 간의 합의에 따라서 제도화된 갈등 해결절차를 거치는 과정에서 갈등이 예방되거나 해결되도록 해야 한다.

(4) 공공정책과정에 공평한 참여

공공정책으로 인해서 발생하는 공공갈등은 공공정책의 정책 자체의 특성에서 오는 갈등인 것이 대부분이다. 즉, 공공정책은 정책 자체의 특성상 그 어떤 정책이라도 어떠한 형태로든 공중에게 영향을 미치게 마련이고 이는 갈등을 유발하게 된다.

예컨대, 공공정책은 정책 자체의 특성상 ① 시민이나 집단, 기업 등의 활동을 제약하는 규제에 관한 정책이거나,[12] ② 국민에게 이익, 권리, 서비스를 배분하는 정책이거나,[13] ③ 또는 배분한 것을 다시 배분

---

12) 이러한 정책을 규제정책(regulatory policy)이라고 한다. 예컨대, 허위광고나 과장광고에 대한 규제정책, 식품위생에 대한 규제정책, 독과점에 대한 규제정책, 항공 및 버스노선 운행권 부여정책 등은 규제정책들에 해당한다.

13) 이러한 정책을 분배정책(distributive policy)이라고 한다. 예컨대, 도로, 항만, 하천 등의 사회간접자본구축을 위한 각종 정책, 기업에 주는 수출보조금정책, 농촌

하는 정책이거나,[14] ④ 정치체제 또는 행정체제의 조직에 관련된 정책인데[15] 이들 정책을 둘러싼 다양한 이해관계자들이 참여하여 갈등이 발생하게 한다. 그것은 이들 참여자는 각자 자신의 가치, 신념, 세계관, 이해관계, 목표들을 가지고 있는데 이들 요소가 참여자들 사이에 충돌하기 때문이다.

따라서, 공공정책을 입안하는 초기 단계에서부터 이해관계 당사자들을 공평하게 참여시키고, 또한, 정책집행과정이나 정책의 결과를 평가하는 평가과정에서도 이해관계 당사자들을 공평하게 참여시켜서, 이들의 가치, 목표, 이해관계 등을 정책기획에 반영하여야 한다. 그렇게 하는 것이 이들 참여자의 갈등 관계를 예방하거나 조정해 나가는 전략이 된다. 이는 정책을 순조로이 형성하고 집행하게 하며, 공공갈등을 예방하거나 해결해 나가는 지름길이 된다.

가정에 융자금정책, 국공립학교 교육서비스정책 등과 같은 정책들은 분배정책들에 해당하다.

14) 이러한 정책을 재분배정책(redistributive policy)이라고 한다. 예컨대, 누진세의 조세정책은 고소득층의 소득을 저소득층에게 사회보장지출형태로 소득을 재분배하는 정책에 해당한다.

15) 이러한 정책을 입헌적 정책 또는 구성정책(constitutional policy)이라고 한다. 예컨대, 정부조직의 개편정책, 선거구의 조정정책, 공무원노조에 관련된 정책, 공무원 퇴직연금정책 등과 같은 정책들은 구성정책들에 해당한다.

|제3절| 사회갈등의 관리전략

1. 의의

사회갈등은 사회변동과정에서 발생한다. 사회는 시간과 공간에 따라 다양한 형태로 변동하며, 이에 따라 사회갈등의 형태도 다양하다. 사회갈등은 정치, 경제, 기술, 사회, 문화 등의 요인들에 의해서 발생한다.

즉, 정치변동이나 경제변동, 문화변동, 기술변동 등의 변동들은 사회변동을 초래하며 이는 사회갈등을 유발한다(김경동, 1995).[16] 사회갈등은 권력갈등, 계급갈등, 노사갈등, 이념갈등, 윤리갈등 등 다양한 형태로 존재한다(송복, 2003).[17]

따라서, 다양한 형태에 대한 이해를 기반으로 각 갈등의 성질, 강도, 형태 등에 적합하게 갈등관리전략이 수립되고 집행되어야 할 것이다.

〈표 1-6-1〉에서는 다양한 형태의 사회갈등을 예시적으로 보여주고 있다.

2. 관리전략

사회갈등을 예방하거나 해결하기 위한 관리전략은 사회갈등의 구체적 유형에 따라 유형별 특성에 따라 접근해야 한다. 예컨대, 노사 관련 갈등, 교육 관련 갈등, 환경 관련 갈등, 복지 관련 갈등, 지방자치단체 관련 갈등, 국제 관련 갈등 등은 각자의 하부 갈등들을 내포하고 있고

16) 김경동. (1995). 「한국사회 변동론」. 서울: 나남출판.
17) 송복. (2003). 「한국사회의 갈등구조」. 서울: 경문사.

각 갈등의 모양이나 특성 또한 다르므로 해당 갈등사례에 적합한 예방 및 해결전략들을 수립하여 집행해야 한다.

〈표 1-6-1〉 사회갈등 (예시)

분야	사례
노사 관련 갈등	• 공무원 노조 허용 • 주5일 근무제 시행 • 비정규직 근로자 대우 문제 • 외국인 고용허가제 도입 • 퇴직연금제도 도입
구조조정 관련 갈등	• 철도산업구조개혁추진 • 주택공사-토지개발공사 통합 문제 • 배전분할 문제
교육 관련 갈등	• 교육행정정보시스템(NEIS) 구축
환경 관련 갈등	• 경부고속철도 천성산 금정산 관통사업 • 서울외곽순환고속도로 사패산 터널 구간 건설공사 • 한탄강댐 건설 • 경인운하 건설 • 방사성폐기물 관리시설용지 선정 문제 • 새만금 간척사업 • 소각장 건설 추진
복지 관련 갈등	• 건강보험재정 통합 • 국민연금 재정 안정화 • 의약분업제도 개선
지방자치 단체 관련 갈등	• 호남고속철도 분기역 선정 • 평택항과 부산신항의 항만명칭 및 구역 분리지정 요구 • 상장주식선물의 부산선물거래소 이관 • 경의선 복선 전철화 • 부산항 컨테이너세 존폐 문제 • 해안가에 산재해 있는 합성수지(FRP) 조선소의 집단이주 문제
국제 관련 갈등	• 한-칠레 자유무역협정(FTA) 농업 분야 국내대책 • 세계무역기구(WTO) 도하개발아젠다(DDA) 교육개방 협상 • 불법 체류자 출국 조치 • 주한 미군 재배치

공공갈등의 예방 및 해결에 관한 관리전략들을 사회갈등의 예방 및 해결을 위해서 사용할 수 있을 것이다. 즉, 공동생산적 참여, 과학적 이해와 사회적 합의, 신뢰구축, 공평한 참여 등의 방식들은 사회갈등의 예방과 해결에 적용할 수 있다. 이는 공공갈등이 사회갈등의 부분이기 때문이다.

사회갈등을 예방하거나 해결하기 위해서는, 지방자치단체 또는 지역사회에서 발생하는 국가적 차원의 갈등들을 효과적으로 관리하기 위해서는, 어떤 그럴듯한 장황한 말보다도 지속적인 사회적 대화(社會的 對話)가 필요하며, 이해당사자 모두가 사회적 책임감(社會的 責任感)의 인식 등을 통한 역동적인 접근법이 중요하다(Wale, 1998; Benon, 1998).[18] 이때, 중요한 것은 그 대화의 문을 결코 닫아서는 안 된다는 것이다. 즉, 어떤 상황에서도 갈등당사자들 사이에 대화의 문은 열어두어야 한다.

이러한 방법은 국가 간 갈등에도 중요하다. 즉, 국가 간 갈등 발생 시 지속적인 대화가 갈등 해결에 중요한 역할을 담당한다. 더 나아가 우호 관계에 있는 제삼국에 의한 중재(仲裁), 조정(調停) 등의 방법도 중요한 임무를 수행한다(Wale, 1998).[19]

이때, 중재자 또는 조정자는 갈등당사자들을 위해서 중립적인 위치에 있는 국가여야 하며, 갈등당사자들에게 우호적이고 동정적인 마음을 가진 국가여야 한다. 그리고, 중재자 또는 조정자의 권위가 갈등당사자들로부터 존경을 받는 존재여야 한다.

---

18) ① Benon, M. C. (1998, April). Community management of national conflicts in urban Benin. *Community Development Journal*, 33(2). pp.165~169. ; ② Wale, S. M. (1998, April). The Philippine experience in conflict management and peace building. *Community Development Journal,* 33(2). pp.170~173.

19) Wale, S. M. (1998, April). The Philippine experience in conflict management and peace building. *Community Development Journal,* 33(2). pp.170~173.

또한, 갈등 해결 과정은 기계적인 과정이 아니라 갈등을 일으킨 지역사회가 제시하는 제안들과 조화를 이루어야 하고 지역사회 사람들이 자신들의 시각으로 현실을 이해하고 있는 그 관점을 이해해야 한다. 지역사회 자체가 갈등 해결에 중요한 임무를 수행하도록 해야 한다. 갈등을 일으키는 이익 자체에만 초점을 둘 것이 아니라고 그 이면에 있는 실체와 지역사회를 이해해야 한다.

지역사회(地域社會)를 개발(開發)하는 것은 지역사회의 갈등을 해결하는데 중요한 수단이자 사회적 백신의 역할을 담당한다. 지역개발을 사람들을 서로 함께 일하게 하고 자신의 지역을 발전시키기 위해서 서로를 이해하게 한다(Benon, 1998; Wale, 1998).[20]

또한 신뢰(信賴), 신임(信任), 신용(信用)은 평화와 사회관계를 유지하는 데 매우 중요한 역할을 담당한다. 지역주민들이 국가와 지역사회에 대한 신뢰와 믿음을 잃어버릴 때 갈등을 걷잡을 수 없이 확대되게 된다(Benon, 1998).[21] 이러한 신뢰나 신용 등은 갈등당사자 간에도 형성되어 있어야 갈등 해결에 도움이 된다.

사회갈등(공공갈등) 예방과 해결과 관련하여 시민, 기업, 정부 모두를 규제하는 사회갈등(공공갈등) 예방과 해결 관련 법률은 없다. 이러한 법률이 제정되면 시민과 기업의 기본권을 침해할 우려가 있기 때문일 것이다.

그러나, 공공정책(법령의 제정, 개정, 각종 사업계획의 수립, 추진

20) ① Benon, M. C. (1998, April). Community management of national conflicts in urban Benin. *Community Development Journal*, 33(2). pp.165~169. ; ② Wale, S. M. (1998, April). The Philippine experience in conflict management and peace building. *Community Development Journal,* 33(2). pp.170~173.

21) Benon, M. C. (1998, April). Community management of national conflicts in urban Benin. *Community Development Journal*, 33(2). pp.165~169.

등)과 관련한 갈등 예방과 해결을 위해 중앙행정기관(총리령으로 정하는 대통령 소속기관과 국무총리 소속기관을 포함)을 규제하는 『공공기관의 갈등 예방과 해결에 관한 규정』(대통령령)은 2007년 2월 12일 제정되어, 2007년 5월 13일부터 시행되었다.

이 『공공기관의 갈등 예방과 해결에 관한 규정』은 중앙행정기관의 갈등 예방과 해결에 관한 역할, 책무 및 절차 등을 규정하고 중앙행정기관의 갈등 예방과 해결 능력을 향상함으로써 사회통합에 이바지하기 위한 목적으로 제정되었다.

이 규정에 따르면 "갈등(葛藤)"이란 법령의 제정, 개정, 각종 사업계획의 수립, 추진을 포함한 공공정책을 수립하거나 추진하는 과정에서 발생하는 이해관계의 충돌을 의미한다. 그리고, "갈등영향분석(葛藤影響分析)"이란 공공정책을 수립, 추진할 때 공공정책이 사회에 미치는 갈등의 요인을 예측, 분석하고 예상되는 갈등에 대한 대책을 세우는 것을 의미한다.[22)]

그리고, 이 규정은 "갈등 예방 및 해결의 원칙"으로 ① 자율해결과 신뢰확보, ② 참여와 절차적 정의, ③ 이익의 비교 형량, ④ 정보공개 및 공유, ⑤ 지속가능한 발전의 고려 등을 제시하고 있다.[23)]

천대윤(2019)은 사회갈등, 공공갈등 해결을 위한 방법에 있어서, 대안적 분쟁(갈등) 해결 방법(ADR)으로 사실조사 확인, 협상, 화해, 조정, 중재를 강조하고 있다. 또한, 사회갈등, 공공갈등 해결을 위한 참여적 분쟁(갈등) 해결 방법, 참여적 의사결정 기법으로 공론조사, 시나리오 워크숍, 시민배심, 합의회의, 규제협상 등을 강조하고 있다(천대윤, 2019, 『사회갈등 집단갈등 정책갈등』).

---

22) 『공공기관의 갈등 예방과 해결에 관한 규정』 제2조.

23) 『공공기관의 갈등 예방과 해결에 관한 규정』 제5~제9조.

제2부
협 상 전 략

제1장
협상이해

|제1절| 협상의 의의

1. 협상테이블로서의 세상

우리의 일상생활은 협상으로 이루어져 있다. 가정, 학교, 기업, 정부, 국가 생활은 협상의 연속이다. 세상은 거대한 협상테이블이며, 우리는 모든 것을 협상할 수 있다(Cohen, 1982).[1] 우리의 생활은 협상의 연속이며, 협상을 통해서 의사결정을 하게 된다.

가족 저녁 외식에서 무엇을 먹을 것인가에 관한 자녀와의 대화에서 의견대립이 있을 때 협상을 통해서 해결하게 된다. 예컨대, 아이들은 피자를 먹고 싶어라 하고, 아버지는 된장찌개를 먹고 싶어라 하고, 어머니는 생음악이 흐르는 레스토랑에서 스테이크를 먹고 싶어라, 할 때,

1) Cohen, H. (1982). *You Can Negotiate Anything*. New York: Bantam Books.

이 가족은 협상을 통해서 장소와 메뉴를 결정하게 될 것이다.

남편과 아내가 자녀교육문제로 의견대립이 발생할 때 협상을 통해서 갈등을 해결하게 된다.

예컨대, 만약, 고등학교 1학년생인 독자 여러분의 자녀가 있을 때, 그 자녀의 수학 성적이 매우 저조할 때 성적을 올리기 위해서 학원을 보낼 것인가, 가정교사를 들일 것인가, 인터넷 매체를 통한 학습을 진행할 것인가 등등을 놓고서 여러분(가정에서의 교육을 강조하는 남편과 학원교육을 강조하는 아내)은 서로를 설득하면서 협상을 벌일 것이다. 때로는 이성적으로, 때로는 감성적으로 높은 언성이 오가는 과정을 거치게 될 수도 있다.

회사에서 상사와 부하 사이에 직무수행과정에서 갈등이 발생할 때, 협상을 통해서 해결하게 된다. 예컨대, 규정해석에 있어서 자귀를 강조하는 상사와 규정의 제정 취지를 강조하는 부하 사이에 갈등이 발생하고 이를 협상으로 해결하지 않으면 안 될 것이다. 해결이 지지부진할 때 제삼자를 끌어들여서 갈등상태에 있는 쟁점에 관해서 해결을 보고자 할 것이다.

동료와 업무 경쟁 관계에 있을 때 업무분담 등과 관련하여 협상하게 된다. 누가 더 좋은 업무를 분담받아서 좋은 성과를 산출하여 성과급을 받고 승진에 유리한 고지를 점령하느냐의 문제가 달린 것이다.

기획부서는 예산부서와 기획된 특정 사업에 지원될 예산배분 문제를 놓고서 협상하게 된다. 기회부서는 미래 지향적으로 그 사업의 중요성을 강조하면서 충분한 금액의 예산을 요구할 것이며, 예산부서는 조직 전체의 자금 사정과 다른 부서들과의 형평성 문제 등을 내세우면서 기획부서가 요구한 금액을 삭감하게 될 것이다. 그 결과, 이들 부서는 갈등상태에 돌입하게 되고 감정으로 치닫게 되면 깊은 상처를 남기게 되는 결과를 초래할 수 있다.

정부와 주민 간의 분쟁 해결을 위해서 협상을 벌인다. 지방자치단체들 사이에 협상을 벌이고, 지방자치단체와 중앙정부가 정책이나 사업을 둘러싸고 협상을 벌인다.

국제적으로 국가들 사이에 자국의 생산품을 더 많이 수출하기 위해서 협상을 벌인다. 예컨대, 한국과 다른 국가와의 통상협상, 자동차판매를 위한 협상, 농산물수출입을 위한 협상, 정보기술협상 등은 국가들 사이에 벌어지는 협상이다.

이처럼 협상은 시공간을 초월하여 끊임없이 발생하고 있다. 가정에서, 회사에서, 정부에서, 또는 국가에서 어느 시간 어느 공간에서도 협상은 전개될 수 있다. 물론, 각 상황에서 전개되는 협상의 성격은 다르지만, 어떠한 형태로든 협상은 전개되는 것이다. 따라서, 이 세상은 거대한 협상테이블이며, 독자 여러분은 세상이라는 거대한 협상테이블에 앉아 있거나 그 테이블에서 협상을 진행하고 있다고 해도 지나친 말이 아니다.

2. 협상의 개념

협상전략이란 무엇인가는 연구관점에 따라 각각 다르게 정의될 수 있다. 예컨대, 협상전략이란 타협과 조정, 상호주의에 근거해서 협상목적을 달성하기 위해 협상자의 행동을 조직화하는 틀을 의미하기도 한다(김현기, 1999).[2] 그러나, 일반적으로 협상전략(negotiation strategy)이란 협상 목적을 달성하기 위해서 협상 상대방과 실제로 협상을 진행할 때 가장 유리한 위치에서 자신의 힘과 영향력을 행사하

2) 김현기. (1999). 북한의 협상전략. 「국방저널」308. pp.84~89.

기 위한 거시적 수단이나 기획을 의미한다.

그러면, 협상(negotiation)이란 무엇인가?

협상이 무엇인가에 관해서는 다양한 관점에서 정의할 수 있다. 예컨대, 의사소통, 갈등해결, 지식과 노력, 의사결정, 공통이익추구의 충돌 등 다양한 차원에서 정의할 수 있다.

먼저, 의사소통 관점에서 볼 때, 협상이란 이해당사자들이 자신들의 욕구를 충족시키기 위해 상대방으로부터 최선의 것을 얻어내기 위해 상대방을 설득하는 커뮤니케이션(communication) 과정이다(Goldberg, Sander, & Rogers, 1999).[3] 즉, 협상이란 자신이 얻고자 하는 것 때문에 다른 사람들 또는 집단들과 갈등상태에 있을 때 그 사람들 또는 집단들을 설득하여 자신이 원하는 것을 쟁취하기 위한 일련의 커뮤니케이션 과정이다.

예컨대, 만약, 독자 여러분과 여러분의 사장 사이에 임금문제로 갈등상태에 있을 때, 즉, 여러분은 임금을 올려주기를 바라고 사장은 그에 반대할 때, 서로가 자신이 목적한 바를 쟁취하기 위해서 상대방을 설득하는 커뮤니케이션 과정을 거치게 된다. 때론 이성적으로, 때론 감성적으로 커뮤니케이션을 하게 된다.

만약, 이 임금협상에서 커뮤니케이션이 원활하게 잘 진행될 때, 상대방 설득이 원활하게 잘 진행될 때, 임금협상도 원활히 진행되고 좋은 결과를 산출하게 될 것이다. 그러나, 서로가 상대방에 대한 분노와 증오로 가득 차서 서로가 상대방을 적으로 단정하고 의사소통 과정을 차단하고 단절할 때 임금협상은 더는 진전되지 못하게 될 것이다. 결국, 임금협상의 문제는 커뮤니케이션의 문제로 결말지어지는 것이다. 그러

---

3) Goldberg, S. B., Sander, F. E. A., & Rogers N. H. (1999). *Dispute resolution: Negotiation. mediation, and other processes.* (3rd ed.). Gaithersburg, NY: Aspen Law & Business.

므로 협상이란 설득을 목적으로 하는 커뮤니케이션이라는 것이다.

다음, 갈등해결 차원에서 볼 때, 협상이란 갈등 관계에 있는 이해당사자들이 대화를 통해서 갈등을 해결하고자 하는 상호작용과정이다(유규열, 2002).[4)]

협상이란 개인, 조직, 또는 국가가 가지고 있는 갈등의 문제를 해결하기 위해서 갈등 관계에 있는 이해당사자들이 대화를 통해서 상반되는 이익은 조정하고 공통되는 이익은 증진하는 상호작용과정이라는 것이다.

한편, 지식과 노력 차원에서 볼 때, 협상이란 우리가 얻고자 하는 것을 가진 사람의 호의를 쟁취하기 위한 것에 관한 지식이며 노력의 분야이다(Cohen, 1982).[5)]

즉, 협상이란 승진, 돈, 안전, 자유, 사랑, 지위, 명예, 정의, 애정 등 우리가 얻고자 원하는 것을 어떻게 다른 사람들보다 더 우월한 지위를 점유하면서 얻을 수 있을 것인가 등에 관련된 지식이며 노력의 장이다.

예컨대, 만약, 독자 여러분과 여러분의 자녀와 용돈 문제로 갈등 관계에 있다고 가정하자. 즉, 여러분의 자녀는 용돈을 올려주기를 바라고 여러분은 자녀의 용돈을 올려주려고 하지 않으려고 하므로 갈등이 야기된 것이다. 이때, 여러분의 자녀는 자신이 원하는 용돈 자금을 여러분이 가지고 있으므로 여러분을 어떻게 설득하느냐에 따라 용돈의 액수가 결정되게 된다. 즉, 여러분의 자녀가 여러분으로부터 호의를 어떻게 쟁취하느냐에 따라 받게 될 용돈의 범위가 결정되게 된다. 따라서, 여러분의 자녀는 애교, 공부, 능청스러운 말 등 다양한 방법을 동원하

4) 유규열. (2002). 국제무기시장에서의 협상력 향상 방안. 「교수논총」25. pp.213~256.

5) Cohen, H. (1982). *You Can Negotiate Anything*. New York: Bantam Books.

여 여러분을 설득하여 여러분의 호의를 얻어내려고 노력하게 된다. 이를 위해서 어떻게 하면 그 호의를 쉽게 얻어낼 수 있는가에 관한 지식이 있어야 하며 그 지식을 활용하는 노력이 있어야 한다. 그러므로, 협상이란 우리가 얻고자 하는 것을 가진 사람의 호의를 쟁취하기 위한 것에 관한 지식이며 노력의 분야라는 것이다.

그리고, 의사결정 차원에서 볼 때, 협상이란 둘 이상의 이해당사자들이 여러 대안 가운데서 이해당사자들 모두가 수용 가능한 대안을 찾기 위한 의사결정과정이라고도 볼 수 있다.

또한, 협상이란 공통적인 이익을 추구하나 서로 입장의 충돌 때문에 이해당사자들 모두에게 수용 가능한 이익의 조합을 찾으려는 개인, 조직, 또는 국가의 상호작용과정이라고도 볼 수 있다(이달곤, 2000).[6]

직접적이고 분명한 조건과 명시적인 절차를 거치면서 진행되는 협상을 명시적(explicit) 협상이라고 하고, 이와 반대로 상대방의 의도를 추정하여 간접적이고 비명시적으로 조건을 제시한다든가 우회적으로 정보를 흘린다든가 하는 방법으로 진행되는 협상을 암묵적(tacit) 또는 묵시적, 비명시적(implicit) 협상이라고 하며, 이해당사자들이 분명한 의사 교환을 하기 전에 자신의 견해를 강화하기 위해 암묵적으로 말이나 행동을 모색하여 진행(move)하는 것은 협상 모색이라고도 한다(이달곤, 2000).[7]

한편, 참여자들의 공통적인 의사결정이 있어야 하는 교섭관점에서 볼 때, 협상이란 선호가 서로 다른 협상당사자들이 합의에 도달하기 위해 공동으로 의사결정 하는 과정이라고 할 수 있다(이상호, 2001).[8]

---

6) 이달곤. (2000). 「협상론」. 서울: 법문사.
7) 이달곤. (2000). 「협상론」. 서울: 법문사.
8) 이상호. (2001). 노사교섭 및 합의 유도 촉진을 위한 방안. 「조정과 심판」6. pp.99~108.

또한, 협상이란 둘 이상의 당사자가 갈등상태에 있는 쟁점에 대해서 합의를 찾기 위한 과정이라고 정의될 수 있다(Rojot, 1991).[9] 즉, 협상이란 둘 또는 셋 이상의 사람들이 갈등상태에 있는 어떤 쟁점에 대해서 주고받는 과정을 통해서 합의점을 찾아서 그 쟁점을 해결하기 위한 과정이다.

예컨대, 노동자와 사용자가 단체교섭에서 사원의 복지문제로 논쟁상태에 있게 될 때, 또는 정부와 기업이 기업의 활동을 규제하는 것에 관한 입법을 제정하려고 할 때 그 규제의 범위를 둘러싸고 갈등상태에 있게 될 때, 또는 환경단체와 정부가 국책사업을 집행할 때 환경보전가치와 경제개발가치를 둘러싸고 갈등상태에 있게 될 때, 당사자들은 그 쟁점 사항들을 해결하기 위해서 합의점을 찾지 않으면 안 되고, 이를 위해 협상에 들어가게 된다. 그 협상 과정이 어떠하냐에 따라 갈등당사자 사이의 합의 수준에 차이가 나게 된다. 합의점을 찾을 수도 있고 전혀 그렇지 못할 수도 있고 일부 양보하고 합의점을 찾을 수도 있다. 그러므로, 협상이란 둘 이상의 당사자가 갈등상태에 있는 쟁점 사건에 대해서 합의점을 도출하기 위한 과정이다.

협상에 관한 이러한 주장들을 종합하여 볼 때, 갈등관리에서 있어서, 협상(協商, negotiation)이란 갈등상태에 있는 이해당사자들이 대화와 논쟁을 통해서 서로를 설득하여 문제를 해결하려는 정보전달과정이자 의사결정과정이다. 따라서, 협상은 갈등(예컨대, 당사자들의 이익상충)의 문제를 해결하기 위해서 진행되며, 대화와 논쟁의 상호작용을 통해서, 정보를 교환하면서, 서로를 설득하는 상호작용과정이며 의사결정과정이다.

이해당사자 간의 협상은 교섭(交涉 bargaining)이라고도 한다. 왜

---

9) Rojot, J. (1991). *Negotiation: From Theory to Practice.* London: Macmillan.

냐하면, 교섭은 거래와 흥정을 수반하는데 협상 과정은 이해당사자 간의 거래와 흥정의 과정으로 볼 수 있기 때문이다. 특히, 힘이 대등한 노동자와 사용자 간에 발생하는 노사협상의 과정은 거래와 흥정을 수반하는 노사교섭의 과정이다.[10]

협상 또는 교섭에서 당사자의 수는 2인 이상을 말한다. 협상에는 원칙적으로 제삼자는 배제된다. 그러나, 당사자들이 원하면 당사자들의 합의에 따라서 제삼자가 참여할 수 있다. 이때 제삼자는 주로 조정의 역할을 담당하게 되는 경우가 많다.

|제2절| 협상의 변수와 특성

1. 협상의 주요 변수들

협상은 다양한 요인들에 의해서 영향을 받는다. 이들은 협상의 과정과 결과에 영향을 미치게 된다. 이들 변수의 내용은 다음과 같다.

(1) 힘, 시간, 정보

코헨(H. Cohen)은 협상을 하나의 사건이 아니라 과정으로 보고 있으며, 그러한 성질을 가진 협상의 성공에 영향을 미치는 변수들로 ① 힘, ② 시간, ③ 정보 등을 강조하고 있다(Cohen, 1982).[11]

---

10) 협상(negotiation)과 교섭(bargaining)의 개념들을 구별하여 사용하는 견해도 있다. 여기서는 Rojot(1991)의 견해에 따라 협상과 교섭을 같은 의미로 보고 서로 호환하여 사용하고자 한다

코헨에 의하면 정보는 협상 과정에서 발생하는 의사결정에 매우 중요한 요인이다. 상대방에 관한 정보는 물론이고 자기 자신에 관한 정보, 협상에 영향을 미치는 협상 환경과 관련된 정보 등 모두 포함된다.

한편, 협상의 흐름은 시간의 흐름이다. 시간의 흐름 속에서 새로운 변수들이 협상 과정에 들어오기도 하고 기존에 있던 상황이 변화하기도 한다. 시간을 잘 이용하도록 해야 한다.

또한, 코헨에 의하면 힘(power)이란 자기 일을 성취하기 위해 사람, 사건, 상황을 통제할 수 있는 능력이다. 힘에 포함될 수 있는 요소들로는 ① 경쟁에서 유리한 자원(예컨대, 돈)의 소유, ② 합법성(예컨대, 문서로 만들어진 조항, 규정, 법률 등), ③ 위험감수(예컨대, 용기), ④ 다른 사람들이 자신에게 보내는 헌신, ⑤ 자신이 가지고 있는 기술이나 지식, ⑥ 상대방의 외형적 욕구의 밑바닥에 자리 잡고 숨겨져 있는 실질적 욕구를 파악할 수 있는 지식, ⑦ 상황에 시간과 돈 그리고 정력의 투자, ⑧ 보상과 벌을 가할 수 있는 능력, ⑨ 상대방에게 자신과 동일시하게 하는 능력, ⑩ 도덕성, ⑪ 선례, ⑫ 끈덕짐, ⑬ 설득력, ⑭ 자신의 협상 태도 등을 들 수 있다. 이들 요인은 협상의 과정과 결과에 영향을 미치게 된다.

(2) 협상맥락 변수들

스팽글과 아이젠하트(M. L. Spangle & M. W. Isenhart, 2003)는 협상의 맥락 또는 상황이 협상에 영향을 미친다고 보고 협상맥락(協商脈絡)의 변수들로 ① 협상구조, ② 규범과 가치, ③ 이해 당사자 관계, ④ 커뮤니케이션, ⑤ 상호의존성, ⑥ 힘 등을 강조하고 있다(Spangle & Isenhart, 2003).[12]

---

11) Cohen, H. (1982). ***You Can Negotiate Anything***. New York: Bantam Books.

〈그림 2-1-1〉에서는 이들 협상에 영향을 미치는 협상맥락 변수들을 보여주고 있다. 이 변수들의 구체적인 내용은 다음과 같다.

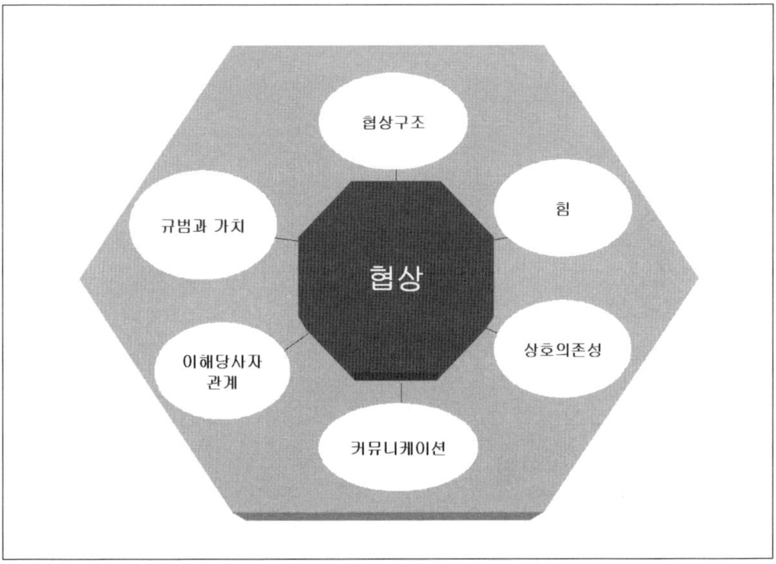

〈그림 2-1-1〉 협상맥락 변수들

- **협상구조(negotiation structure)**

스팽글과 아이젠하트(Spangle & Isenhart, 2003)에 의하면, 협상구조(negotiation structure)란 협상 과정을 형성하는 구성 체제이다. 협상구조를 구성하는 요인들에는 ① 협상당사자들의 수, ② 협상에서 이용 가능한 시간(time)의 양, ③ 협상 위치 또는 협상 장소, ④ 의사결정과정의 형태, ⑤ 협상 주제(topics) 등이 포함된다. 이들 요인은 협상에 영향을 미치게 된다.

12) Spangle, M. L., & Isenhart, M. W. (2003). *Negotiation*. Thousand Oaks: SAGE Publications.

• **규범과 가치(norms and values)**

규범과 가치(norms and values)는 협상에 영향을 미치는 명시적 또는 묵시적 규범이나 가치 또는 규칙을 말한다. 이에는 ① 공식적 또는 비공식적인 공정성이나 힘 등에 대한 믿음, ② 지위, ③ 집단 규범, ④ 협상당사자들 또는 협상 집단의 가치, ⑤ 집단의 결속력, ⑥ 명시적 또는 묵시적 협상 규칙 등을 말한다.

• **이해당사자 관계(relationship)**

이해당사자 관계(relationship)란 협상참여자들 사이의 상호 연결성의 정도를 말한다. 이 관계는 ① 상호 신뢰 정도, ② 존경의 정도, ③ 당사자의 태도, ④ 정보공개 의지 정도, ⑤ 결과에 대한 헌신 정도, ⑥ 서로 접근하기 쉬운 정도 등에 의해서 영향을 받는다.

• **커뮤니케이션(communication)**

커뮤니케이션(communication)이란 정보의 송신과 수신과 관련된 것이다. 즉, 정보를 얼마나 정확하게 전달하고 얼마나 정확하게 그 뜻을 해석하느냐의 관계이다. 이는 ① 정보의 내용, ② 정보전달 방식, ③ 당사자 관계 등에 의해서 영향을 받는다. 예컨대, 같은 정보라도 적대적 관계에 있는 당사자들은 그 정보를 나쁜 방향으로 해석하게 되고 우호적 관계에 있는 당사자들은 그 정보를 좋은 방향으로 해석하게 된다.

• **상호의존성(interdependence)**

상호의존성(interdependence)이란 협상당사자들 사이에 형성되는 이해, 논쟁, 문제해결과정에서의 의존성을 말한다. 상호의존성은 ① 당사자들 협상참여의 충성도 정도, ② 의무감 정도, ③ 당사자들의 사업 관계의 정도 등에 의해서 영향을 받게 된다. 상호의존성에 영향을 미치는 요인들에는 ① 상대방의 몫에 관심을 가지지 않느냐 가지느냐와 관련된 개인주의(個人主義) 또는 협동주의(協同主義) 성향, ② 협상당사자 간의 힘의 균형과 관련된 당사자 관계에 있어서 힘의 분배 정도, ③ 상대방을 신뢰하고 정보를 공유하는 것과 관련된 당사자 관계에 있어서 개인 관계의 민감도 정도 등이다.

• **힘(power)**

힘(power)이란 자신의 의도대로 협상을 이끌고 가기 위해 상대방에게 미치는 영향력, 세력, 통제력 등을 말한다. 힘에는 ① 동맹 관계를 형성할 수 있는지의 정치적인 힘, ② 지위를 이용하여 권한을 사용할 수 있는 구조적인 힘, ③ 보상과 제재를 통제할 수 있는 자원의 힘, ④ 의사결정과정을 통제할 수 있는 절차적인 힘, ⑤ 특정 정보에 접근할 수 있는 특권을 가진 정보 힘, ⑥ 법률에 따라서 부여된 권리인 법적인 힘, ⑦ 공정과 정의와 같은 가치에 의해서 영향력을 행사할 수 있는 윤리적인 힘, ⑧ 명성이나 성취 또는 카리스마 등에 의해서 영향력을 가지는 개인적인 힘 등이 포함된다. 이들 요인은 협상 과정과 결과에 영향을 미치게 된다.

(3) 협상의 환경, 당사자, 절차

한편, 협상에 영향을 미치는 주요 변수들로 ① 협상 환경, ② 협상당사자, ③ 협상 절차 등을 들 수 있다. 이들 변수를 어떻게 조화롭게 조정하고 통합하여 이용하느냐에 따라 실제로 얻어지는 협상 결과가 달라진다.

협상 환경이란 협상의 결과에 영향을 미치는 협상당사자를 둘러싼 모든 조건이라고 할 수 있다. 협상 환경으로는 조직 환경, 협상자 환경,

정당성 환경, 권력 환경, 문화 환경 등을 들 수 있다.

〈그림 2-1-2〉에서는 협상당사자에 영향을 미치는 협상 환경 변수들을 보여주고 있다.

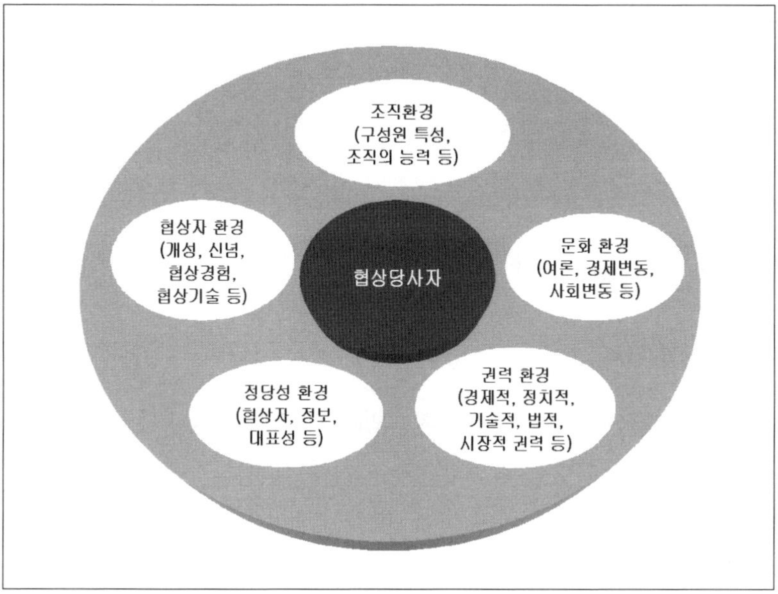

〈그림 2-1-2〉 협상당사자의 협상환경

협상 환경은 항상 변한다. 협상 환경은 시간과 공간의 변화에 따라 항상 변한다. 이러한 협상 환경을 협상 결과에 명시적, 묵시적으로 영향을 미치게 된다.

특히, 지역협상이나 국제협상에 있어서 협상당사자들의 문화적 차이가 존재할 때 이러한 문화적 요소를 고려하여 이해하지 않으면 순조로운 협상 진행은 어렵게 되고 협상 결과도 나쁘게 된다. 따라서, 협상전략을 선택할 때 협상 환경을 반드시 고려해야 한다.

협상당사자란 협상을 진행하는 주체들을 말한다. 자신의 처지에서 보았을 때 협상 상대자이다. 협상자의 성격이 협상 결과에 영향을 미치게 된다.

협상당사자 또는 상대자는 개인일 수도 있고 집단일 수도 있으나, 협상하는 주체들이 그룹을 형성하고 있을 땐 각 그룹의 대표가 협상대표로 참여하게 된다.

협상 절차는 협상이 진행되는 과정으로 그 과정이 얼마나 민주적이며 투명하냐에 따라 협상 결과에 영향을 미치게 된다.

2. 협상의 특성

(1) 협상의 위치

갈등관리에서 협상은 당사자의 자발적인 의사에 의해서 이루어지는 것이 원칙이다. 협상은 갈등당사자 사이에 신뢰를 기반으로 이루어져야 하며 긴장 관계가 없어야 한다. 따라서, 당사자 사이에 긴장이 높게 고조되어 있고 불신으로 가득 차 있으면 협상이 순조로이 진행될 수 없게 된다. 자발적으로 이루어지는 협상으로 갈등이 해결되기 위한 선택적 수단은 당사자 모두의 협상, 화해로 다양한 형태로 이용할 수 있다.

〈그림 2-1-3〉에서는 갈등관리에서 협상의 위치를 보여주고 있다. 갈등을 해결하기 위해서 갈등당사자들이 자발적으로 협상을 진행한다. 그 협상이 원활하게 진행되지 못하여 합의에 이르지 못하게 될 때, 당사자들의 합의에 따라 제삼자를 조정자, 중재자로 내세울 수 있다.

사인(私人) 간의 협상이 원활하게 진행되지 못할 때, 결국 법원의 재판절차를 따르게 될 것이다. 그러나, 법원소송은 시간(많은 시간), 돈(큰 비용), 당사자 우호 관계 등에 손실, 손상을 초래할 수 있으므로,

법원소송의 재판절차를 따르지 않기 위해서 협상이라는 대안적인 갈등, 분쟁 해결방식(ADR : alternative dispute resolution)이 도입된 것이다.[13] ADR에는 사실확인, 협상, 조정, 중재 등 다양한 방식이 도입되고 있다.

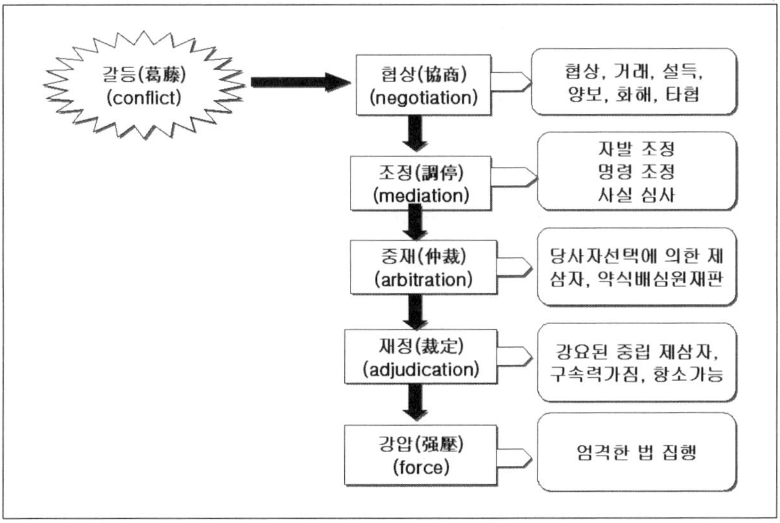

〈그림 2-1-3〉 갈등관리에서 협상의 위치

(2) 변화하는 협상 환경

협상 환경은 시간과 공간을 타고 변화한다. 조직 환경, 협상당사자 환경, 문화 환경, 권력 환경, 정당성 환경 등이 시간과 장소에 따라서 변화한다. 그러므로, 협상전략을 선택할 때 이러한 변화요인을 잘 고려해야 좋은 협상 결과를 얻을 수 있다.

13) ADR(alternative dispute resolution) 용어는 대안적 분쟁해결 방법, 대체적 분쟁해결 방법, 또는 대안적 갈등해결 방식 등으로 번역되어 사용되고 있다.

(3) 변화하는 상대방의 기술

나 자신의 협상기술이 발전할 때 상대방의 협상기술도 발전한다는 것을 명심해야 한다. 내가 방어적인 자세를 취할 때 상대방은 더욱더 방어적인 자세를 취할 수 있다. 내가 공격적인 자세를 취할 때 상대방은 더욱더 강도 높은 공격적인 자세를 취할 수 있다. 내가 협상에 사용할 칼을 연마할 때 상대방은 더욱더 날카롭게 칼을 갈고 있을 것이다.

(4) 유일무이한 해답의 부재

협상에서 유일무이한 하나의 최고의 길은 없다. 따라서 협상당사자들이 제시하는 대안들은 모두 최고의 대안이 될 수 없다. 그것은 사이몬(H. A. Simon)이 말한 것처럼 인간은 제한된 합리성(bounded rationality)을 가지고 있기 때문이다. 즉, 인간은 결코 완전하지 못하며, 모든 환경적 요소와 대안들을 모두 고려할 수 없다. 인간은 불완전하므로, 시간적, 지적, 경제적 한계를 가지고 있으므로, 모든 대안을 찾아서 가장 우수한 대안을 선택하지 못하고 단지 선택적으로 만족스러운 수준에서 대안을 탐색하고, 선택적으로 만족스러운 정도 수준으로 대안들 가운데서 하나를 선택하여 집행하게 된다.

예컨대, 옷을 바느질하기 위해서 독자 여러분 앞에 수십만 개의 바늘이 산더미처럼 쌓여 있다고 가정하자. 여러분은 옷을 바느질하기 위해서 최고의 대안 즉, 가장 끝이 뾰족하고 단단한 바늘을 찾기 위해 그 바늘들을 하나하나 낱낱이 비교하는 것이 아니라 여러분은 시간, 지식, 비용, 육체적 정열(情熱) 등에 있어서 한계를 가지고 있으므로 "이 바늘 정도면 바느질하기에 충분하다."라고 생각되는 수준, 즉, 여러분 자신의 만족스러운 수준에서 한 개의 바늘을 선택하게 된다.

이처럼 인간은 자신의 정신적, 육체적 한계 그리고 시간, 노력, 비용 등의 한계 등을 가지고 행동하지만, 사람들은 자신의 관점에 근거해서,

자신은 가장 합리적으로 행동한다고 보고 있다.

이러한 제한된 합리성의 성격은 협상 과정에도 적용된다. 즉, 협상에 임하는 당사자들은 제한된 합리성을 가지고 협상 과정에서 활동한다. 그 결과, 협상의 기획, 준비, 진행단계에 영향을 미쳐 제한된 합리성의 결과물이 산출된다. 즉, 환경 분석 등 상황분석과정, 전략과 전술 개발 등 협상 기획과 준비과정, 협상 실행 등 협상의 진행단계에서의 개별 협상참여 당사자들 사이의 실제적 상호작용 과정 등에 제한된 합리성이 영향을 미치게 된다. 또한, 협상이 협의가 이뤄져 비준되고 그 비준된 것을 집행에 옮기게 될 때도 제한된 합리성은 영향을 미치게 된다. 즉, 협의가 이뤄진 내용은 이해 당사자들의 자신들의 제한된 합리성의 영향 아래서 그 합의 내용을 해석하고 실행에 옮기게 된다.

그런데, 협상 과정에서 그러한 인간의 제한된 합리성을 보완할 수 있는 기술이 최첨단과학기술이다. 예컨대, 인공지능(AI : Artificial Intelligence), 빅데이터(Big Data), 사물인터넷(IoT : Internet of Things) 기술과 같은 기술들이 그러하다.

그러므로, 협상을 개시하기 전에 사전에 협상을 준비할 때는 물론이고, 협상테이블에 앉아서 협상할 때, 또한 협상의 전(全) 과정에서 이러한 첨단과학기술의 도움을 받도록 하여야 할 것이다. 즉, 이러한 기술을 잘 활용하여, 상대방에 관련된 협상 정보수집에는 물론이고 자신의 것도 잘 준비하여, 협상을 잘 준비하여야 할 것이다. 또한, 협상의 모든 과정에 잘 활용하도록 하여야 할 것이다.

(5) 이슈와 인간관계 목적

자신도 상대방도 모두 잘 되는 상생(Win-Win) 전략을 추구하기 위해서는 두 가지 요인을 고려해야 한다. 하나는 협상 결과의 내용에 관한 것이고, 다른 하나는 인간관계에 관한 것이다.

협상은 협상의 결과인 협상의 내용 문제와 협상이 종료한 후 협상에 참여했던 사람들과의 인간관계를 잘 유지하느냐의 문제를 함께 가지고 있다. 즉, 협상은 협상 결과가 협상참여자의 목적을 충족시킴과 동시에 협상 후의 좋은 인간관계를 유지해야 할 목적도 함께 가지고 있다.

이러한 갈등당사자의 상생(Win-Win) 협상 목적을 달성하기 위해서, 로스 렉(Ross Reck)은 PRAM 상생 협상 모형을 주장하고 있다. PRAM은 ① Planning & Plans, ② Relationships, ③ Agreements, ④ Maintenance 첫머리 글자를 딴 약어이다. PRAM 상생 협상 모형의 구체적인 내용은 다음과 같다.14)

① Win-Win Planning & Plans(상생 기획과 계획): 자신의 목표설정과 상대방의 목표에 대한 예상, 합의가 가능한 영역과 불일치 영역을 예상하고, 협상의 최대의 성과(결과)를 도출하기 위한 상생(win-win) 전략을 기획(planning)하고 계획(plans)하여야 한다. 이때, 자신의 실질적 이익(이해관계)과 상대방의 실질적 이익(이해관계)이 상호연결되어 협동할 수 있도록 전략을 개발해야 한다.

② Win-Win Relationships(상생 인간관계 구축과 증진): 당사자 모두를 위한 협상 상생 상황을 계획하고, 협상 쟁점을 논의하기 전에 참여자 간의 신뢰적 인간관계를 구축한다(relationships). 협상 상대방으로부터 만족의 예(yes)를 받아낸다. 그러나, 주의할 것은 목적을 이루기 위해서 너무 서둘러서는 안 된다.

---

14) Reck, Ross R. (1987). *The Win-Win Negotiator : How to Negotiate Favorable Agreements That Last*. Newcastle Publishing Company.; Reck, Ross R. (2019), TAKING CHARGE! *Negotiating the Deal You Want Every Time.;* 이상호. (2001). 노사교섭 및 합의 유도 촉진을 위한 방안. 「조정과 심판」6. pp.99~108.

③ Win-Win Agreements(상생 문제해결과 합의 도달): 문제를 해결하기 위한 대안들을 협력해서 개발하고, 합의 영역을 도출하고, 불일치 영역을 해결하기 위한 긍정적인 대안을 공동으로 찾아내어, 당사자 모두가 더 좋게 되는 결과를 끌어내어, 당사자 모두가 예(yes)하면서 만족하고, 문제를 해결하고, 이에 합의한다(agreements).

④ Win-Win Maintenance(상생 유지): 상생 계획 또는 기획, 상생 인간관계 개발과 증진, 상생 합의 등을 협상당사자 간에 상생하며, 유지해야 한다. 합의된 것을 이행하며, 협상당사자 모두에게 더 좋은 보상과 충족이 이루어지고, 협상참여자 간의 지속적인 접촉으로 참여자들과 신뢰적인 인간관계를 유지해야 한다(maintenance).

제2장
협상전략

|제1절| 기술적 전략

협상에 사용될 전략으로서 협상전략(協商戰略)의 형태는 다양하다. 협상당사자는 자신의 목적과 상대방의 목적 그리고 상황적 요인에 따라서 다양하게 협상전략을 구사할 수 있다. 김현기(1999)는 협상전략의 행태로 문제해결전략(問題解決戰略), 양보전략(讓步戰略), 무행동전략(無行動戰略), 경쟁전략(競爭戰略)을 제시하고 있다.[1]

문제해결전략은 협력전략(協力戰略)에, 양보전략은 유화전략(宥和戰略)에, 무행동전략은 회피전략(回避戰略)에, 경쟁전략은 강압전략(强壓戰略)에 해당한다고 할 수 있다. 이들의 구체적인 내용은 다음과 같다.

---

1) 김현기. (1999). 북한의 협상전략. 「국방저널」308. pp.84~89.

1. 협력전략

협력전략(cooperative strategy)은 협상참여자들이 협동과 통합으로 문제를 해결하고자 하는 협력적 문제해결전략(cooperative problem-solving strategy)이다. 문제를 해결하는 합의에 이르기 위해서 협상당사자들이 서로 협력하는 것이다.

협력적 문제해결전략은 "Win-Win" 전략의 정신을 하고 있다. 즉, 나도 잘되고, 상대방도 잘되어, 우리가 모두 잘되고 상생하는 상생 전략인 "I Win, You Win, We Win" 전략이다. 일반적으로 단기적인 개인의 이익보다는 장기적인 시각에서 당사자 모두 상호 이익이 되도록 하는 상생 전략이다. 이를 위해서 신뢰와 협력적 관계가 협상당사자 사이에 형성되어야 한다.

협력적 문제해결전략의 "Win-Win" 전략은 분쟁이 된 문제도 해결하고 분쟁 당사자들의 상호 호의적인 관계도 유지하기 위해서 협상당사자들이 서로 협력하여 합의를 끌어내자는 전략이다.

따라서, 협상당사자들은 자신들의 목적이나 우선순위에 대한 정보를 서로 교환하여 이를 통합하여 문제를 해결하고자 노력한다. 자신이 가지고 있는 것 가운데서 우선순위가 낮은 것에 대해서는 상대방에게 양보하는 협력적 과정을 통해서 문제해결을 위한 합의에 이르게 된다.

협력전략이 성공을 거두기 위해서는 협상참여자들은 신뢰에 기반을 둔 협력을 진행해야 한다. 이를 신뢰적 협력전략이라고도 할 수 있다. 신뢰에 기반을 두지 않고서는 문제해결을 위한 협력이 진정으로 이루어질 수 없기 때문이다. 자신에게 돌아올 결과와 상대방에게 돌아갈 결과, 그리고 우호적 인간관계의 유지 등이 모두 중요한 경우에 서로가 협력하지 않으면 안 될 것이다.

협력전략의 협상전술(協商戰術)에는 협동적 원인탐색, 정보수집과 제공, 쟁점의 구체화, 대안 개발, 개발된 대안들에 대한 공동평가, 협동하여 최종안 선택 등이 있다(Pruitt, 1991).[2]

2. 유화전략

유화전략(smoothing strategy)은 양보전략이며, 순응전략이며, 화해전략이며, 수용전략이며, 또는 굴복전략이다. 상대방이 제시하는 것을 일방적으로 수용하여 협상의 가능성을 높이려는 전략이다. 상대방의 욕구와 주장에 자신의 욕구와 주장을 조정하고 순응시켜 굴복한다.

유화전략은 "Lose-Win" 전략이다. 나는 손해를 보지만(I Lose), 당신은 이득은 본다(You Win)는 전략이다. 즉, 당신의 승리를 위해서 나는 손해를 보아도 괜찮다는 전략인 "I Lose, You Win" 전략이다.

유화전략은 협상으로 인해 돌아올 결과보다는 상대방과의 인간관계 유지를 선호하여, 상대방과 충돌을 피하고자 할 때 사용할 수 있다. 상대방과의 우호적인 관계를 중시하며 그 우호적인 관계를 지속하기 위해서 자신의 이익과 입장보다는 상대방의 이익과 입장을 고려하여 상대방에게 돌아갈 결과에 더 큰 관심을 가지고 상대방의 주장에 순순히 따르는 전략이다.

또한, 단기적으로는 상대방의 얻는 결과에 순응하고 수용하더라도 자신은 잃을 것이 없고, 오히려 장기적 관점에서 볼 때 상대방과의 상

---

2) Pruitt, D. G. (1991). "Strategy in Negotiation." Victor A. Kremenyuk (ed). *International Negotiation: Analysis, Approaches, Issues*. San Francisco: Jossey-Base Publishers. 홍양호. (1999). 북한의 대미협상 행태와 분석. 「군사」 39. pp.199~243에서 각색.

호의존성과 인간관계의 우호적인 면을 강화하여 상대방의 지원을 지속시킬 수 있다면 유화전략을 공개적으로 사용할 수 있다.

유화전략에 사용될 수 있는 전술에는 유화, 양보, 순응, 수용, 굴복, 요구사항 철회 등이 있다(Pruitt, 1991).[3)]

3. 회피전략

회피전략(avoiding strategy)은 무행동(inaction)전략이며, 협상으로부터 철수하는 철수전략이다. 협상을 피하거나 잠정적으로 중단하거나 철수하는 전략이다.

회피전략은 "Lose-Lose" 전략이다. 나도 손해를 보고(I Lose), 당신도 손해를 본다(You Lose)는 전략이다. 즉, 나도 손해 보고 상대방도 피해를 보게 되어 협상당사자 모두가 손해를 보게 되는 전략인 "I Lose, You Lose, We Lose" 전략이다.

회피전략은 상대방에게 돌아갈 결과나 자신에게 돌아올 결과에 대해서 전혀 관심을 가지지 않을 때 사용할 수 있다. 또한, 회피전략에서는 자신이 얻게 되는 결과나 인간관계 모두에 관해서 관심이 없을 때 상대방과의 협상을 거절할 수 있다.

시간과 노력을 투자할 필요가 없을 정도로 협상의 가치가 낮거나, 협상을 중단하고자 하여 상대방에게 심리적 압박감을 주어 상대방으로부터 필요한 양보를 얻어내고자 할 때, 또는 협상 이외의 방법으로 쟁

---

3) Pruitt, D. G. (1991). "Strategy in Negotiation." Victor A. Kremenyuk (ed). ***International Negotiation: Analysis, Approaches, Issues***. San Francisco: Jossey-Base Publishers. 홍양호. (1999). 북한의 대미협상 행태와 분석. 「군사」 39. pp.199~243에서 각색.

점 해결을 위한 대안이 존재할 때 회피전략을 사용할 수 있다(홍양호, 1999).[4)]

또한, 회피전략은 협상을 더는 진행하는 것이 자신에게 불리하게 될 가능성이 있을 때, 또는 협상 상황이 자신에게 불리하게 전개되고 있을 때, 협상 국면을 전환하기 위해서 사용할 수 있다.

회피전략의 전술에는 협상을 회피, 무시, 상대방의 도전에 대한 무반응, 협상 안건을 타인에게 넘겨주기, 협상으로부터 철수 등이 있다.

4. 강압전략

강압전략(forcing strategy)은 공격적 전략이며 경쟁전략(competitive strategy)이다. 자신이 상대방보다 힘에 있어서 우위를 점유하고 있을 때, 자신의 이익의 극대화를 위한 공격적 전략이다. 상대방의 주장을 무시하고 자신의 힘으로 일방적으로 밀어붙여 상대방에게 자신의 이익과 입장을 강요하는 전략이다.

강압전략은 "Win-Lose" 전략이다. 나는 이득을 보아야 하고(I Win), 당신은 손해를 보아야 한다(You Lose)는 전략이다. 즉, 내가 승리하기 위해서 당신은 희생되어야 한다는 전략인 "I Win, You Lose" 전략이다. 이로 인해 영합(zero-sum)적인 결과가 산출될 수 있다.

명시적 또는 묵시적으로 강압적 위협이나 강압적 설득, 처벌 등의 무력시위 또는 카드 등을 사용하여 상대방을 굴복시키거나 순응시킨다. 자신의 주장을 확실하게 상대방에게 제시하고 상대방에게 이를 수

---

4) 홍양호. (1999). 북한의 대미협상 행태와 분석. 「군사」39. pp.199~243.

용하지 않으면 보복이 있을 것이며 협상이 결렬될 것이라는 등의 위협을 가하는 경우가 발생할 수 있다. 따라서, 강압전략은 일방적인 의사소통으로 일방적인 양보를 받아낸다.

인간관계를 중요하게 여기지 않고 어떠한 수단과 방법을 동원해서라도 자신의 이익과 입장의 극대화를 관철하는 것에만 관심이 있다. 합의도출이 쉬운 협력전략과 반대로 강압전략은 합의도출이 어렵다.

상대방보다 자신의 힘이 강하고, 상대방과의 인간관계가 나쁘고, 상대방에 대한 신뢰가 전혀 없을 때, 자신의 실질적 결과를 극대화하기 위해서 강압전략이 매우 강력하게 사용될 수 있다.

강압전략이 사용할 수 있는 협상전술(協商戰術)로는 위압적인 입장천명, 협박과 위협, 협박적 설득, 확고한 입장에 입각한 논쟁, 협박적 회유와 설득, 상대방 입장에 대한 강압적 설명요청 등이 있다.

예컨대, '내 입장은 이러이러한 것인데, 여기서 한 치의 변경도 없음을 천명한다.'와 같이 강경하게 입장을 천명하고 그 입장을 완고하게 고수하는 전술, 또는 '내 견해(입장)를 들어주지 않으면 당신에게 큰 화근이 되어 당신뿐만 아니라 당신 집단이 큰 불이익을 받을 것이다.'와 같은 상대방을 위협하는 전술을 사용할 수 있다. 또한, 자신의 확고한 입장에 대한 논쟁을 유발할 수 있고, 상대방을 협박하는 조로 회유하거나 설득하는 것, 상대방이 표현한 입장에 관해서 설명을 강압적으로 요청하는 행위 등의 전술로 사용할 수 있다(Pruitt, 1991).[5]

---

5) Pruitt, D. G. (1991). "Strategy in Negotiation." Victor A. Kremenyuk (ed). ***International Negotiation: Analysis, Approaches, Issues***. San Francisco: Jossey-Base Publishers. 홍양호. (1999). 북한의 대미협상 행태와 분석. 「군사」 39. pp.199~243에서 각색.

5. 타협전략

타협전략(compromising strategy)은 협상당사자들 서로가 서로에게 이익이 되는 양보와 협상참여자 간의 거래(bargaining)를 가정하고 있다. 타협전략은 강압전략이나 문제해결전략 등의 전략들을 사용할 수 없을 때 하나의 대안으로 사용할 수 있다.

타협전략은 상호 획득 가능한 이득에 초점을 맞춘다. 당사자 모두 자신들이 원하는 어떤 것을 포기하는 대신에 다른 것을 더 얻고자 하는 전략이다. 즉, 협상참여자가 자신의 초기 입장에서 서로 조금씩 양보하여 서로의 이익을 보장할 가능성을 높이기 위한 절충안(middle ground alternatives)을 개발하는 전략이다.

일반적으로 Win-Lose(I Win, You Lose) 상황이나 Lose-Win(I Lose, You Win) 상황에서 어느 일방의 손실이 크게 예상될 때 그 손실을 보게 될 당사자는 그 손실을 조금이라도 만회하고자 타협전략을 사용할 수 있다.

또는, 지금은 타협을 보아서 손해가 어느 정도 예상되지만, 후일의 더 큰 이득을 위해서 타협전략을 사용할 수 있다. 즉, 예컨대, 후일에 3보 전진을 위해서 지금 1보 후퇴하며 타협전략을 사용하는 것이다.

또한, 협력전략의 문제해결전략이 작동되지 못할 때도 손실을 최소화하기 위해서 타협전략이 사용될 수 있다.

협력전략이 문제해결을 위해서 협상자의 목적이나 우선순위에 대한 정보가 교환되나, 타협전략에서는 문제해결과는 무관하게 진행되기 때문에 협상자의 목적이나 우선순위에 대한 정보를 교환할 필요는 없으며 단지 협상 쟁점에 대한 절충안을 마련하기 위한 전략이다.

타협전략의 전술로는 양보, 거래, 절충 등이 있다. 일반적으로, 상거래에서는 판매자가 부르는 가격과 구매자가 부르는 가격의 중간지점 정도에서 타협이 이루어지는 것이 일반적이다.

세상에는 타협전략이 허용되지 않는 것이 많다.

예컨대, 산업현장에서 노동자(근로자)의 생명을 담보로 하는 안전문제에 관해서는 타협의 대상이 될 수 없다. 즉, 완벽하게 안전을 추구해야 한다.

또한, 예컨대, 인간의 생명 가치와 관련된 낙태(落胎)문제는 타협의 대상이 될 수 없다. 즉, 인간의 생명은 협상의 대상이 될 수 없는 존엄한 가치이다.

|제2절| 배분전략과 통합전략

파이(pie)를 배분하는 전략인 파이전략에는 배분전략과 통합전략이 있다. 즉, 이들 전략은 고정된 기존 파이(pie)를 단순히 배분하기 위해서 협상할 것이냐(배분전략), 아니면, 파이 자체를 더 크게 증대하여 전체의 이득을 통합적으로 증대시키는 방향으로 배분 협상을 할 것이냐(통합전략)의 사상에 기반을 둔 협상전략이다. 이들 전략의 구체적 내용은 다음과 같다.

1. 배분전략

배분전략(distributive strategy)은 분배적 협상전략이라고도 하며, 경쟁전략 또는 강압전략의 일종으로 볼 수 있다. 배분전략은 인간적 관계보다 경제적 결과를 더 중요시하며, 대화나 인간관계보다 상대

방을 압도할 전략적 영향과 정보를 더 중요하게 취급하는 협상전략이다.[6]

배분전략은 협상당사자들이 각자 자신의 이득을 중요하게 여기며, 이미 주어진 총 이득 가운데서 각자 자신의 몫을 배분해 주기를 주장하며, 서로가 경쟁적이 되는 협상전략이다(박경윤, 2001; 홍양호, 1999).[7]

배분전략을 추구하는 상황에서는 목표와 이해관계들은 협상당사자들 사이에 서로 배타적이며 경쟁 관계에 있게 된다. 배분전략에 참여하는 당사자들은 일정하게 크기가 정해진 파이(pie : 이득)의 상당 부분(당사자가 두 사람인 경우엔 반 이상)을 요구하게 되고, 자신의 몫을 차지하기 위해서 경쟁적이 되고 서로 다투게 된다. 이는 상대방을 희생시켜서라도 자신의 승리를 쟁취하려고 하는 영합(zero-sum) 방식의 협상인데, 그 협상의 결과는 패배자에게 심한 충격을 가져다준다. 그 결과, 참담하게 패배한 사람은 그 패배의 기억을 오래오래 간직하게 되고, 당사자들은 먼 후일에도 서로 간의 대화는 매우 어렵게 된다(Bazerman & Neale, 1992).[8]

배분전략은 협상당사자들이 서로 불신하고 적대적일 때, 사람보다 협상 결과로 돌아올 이득에 더 큰 관심이 있을 때, 자신의 견해(입장)를 완고하게 주장할 때, 위협적이고 기만적일 때, 승리 자체가 목적일 때, 인간관계를 조건으로 내세우며 상대방의 양보를 요구할 때 등과 같은 상황에서 사용될 가능성이 높다(Keltner, 1994).[9]

---

6) Spangle, M. L. & Isenhart, M. W. (2003). *Negotiation*. Thousand Oaks: SAGE Publications.

7) ① 박경윤. (2001). 협상전략에 관한 연구. 「논문집」14. pp.345~358. ② 홍양호. (1999). 북한의 대미협상 행태와 분석. 「군사」39. pp.199~243.

8) Bazerman, M. H., & Neale, M. A. (1992). *Negotiation Rationally.* New York: Free Press.

배분전략을 위해 사용될 수 있는 협상전략의 유형으로는 일반적으로 경쟁적 강압전략이 된다. 그러나, 상황에 따라서는 상대방을 이기기 위해서 선택적인 유화전략, 타협전략 등을 사용할 수 있다(이상호, 2001).[10]

배분전략은 상대방을 희생해서라도 자신은 가능한 한 더 많은 이득을 취하고 한다. 따라서, 만약 상대방이 압도적인 힘과 영향력을 가지고 있고 이를 기반으로 자신의 몫을 많이 가져가게 된다면, 다른 상대방은 결과적으로 적은 몫만 수용하지 않을 수 없게 된다. 그 결과, Win-Lose 협상 방식이 되고, 영합(zero-sum)적인 협상 결과가 발생하게 될 수 있다.

배분전략이 사용되는 상황으로는 대학입학경쟁, 운동경기 시합, 승진제도 등 우리 사회의 대부분 시스템이 해당한다. 또한, 찬성과 반대 토론, 극렬한 양보와 요구, 완고한 입장 천명, 경청 거부, 경쟁적 전술 사용 환경에서는 배분전략이 주된 전략이 된다. 그리고, 노사협상, 이혼소송판결, 국제협상 등은 그 특성상 배분전략의 협상이 주된 협상전략으로 사용된다(Spangle & Isenhart, 2003).[11] 배분전략을 위해 사용될 수 있는 협상의 전술로는 강압적인 경쟁, 훗날을 대비한 양보, 유화, 타협 등을 들 수 있다.

---

9) Keltner, J. S. (1994). *The Management of Struggle: Elements of Dispute Resolution through Negotiation, Mediation, and Arbitration*. Cresskill, NJ: Hampton.

10) 이상호. (2001). 노사교섭 및 합의 유도 촉진을 위한 방안. 「조정과 심판」6. pp.99~108.

11) Spangle, M. L., & Isenhart, M. W. (2003). *Negotiation*. Thousand Oaks: SAGE Publications.

2. 통합전략

통합전략(integrative strategy)은 배분전략에 반대되는 전략으로, 협력전략의 일종으로 볼 수 있다. 통합전략은 문제에 대한 공동이해와 협상당사자들의 욕구를 통합하는 전략이다. 통합전략의 협상당사자들은 자신들의 목표들은 서로 배타적인 것이 아니라 양립할 수 있고, 문제해결은 모든 당사자에게 상호 이득이 되는 결과를 산출할 것이라는 믿음을 가지고 있다(Spangle & Isenhart, 2003).[12]

통합전략은 공동 이득의 증대를 위해 노력하는 전략이다. 즉, 모든 당사자에게 이득이 되는 가치를 추가로 창조하여 고정되었던 파이(pie) 자체를 증대하는 것이다.

배분전략이 한정된 이득 가운데서 각자 자신의 몫을 나눠주기를 주장하는 것에 관심 있다면, 통합전략은 전체의 공동이익(common gains)을 크게 하고자 하는 데 관심이 있다. 통합전략은 모든 협상당사자의 목표와 욕구를 충족하기 위한 최선의 대안은 무엇인가를 추구하면서 공동이익을 극대화하려고 하는 전략이다(박경윤, 2001; 홍양호, 1999).[13]

통합전략을 위해서는 협상당사자들은 서로가 신뢰를 기반으로 협상하여야 한다. 상대방을 기꺼이 믿어야 한다. 또한, 입장(positions) 중심이 아닌 이익 즉, 실질 이해관계(interests)를 기반으로 토론하여야 한다. 정보를 공개적으로 공유하여야 하고, 가치 있는 이득은 공정하게 교환하도록 하여야 한다(Spangle & Isenhart, 2003).[14]

---

12) Spangle, M. L., & Isenhart, M. W. (2003). *Negotiation*. Thousand Oaks: SAGE Publications.

13) ① 홍양호. (1999). 북한의 대미협상 행태와 분석. 「군사」39. pp.199~243. ② 박경윤. (2001). 협상전략에 관한 연구. 「논문집」14. pp.345~358.

14) Spangle, M. L., & Isenhart, M. W. (2003). *Negotiation*. Thousand Oaks:

통합전략을 위해 사용될 수 있는 협상전략은 문제해결형 협력전략이 주된 유형이 될 수 있으며, 상황에 따라서 인간관계를 유지를 위한 회피전략, 타협전략 등의 유형이 사용될 수 있다(이상호, 2001).[15)]

배분전략이 기존에 있는 파이(pie)에서 자신의 몫을 챙기려고 하는 전략이라면, 통합전략은 부가적 이득 창출을 통해서 파이 자체의 크기를 크게 하고자 하는 전략이다.

통합전략은 협상당사자들이 모두에게 돌아갈 이익이 상호 가능하도록 노력한다는 점에서 타협전략의 성질을 가지고 있으나 타협전략을 뛰어넘는 전략으로 협력전략에 가깝다. 즉, 단순히 타협전략을 통해서 얻는 이득보다 더 많은 공동 이득을 산출하기 위해서, 서로의 목적과

〈표 2-2-1〉 배분전략과 통합전략의 비교

요소	배분협상전략	통합협상전략
협상전략	강압적 경쟁전략	협력적 문제해결전략
목표 성격	개인 자신의 목표	상호 공동 목표
배타-통합지향	배타적 경쟁지향	통합적 협력지향
승패 방식	Win-Lose 방식	Win-Win 방식
이득-사람 지향	결과(이득) 지향	인간관계(사람) 지향
이득(pie)증식	고정된 파이 나누기	파이 자체의 증대
가치창출	기존 가치의 배분	새로운 가치의 창출
정보공유	은밀한 정보	공개적 정보공유
토론 성격	입장 토론	실질적 이해관계 토론
개별-공동지향	자신의 욕구충족을 위한 자신의 이득 추구	공동 이득을 위해 가치 있는 이득의 교환

SAGE Publications.

15) 이상호. (2001). 노사교섭 및 합의 유도 촉진을 위한 방안. 「조정과 심판」6. pp.99~108.

주장을 제시하여 조정하고 협력하고 통합하여 더 큰 공동 이득을 추구한다는 점에서 협력전략에 가깝다.

통합전략을 위해서 사용될 수 있는 협상의 전술로는 선택적 회피, 타협, 협력 등을 들 수 있다.

이론상으로는 배분협상전략과 통합협상전략으로 구분하나, 현실에서는 배분협상전략과 통합협상전략 사이에 다양한 협상전략이 존재할 수 있다. 〈표 2-2-1〉에서는 배분협상전략과 통합협상전략의 특성들을 비교하여 보여주고 있다.

|제3절| 회유와 위협전략

"회유와 위협(carrot-and-stick)" 전략은 "당근과 채찍" 전략이다. 이 전략은 상대방을 상황에 따라 때로는 회유하기도 하고 때로는 위협하기도 하여 협상의 목적을 이루려는 전략이다.

회유와 위협전략과 관련하여, 여기서는 점차적 호혜전략, 앙갚음(보복)전략, 마키아벨리언 전략 등을 중심으로 살펴본다.

1. 점차적 호혜전략

여기서 점차적 호혜전략이란 참여당사자 간의 긴장 완화를 위한 점차적 호혜전략(GRIT: gradual reciprocation in tension-reduction)을 말한다.

협상당사자 간의 점차적인 호혜작용을 통해 긴장의 감소를 유도하는 전략이다. 적대적 관계에서 상대방이 착취할 수 없을 정도의 아주 적은 수준의 양보를 협상당사자 간에 서로 교환하는 과정에서 상대방도 이에 호혜적으로 보답함으로써 극한 상황으로 갈등이 확대되는 것을 막음과 동시에 점차로 갈등을 해결하려는 전략이다(Axelrod, 1984).[16]

긴장 완화의 점차적 호혜전략의 전술로 호혜적인 주고받기 전술을 사용할 수 있다.

2. 앙갚음(보복)전략

앙갚음(보복)전략(tit-for-tat strategy)은 상대방이 취하는 행동과 똑같은 행동으로 맞대응함으로써, 자기에게 해를 입힌 사람에게 보복적으로 앙갚음함으로써, 상대방 스스로 행동 변화를 일으키도록 하는 앙갚음(보복)전략이다.

앙갚음(보복)전략은 상대방이 편견에 사로잡혀 대립 관계의 긴장을 강화하려 하거나 긴장 완화를 확대하려고 할 때 그 편견을 스스로 바로잡도록 유도하는 전략이다.

예컨대, 상대방이 적대적으로 나오면 이쪽도 적대적으로 나가고, 상대방이 우호적으로 나오면 이쪽도 우호적으로 대응하여, 상대방 자신이 선택한 전략에 관한 결과를 예측할 수 있게 하여, 상대방 스스로 편견을 버리고 적절한 행동 변화를 초래하도록 유도한다(Axelrod, 1984).[17]

---

16) Axelrod, R. (1984). *The Evolution of Cooperation*. New York: Basic Books. 홍양호. (1999). 북한의 대미협상 행태와 분석. 「군사」, 39. pp.199~243 에서 각색.

17) Axelrod, R. (1984). *The Evolution of Cooperation*. New York: Basic Books. 홍양호. (1999). 북한의 대미협상 행태와 분석. 「군사」, 39. pp.199~243 에서

앙갚음(보복)전략의 전술에는 '욕에는 욕' 전술, '이에는 이, 눈에는 눈' 전술이 될 것이다.

3. 마키아벨리언 전략

협상전략으로 마키아벨리언(Machiavellian) 협상전략이란 권모술수(權謀術數)를 사용하는 협상전략이다. 즉, 목적을 달성하기 위해서는 어떠한 교활한 모략(謀略)과 중상(中傷)이라도, 온갖 수단과 방법을 써도 괜찮다는 사상에 입각한 협상전략이다.[18]

공산주의 국가에서는 마키아벨리언 전략을 구사하는 경우가 많다.

예컨대, 척 다운스(Chuck Downs)에 의하면 북한과 같은 공산주의 국가는 자신의 목적을 달성하기 위해서 예측 불가능의 벼랑 끝 협상전략을 빈번히 구사한다. 협상 과정을 자신의 입맛대로 조작하여 상대방이 기대, 좌절, 환멸의 세계를 혼란스럽게 배회하게 한다. 자신의 목적만 달성되고 나면 협상을 결렬시키고, 그 협상결렬의 책임을 상대방에게 떠넘기는 전략을 반복적으로 구사한다(신지효, 2001).[19]

허브 코헨(Herb Cohen)에 의하면 과거의 소련도 마키아벨리언 방

각색.

18) 마키아벨리(Niccolo Machiavelli)는 르네상스기의 이탈리아 정치 및 군사이론가이자 정치가, 역사가이다. 1469년 이탈리아 피렌체에서 출생해서 1527년에 사망했다. 그는 "군주론"에서 목적만 정당하다면 수단은 아무래도 상관이 없다는 수단 합리화의 견유주의(犬儒主義, Cynicism)를 주창했다. 견유주의(犬儒主義)는 냉소주의 또는 시니시즘(Cynicism)이라고도 하는데 기존의 관습, 도덕, 제도, 법률 등을 부정하며, 자연스러운 삶을 강조하는 사상이다. 마키아벨리는 정치와 종교의 분리를 주장했고 현실의 권력에 대한 객관적인 분석을 시도했다는 점에서 근대정치의 아버지로 불리 운다.

19) 신지효. (2001). 척 다운스 저, 송승종 역. 북한의 협상전략(한울, 1999). 「아세아연구」44(1). pp.259~263.

식의 협상전략을 구사했다. 즉, 수단과 방법을 가리지 않고, 또한, 어떠한 희생을 치르더라도 협상의 목적을 반드시 달성하여 상대방을 제압하고 승리한다는 것이다(Cohen, 1982).[20]

북한이 구사하는 협상전략은 ① 원칙에 합의하기, ② 합의 재해석하기, ③ 협상결렬의 책임을 상대방에게 전가하기의 세 단계의 행태로 이루어지는 전략이다(신지효, 2001).[21] 구체적인 내용은 다음과 같다.

첫 번째 단계는, 원칙에 합의하는 단계이다. 마치 북한은 서방 세계의 요구를 수용할 용의가 있으며, 자신은 근본적인 변화를 수용할 의사가 분명히 있음을 나타내는 태도로 협상에 임한다.

그다음 단계는, 합의의 내용을 재해석하는 단계이다. 이 단계에선 상대방이 주장하는 내용을 북한이 수용하여 협상에 참여할 용의가 있음을 밝히는 것 그 자체로 이미 큰 의의가 있으므로 이득과 양보를 상대방에게 요구하여 북한이 목적하고 있는 바의 이득을 최대한 챙긴다.

마지막 단계는, 협상결렬의 책임을 상대방에게 전가하는 단계이다. 북한이 애초에 가지고 있는 욕구와 목적을 충족시키는 이득을 최대한 챙긴 후에는 온갖 이유를 붙여 갑자기 협상결렬을 선언한다. 그리고, 그 협상결렬의 책임을 상대방에게 뒤집어씌우는 것이다.

이러한 북한 공산주의의 마키아벨리언 방식의 협상전략은 상대방을 낙관적 기대와 좌절과 환멸의 세계를 왔다 갔다 하게 하여 협상에서의 신뢰를 잃게 한다.

또한, 이러한 전략은 장기적인 관점에서 볼 때 자신을 스스로 고립무

20) Cohen, H. (1982). ***You Can Negotiate Anything***. New York: Bantam Books.

21) 신지효. (2001). 척 다운스 저, 송승종 역. 북한의 협상전략(한울, 1999). 「아세아연구」44(1). pp.259~263.

원(孤立無援)의 궁지로 빠지게 하는 화를 자초하게 된다. 이는, 또다시 벼랑 끝 협상전략을 구사할 수밖에 없는 조건적 환경을 인위적으로 조작하여 만들어가지 않을 수 없게 되는 극한 상황에 직면하게 되는 것을 반복하게 된다. 그리고, 이는 또다시 앞에서 언급한 바와 같은 협상전략을 반복하여 구사하게 된다. 마키아벨리언 방식의 공산주의 국가의 협상전략 악순환(vicious cycle)이 반복되는 것이다.

따라서, 이러한 마키아벨리언 방식의 협상전략, 공산주의 협상전략은 민주주의 협상전략의 관점에서 볼 때, 바람직한 협상전략이라고 볼 수 없다. 민주주의 국가에서의 협상은, 마키아벨리즘적 협상전략이 아니라, 신뢰를 기반으로 대화를 통해서 갈등, 분쟁을 해결해 나가는 평화적인 협상전략에 기반을 두어야 할 것이다.

|제4절| 적대적 전략과 비적대적 전략

지금까지 협상전략을 기술적 전략, 배분전략과 통합전략, 회유와 위협전략 등으로 크게 범주를 설정하여 살펴보았다. 그런데, 또한, 협상전략을 적대적 전략과 비적대적 전략으로 구분하여 설명할 수 있다. 그 내용은 다음과 같다(Dana, 2001).[22]

22) Dana, D. (2001). *Conflict Resolution.* New York: McGraw-Hill.

1. 적대적 전략

적대적 전략은 자신과 상대방을 적대적 관계로 보고 자신의 권리와 힘을 기반으로 교섭전략을 주로 사용하여 협상을 전개한다. 이러한 전략에서는 자신이 이기면 상대방은 패하게 되는 "I Win-You Lose" 방식의 경쟁 또는 강압 전략이 된다.

(1) 권리겨루기 전략

권리(rights)를 기반으로 하는 전략은 "권리겨루기 전략"이다. 권리겨루기 전략은 각자의 권리가 어느 정도인지를 정의하고 누구의 권리가 더 우세한지를 판단하여 승패를 결정짓는 방식이다.

만약, 당사자 간에 권리 관계의 우열이 가려지지 않을 땐 권위를 가지고 있는 기관 또는 선례에 그 우열에 대한 판결을 맡기게 된다.

예컨대, 자녀들에 있어서 부모, 사원들에 있어서 사장, 소송사건에 있어서 법원, 의사결정에 있어서 선례, 시행령에서 법률, 일반 법률에서 상위법률 등이 그러한 권위를 가진 존재가 된다.

(2) 힘겨루기 전략

힘(power)을 기반으로 하는 전략은 "힘겨루기 전략"이다. 힘을 사용하여 상대방을 자신의 요구에 굴복시키는 전략이다. 여기서 힘이란 상대방을 제압하는데 필요한 자원이다. 예컨대, 지위나 직급, 자신을 지원하는 집단의 크기, 자신의 집단의 결속력, 강압적인 큰 목소리, 물리적 힘 등 그 형태나 종류를 불문하고 상대방을 이기는데 필요한 모든 것이 자원에 해당한다.

노사협상은 일반적으로 힘에 기반을 둔 협상에 해당한다. 이러한 것은 폭력, 파업(노동자), 공장폐쇄(사용자) 등을 피하려고 노사협상을 진행할 때 힘에 기반을 둔 협상전략을 취하게 된다. 따라서, 이러한 힘에 기반을 둔 노사협상이 실패하게 되면 폭력, 파업, 또는 공장폐쇄 등의 행동으로 표출하게 된다.

2. 비적대적 전략

비적대적 전략은 이해관계 조정전략이다. 서로에게 이익이 되도록 이해관계를 협동적으로 조정하는 협상전략이다. 서로의 이해를 조정하여 서로에게 이익이 돌아오도록 하는 협동전략이다. 상대방과 자신의 관계를 호혜적 관계로 보고, 서로의 이해관계는 조정이 가능한 관계로 보고, 서로의 이해관계를 기반으로 조정전략을 주로 사용하여 협상을 전개한다. 따라서, 이해관계 조정전략은 당사자 모두 상생하는 "Win-Win" 전략이다. 즉, "I Win-You Win" 전략이다.

|제5절| 설득전략

협상에서 상대방을 설득하여 문제를 해결하는 일은 매우 중요하다. 그것은 설득이 상대방의 마음을 움직이는 것이기 때문이다. 설득(說得)이란 상대방을 자신의 의도하는 방향으로 움직이게 하는 것이다. 설득에는 이성적인 요인도 있지만, 감정적인 요인도 존재한다.

1. See-Feel-Change 전략

협상전략으로 존 코터(John Paul Kotter)의 "See(보고) - Feel(느끼고) - Change(변화한다)" 전략을 사용할 수 있다. 즉, 설득전략을 사용하여 갈등관리를 순조롭게 하고, 설득전략을 통해서 협상의 목적을 성공적으로 달성하기 위해서 See(보고) - Feel(느끼고) - Change(변화한다) 전략을 사용할 수 있다.

협상전략의 관점에서 볼 때, "See(보고)" 전략은 시각화하고 직접 보게 하여 이해시키는 전략이다. "Feel(느끼고)" 전략은 스스로가 느끼게 하여 감동하게 하는 전략이다. "Change(변화한다)" 전략은 변화시켜 설득에 성공한다는 전략이다. 〈그림 2-2-1〉 참조.

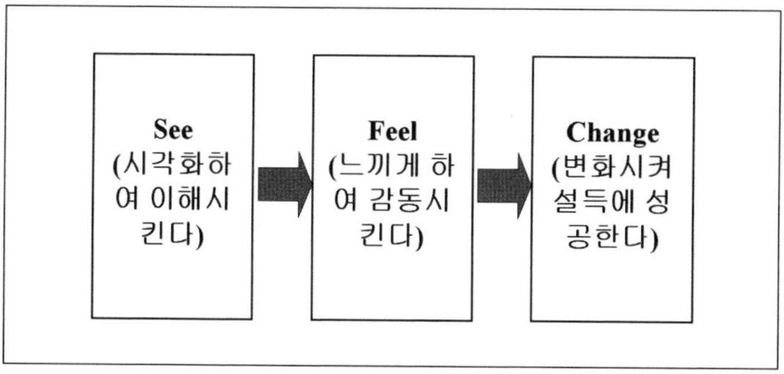

〈그림 2-2-1〉 협상전략 관점에서 See-Feel-Change 설득전략

(1) See 전략 : 시각화하여 이해하게 한다.

협상전략 관점에서 볼 때, "See 전략"은 시각화하여 이해하게 하는 전략이다. 추상적인 내용을 가지고 설득하려고 시도하는 것이 아니라, 문제의 사건이나 상황을 협상당사자들에게 직접 방문하여 보게 하여 이해시키는 전략이다.

예컨대, 핵폐기물처리장건설 갈등해결을 위한 협상에서 이해관계 주민이나 당사자들을 그 안정성이 확인된 시설이나 장치들이 있는 곳을 직접 방문하여 눈으로 보게 하여 이를 이해시킨다. 예컨대, 일본, 미국 등 외국의 핵폐기물 처리 시설을 직접 방문하여 그 안전성에 대해서 자신들의 눈으로 보게 하여 이해시키는 것이다.

노사관계의 갈등에서도 같은 전략이 사용된다. 노사가 모두 자신들의 기업의 실제 사정을 스스로 보게 하여 이해하는 것이다. 스스로 보게 하기 위해서는 당사자들이나 기업이 투명해져야 한다. 투명하게 보면 비밀이 없어진다. 비밀이 없어지면 신뢰가 생성된다. 신뢰가 생성되면 서로를 이해하게 된다. 서로를 이해하게 되면 서로서로 설득하기가 쉬워지며 갈등은 순조로이 해결된다.

(2) Feel 전략 : 느끼게 하여 감동하게 한다.

협상전략 관점에서 볼 때, "Feel 전략"은 느끼게 하여 감동하게 하는 전략이다. 협상당사자들이 자신들의 눈으로 직접 본 것으로 인하여 자신들이 스스로 느끼고 감동을 하게 하는 것이다. 기업 노사관계의 갈등이나 핵폐기물처리시장 입지 갈등이나 각종 사회갈등을 해결하는 데도 같게 적용된다. 갈등당사자들이 직접 보고 이해하고, 스스로 느끼고 감동하게 하는 것이다.

(3) Change 전략 : 변화시켜 설득에 성공한다.

협상전략 관점에서 볼 때, "Change 전략"은 변화시켜 설득에 성공하는 전략이다. 앞에서와 같은 절차로 직접 보고 이해하고, 느끼고 감동하면, 마음과 행동의 변화가 일어나게 되고, 마음과 행동의 변화가 일어나게 되면 설득이 성공적으로 이루어질 수 있고 협상이 성공적으로 이루어진다.

이처럼, 보고 이해하고, 느끼고 감동하면, 마음과 행동이 변화된 갈등당사자들에 대한 갈등관리는 그 이해하고, 감동하고, 변화된 정도가 높으면 높을수록 그만큼 쉬워지게 된다.

협상당사자 간에 서로를 신뢰하고 이해하게 되면, 협상당사자 간에 설득과 갈등관리가 순조롭게 된다. 이렇게 신뢰와 이해 및 감동과 변화로 협상당사자들이 화합하게 되면 협상이 순조롭게 진행되고, 협상당사자들은 서로가 자신들 협상의 목표와 대안들을 조정하게 되며, 서로에게 이익이 되는 협상의 목적을 설정하고 이를 성공적으로 달성할 수 있다.

2. 상대방 이해 전략

협상 상대방을 설득하기 위해서는 설득에 장애가 되는 요인들을 척결해야 한다. 사회 심리적 측면에서 로버트 치알디니(Robert B. Cialdini)는 상대방에게 영향력을 미쳐 상대방을 설득시키기 위한 기술로서 호혜관계, 헌신과 일관성, 사회적 입증, 연결, 권위, 희소성 등을 제시하고 있다(Cialdini, 2000 & 2003).[23] 〈그림 2-2-2〉 참조.

협상전략에 있어서 상대방 이해 전략이란 협상 과정상의 갈등해결에 있어서 상대방에 대한 이해가 선행되어 있으면 갈등해결에 도움이 된다는 것을 활용하는 전략이다.

---

23) Cialdini, R. B. (2000). *Influence: Science and Practice* (4th ed). Pearson Allyn & Bacon. 이현우는 이를 상호성, 일관성, 사회적 증거, 호감, 권위, 희귀성의 법칙이라고 명명하고 있다. Cialdini, R. B. (2003). 「설득의 심리학」, 이현우(역). 서울: 21세기북스. Influence: Science and Practice (4th ed). Pearson Allyn & Bacon, 2000.

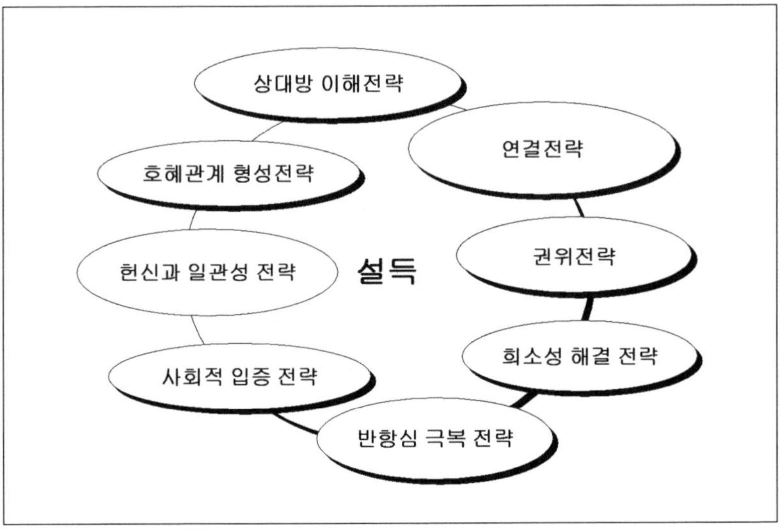

〈그림 2-2-2〉 설득 전략

갈등상태에 있는 당사자들은 그 상태를 발전의 기회로 전환해야 한다. 그러기 위해서는 상대방을 설득하는 전략이 필요할 것이다. 상대방을 설득하기 위해서는 상대방에 대한 이해가 선행되어야 한다.

예컨대, 상사(관리자)가 부하를 설득하기 위해서는 부하에 대한 이해가 선행되어야 한다. 사용자가 노동자들을 설득하기 위해서는 노동자들에 대한 이해가 선행되어야 한다. 부처(부서) 간의 갈등에서도 상대방 부처(부서)를 설득하기 위해서는 상대방 부처(부서)에 대한 이해가 선행되어야 한다. 또한, 정부가 시민단체를 설득하기 위해서는 시민단체 즉, 이익집단에 대한 이해가 선행되어야 한다.

예컨대, 서울시 모 부처의 모 과장은 어떤 정책 집행상의 주민들과의 마찰이 발생했을 때, 주민들을 설득하기 위해서 가가호호(家家戶戶, 한 집 한 집) 주민들을 방문하거나 주민들의 각종 행사에 동참하면서 주민들에 대한 이해하기를 주저하지 않았고, 그 이해를 바탕으로 주민들을 설득하는 데 성공했다는 사례도 있다.

사람은 누구나 자신의 가치관, 교육환경, 사회적, 정치적 배경 등의 요인들에 의해서 선택적 주의를 하게 된다. 시민단체나 직원들도 마찬가지다. 갈등 상대방은 자신의 그러한 배경과 현재 상황 그리고 미래에 나타날 요인들을 종합적으로 고려하면서 선택적으로 정보를 받아들이고, 선택적으로 해석하여 기억하고 저장하며, 선택적으로 끄집어내고 표현한다.

사람은 자신이 좋아하고 호감이 가는 것에만 관심을 가진다. 직원들이나 시민들 또는 부처(부서)들도 마찬가지로 자신이 좋아하고 호감을 느끼는 것에만 관심을 가진다. 따라서, 상대방을 설득시키기 위해서는 상대방에 대한 이해가 선행되어야 한다. 상대방이 어떤 성격의 소유자며 어떤 취향의 운동을 좋아하고 어떤 취미를 가지고 있는가, 그리고, 관리자(또는 정부) 자신에 대해서는 어떤 감정을 품고 있는가? 등등에 관한 정보가 필요하다.

3. 호혜관계 형성 전략

협상전략에 있어서 호혜관계(reciprocation) 형성 전략이란 협상 당사자 간에 어떤 혜택들을 주고받은 관계가 형성되어 있으면 그 협상 과정상의 갈등해결에 도움이 된다는 것을 활용하는 전략이다.

호혜관계란 서로가 도움을 주고받는 관계이다.

예컨대, 부처 간에 도움을 받으면 도움을 주어야 한다는 것이다. 시민과 정부 간에 도움을 받으면 도움을 주어야 하는 관계에 있게 된다.

이는 빚은 갚아야 한다거나 약속은 지켜야 한다는 것과 같은 사회적 의무에 관한 교육과 학습의 영향이다. 그러한 교육을 어릴 적부터 받아왔다. 그러한 영향으로 여러분의 친한 친구로부터 어떤 혜택을 받았을 땐 여러분은 그것을 언젠가는 그 친구에게 갚아야 한다는 의무감에 사로잡히게 된다.

따라서, 정부가 시민들로부터 받기만을 원한다면 시민과 정부 간에 호혜관계가 생성될 수 없다. 관리자가 부하로부터 받기만을 원한다면 관리자와 부하 간에 호혜관계가 생성될 수 없다. 직급이 높을수록 부하에게 먼저 주어야 한다. 그리하면, 상사와 부하 간에 호혜관계가 잘 형성되게 된다.

관리자와 부하 간의 호의에 있어서, 이 호의에는 부하가 원했던, 원치 않았던 관계없이 모든 호의가 이에 해당한다. 따라서, 부하를 일단 빚진 상태로 만들면 된다. 즉, 부하를 먼저 무언가를 도와주면 된다. 시민과의 관계에서도 마찬가지다. 정부는 시민에게 먼저 어떤 호혜를 베풀면 된다. 그렇게 되면, 부하와 상사 간에 또는 시민과 정부 간에 호혜관계에 놓이게 된다.

정부와 시민 간의 관계에서 평소에 그렇게 호혜관계를 잘 형성해 놓으면 차후에 어떤 정책을 추진할 때 시민들로부터 협조를 잘 받아낼 수 있다.

4. 헌신과 일관성 전략

협상전략에 있어서 헌신과 일관성(commitment and consistency) 전략이란 협상당사자 간에 기대하는 바에 일관성 있게 헌신적으로 부응하여 행동하게 되면 당사자의 갈등해결에 도움이 된다는 것을 활용하는 전략이다.

헌신과 일관성이란 상대방의 기대에 헌신적이고 일관성 있게 부응하여 행동하는 것이다. 이는 일종의 습관 같은 것으로 반복하다가 보면 존재하지 않는 것도 존재하는 것처럼 착각해서 생각하게 된다. 정부가 시민에게 시민의 기대에 부응해서 계속 선행을 하게 되면 시민들은 정부를 선한 정부로 인식하게 되고, 시민이 정부를 신뢰하면 할수록 그만큼 갈등을 해결하는 것이 쉬워진다는 것이다.

이러한 반복은 나쁜 것(예컨대, 도박 중독, 마약 중독, 알코올 중독)이든 좋은 것이든 무관하게 지속할 수 있다. 예컨대, 정부가 시민들로부터 어떤 큰 약속을 받아내기 위해서는 처음에는 아주 사소한 약속부터 받아낸 다음, 그것이 성공적으로 이루어지면 다음부터 차차 큰 약속으로 헌신적이고 일관되게 진행해 나가는 것이 좋다.

일관되게 행동해야 하며 도중에 다른 것으로 바꾸면 실패할 확률이 높게 된다. 예컨대, 시민들에게 올바른 습관을 들이기 위해서는 올바른 습관을 사소한 것으로부터 큰 것으로 지속해서 진행해야 한다. 도중에 나쁜 습관을 이것저것 허락하게 되면 헌신과 일관성의 법칙이 깨어지기 때문에 그 시민들은 나쁜 버릇을 자신도 모르게 가지게 된다.

관리자가 부하들에게 대하는 행동도 마찬가지로 적용된다. 사소한 습관에서부터 큰 것으로 지속해서 진행해야 한다. 도중에 나쁜 습관을 이것저것 허락하게 되면 헌신과 일관성의 법칙이 깨어지기 때문에 부하들은 자신들도 모르는 사이에 나쁜 버릇을 가지게 된다.

5. 사회적 입증 전략

협상전략에 있어서 사회적 입증(social proof) 전략이란 어떤 과학적인 논리보다도 동료나 사람들의 행동으로 상대방 설득을 진행하는 것이 협상 과정상의 갈등해결에 도움이 된다는 것을 활용하는 전략이다.

사회적 입증이란 사람은 과학적 이론보다 자신의 동료나 이웃의 말이나 행동 때문에 쉽게 설득된다는 것과 관련된 기술이다. 광고에서 말하는 소위 "입소문"을 통해서 설득하는 것이 텔레비전광고를 내보내서 설득하는 것보다 더 효과가 있다는 것이다. 갈등관리에 있어서 동료나 이웃의 입소문을 이용하면 설득 효과가 높아진다.

사회가 복잡하고 불확실할수록 과다한 정보가 많아질수록 사람들은 친구나 주변 사람들의 생각과 행동에 큰 영향을 받게 된다.

예컨대, 많은 사람과 갈등 관계에 있을 때 한 사람과 갈등 관계에 있는 것보다 오히려 갈등해결에 어려울 수 있다. 왜냐하면, 그 많은 사람을 상대로 할 때 이들은 불특정 다수이기 때문에 누구를 상대로 갈등 해결을 시도해야 할지 모르기 때문이다. 이러할 때는 갈등 해결을 위해서 특정인(예컨대, 각 집단 대표자)을 구체적으로 지정하여 대화하거나 구원을 요청하는 것이 갈등 해결이 쉬워진다.

6. 연결 전략

협상전략에 있어서 연결(linking) 전략이란 서로 잘 알고 있거나 좋아하는(knowing or liking) 사람들을 연결하는 것을 활용하는 전략이다. 협상 과정상의 갈등상태가 발생했을 때 그 갈등 문제와 갈등관리자를 연결하는 것이 아니라 그 갈등을 일으킨 사람과 우호적인 관계에 있는 관리자를 연결하면 갈등 해결이 쉬워진다는 것이다.

연결이란 제품(예컨대, 정부의 정책)과 자신을 연결하는 것이 아니라 그 제품을 판매(예컨대, 집행)하는 사람과 자신을 연결한다는 것이다. 따라서, 어떤 정책을 집행할 때 그 정책에 이해관계를 가진 집단들에게 우호적인 사람으로 집행하게 되면 그 정책으로 인해 발생하는 갈등을 쉽게 해결할 수 있다는 것이다. 왜냐하면, 시민들은 그 정책 자체보다도 그 정책을 집행하는 사람(정치인이나 관료)들을 보고 그 정책에 대한 호감 또는 반감을 보이게 된다는 것이다.

즉, 그 사람에 대한 호감을 느끼느냐 반감을 느끼느냐에 따라 그 정책에 대해서 호감 또는 반감을 보이게 되는 경향이 있다는 것이다. 일반적으로 일상생활에서 사람은 낯선 사람이나 비우호적인 사람의 말보다는 자기가 잘 알고 있거나 우호적인 사람의 말을 잘 따른다.

따라서, 갈등을 해결하기 위한 연결기술을 효과적으로 사용하기 위해서는 우호적이거나 좋은 이미지를 가진 사람이 갈등당사자들을 설득하는 것이 갈등해결에 쉽다.

7. 권위 전략

협상전략에 있어서 권위(authority) 전략이란 직위나 전문성, 외모 등을 이용하면 협상 과정상의 갈등해결에 도움이 될 수 있다는 것을 활용하는 전략이다.

설득기술에 있어서 권위란 직위, 전문가, 전문성, 외모 등에 의한 기술이다. 사람들은 자신보다 더 높은 직위, 더 다양한 지식을 가지고 있다고 느끼는 사람으로부터 설득당하기가 싶다.

계장의 말씀보다 국장의 말씀에 더 권위가 있고 설득력이 높다. 비전문가보다 전문가의 말에 더 동조하게 된다. 전문성이 있는 사람이 그렇지않은 사람보다 더 권위가 있고 설득력이 있다.

옷, 자동차 등을 허름하게 입고 나가는 것보다 고급스럽게 차려입고 나가는 것이 권위가 있고 설득력이 있다. 그러나, 이는 상황에 따라 다를 수 있다. 예컨대, 노동자 집단에 가서는 노동자와 같은 의상을 입는 것이 권위가 더 있을 수 있다.

8. 희소성 해결 전략

협상전략에 있어서 희소성(scarcity) 해결 전략이란 인적, 물적 자원 등의 희소성을 해결하는 것이 협상 과정상의 갈등해결에 쉽다는 것을 활용하는 전략이다. 그러나, 이 희소성의 문제는 그 희소한 것을 강력히 소유하고자 하는 사람 또는 집단들의 소유욕(所有慾)이 있을 때 한해서 통용된다. 즉, 아무리 자원이 희소하더라도 그것을 소유하고자 하는 사람이 없으면 그 희소성으로 인해서 갈등이 야기되지 않는다는 것이다.

사람들은 시간상으로 희소하고 사회경제적으로 희소한 것 등에 대해서 더 강력히 소유하고자 하는 큰 욕구가 있을 때 목숨을 걸 정도로 설득을 잘 당한다는 것이다.

Robert B. Cialdini에 의하면 독재체제보다 갑자기 자유를 조금 맛본 체제에서 혁명이 더 잘 발생한단다. 독재체제에서는 사람들이 자유라는 것을 모르고 살고 있어서 혁명이 잘 일어나지 않는다. 그러나, 독재체제가 사람들에게 자유를 조금 주었다가 그 자유를 다시 회수하려고 할 땐 혁명이 발생한다는 것이다. 왜냐하면, 일시 풀어준 그 갑작스러운 자유는 매우 희소한 것이 되는데 그 희소한 자유를 다시 회수하여 독재로 회귀하려고 하니 시민들이 혁명을 일으킨다는 것이다.

갈등관리를 위해서는 희소한 자원을 소유하고자 하는 사람(집단)들을 파악하여 이들에게 자원을 충분히 공급해주는 것이 갈등해결에 도움이 되는 수단이 될 것이다.

9. 반항심 극복 전략

협상전략에 있어서 반항심(rebellious spirit) 극복 전략이란 협상 과정상의 갈등관리를 위해서 자신의 행동을 통제하려는 상대방에게 반항한다는 현상과 관련된 것을 활용하는 전략이다.

갈등 관계에 있는 사람들은 자신들의 행동이 옳고 그르건 간에 자신들의 행동을 통제하려는 것에는 그것이 비록 합법적인 것일지라고 반발부터 한다는 것이다. 사람의 심리는 무엇을 금지하면 할수록 그것을 더욱 해보고 싶은 충동을 느낀다. 희소성의 문제에다가 반항심리가 발동하는 것이다.

로미오와 줄리엣 효과(Romeo and Juliet Effect)는 희소성과 반항심리를 잘 묘사하고 있다. 부모들의 "하지 마라"라는 반대가 연인들에게 반항심리를 불러일으켜 더 깊은 사랑을 하게 만든다. 부모들의 반대가 심화하면 할수록 로미오와 줄리엣에게 희소성이 더욱 강화되고 반항심을 더욱 자극하여 더 깊은 사랑에 빠지게 하고 결국엔 자살로 이어진다는 것이다.

부하 직원이나 시민들을 설득하는데도 마찬가지이다. 억압하면 할수록 더욱 반항하게 될 가능성은 커진다. 부하 직원이나 시민들을 비난하거나 부정하는 말이나 행동으로 설득시키려 하면 부하 직원이나 시민들에게 반항심리를 유발해 설득에 실패하게 될 확률이 높다.

|제6절| 혼합전략

혼합전략(mixed strategy)은 상황에 따라 여러 협상전략을 혼합하여 사용하는 전략이다. 예컨대, 협상 상황의 변화에 따라 경쟁전략과 협력전략을 혼합하여 사용하는 것은 혼합전략에 해당한다.

혼합전략을 위한 전술에는 화해와 대립의 교대, 융통성, 실무관계 개발 등이 있다. 혼합전략으로 순차전략(順次戰略), 양면전략(兩面戰略), 융통성전략(融通性戰略), 실무전략(實務戰略) 등이 있다(허만호 외 3인, 1993).[24]

1. 순차전략

순차전략(順次戰略)은 공개적으로 예컨대, 강압전략에서 협력전략으로 변경하거나, 또는, 협력전략에서 강압전략으로 변경하여 전략을 구사하는 것과 같이 공개적으로 순차적 방식으로 협상전략을 사용하는 전술이다.

2. 양면전략

양면전략(兩面戰略)은 공언된 협상전략과 실제로 구사되는 협상전

---

24) 허만호 외 3인. (1993). 「북한의 군사협상전략과 기술 분석 및 대응방향」. 서울: 한국국방연구원. 홍양호. (1999). 북한의 대미협상 행태와 분석. 「군사」, 39. pp.199~243 에서 각색.

략 사이에 차이가 있는 방식이다. 예컨대, 공개적으로는 경쟁전략을 사용하면서 뒤로는 은밀한 채널을 이용하여 문제해결전략을 취하는 방식이다.

3. 융통성전략

융통성전략(融通性戰略)은 실제 적용에서는 융통성을 갖고 집행하는 것을 말한다. 핵심적 전략에 대해서는 확고한 입장을 견지하나 구체적 실현방법에 대해서는 융통성을 보이는 방식이다.

4. 실무전략

실무전략(實務戰略)은 당사자들의 이해관계를 실무적 수준에서 구체적으로 비교하여 문제해결을 시도하거나 양보하는 방식이다.

제3장 협상과정

|제1절| 협상과정의 의의

1. 협상과정의 개념

협상과정이란 협상이 이루어지는 과정이다. 협상이 이루어지기 위해서는 협상테이블에 앉아서 협상할 것을 대비해서 준비해야 하고, 준비되면 실제로 협상테이블에 앉아서 협상을 진행해야 하고, 합의가 이루어지면 문서로 그 내용을 작성하여 당사자가 사인하고, 협상이 종결된 이후에는 협상한 내용이 잘 집행되고 있는지를 확인하고 필요한 추가적인 조치를 해야 한다.

2. 협상과정의 분류

협상과정은 연구관점에 따라 다양한 형태로 언급될 수 있다. 협상과정을 협상전단계(協商前段階), 협상개시단계, 정보공유단계, 문제해결단계, 합의단계(合意段階)로 설명할 수 있다(Spangle & Isenhart, 2003).[1] 또한, 준비단계, 협상단계, 합의 후 평가단계의 순서로 협상이 진행된다고도 할 수 있다(유규열, 2002).[2] 또는, 노사협상의 경우처럼 협상기획, 협상준비, 협상진행, 협상종료, 비준 및 집행의 순서로

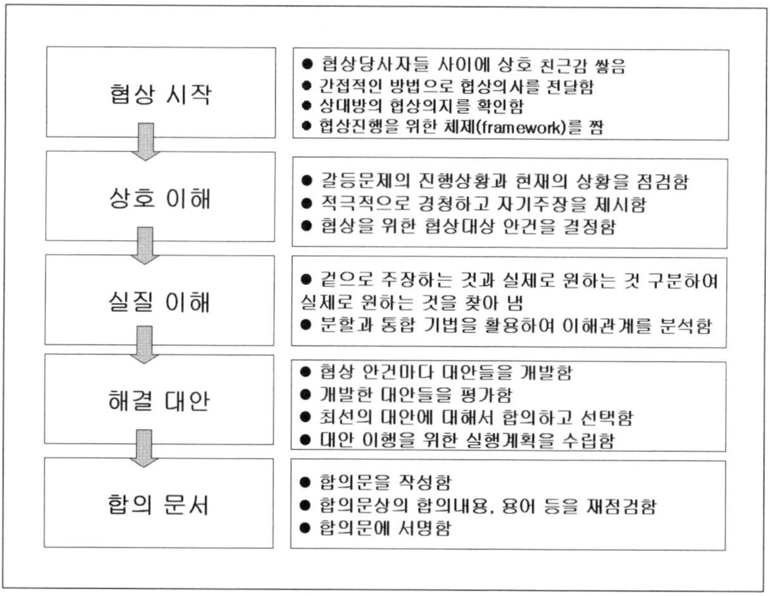

※자료: 지속가능발전위원회. (2003).

〈그림 2-3-1〉 협상과정 5단계 개념도

---

1) Spangle, M. L., & Isenhart, M. W. (2003). *Negotiation*. Thousand Oaks: SAGE Publications.

2) 유규열. (2002). 국제무기시장에서의 협상력 향상 방안. 「교수논총」 25. pp.213~256.

협상이 진행된다고 볼 수 있다.

한편, 협상과정을 협상시작, 상호이해, 실질이해, 해결방안, 합의문서 등의 5단계로 구분할 수 있다(지속가능발전위원회, 2003).[3] 〈그림 2-3-1〉에서는 협상과정 5단계를 도식으로 보여주고 있다.

〈그림 2-3-1〉에서는 협상과정 5단계와 구체적 활동들을 보여주고 있고, 〈그림 2-3-2〉에서는 이러한 단계에 맞추어 협상이 구체적으로 진행되는 절차를 보여주고 있다.

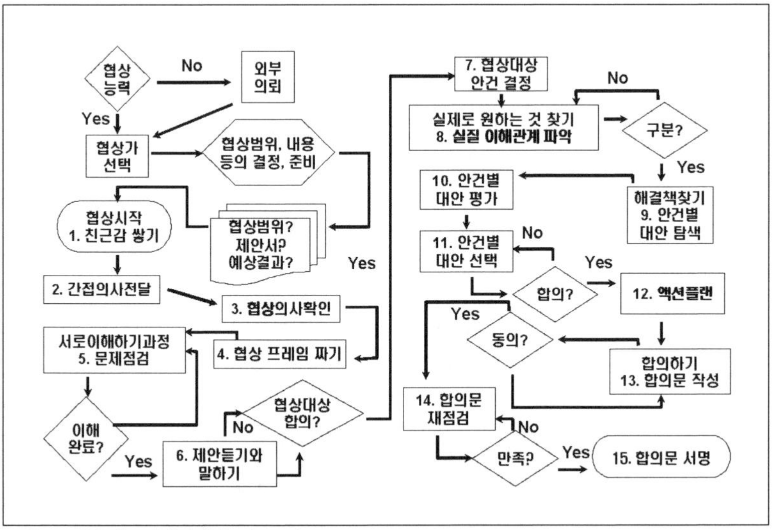

※자료: 지속가능발전위원회. (2003).

〈그림 2-3-2〉 협상과정의 구체적 절차

또한, 협상과정을 협상진행단계를 중심으로 협상전단계, 협상진행단계, 협상후단계의 순서로 진행된다고 볼 수 있다. 협상전단계는 협상을 진행하기 위한 준비단계이고, 협상진행단계는 협상이 실제로 진행

3) 지속가능발전위원회. (2003). 「갈등관리시스템구축방안 연구보고서」.

되는 단계이며, 협상후단계는 합의된 내용을 집행하는 단계이다. 이러한 협상과정은 〈그림 2-3-3〉에서와 같은 단계와 내용으로 설명할 수 있다.

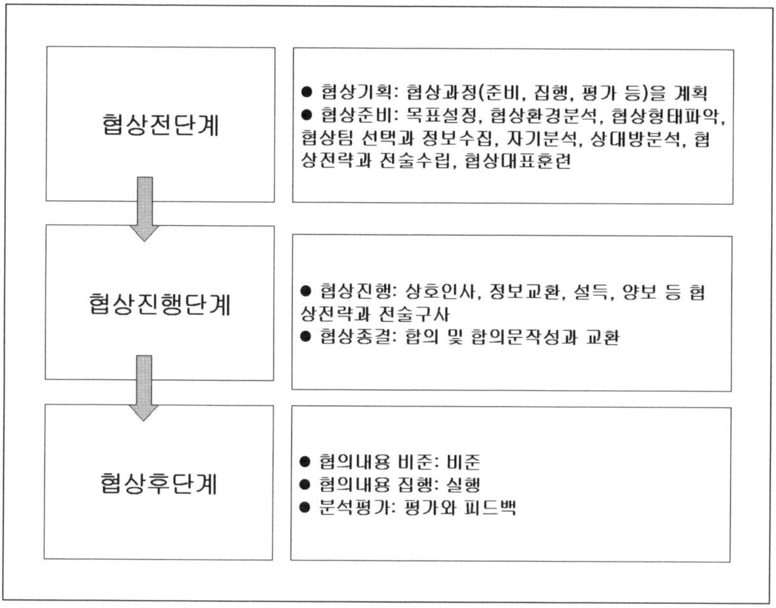

〈그림 2-3-3〉 협상과정 3단계 개념도

|제2절| 협상단계

1. 협상전단계

협상전단계는 협상을 실제로 진행하는 데 도움을 주려는 사전 준비 단계이다. 협상을 위한 사전준비는 협상 실전에 대비한 매우 중요한 활동임에도 불구하고 일반적으로 이를 가볍게 여기는 경우가 많다 (Spangle & Isenhart, 2003).[4]

협상전단계에 포함될 요소로는 분명한 협상 목표의 설정, 공동 이익 또는 목표 확인, 문제의 정의에 대한 합의, 협상에 몰입 수준의 평가, 협상 환경 분석, 자신 분석, 상대방 분석, 높은 품질의 대안 개발, 협상 전략과 전술의 수립, 협상대표에 대한 훈련, 협상의 비용과 편익분석 등을 들 수 있다(Zartman, 1989).[5]

협상참여자는 협상이 합의에 이르지 못할 경우의 결과를 가정하고 이에 대해 준비를 해야 한다. 협상의 목표는 어떠한 합의라도 이루기만 하면 되는 것이 아니라, 합의가 없는 것보다 있는 것이 자신에 더 좋은 결과를 가져오게 할 그러한 합의에 도달하는 것이다(Spangle & Isenhart, 2003).[6]

---

4) Spangle, M. L., & Isenhart, M. W. (2003). *Negotiation*. Thousand Oaks: SAGE Publications.

5) ① Zartman, I. W. (1989). Prenegotiation: Phases and functions. *International Journal of Conflict Management*, 44. pp.237~253. ② 장대환. (1998). 국제기업협상. 서울: 학연사. 유규열. (2002). 국제무기시장에서의 협상력 향상 방안. 「교수논총」 25. pp.213~256.

6) Spangle, M. L., & Isenhart, M. W. (2003). *Negotiation*. Thousand Oaks: SAGE Publications.

• **바트나(BATNA)의 직역, 의미, 필요성**

펴셔(Roger Fisher)와 우리(William Ury)가 제시한 협상 5원칙에 "당신의 바트나(BATBNA)를 알라."라는 내용이 있다.7) 이 바트나 즉, BATNA는 Best Alternative To a Negotiated Agreement 약어이다. 이를 직역하면 "협상한 합의를 대신할 수 있는 최선의 대안" 이라고 번역될 수 있다. 그러나, 그 의미에 있어서 BATNA는 "협상이 결렬될 때, 협상이 결렬되어 합의에 이르지 못할 때, 취할 수 있는 최선의 대안"을 의미한다.

펴셔(Roger Fisher)와 우리(William Ury)는 협상참여자는 협상장에 들어가기 전에 가능한 유용한 많은 대안을 개발하고, 반드시 BATNA를 확인하고 명확하게 한 다음, 협상장에 들어가도록 하여야 한다고 주장하고 있다.

협상이 합의에 이르지 못하고 결렬되었을 때를 가정하여 협상당사자는 자신이 의지할 수 있는 최선의 대안을 마련해야 한다. 예컨대, 만약 독자 여러분이 협상당사자라고 가정할 때, 여러분이 협상장에 들어가서, 협상테이블에서 상대방과 협상한 합의를 대신할 수 있는 최선의 대안(BATNA: Best Alternative To a Negotiated Agreement)을 마련해서 협상장에 들어가야, 협상에 유리한 위치를 차지할 수 있다.

만약, 여러분이 협상장에 들어가기 전에 여러분 자신의 BATNA를

---

7) "BATNA"를 "바트나"라고 읽으면 된다. 펴셔(Roger Fisher)와 우리(William Ury)가 제시한 협상 5원칙에 있다. 협상 5원칙 : (1) 문제에서 사람을 분리하라. (2) 입장(positions)에 초점 맞추지 말고, 이익(interests, 실질 이해관계)에 초점을 맞추라. (3) 협상당사자 상호 이득이 되는 대안들을 개발하라. (4) 객관적인 기준들(objective criteria)을 사용할 것을 주장하라. (5) 당신의 BATNA를 알라. Fisher, Roger & Ury, William. (1981). ***Getting to Yes : Negotiating Without Giving In***. Penguin Books.

알지 못한다면, 그 협상장에 들어가서 (상대방의 유창한 협상술에 넘어가) 상대방과 "협상한 합의(a negotiated agreement)"에 성급히 계약하게 될 수 있고, 그로 인해 (그 잘못된 계약으로 인해) 나중에 후회하게 될 수도 있다.

BATNA는 협상에서 일종의 마지노선〔Maginot 線, 바텀라인(bottom line), 협상을 중단하고 협상장을 떠나 버리는 지점(walk away point)〕을 정하는 기준이 된다.

예컨대, 여러분이 H 제조회사 M 모델 자동차를 구매하고자 할 때 여러분이 가격조건을 3,200만~3,500만 원 범위로 설정할 때, 이 3,500만 원은 그 자동차를 구매하기 위해서 여러분이 지급할 수 있는 마지노선〔Maginot 線, 바텀라인(bottom line)〕이 된다. 만약 판매자가 이 가격을 넘어서서 판매하고자 한다면, 여러분은 그 자동차를 구매하고자 하는 협상을 중단하고, 협상장을 걸어 나오게(walk away) 된다.

BATNA가 확고하다면 협상이 결렬되어 합의에 이르지 못하더라도 두려울 것이 없다. 그러므로 BATNA는 협상장에서 협상력을 높이는 데 도움을 준다.

예컨대, 독자 여러분이 구매하고자 하는 H 제조회사 M 모델 자동차가 A 자동차 판매점과 B 자동차 판매점에서 각각 판매하고 있다고 가정하자. 만약, 여러분이 A 자동차 판매점에 가서 M 모델 자동차를 구매하려고 할 때 여러분이 제시하는 구매조건가격(예컨대, 3,200만~3,500만 원)이 맞지 않아 협상이 결렬될 때, 동종의 M 모델 자동차를 그 구매조건가격으로 B 자동차 판매점에 가서 살 수 있다는 것을 협상하러 가기 전에 정보를 수집하여 확고히 하고 있다면, A 자동차 판매점에서 협상이 결렬되더라도 여러분은 두려울 것이 없을 것이다. 그러나, 만약 여러분이 그러한 BATNA를 확고히 하지 않고, 즉, 대안 없이,

A 자동차 판매점에 들어갔을 땐 그 A 판매점 판매상의 유창한 판매협상술에 말려 들어가서 결국, A 판매상이 제시하는 구매조건가격으로 성급히 계약하게 될 수도 있다.

협상에서 협상당사자 모두가 BATNA를 가질 수 있다. 그러므로, 자기 자신의 BATNA를 명확히 하여야 하는 것뿐만 아니라 상대방의 BATNA도 알 수 있다면 협상에서 유리한 고지를 차지할 수 있다.

일반적으로, 노사협상이나 기업, 공공기관, 정부 등에서 협상에 의한 합의가 불가능한 경우에는 협상중단, 제삼자 조정, 법원판결에 호소, 파업, 협상상대방 교체 등의 대안이 고려될 수 있다.

앞에서 언급한 바와 같이, BATNA를 가지고 있는 협상참여자는 가지고 있지 않은 참여자보다 높은 협상 결과를 성취할 가능성이 크다.

높은 협상 결과를 성취하기 위해서는 BATNA가 분명한 목표, 기대치와 결과에 대한 확고한 신뢰, 높은 품질을 가진 현실적인 대안이어야 한다. 불분명한 목표, 신뢰하지 못하는 기대치와 결과, 낮은 품질의 비현실적인 대안을 가질 바엔 차라리 가지지 않는 것이 더 나을 수 있다 (Pinkley, Neale, & Bennett, 1994).[8] 따라서 협상참여자는 높은 품질의 대안들을 준비하도록 하여야 한다.

BATNA는 제안된 합의가 수용 가능한지 아닌지를 측정하기 위한 기준이며 표준이다. 즉, BATNA는 협상참여자가 무엇이 최소한으로 수용 가능한 합의인지를 판단하기 위한 기준이며 표준이다. BATNA는 협상당사자가 받아들일 수 있는 최저 수용 가능 합의 수준으로써 협상이 합의에 이르기 위해서는 최소한 BATNA 보다는 더 나은 합의안이 나와야 한다.

---

8) Pinkley, R. A., Neale, M. A., & Bennett, R. J. (1994). The impact of alternatives to settlement in dyadic negotiations. *Organizational Behavior and Human Decision Processes*, 57. pp.97~116.

예컨대, 만약 당신이 A 점포에 있는 Z 모델의 컴퓨터를 구매하려고 할 때, 당신이 A 점포와 경쟁 관계에 있는 B 점포의 동일 모델 컴퓨터의 가격을 이미 알고 있다면, 다른 조건이 같다면 A 점포의 Z 모델 컴퓨터는 B 점포의 그것보다 가격이 더 낮아야 당신은 그 컴퓨터를 흔쾌히 구매할 것이기 때문에 당신은 협상에서 유리한 위치에 있게 될 것이다.

2. 협상진행단계

협상진행단계는 협상을 실제로 진행하는 단계이다. 협상단계에 포함될 요소로는 협상열기단계, 정보교환단계, 설득 및 문제해결단계, 양보 및 합의단계 등을 들 수 있다(Spangle & Isenhart, 2003; 장대환, 1998).[9] 일반적으로 협상진행단계에서 상대방을 협상테이블에 나오게 하도록 양보와 타협의 전략들을 많이 사용한다(조윤영, 2001).[10]

협상열기단계는 구체적으로 당사자소개, 목적확인, 규칙제정, 의제설정단계로 구성된다.[11] 협상당사자들은 자신들을 소개하며 이번 협상에서의 역할을 설명함으로써 협상을 연다. 협상대표자가 있는 경우엔 그 협상대표자는 최종의사결정권을 가져야 하며, 협상 결과로 나타날 합의문을 작성할 권한을 가지고, 작성된 합의문을 집행할 책임과

9) ① Spangle, M. L., & Isenhart, M. W. (2003). ***Negotiation***. Thousand Oaks: SAGE Publications. ② 장대환. (1998). 국제기업협상. 서울: 학연사. 유규열. (2002). 국제무기시장에서의 협상력 향상 방안. 「교수논총」 25. pp.213~256.

10) 조윤영. (2001). 세계화와 남북한관계의 변화: 국제갈등해소론관점에서. 「사회과학」 40(1). pp.47~81.

11) Spangle, M. L., & Isenhart, M. W. (2003). ***Negotiation***. Thousand Oaks: SAGE Publications.

권한을 가져야 한다.

당사자들의 소개가 끝나면 협상의 목적을 다시 확인한다. 목적을 재확인하고 재검토함으로써 협상 목적을 협상당사자들 모두가 공유하도록 한다.

협상의 목적에 대한 검토가 끝나면 협상이 진행되는 동안에 지켜야 할 기본규칙과 구체적인 협상진행절차를 공동으로 설정한다. 설정된 기본교칙과 협상진행절차를 당사자들이 재확인하고 이들이 지켜지도록 각성시킨다.

기본규칙과 협상진행절차가 설정되고 재확인이 끝나면, 협상할 의제를 설정하고 토론절차에 대해서 합의를 보도록 한다. 예컨대, 문제 확인과 정의, 문제를 해결하기 위한 대안의 개발과 평가 및 선택, 선택된 대안의 집행방법 등의 순서로 토론할 것에 대해서 합의를 보도록 한다.

정보교환단계에서는 문제에 대한 당사자들의 관점, 구체적 쟁점들, 이해관계들, 관심 사항들, 욕구들을 표시하여 교환한다. 많은 질문을 하고, 이해한 것을 확인하고, 경청한 것을 요약하는 것과 같은 활동들이 포함된다. 당사자들은 서로의 문제들에 대해서 공유하고, 서로의 이해관계를 파악하고, 이해관계들의 우선순위를 결정한다.

설득 및 문제해결단계에서는 문제를 해결하기 위한 대안들을 개발하고, 당사자들은 자신들의 것과 상대방의 것을 비교하고 분석한다. 협상을 진행하며 거래와 흥정 그리고 설득이 이루어진다. 이때 이러한 활동을 위한 합리적 기준이 당사자들의 합의에 따라서 설정되어야 있어야 한다. 설정된 기준에 의해서 가장 최선의 대안이라고 판단되는 것을 선정한다.

최선의 대안이라고 선정된 것에 대한 합의가 이루어져야 한다. 점증적 합의에 도달하는 전략을 사용할 수 있다. 그러나, 협상 종료시각에 이르렀을 때까지도 합의에 도달하지 못했을 때 갑자기 비약하여 합의에 도달할 수도 있다. 만약, 해결책에 대한 합의가 어려우면 의사결정 과정에 대한 합의만 끌어낼 수 있다.

당사자들 사이의 이해와 협력을 증진하기 위해서는 합의문을 작성하는 것은 중요하며, 갈등 해결 차원에서도 합의문 작성은 매우 중요하다. 이때 합의된 내용에 대한 이해, 합의된 개념 및 용어, 문항의 재확인, 합의사항의 실행방법 등에 대한 구체적인 재확인 절차가 이루어져야 한다(조윤영, 2001).[12)]

3. 협상후단계

협상후단계는 합의문을 이행하는 단계에 해당한다. 협상후단계에 포함될 요소로는 협상 내용의 비준, 집행, 평가 및 피드백 등을 들 수 있다(Spangle & Isenhart, 2003; 장대환, 1998).[13)]

합의된 것을 그 내용에 충실해서 집행하는 것은 당사자들의 우호 관계를 증진하는 행위에 해당한다. 이때, 당사자들의 욕구는 충족되었는지, 당사자들의 관계가 협상 전보다 협상 이후에 더 개선되었는지 등에 관심을 두고 집행해야 한다(조윤영, 2001).[14)]

그러나, 협상당사자 간에 완전히 합의된 내용이라도 합의 내용을 이해하는 과정에서 일방적인 자구해석을 통해서 추가적인 양보를 기대하

---

12) 조윤영. (2001). 세계화와 남북한관계의 변화: 국제갈등해소론관점에서. 「사회과학」 40(1). pp.47~81.

13) ① Spangle, M. L., & Isenhart, M. W. (2003). *Negotiation*. Thousand Oaks: SAGE Publications. ② 장대환. (1998). 국제기업협상. 서울: 학연사. 유규열. (2002). 국제무기시장에서의 협상력 향상 방안. 「교수논총」 25. pp.213~256.

14) 조윤영. (2001). 세계화와 남북한관계의 변화: 국제갈등해소론관점에서. 「사회과학」 40(1). pp.47~81.

거나 합의된 내용대로 집행하지 않는 경우도 발생하게 된다(장원석, 2001).[15] 이러한 협상 불이행 또는 불성실 이행은 당사자 간의 신뢰 형성에 문제를 초래하게 된다. 이러한 상황이 발생하게 되면 상대방은 차후의 협상에서 강경한 태도를 보이게 되고 악순환으로 협상이 진행되게 된다.

15) 장원석. (2001). 북한정부의 협상전략과 벼랑끝 외교. 「동아시아연구논총」 12. pp.135~148.

제4장
노사협상전략

|제1절| 노사협상의 의의

1. 정보사회의 노사협상

(1) 노사협상 관념 변화의 필요성

산업시대 노사관계의 특성들이 인공지능(AI), 사물인터넷(IoT), SNS, 빅데이터 등의 최첨단 정보기술로 무장된 정보시대 노사관계에도 그대로 적용되어서는 안 된다. 산업시대에 형성된 노사협상의 특성들이 정보시대의 노사협상에 그대로 적용되어서는 안 된다. 최첨단 정보사회의 기업이나 공공기관이 국내적으로나 국제적으로 무한경쟁의 체제에서 생존, 성장, 발전하기 위해서는 노사 모두가 새로운 가치관과 태도로 협상에 임해야 한다.

산업시대의 중화학 공업에 기반을 둔 산업들이 쇠퇴하고 인공지능

(AI), 사물인터넷(IoT), SNS, 빅데이터 등의 정보기술과 생명공학에 기반을 둔 산업들이 발전함에 따라 노동시장, 제품시장, 기술시장에 대한 기존의 관념이 바뀌어 가고 있다. 노동시장, 제품시장, 기술시장의 변화가 급격해지고 이들 시장은 과거보다 변화의 속도가 빠르고 시장 정세가 불안정해졌다. 이에 따라 산업시대 노사관계의 특성과 이에 관련된 노사협상의 특성이 변화해야 할 것이다.

이러한 시대에 전통적인 노사관계와 노사협상의 특성들이 도전을 받고 있다. 문제는 그러한 변화의 특성을 인식하지 못하고 노사 모두가 기존의 방식을 고집하려고 할 때 갈등, 분규는 심해지고 생산성은 떨어져서 글로벌, 국제경쟁력을 상실하게 되는 것이다. 즉, 새로운 시대의 글로벌, 국제경쟁력을 증진하기 위해서 노사관계도 새롭게 정립되어야 할 것이다.

(2) 거래, 협상, 단체교섭의 개념

협상과정에서 교환단계인 거래 또는 교섭이 있을 수 있다. 그러나, 거래 또는 교섭은 단체교섭과 차이가 있다. 거래 또는 교섭은 주로 개별적 주체와 관련되어 있으나 단체교섭은 집단과 관련되어 있다.

한편, 협상과 단체교섭 간에는 차이가 있는데 단체교섭(collective bargaining)은 상담, 중재, 협상 등과 같은 과정들을 포함하는 좀 더 포괄적인 용어이다.[1)]

따라서, 단체교섭이 가장 포괄적인 것이고, 협상이 그다음으로 포괄적인 것이고, 거래 또는 교섭이 이들 셋 가운데서 가장 포괄성이 낮은

---

1) 단체교섭이란 고용주(단체)와 고용인 대표단체(예컨대 노동조합)가 신의와 성실의 원칙으로 임금, 노동시간, 근로조건 등에 관한 단체적 합의에 의한 협약을 도출하는 과정이다. 이상호. (2001). 노사교섭 및 합의 유도 촉진을 위한 방안. 「조정과 심판」 6. pp.99~108.

개념이다.

그러나, 이들 개념은 서로 호환되어 사용되는 경우가 많다. 즉, 거래, 교섭, 협상, 단체교섭이 용어들은 모두 넓은 의미의 협상, 광의(廣義)의 협상 의미로 사용될 수 있다. 예컨대, 단체교섭은 노동조합과 경영진 대표자들로 진행되는 복잡한 형태의 협상이라고 볼 수 있다(이상호, 2001).[2]

2. 노사협상의 특성

(1) 동태적인 과정

협상은 동태적인 과정이며 복잡한 현상이다. 노사협상도 일회성의 사건이 아니라 연속적인 현상이며, 동태적인 과정이며, 복잡한 현상이다. 오늘의 노사합의가 영원한 것이 되는 것이 아니다.

우리나라의 사례만 보더라도 노동조합단체와 사용자단체 간의 노사교섭 활동이 연중행사처럼 매년 밀고 당기고, 당기고 밀고하는 협상이 진행되고 있다. 우리나라 노사교섭은 주로 임금인상과 복지후생증진과 관련되어 일어나고 있다. 외국도 같은 맥락이다. 이러한 임금인상과 복지후생증진의 문제는 이러한 것이 기업의 생산성을 초과하여 합의될 때 이는 기업 경쟁력과 생존의 문제에 치명타를 입힐 수 있다는 것이다.

노사협상에서 협상결과(協商結果)는 언제나 잠정적인 것이라고 볼 수 있다. 회사는 혈연관계로 이루어진 것이 아니라 이해관계로 이루어진 것이기 때문에, 그 이해관계는 시간과 공간이 바뀌면 변하게 된다. 경제적 조건, 제품시장, 노동시장, 기술시장 등이 변화면 이해관계에

2) 이상호. (2001). 노사교섭 및 합의 유도 촉진을 위한 방안. 「조정과 심판」6. pp.99~108.

갈등이 일어나고 그 갈등을 해소하기 위해서 협상이 재개된다.

복잡하고 동태적인 과정인 노사협상을 성공적으로 수행하기 위해서 협상자는 한 가지 기법들만 강조할 것이 아니라 다양한 방법들을 복합적으로 상황에 맞게 사용해야 할 것이다.

(2) 밑으로부터의 권력

노사협상에서 노동조합의 권력은 조합원들에게서 나온다. 협상대표자는 조합원들로부터 노사협상에 필요한 권한을 위임받는다.

〈그림 2-4-1〉에서처럼 역삼각형 모양의 피라미드 권력 관계가 존재하게 된다. 즉, 협상대표자는 사실상의 실권(實權)을 지니고 있지 않고 단지 대표의 자격을 가질 뿐이다. 따라서, 조합원들의 의지에 반한 의사결정으로 노사합의를 끌어냈을 때 그 합의는 조합원들에 의해서 거부되고 그 대표자는 교체되게 된다.

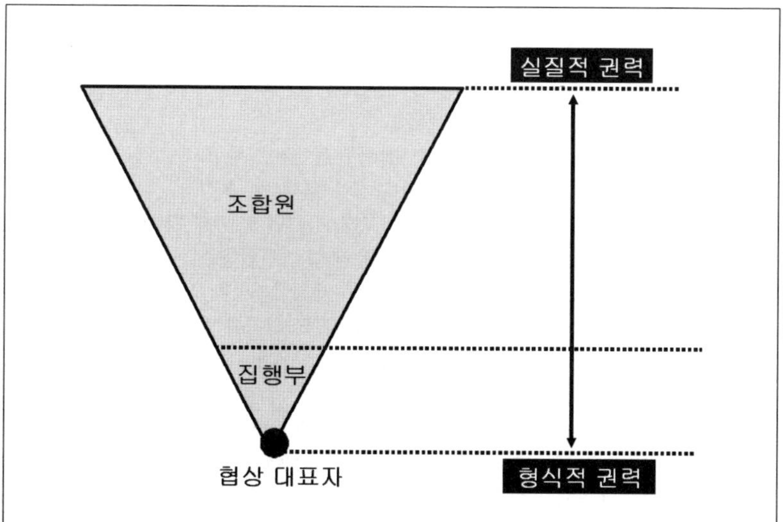

〈그림 2-4-1〉 노동조합 내의 권력관계

실제로 이러한 사례는 발생할 수 있다. 예컨대, 2013년도에 한국은행 노동조합의 조합원들이 노동위원장 등 집행부에 대한 불신임안을 노조원 전체투표를 통해 가결한 사례가 그것이다[3].

또한, 노조원들의 의사를 제대로 반영하지 않는 노조 집행부의 독단적인 전면적인 총파업강행은 조합원들로부터 호응을 받지 못하고 조합원들의 참여를 끌어낼 수 없을 것이다. 예컨대, 르노삼성자동차 노동조합 집행부는 2019년 6월 5일부터 노사가 5월 16일 합의한 2018년 임금 및 단체협약 협상(임단협) 잠정합의안[4]에 대한 부정적인 의견을 표명하고서는 조합원들이 그 잠정합의안에 반대투표를 하여 달라고 요청하는 취지의 말을 하고서는[5] 실제로 조합원의 찬반투표에서 잠정합의안이 부결하는 쪽으로 투표결과가 나타나자(5월 21일), 6월 3일 재협상을 시도했으나 결렬되자, 6월 5일 전면적 총파업을 선언했다. 그러나, 집행부의 그러한 행동에 대한 조합원들의 불만 토로는 물론이고 조합원들의 파업참여율의 저조로 결국 일주만인 12일에 전격적인 파업철회를 선언했다.[6] 노조가 파업을 철회하자 사용자도 부분직장폐쇄를 철회했다. 그 즉시 노사는 재협상에 들어가 3시간 만에 2차 임단협 잠

---

3) 연합뉴스. (2013.06.24.). 한은 노조, 집행부 불신임안 사상 첫 가결.; 머니투데이. (2013.06.24.). 한은, 노조위원장 등 집행부 역대 첫 '불신임'.

4) 르노삼성자동차 노사는 2018년 6월 18일부터 2018년 임금 및 단체협약 교섭(협상)을 개시하며 협의에 들어갔으나 지난 1년 동안 협상에 난항을 겪으며 합의에 이르지 못하다가 2019년 5월 16일 가까스로 (1차) 잠정합의안을 작성하였다.

5) 이러한 노조 집행부의 언행은 노사합의의 신의성실원칙에 반하는 것이라는 주장이 있다. 중앙일보. (2019.06.14.). 금속노조 트로이목마 꼼수…조합원들이 쿠데타로 막았다.

6) 동아일보. (2019.06.13.). 조합원도 등 돌리자… 파업 결국 접었다.; 노컷뉴스. (2019.0611). 르노삼성의 초강수… 공장 야간폐쇄에 노조 고소도 검토.; 디지털타임스. (2019.06.11.) 무노동 무임금 원칙에 동력 떨어지는 노동계 파업.; 한겨레. (2019.06.12.). 르노삼성차노조 12일 오후 전면파업 철회.; 교통신문. (2019.06.14.). 르노삼성 노조 파업 철회 … 2차 (임금 및 단체협약 협상) 잠정 합의.; 중앙일보. (2019.06.14.). 금속노조 트로이목마 꼼수… 조합원들이 쿠데타로 막았다.

정합의안을 끌어냈다. 조합원은 그 합의안에 대한 6월 14일 조합원 찬반투표에서 74% 이상의 압도적 찬성으로 합의안을 가결했다.[7] 지난 1년여 동안의 크고 작은 파업(약 60회 추정)으로 약 2,800억 원의 손실이 발생한 것으로 추정되고 있다.[8]

이러한 사례들에서 보는 것처럼 조합원들에 의한 밑으로부터의 권력이 존재한다는 것은 노동자들 내부에서 갈등이 존재할 수 있고, 이 갈등을 해소할 내부협상(內部協商)이 일어나게 된다는 것을 함축하고 있다.

(3) 조직의 결단력과 응집력

노사협상에서 협상의 힘은 당사자들이 문제를 해결하여 소기의 목적을 달성하고자 하는 결단력(決斷力)과 조직의 응집력(凝集力)에 달려 있다. 이를 특정 목표를 성취하는 조직의 능력(組織의 能力)이라고 할 수 있다.

여기서 결단이란 단순한 완고함과는 다른 것이다. 합의를 끌어내는 긍정적 목표를 성취하기 위한 결단이다. 또 제재(制裁)를 위한 결단도 여기에 포함되지 않는다. 제재는 결국엔 제재를 위한 제재로 끝나는 경우가 많으며 이렇게 되면 합의를 끌어낼 수 없게 된다.

시간, 지속성, 압력 등을 전략적으로 사용해야 한다. 단순히 일회성의 하나의 문제를 제시하기보다는 인내를 가지고 지속해서 문제들을

---

7) 가결된 (2차) 임단협 잠정합의안에는 기본급 유지 보상금, 중식대 보조금 인상, 성과급 지급, 이익 배분제, 성과격려금 지급 등 임금과 근무조건 개선안, 그리고 노사 상생 공동 선언문 채택 등이 포함되었다. 연합뉴스. (2019.06.14.). 르노삼성차 임단협 최종 타결 … 노조 잠정합의안 가결.; 매일경제. (2019.06.15.). 르노삼성 임단협 타결 … 조합원 투표서 74% 찬성.; 뉴시스. (2019.06.14.). 부산시장, 르노삼성차 임단협 잠정합의안 가결 호소문 발표.

8) SBSCNBC. (2019.06.13.). 르노삼성 노사, 1년 끌던 임단협 3시간 만에 결론…과정 어땠나.

재현시키고 압력 등을 가하는 것은 상대방을 지치게 만들어 유리한 고지를 차지할 수 있다.

조직이 응집력을 상실하면 소기의 목적을 달성할 수 없다. 당사자들이 추구하고자 하는 욕구를 충족하기 위해서는 조직 구성원들이 단합하여 통일된 힘을 가져야 한다. 조직이 분열(分裂)되어서는 소기의 목적을 달성할 수 없다. 예컨대, 노사협상에서 노동조합이 분열되어 행동하면 사용자는 합의하려고 노력하지 않게 된다.

(4) 내부갈등과 내부협상

일반적으로 회사에서 협상이 벌어질 때는 노동자와 사용자 간에 관련된 것이 대부분이다. 노동자들은 조직화하여 있거나 그렇지 않을 수 있다. 작업장에서 노동자와 사용자 간의 협상은 노동조합이 있는 곳에서는 노동자집단과 사용자집단 간에 이루어진다.

그런데 노사협상 과정에서 노-노(노동자와 노동자) 갈등, 사-사(사용자와 사용자) 갈등이 발생하게 된다. 즉, 노동자들 자신들 내부에서 갈등이 발생하고, 노동조합 내부에서 조합원들 간에 갈등이 일어난다. 또한, 경영진들끼리 갈등이 발생하게 된다. 다시 말해서 자신들의 내부에서 분쟁이 발생하고 갈등이 존재한다는 것이다.

집단내부갈등(集團內部葛藤)의 원천은 다양하다. 각종 전략전술, 목표, 협상자의 선정, 협상자의 접근방식, 협상 시간, 협상 과정, 협상 안건 등 모든 것이 집단 내 갈등의 원천이 될 수 있다.

내부갈등이 발생하면 이를 해소하기 위해서 내부협상(內部協商)이 일어나게 된다. 공식적인 노사협상이 시작하기 전에 또는 진행 도중에 각 집단, 특히, 노동조합의 내부협상은 필연적이다. 내부협상은 일반적으로 비공식적으로 진행된다.

(5) 협상자의 이중역할

노사협상에서 노동조합을 대표하는 협상자는 이중역할을 하게 된다. 즉, 안으로는 자신의 집단 내부에서 발생한 내부협상에서 조언자(助言者) 또는 고문(顧問)으로서의 임무를 수행해야 하고, 밖으로는 노사협상에서 노동자들의 주장을 사용자 측과 협상하는 협상자(協商者) 자격의 임무를 수행해야 한다.

조언자 또는 고문의 역할은 불만이나 고충 형성 단계에서 수행하는 것은 물론이고, 협상과정에서 휴회 기간과 마지막 결말단계에서도 수행한다. 이러한 역할 수행단계에서 협상자는 수동적 및 능동적 전략을 모두 사용할 수 있다.

수동적 전략(受動的 戰略)은 모든 불만이나 제안을 수정하거나 평가함이 없이 그대로 받아들이는 전략이다.

능동적 전략(能動的 戰略)은 적극적으로 간여(干與)하는 전략이다. 즉, 지도자로서의 맡은 임무를 수행할 수 있고, 노동조합의 이익을 대변할 수도 있고, 제안된 불만이나 제안을 중화하는 등 적극적으로 관계하며 참여하는 전략이다.

협상자는 자신이 제공하는 정보, 조언 등이 합법성을 가지고 있어야 한다. 이 정보, 조언 등의 합법성은 협상자에게 힘을 부여해 주게 되고, 협상자는 합법적 권한을 가지게 된다.

(6) 경제적 및 권력적 관계

협상의 수준들이나 단위들은 협상과정의 경제적 능률성에만 관련된 것은 아니다. 이들 협상 수준들이나 단위들은 당사자들의 권력 관계에도 관련되어 있다. 역사적으로 볼 때 사용자, 노동조합, 또는 조합원이 아닌 조직화하지 않은 노동자들은 협상을 특정 수준에서 유지하려고 하는 공통된 이해관계를 공유하게 하는 사정들이 있었다.

(7) 과정으로서 노사협상

노사협상은 일회성의 단일 사건이 아니라 하나의 과정이다. 작업장에서의 협상은 사용자와 노동자 사이의 권력 관계에 관련된 부분들을 규제하려는 것과 관련된 과정이다. 이 과정에는 적극적이고 의도적인 설득(說得)과 건설적 타협(妥協)의 통상적 요소들이 포함되어 있다. 일반적으로 의도된 협상의 결과는 상호 수용 가능한 합의(合意)가 되나 상황에 따라서는 합의가 없는 것이 더 좋을 때가 있다.

(8) 노사협상 방법의 변화

과거에는 협상과정은 면대면 협상과정이었다. 그러나, 정보기술의 발전에 따라 커뮤니케이션의 방식이 다양하게 변화됨에 따라 상대방의 얼굴을 직접 대하지 않고도 협상을 하게 되었다.

즉, 전화, 팩스, 편지, 컴퓨터, 화상 비디오 등 정보통신기술(ICT : information and communication technology)을 통한 협상이 일어나고 있다.

한편, 남성과 여성 협상자 간에 심리적, 문화적 차이가 있다고 주장하는 관점도 있으나, 이런 것은 편견일 수 있다. 근거가 희박한 주장이다.

(9) 쟁점과 인간관계의 조화

노사협상에서는 협상의 결과인 쟁점 사항이나 결과의 내용의 문제도 중요하지만, 협상의 과정과 협상의 결과 이후에 노사가 신뢰의 인간관계를 지속해서 유지할 수 있도록 해야 한다는 중요한 목적이 있다.

협상결과의 내용도 노사의 기대 욕구를 충족하고, 또한, 노동자와 사용자 간에 좋은 인간관계를 유지하기 위해서 협상당사자 모두에게 유익한 상생(Win-Win) 협상이 필요하다.

상생 협상을 위해서 로스 렉(Ross Reck)은 PRAM 모형을 주장하고 있다. PRAM은 ① Planning 및 Plans, ② Relationships, ③ Agreements, ④ Maintenance 첫머리 글자를 딴 약어이다.[9] P는 협상을 시작하기 전의 사전준비로서의 기획 및 계획(planning & plans), R은 협상당사자 간의 신뢰적 인간관계 구축(building relationship), A는 합의(agreement) 도출, M은 협상이 종결된 이후에서 협상과정에서 구축된 협상당사자 간 인간관계의 지속적인 유지(maintaining the relationship)를 의미한다.

|제2절| 노사협상의 형태와 전략개관

1. 노사협상의 주요 형태

작업장에서 노동자와 사용자 간에 발생하는 갈등을 해결하기 위한, 즉, 일터에서 발생하는 갈등들을 해결하기 위한, 주요 협상 형태로 케언즈(Larry Cairns, 1996)는 고충 처리 협상, 통합적 협상, 적대적 협상 등을 제시하고 있다.[10] 여기서는 불만처리 협상, 승-승 협상, 승-

9) Reck, Ross R. (1987). *The Win-Win Negotiator : How to Negotiate Favorable Agreements That Last*. Newcastle Publishing Company.; Reck, Ross R. (2019), TAKING CHARGE! *Negotiating the Deal You Want Every Time.;* 이상호. (2001). 노사교섭 및 합의 유도 촉진을 위한 방안. 「조정과 심판」6. pp.99~108.

10) Cairns가 제시하고 있는 고충 처리 협상은 불만 처리 협상과 같다고 볼 수 있고, 통합적 협상은 무차별적 협상으로 승-승 협상과 유사한 것이다. Cairns, Larry. (1996). *Negotiation Skills in the Workplace*. London: Pluto Press.

패 협상, 적대적 협상 등으로 구분하여 설명하고자 한다.

(1) 불만처리 협상(不滿處理 協商)

불만처리(不滿處理)는 일반적으로 개인이나 소집단이 가지고 있는 이슈와 관련되어 있다. 사전협상 상담조언 기법들이나 문제해결 기법들이 불만처리를 위해서 도입될 수 있다. 사전협상 상담조언(事前協商相談助言)은 협상의 목표를 결정하는데 구성원들을 참여시키고, 구성원들의 협상 필요성을 명확하게 하기 위한 기회를 많이 열어 주고 있다.

노동자들이 겪는 불만 사항은 다양하다. 예컨대, 근로계약에 벗어난 일들을 시키는 것에 대한 불만, 임금에 대한 불만, 형편없는 작업 조직에 대한 불만, 부적절한 휴무일 계획에 대한 불만 등 다양하다.

불만 사항에 대한 바람직한 대처 방향은 불만 징후들이 나타나면 노동자들을 이들로부터 차단하기보다는 그 문제들을 처리(해결)하는 것이다. 효과적으로 불만을 처리하기 위해서 사전협상 상담조언 기법들이나 문제해결 기법들이 유용하게 사용될 수 있다.

(2) 승-승 협상(勝-勝 協商)

승-승 협상(勝-勝 協商)이란 각 당사자가 모두 이득을 얻는 결과를 가져오는 협상을 말한다. 따라서, 공동문제해결(共同問題解決)과 유사한 것이다. 상대방을 서로 차별하지 않고 서로에게 이득을 준다고 해서 무차별협상(無差別協商)이라고도 할 수 있다.

Kathleen Eisenhardt, Jean Kahwajy, L. Bourgeois III는 승-승 협상을 성공적으로 수행하기 위해서는 객관적이고 사실에 근거한 협상을 벌여야 하고, 복수의 대안을 개발하여 논쟁의 수준을 높여야 하고, 공유된 목표가 있어야 하고, 당사자 간에 힘이 균형적이어야 하고, 강제적으로 합의를 끌어내서는 안 된다고 언급하고 있다(박경규,

1997).[11]

승-승의 무차별협상(無差別協商)이 성공하기 위해서는 공통이해관계를 발견할 수 있는 잠재성이 있어야 한다. 그리고, 현존하는 문제를 해결하기 위해서 공동문제해결기법을 사용하여 서로가 합의하는 새로운 해결책을 찾을 수 있다는 공유된 인식을 하고 있어야 한다.

그리고, 실전에 임해서, 상대방이 가져가는 것이 자신이 가져오는 것보다 많아지도록 협상을 해서는 안 되기 때문에, 공동문제해결전략을 유지하면서 얼마만큼의 이득을 자신이 가져올 수 있을 것인지에 대한 가능성의 범위를 검토해야 한다.

(3) 승-패 협상(勝-敗 協商)

그런데, 작업장에서 승-승 협상(勝-勝 協商)은 그리 흔하지 않을 수 있다. 즉, 노사협상에서 때때로 노동자에겐 이득이 돌아갈 때도 사용자에게는 막대한 비용이 수반되는 때도 있다. 이러한 경우는 승-패 협상(勝-敗 協商)이 된다.

(4) 적대적 협상(敵對的 協商)

적대적 협상이란 파업 등과 같은 것으로 사용자에게 막대한 경제적 손실이나 비용을 유발하는 협상으로 규모가 큰 경제적 이슈를 중심으로 일어난다. 예컨대, 임금인상, 휴일확대, 근무시간 단축, 평등한 임금지급 등과 같은 규모가 큰 경제적 이슈들을 협상할 때 주로 발생한다.

---

11) Kathleen Eisenhardt, Jean Kahwajy, L. Bourgeois III는 경영진이 효과적으로 갈등을 극복하기 위해서 ① 객관적이고 사실에 근거하여 협상을 벌일 것, ② 복수의 대안을 개발하여 논쟁의 수준을 높일 것, ③ 공유된 목표를 가지고 있을 것, ④ 의사결정과정에서 유머를 사용할 것, ⑤ 당사자 간에 힘이 균형적일 것, ⑥ 강제적으로 합의를 이끌어내지 말 것 등을 강조했다. 박경규. (1997). 경영진의 갈등 극복 방법. 「서강 Harvard Business」 77. pp.114~125.

2. 노사협상전략 개관

(1) 노사협상전략의 의의

노사협상전략(勞使協商戰略)이란 노사협상의 과정에서 필요한 기술, 방법, 책략을 말한다. 전략들은 조직이 처한 상황과 협상 참여자들의 특성에 따라서 그 방법을 달리해야 한다.

(2) 파괴공작분쇄전략

① 파괴공작(破壞工作)

모든 사람이 선한 마음을 가지고 있지 않듯이 모든 노동자나 사용자가 선한 것이 아니다. 따라서, 극단적인 경우, 노사협상에는 상대방을 적으로 보고 전략을 전개하는 때도 있을 수 있다. 예컨대, 사용자가 특정 노동자를 조직에서 제거하기 위해서 전략을 전개하는 경우나 노동자가 회사를 파괴하기 위해서 전략을 전개하는 때도 있을 수 있다. 이러한 예는 극단적인 것이라고 볼 수 있으나 현실적으로 있을 수 있는 일이다.

회사파괴 경우는 일반적으로 뒤에서 보이지 않는 곳에서 조종하는 주동자와 앞에 나서서 행동하는 주동자가 있고 이에 동조하는 무리가 있어서 발생하는 것이다. 회사파괴를 위한 노동조합의 음흉한 전략은 차츰차츰 변두리를 먹어 들어가면서 나중에는 회사의 핵심을 먹어치우는 방식이 있고, 처음부터 직접 파괴공작(破壞工作)을 펼치는 방식들이 있다.

노동조합이 회사를 파괴하기 위한 상황에서 벌어지는 노사협상에서는 일반적으로 처음에는 노동조합이 골수 조합원들을 일정한 직위에 배치할 것을 사용자에게 요구한다. 물론, 사용자는 그들이 누구 편에서 있는지 전혀 알지 못한다. 왜냐하면, 그들이 모두 회사를 위해서 일하고 있다고 믿고 있기 때문이다.

노동조합의 이러한 요구가 받아들여지면 이 세력을 기반으로 다음 협상에서는 사용자에게 사용자가 수용할 수 없는 무리한 요구를 제시한다. 만약, 협상테이블에서 사용자가 이를 거부하면, 이를 빌미로 파업으로 이어가는 순서를 밟게 된다.

② 교육훈련과 경영혁신

이를 방지하기 위해서는 사용자는 평소에 잘해야 한다. 즉, 사용자는 평소에 노동자들에게 교육훈련을 시켜서 노동자들을 깨어있게 하고, 노동자들의 복지후생에 부족함이 없게 해야 한다. 그러기 위해서는 경영혁신을 하고 생산성을 높여서 수익을 많이 내어야 한다. 마치 배고프고 못사는 곳에서 공산주의가 날뛰고, 배부르고 잘살게 되면 공산주의가 쇠퇴하는 것과 같은 이치라고 할 수 있다.

③ 투명성과 신뢰성

교육훈련, 근무성적평가, 보수 및 포상 등은 투명하고, 객관적이고, 공정하게 처리해야 한다. 투명성, 객관성, 공정성은 노동자의 승진에 필요할 뿐만 아니라 노동자의 징계 및 해고의 근거에도 중요한 자료가 된다.

노동자들이 징계 및 해고의 대상이 되었을 때 불만의 목소리는 한결같이 "내가 밤낮으로 이 회사를 위해서 일해 왔고, 내가 저 사람보다도 더 열심히 일해 왔는데 왜 저 사람은 아니고 내가 해고의 대상이 되어야 하냐?"라는 것이다.

모든 인사는 투명성, 객관성, 공정성에 기반을 두어야 한다. 신뢰받지 못하는 인사정책은 갈등과 폭동의 씨앗이다. 최첨단 정보사회는 투명성, 객관성, 공정성, 그리고 신뢰성에 기반을 둔 조직을 필요로 한다.

④ 환경의 변화에 적응

사용자는 "내가 지금까지 고생하여 일으켜 세운 회사니깐 내 마음대로 한다."라는 생각을 버려야 한다. 노사관계는 사회적, 문화적 영향을 받고 성장하기 때문에 그 영향력을 무시할 수 없다. 즉, 사회적, 문화적 압력이 그러한 생각을 더는 허용하지 않을 땐 사용자는 자신의 관리방식이나 태도를 사회적, 문화적 변화에 적응할 수 있도록 변화시켜야 한다.

⑤ 투명경영과 이해관계

조회, 모임, 각종 회의 등을 통한 경영에서 그리고 의사결정과정에서 노동자들을 참여시켜서 투명경영을 구현하고 정보 흐름을 원활히 해야 한다.

투명하지 않고 정보 흐름이 막히게 되면 각종 유언비어가 나돌아다니고 사용자에게 불리하게 환경이 바뀌게 된다. 이러한 각종 활동을 통해서 평소에 사용자와 노동자 간에 끈끈한 유대관계를 형성시켜 놓아야 한다.

소규모 중소기업이라도 예외는 아니다. 회사의 규모가 크든 작든 회사라는 것은 혈연관계(血緣關係)가 아닌 이해관계(利害關係)로 뭉쳐져 있는 집단이라는 것을 항상 명심해야 할 것이다.

여기서는 그러한 극단적인 경우를 제외한 일반적으로 발생하고 있는 노사관계에서 노사협상의 전략들을 중심으로 설명하고자 한다.

(3) 일반적 노사협상전략

① 노사협상전략의 기본

노사협상전략을 노사협상과정에서 필요한 기술, 방법, 책략이라고 할 때, 일반적인 노사협상에서 가장 기본적인 협상전략은 관찰하기(觀察), 듣기(聽), 표현하기(表現) 등에 관련된 것이다.

쉽게 말하면 잘 관찰하고, 잘 듣고, 잘 표현하여 상대방을 설득시켜 좋은 결과를 끌어내면 협상은 성공적인 것이다. 이때, 표현하기란 상대방 설득력을 말한다. 협상이란 결국 상대방을 설득하여 좋은 결과를 끌어내는 것이라고 할 수 있으므로 협상에서 상대방을 설득하는 기술은 중요하다.

관찰, 듣기, 설득을 잘하기 위해서 분석(分析), 판단(判斷), 임기응변(臨機應變) 등에 관련된 전략도 필요하다. 관찰한 것을 과학적으로 분석, 판단해야 할 뿐만 아니라 사회학적, 경제학적, 조직심리학적, 법학적 관점 등을 통해서 종합적으로 분석하고 판단해야 한다. 상황에 따라 협상과정에서 기회나 어려움에 다다를 때 이를 잘 헤쳐나가는 임기응변의 전략 또한 중요하다.

② 태도나 신념의 공개와 비공개 문제

협상자들은 모든 태도나 신념을 완전히 공개할 필요는 없다. 즉, 무조건 다 털어놓는다고 협상의 결과가 성공적으로 나타난다고 볼 수 없으며, 공개해서는 안 될 특정 태도나 신념에 대해서는 숨기거나 위장(僞裝)하는 것이 좋다. 특히, 특정 태도나 신념의 공개로 인해서 상대방과의 지속적이었던 관계가 깨어진다고 판단될 때에는 그것을 공개하지 않는 것이 좋다.

③ 설득과 강압

상대방을 설득하기 위해서 호소(呼訴), 유인(誘引) 등과 같은 전략을 사용할 수 있다. 상황에 따라서는 위협(威脅)이나 협박(脅迫) 전략을 사용하는 때도 있을 수 있다. 사용자가 호소, 유인, 위협, 협박 등의 전략을 사용할 상황이 발생하였을 때, 노동조합을 거치지 않고 노동자들에게 직접 사용해야 할 상황도 있을 수 있다.

그러나, 일반적으로 강압적인 방법은 좋은 결과를 낳지 못하고 있다. 협상이 성공한 기업들은 분석한 Kathleen Eisenhardt, Jean Kahwajy, L. Bourgeois III 등은 강압적으로 합의를 끌어내지 않는 것이 경영진이 갈등을 극복하는 데 바람직하다고 했다.

협상에서는 지식(知識)과 설득력(說得力) 있는 표현의 결합이 중요하다. 여기서 지식이란 협상과정에 도움이 될 조직행동학, 조직심리학, 경제학, 산업사회학 등에 관한 지식을 말한다. 이들은 모두 더 나은 협상결과를 얻기 위한 전략·전술을 개발하고 구사하는 데 필요하다.

④ **공식적, 비공식적 통로**

때에 따라서는 정규적이고 공식적 커뮤니케이션 통로를 거치지 않고, 비정규적이고 비공식적 통로(非公式的 通路)를 통해서 대화를 전개하는 전략도 필요하다. 특히, 협상의 소위 실세(實勢)가 비공식적 지도자로 밖으로 나타나 있지 않은 경우엔 더욱더 비공식적 채널을 통한 대화가 필요할 것이다.

⑤ **실세들**

공식적이든 비공식적 통로를 사용하든, 무엇이 전달되어야 하고 누구에게 정보가 전달되어야 하고 누가 정보를 취하여야 할 것인가를 파악하는 것이 중요하다. 공식적 대표자의 권한으로 내린 의사결정으로 타결된 협상의 결과가 구성원들에게 효력을 발휘하지 못할 수 있다.

예컨대, 과거에 일어났던 의약분업[12] 협상과정에서 본 바와 같이

12) 의약분업은 "진료는 의사에게 약은 약사에게"라는 표어로 요약되는 정책으로, 진료와 처방은 의사가 담당하도록 하고 의약품 제조는 약사가 담당하도록 하는 제도이다.

노동조합의 대표가 협상테이블에서 협상한 결과들이 구성원들로부터 추인(追認)을 받지 못할 때 그 대표는 도중에 하차해야 하고 협상은 원점에서 다시 맴돌게 된다. 따라서, 노동조합의 대표와 합의를 했다고 해서 노사협상이 완전히 타결됐다고 볼 수 없는 경우가 발생하게 된다.

⑥ 입장 뒤에 숨어 있는 이해관계

사용자는 노동조합이 달성할 수 없는 목표들을 설정해서는 안 된다. 노동조합도 사용자가 수용할 수 없는 것을 협상의 전제조건으로 제시해서는 안 된다. 그러할 때는 그러한 무리수를 두는 당사자들의 실질적인 이해관계(實質的 利害關係)가 어디에 있는가를 파악한 후 이 실질적 이해관계를 중심으로 협상을 진행해 나가야 한다. 피셔(Roger Fisher)와 우리(William Ury)는 협상이 성공적으로 되기 위해서는 협상당사자가 입장(positions)보다는 실질적 이해관계(interests)에 초점을 맞추어서 협상을 진행해야 한다고 강조하고 있다.[13]

이러한 의약분업의 필요성을 인식하여 1963년에 약사법을 개정하여 의약분업의 원칙을 규정하였지만, 사회적 여건의 미성숙 등의 이유로 실제로 시행되지는 못했다. 그러다가, 의약분업에 관한 사회적 여건의 성숙과 함께 국무총리 자문기구로 설치된 의료개혁위원회에서 1997년 의약분업에 관한 개선안을 내고 의약분업을 1999년 7월 1일부터 단계적으로 시행에 들어가려고 하였다. 그러나, 그 시행을 둘러싸고 정책적, 제도적인 이유 등으로 의사집단(예컨대, 대한의사협회)과 약사집단(예컨대, 대한약사회) 간에 갈등이 일어나고, 정부(예컨대, 보건복지부)와 시민사회단체들도 이들 갈등에 관여하게 되어, 의약분업의 정책갈등이 장기화하게 된다. 이 과정에서 전국의 병·의원의 집단 휴업, 폐업 등의 사태도 일어나게 된다. 사태가 이렇게 악화하자 국회 본회의에서도 그 시행을 1년 연기 하기로 의결하게 된다. 이러한 갈등과정의 우여곡절 끝에 의사집단과 약사집단과 정부(보건복지부)의 전격적인 합의를 거쳐, 정부는 의약분업을 2000년 7월 1일 전면적으로 시행하게 된다.

13) Roger Fisher & William Ury 협상 5원칙 : (1) 문제에서 사람을 분리하라. (2) 입장(positions)에 초점 맞추지 말고, 이익(interests, 실질 이해관계)에 초점을 맞추라. (3) 협상당사자 상호 이득이 되는 대안들을 개발하라. (4) 객관적인 기준들(objective criteria)을 사용할 것을 주장하라. (5) 당신의 BATNA를 알라. Fisher, Roger & Ury, William. (1981). *Getting to Yes : Negotiating*

협상이 지속하는 과정에서는 자신과 상대방의 입장과 실질적 이해관계를 명확하게 분류해 보아야 한다. 이를 위해서는 관찰력, 청취력, 설득력, 분석력, 판단력, 예측력 등이 필요함을 앞에서 강조했다.

⑦ 정보의 정통성과 신뢰성

노사협상 과정에서 정보를 제공할 때는 노동자집단이든 사용자집단이든 정보 제공자는 정통성을 가지고 있어야 한다. 정통성이 없는 정보원에서 나오는 정보는 각 당사자에게 설득력을 잃게 된다. 예컨대, 사용자가 제공하는 정보의 정보원이 정통성을 상실하고 있을 때 노동자들은 그 정보를 신뢰하지 않을 것이다.

또한, 사용자는 노동조합 협상자들이나 노동자 대표들이 각종 정보시스템에 접근할 수 있는 권한이 사용자 자신보다 제약되어 있다는 것을 알고 있어야 한다. 따라서, 협상에 접근할 때 해결책에 직접 접근하기보다는 문제부터 함께 공유하여 시작하는 게 좋다. 즉, 해결책을 바로 제시하여 논하기 전에, 협상테이블에 앉게 한 갈등원인의 문제부터 접근해 나가야 하며, 그리고 난 후 그 문제를 중심으로 해결책들을 논의해야 할 것이다.

⑧ 첫인상

협상과정에서 협상당사자들의 첫인상은 협상과정 내내 상대방의 마음에 남아 협상결과에 영향을 미칠 수 있다. 그러므로 첫인상을 상대방에게 좋게 보이도록 해야 한다. 좋은 인상으로 좋은 분위기를 조성하여 협상을 진행하는 것이 좋은 결과를 가져올 수 있다. Kathleen Eisenhardt, Jean Kahwajy, L. Bourgeois III 등도 협상과정에

Without Giving In. Penguin Books.

서 우스갯소리, 유머를 사용할 것을 강조하고 있다. 강제로라도 사용해서 긴장을 완화하고 협동을 증진하는 것이 바람직하다고 했다.

외모를 단정히 하고, 포근한 인상의 미소를 가지는 것이 좋다. 목소리는 잔잔하고 작게 하는 것이 좋다. 큰 목소리는 상대방에게 위압적인 것이 될 수 있으므로 차분하고 작은 목소리가 좋다. 상대방에게 자신이 선하게 보이도록 해야 한다.

|제3절| 협상태도에 관한 전략

1. 협상태도와 협상결과의 상관관계

어떤 조직의 구성원들이 다른 조직의 구성원들과의 관계가 우호적이냐 배타적이냐는 각 조직의 대표들이 상대방 조직이나 구성원들에 대해서 어떤 신념, 태도, 성향을 지니고 있느냐에 따라 상당한 영향을 받는다. 예컨대, A 회사와 B 회사의 관계가 우호적이냐 배타적인 관계냐는 각 회사의 대표들이 상대방 회사에 대해서 어떤 신념과 태도를 견지하고 있느냐에 큰 영향을 받는다.

이와 마찬가지로 노사가 협상할 때 노동자집단과 사용자집단이 우호적인 관계를 유지하고 있는지 배타적인 관계를 유지하고 있는지는 주요 협상자들의 신념과 태도에 의해서 상당한 영향을 받게 된다.

영향력 있는 주요 협상자들이 상대방 협상자나 집단에 대해서 서로 배타적이고 비우호적인 신념과 태도를 보이면 각 집단은 비우호적이고 적대적인 관계를 유지하는 경우가 많고 협상의 진전도 별로 없게 된다.

예컨대, D 회사는 분규가 거의 없고 임금협상도 단 한 번에 타결되는 그러한 우호적인 노사관계를 유지하고 있는 데 반해서, C 회사는 분규가 자주 일어나고 임금협상도 수차례 하더라도 결렬되고 생산성은 형편없는 적대적인 노사관계를 형성하고 있는 경우를 종종 볼 수 있다. 그 원인의 한 가지가 후자의 경우 노사의 주요 협상자들이 서로 적대적 감정을 품고 노사 각 집단도 서로 적대적인 관계를 하고 있음에서 발견될 수 있다. 서로서로 투명하지 않다고 비난하고, 서로서로 신뢰할 수 없다고 주장한다. 서로서로 믿지 못하니 노사협상에서 진전이 있을 수 없음은 물론이고 분규가 멈출 날이 없다.

또한, 최첨단 정보사회에서 각 구성원은 다양한 가치, 배경, 지식 등을 가지고 있다. 이는 협상에 참여하는 사람들이 가지고 있는 가치, 배경, 지식 등도 다양하다는 것을 의미한다. 이는 회사와 같은 민간분야이든 관공서와 같은 공공분야이든 같게 적용되는 현상이다.

이러한 다양한 가치, 배경, 지식은 필연적으로 협상과정에 영향을 미치게 되고, 협상결과에도 영향을 미치게 된다. 즉, 그러한 요인들은 필연적으로 협상의 질에 중대한 영향을 미치게 된다.

또한, 최첨단 정보사회의 글로벌 무한 경쟁의 환경에서 급격히 변화하는 환경에 적응하기 위해서는 노사협상에 참여하는 자들은 새로운 태도로 협상을 진행해 나가야 한다. 즉, 국내적으로 그리고 국제적으로 급격히 변화하는 환경에서 자신의 조직이 생존, 번영하기 위해서 노사는 거기에 맞는 새로운 태도를 보이고 협상에 임해야 한다는 것이다. 그러한 변화된 환경 속에서 구태의연한 태도를 보이고 협상에 임한다면 그 회사나 공공기관은 생존과 번영에 필연적으로 지장을 받게 될 것이다.

협상에 참여하는 사람들은 다양하고 각기 다른 가치관, 배경, 지식을 가지고 참여하게 되고 이러한 특성들은 협상의 과정과 결과에 중대한 영향을 미치게 된다. 또한, 노사협상에서 협상대표들은 자신들이 소속하고 있는 집단의 이익을 대표하려고 노력한다.

즉, 관리자 협상대표들은 사용자의 일반적 가치관, 성향을 대표하려고 하고, 노동자 대표는 노동자들의 가치관, 성향을 대표하려고 하게 된다.

따라서, 이들의 일반적 태도를 이해하지 않으면 협상에 진전이 없게 된다. 그러므로, 협상에 있어서 상대방의 태도나 성향에 주의를 기울여 이들을 정확히 파악하는 것은 매우 중요하다. 파악된 정보는 다른 각도에서 사물을 볼 수 있게 해주는 데 도움을 주게 된다. 특히, 환경의 변화가 급격할 때 이는 더욱 중요하다.

2. 협상태도에 영향을 미치는 요인

노사협상의 협상과정에서 상대방의 신념과 태도가 자신에게 조화되지 못하고 부정적으로 접근될 때 그 협상은 더는 진전될 수 없다. 그러므로 성공적인 협상을 위해서는 상대방의 신념과 태도에 관한 전략을 효과적으로 전개해야 한다.

협상자의 일반적인 협상태도에 영향을 미치는 중요한 요인들에는 당사자 사이의 힘의 관계, 협상자의 인성과 신념, 협상자의 교섭경험, 여론 등이다. 이들은 노사협상에서 노동조합과 사용자 모두에게 영향을 미치게 된다.

(1) 당사자 사이의 힘의 역학관계

노사협상에 있어서 노동자와 사용자 간의 힘의 관계는 산업 관련 법령, 기술, 사회, 문화, 제품시장, 노동시장 등의 요인들에 의해서 영향을 받는다. 이들 요인은 노사협상에 노동자와 사용자 모두에게 큰 영향을 미칠 수 있다.

예컨대, 우리나라의 1960년대 경제발전의 시장에서 노동시장은 풍부했고, 제품시장 역시 판로가 충분하였다. 기술의 발전도 그리 급격한 것이 아니었다. 한번 발명된 기술은 그 영향이 수십 년을 지속할 것으로 기대되었다. 또한, 경제발전을 위해서 법령 등이 파업 등에 관해서 호의적이지 못했고 여론 또한 노사협상에서 노동자들의 과격한 행동에 호의적이지 못했다. 이러한 환경에서 노사협상의 주도권을 쥔 것은 노동자보다는 사용자 측이 되는 것이 일반적인 현상이다.

그러나, 1980년대 중반을 넘어서면서 법령, 기술, 문화, 제품시장, 노동시장의 모든 요인이 동요되기 시작했다.

노동자들이 협상에서 주도권을 잡아가기 시작했고, 사용자들은 이를 방어하기에 급급했다. 정치, 경제환경의 변화에 발맞추어 노동조합이 변화의 담당자로서의 적극적 임무를 수행하고, 기술변화가 제품시장과 제품생산과정의 비용구조에 큰 영향을 미치게 됨으로써, 노동조합은 사용자에게 위협적 요소로 작용하기 시작했다.

1990년대에 들어와서는 이러한 현상이 더욱 심화하였다. 노동자들의 힘이 사용자의 힘을 압도하는 곳도 많이 나타나게 되었다.

문제는 대부분 직장에서 그러한 갈등상황을 건설적인 것으로 전환할 힘을 노사 모두가 가지고 있지 않았다는 데 있다. 그 결과, 그러한 갈등을 건설적인 갈등으로 전환하여 생산성을 향상한 몇몇 회사를 제외하고는 많은 회사가 분규에 시달렸고 생산성은 극도로 저하되었다.

더욱이, 1997년 말 외환위기의 문제로 IMF 관리체제가 시작된 이후 노사는 서로를 적대적 갈등의 주범으로 몰아가게 되었고 분규는 더욱 거세어졌다.

사용자는 구조조정이라는 이름으로 또는 인적자원관리기술을 가지고 노동조합을 압박하였고 노동조합의 태도 변화와 조직 전체의 변화를 시도하였다. 반대로, 노동조합은 사용자들의 부당노동행위와 사용자들의 구태의연한 경영방식에 제동을 걸었고 사용자들의 태도 변화를 시도하였다. 사회적, 문화적 압력은 노사 모두에게 변화의 압력을 가하게 되었다.

그런데도, 협상의 테이블은 많이 있었으나 협상의 결과는 문제를 해결하기보다는 오히려 대부분이 새로운 갈등의 유발인자가 되었다. 새로운 환경에 맞는, 새로운 변화에 적응하기 위한 새로운 태도 함양에 노사 모두가 실패한 탓일까?

〈그림 2-4-2〉에서는 노사협상 과정에 영향을 미치는 요인들과 노사협상에 있어서 힘의 역학관계(力學關係)를 예시하고 있다. 일반적으로 노사가 균형적인 힘의 역학관계를 유지할 때에 사용하는 협상의 전략과 불균형적인 힘의 역학관계를 유지할 때에 사용하는 협상의 전략

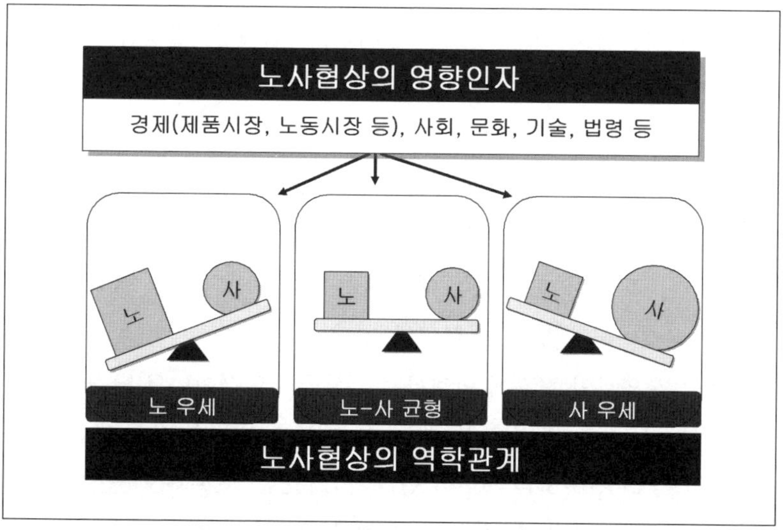

〈그림 2-4-2〉 노사협상의 영향인자 및 역학관계

이 각각 다르게 된다.

(2) 협상자의 인성과 신념

다양한 사회에서 사람들은 다양한 가치관, 배경, 지식을 가지고 있다. 이는 협상에 참여하는 사람들의 인성이나 신념이 각각 다양할 수 있음을 의미한다. 이러한 다양한 협상자의 인성이나 신념 등은 협상에 영향을 미치게 된다.

협상자의 인성이나 신념은 자유로운 민간자본 환경에서 형성되는 것이 가능하다. 관리자들은 노동자들의 인성이나 신념을 변화시키는데 시간을 많이 보내야 한다. 예컨대, 새로운 글로벌 무한경쟁체제에서 자신들의 조직이 어떻게 해야 생존, 성장, 발전할 수 있는가를 노동자들에게 교육훈련을 해야 한다. 그러기 위해서는 왜 그런 교육훈련이 필요한 것인가를 먼저 설명해주어야 한다.

안정적이고 지속적인 시장은 이제 사라져 버렸다. 즉, 안정적이고 지속적인 제품시장, 노동시장, 기술시장, 가격시장, 경쟁자시장은 사려져 버렸다. 그 결과, 과거의 그러한 것을 바탕으로 한 노사관계나 노사협상의 합리성은 더는 지속할 수 없다.

이러한 것을 어떻게 노동자들에게 설득시켜 노동자들의 신념이나 인성을 변화시킬 것인가는 사용자 또는 관리자들의 몫이다. 그러자면 먼저 노동자들과 대화할 수 있는 대화의 통로가 형성되어야 한다. 개방적인 커뮤니케이션 채널이 마련되어 있어야 한다.

사람들은 외부의 강요에 의해서는 자신들의 인성이나 신념을 바꾸려 하지 않는다. 외부의 강요에 의해서는 태도를 변경하려 하지 않는다. 오히려 더욱더 집착하는 경향이 있다. 그러므로, 노동자들 스스로 문제의 심각성을 이해하도록 해서, 그 문제의 원인이 무엇이며 왜 일어났는가를 이해하도록 해야 한다. 그리고, 그 원인을 찾아 노동자들 스스로 그 문제를 해결하고자 정보를 수집하고 분석하는 과정에서 스스로 자신들의 신념이나 태도를 변화시키도록 유도해야 한다. 그러한 환경을 만들어 주는 것이 사용자 또는 관리자의 임무이다. 그러기 위해서는 정보가 자유롭게 흐르도록 하여 노동자들이 그 정보에 자유롭게 접근할 수 있는 조직문화가 형성되도록 해야 한다.

이러한 노동자들의 태도나 신념변화의 필요성은 회사가 제품생산을 변경할 때나 생산 공장을 변경할 필요성이 있을 때도 필요하다. 예컨대, 글로벌 가격 경쟁력 때문에 자체 생산하던 것을 외주생산방식으로 변화시키는 때도 있다. 이때 자체 생산하던 것을 외주 생산해야 하게 하는 문제는 무엇이며 왜 그것이 필요한 것인가 등에 관해서 노동자들 스스로 이해하도록 해야 한다는 것이다. 이 과정을 무시하고, 사용자가 강압적으로 자체 생산하던 것을 외주생산으로 변경시키려고 할 때 노사 간에 분규가 일어나는 것을 종종 볼 수 있다.

결국, 노동자들의 신념이나 태도의 변화가 강요가 아닌 설득으로 이루어지며, 노동자 스스로가 문제를 이해하고 그 문제를 해결하고자 할 때, 진정한 변화가 일어난다는 것을 재차 강조하고자 한다. 그러한 변화가 노동자집단과 사용자집단 모두에게 일어날 때, 노사협상은 최첨단 정보사회의 글로벌 무한경쟁체제에 맞는 새로운 형태의 것으로 다시 태어날 것이다. 그렇게 해야만 노사 모두가 생존, 성장, 발전할 수 있다.

(3) 협상자의 교섭경험

노사협상에 참여하는 협상자들은 사용자, 노동자, 노동조합의 관계를 이해해야 한다. 이들은 기업이라는 제도에 의해서 관계를 맺는 제도적 관계를 형성한다. 가족의 구성원들도 가족이라는 제도에 의해서 아버지, 어머니, 자녀의 관계를 맺는 제도적 관계를 형성한다. 다만, 전자는 이해관계의 제도적 관계라면 후자는 혈연관계의 제도적 관계라고 할 수 있다.

〈그림 2-4-3〉에서는 이를 보여주고 있다. 이해관계로 구축된 제도적 관계는 구성원들의 이해득실에 따라서 언제라도 파괴될 수 있는 연결 관계이다.

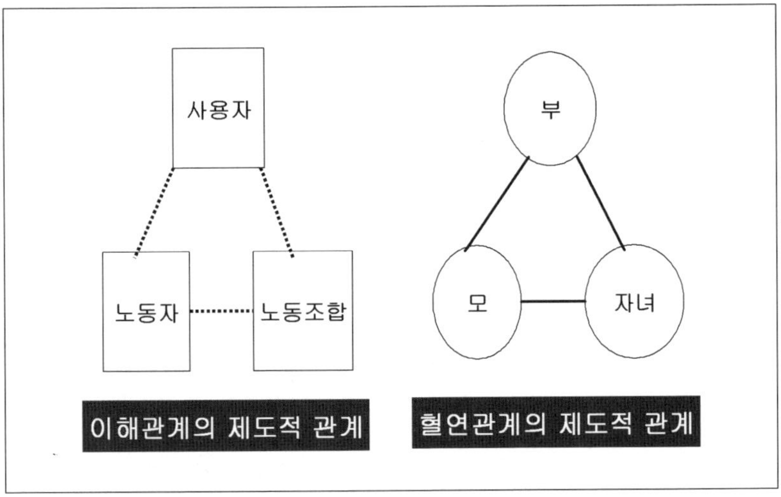

〈그림 2-4-3〉 이해관계 및 혈연관계의 제도적 관계

그러나, 혈연관계로 이루어진 제도적 관계는 부부관계 또는 부모와 자식 관계와 같이 피로 맺어진 관계이기 때문에 그 고리를 끊는다는 것은 특별한 이유가 없는 한 있을 수 없는 관계이다.

이해관계의 제도적 관계에서는 "가족처럼" 지낼 수는 있어도 "가족"은 아니다. 그러므로, 노사가 서로서로 필요로 한다면 서로가 서로에게 정신적, 물질적으로 잘해주어야 한다. 사용자는 노동자의 불편사항을 보살펴야 하고, 노동자는 회사에 충성해야 한다.

이해관계의 제도적 관계는 이해타산에 따라 움직이기 때문에 협상과정에서 유리한 고지를 점령하는 자는 과거의 협상경험이 있는 자가 될 확률이 높다. 협상자가 교섭경험이 전혀 없는 새내기냐 교섭경험을 많이 가진 베테랑(veteran)이냐는 협상에 영향을 미치게 된다. 교섭경험이 많으면 새로운 관계를 판단하는 데 유리하다.

(4) 여론

여론은 종종 변덕스럽다. 예컨대, 지역 경제발전이 위협을 받는다고 감지될 때 여론은 자주 변한다. 여론은 협상당사자에게 호의적으로 작용할 수도 있고 비호의적으로 작용할 수도 있다. 여론이 노동조합(또는 사용자)에 적대적일 때 악의를 품은 미디어가 노동조합(또는 사용자)에 불리한 쪽으로 그 여론을 더욱 자극할 것이다. 그 결과, 협상과정에서 노동조합(또는 사용자)에 불리한 영향을 미칠 것이다. 그와 반대로 여론이 호의적일 땐 협상과정에서 힘을 실어줄 것이다.

협상은 때때로 전진하지 못하고 중도에 깨어질 때도 있다. 이때 노동조합 협상자는 자신들은 그 깨어진 협상에 대해서 책임이 없고 언제라도 협상테이블로 돌아갈 준비가 되어 있음을 공중에게 설명해야 한다. 그리고, 노동조합이 무엇을 요구하고 있고, 그 요구는 지극히 정당하고 합리적임을 공중에게 설명해야 한다.

그렇게 하여 적대적인 여론을 중화시켜야 한다. 그리고, 상대방의 악의적 선전을 상쇄하고 상대방을 압박해야 한다. 또한, 여론을 자신들에게 유리한 쪽으로 주도하여 자신의 구성원들에게는 사기를 높여주어야 한다.

노사협상에서 여론은 제삼자인 정부를 조용한 동반자로 끌어들이게 영향을 미칠 수도 있고 그 반대일 수도 있다. 그러므로, 여론이 항상 자신에게 긍정적이고 유리한 방향으로 작용하도록 노력을 기울여야 한다.

이들 협상태도에 영향을 미치는 요인들은 노사 협상자들 모두에게 영향을 미치게 된다. 적대적이거나 협동적으로 된다. 적대적인 성향에는 마지못한 수령, 시기, 불신, 비난, 상대방 영향력을 제한하는 것 등 다양한 형태가 있다. 협동적 성향에는 상호존경, 참여적 관계, 결탁 관계, 공통 이익에 대한 믿음, 단체교섭에 대한 믿음 등 다양한 형태가 있다.

일반적으로 노동조합 협상자들은 자신들 상대방의 우세를 매우 잘 알고 있다. 그리고, 어떤 태도로 협상과정에 임할 것인지도 알고 있다. 그렇지만, 경제적, 정치적, 기술적 변화가 급격한 때에 이 변화를 주기적으로 관찰하여 노동조합이나 문제를 수습하는 데 대한 어떤 태도의 이동이 있는지를 발견하는 것이 바람직하다.

|제4절| 노사협상단계

1. 협상기획단계

(1) 노사협상단계 개관

노사협상의 협상과정을 유용하게 하기 위한 공식적으로 정해진 틀은 없다고 하더라도, 일반적으로 일정한 과정을 거치게 된다. 즉, 〈그림 2-4-4〉에서 보는 바와 같이 협상기획단계, 협상준비단계, 협상진행단계, 협상종료단계, 비준 및 집행단계가 그것이다.

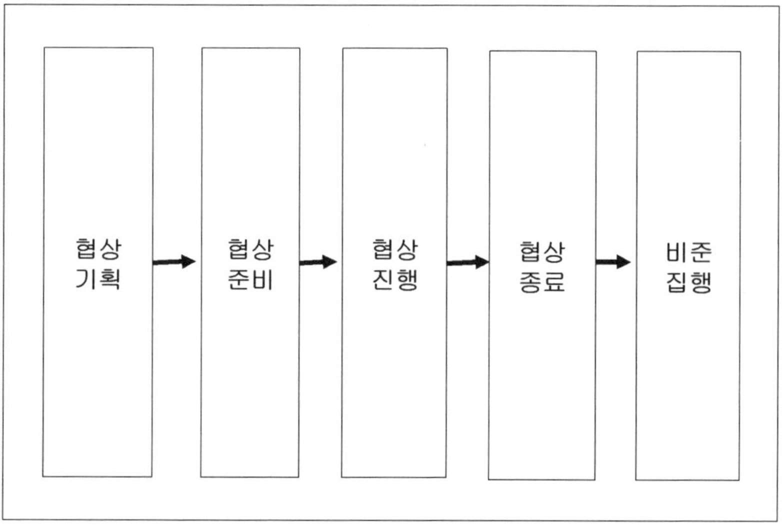

〈그림 2-4-4〉 노사협상단계

협상기획단계는 협상을 진행하기 위한 계획과 정책을 수립하는 단계이다. 협상준비단계는 협상을 진행하는 데 필요한 것들을 준비하는 단계이다. 협상진행단계는 협상테이블에서 협상을 실제로 진행하는 단계이다. 협상종료단계는 필요한 합의를 하는 단계이다. 그다음이 비준 및 집행단계인데, 비준(批准)이란 협상테이블에서 합의한 합의에 대해서 집단의 구성원들로부터 확인과 동의를 받는 것이고, 비준이 되면 이를 집행하게 된다.

(2) 협상기획의 구성요소

협상기획단계는 노사협상과정의 첫 번째 단계이다. "시작이 반이다" 라는 말이 있듯이 협상을 위한 기획은 협상의 시작을 위해서 매우 중요한 것이다.

협상기획단계에서는 사람(who?), 무엇(what?), 이유(why?), 시간(when?), 장소(where?), 방법(how?) 등에 관련된 것이 고려되어야 한다.

① 사람(Who?)

누구를 협상대표자로 할 것인가? 협상대표자를 개인으로 할 것인가 아니면 팀으로 할 것인가? 팀으로 한다면 팀의 구성원들에 누구를 포함할 것인가? 구성원의 수는 몇 명으로 할 것인가? 노사가 모두 동의할 수 있는 팀의 구성원들은 얼마로 해야 하는가? 각 구성원은 자신이 맡아서 처리해야 할 일들을 잘 이해하고 있는가?

상대방은 누구인가? 즉, 누가 협상테이블에 나타나는가? 친분이 있는가 아니면 전혀 모르는 사람인가? 어떤 힘을 상대방은 가지고 있는가? 누가 실질적 권한을 가지고 있는가? 즉, 누가 실질적으로 요구한 것에 대해서 수용(受容) 또는 거부(拒否)할 권한을 가지고 있는가?

노동자 대표와 사용자 대표가 협상에서 대등한 지위에 있는가 아니면 불평등한 지위에 있는가? 노사협상에서 각 대표는 동등한 권리를 가지고 있다는 것을 사용자는 알고 있는가?

② 무엇(What?)

목표는 무엇인가? 어떤 문제를 가지고 협상할 것인가? 상대방이 이에 합의했는가? 어떤 것이 당사자들의 협상 목표들인가? 그 목표들의 우선순위는 어떻게 매겨졌는가? 자신 팀의 우선순위는 무엇인가? 상대방 팀의 우선순위는 무엇인가? 왜 그런가?

어떤 전략 · 전술을 사용할 것인가? 장애는 무엇인가? 공식적 통로만을 사용할 것인가 아니면 비공식적 통로도 사용할 것인가? 상대방은 어떤 통로를 선호할 것인가? 어떤 정보가 필요하며 어떻게 수집할 것인가? 만약 합의에 도달하지 못하면 나의 대안은 어떤 것으로 할 것인가?

상대방은 어떻게 반응할까?

③ **시간(When?)**

언제 협상할 것인가? 구체적인 회의들에 대한 각각의 협상 시간은 언제로 할 것인가? 노사가 모두 만족할 수 있는 협상 회수와 기간은 얼마여야 하는가? 시간 단위로 협상할 것인가 날짜 단위로 협상할 것인가? 문제의 성질에 비추어볼 때 며칠을 끌 것인가 아니면 몇 달을 끌 것인가? 휴회는 언제 할 것인가? 협상 중간마다 협상 진행에 대한 평가는 언제, 어떻게 할 것인가?

④ **장소(Where?)**

협상테이블은 어디에 설치할 것인가? 즉, 어떤 장소에서 협상할 것인가? 사용자가 선호하는 장소에서 할 것인가 노동조합이 선호하는 장소에서 할 것인가? 아니면 제 삼의 장소에서 협상을 진행할 것인가? 노사를 모두 만족할 수 있는 장소가 있는가?

⑤ **방법(How?)**

어떻게 협상과정이 실제로 진행될 것인가? 실제로 누가 나와서, 어떤 문제로, 어떻게 진행될 것인가? 단계별로 어떻게 이어질 것인가? 만약 이러이러한 문제가 나타나면 그다음 단계는 어떻게 이루어질 것인가?

협상과정의 중간마다 의사결정이 어떻게 이루어지는 것이 좋은가? 협상의 끝에는 어떻게 결론은 끌어내는 것이 좋은가? 보고서는 어떤 내용으로 어떤 형태로 작성할 것인가?

파업(노동자) 등과 같은 집단행동을 할 것인가? 직장폐쇄(사용자) 등과 같은 조처를 할 것인가? 법적 대응을 시도할 것인가? 한다면 구체적으로 어떤 행동이나 대응을 사용할 것인가?

(3) 협상팀

협상자는 개인일 수도 있고 팀일 수도 있다. 그러나, 일반적으로 협상자는 팀으로 구성되는 것이 보통이다. 팀으로 구성될 때는 그 숫자는 짝수가 아닌 홀수로 구성하는 것이 좋다. 이는 어떤 결정을 신속히 끌어내야 할 때 도움이 될 수 있다.

협상팀의 크기에 대해서는 제한이 없다. 즉, 협상의 규모가 얼마나 크냐에 따라 협상팀의 크기도 달라질 수 있다. 그러나, 협상팀의 크기는 작을수록 기동력이 좋고 효율적이다. 소규모의 협상일 경우에는 3명 정도로 하는 것이 좋다. 즉, 협상 통솔자, 기록자, 요약자로 구성된다. 통솔자는 협상을 지휘하고 지도하는 지도자이다. 기록자는 협상 내용을 노트에 기록하는 자이고, 요약자는 협상의 내용을 요약하는 자이다.

그러나, 협상이 전문적 분야에 관한 것이고 복잡할 때에는 해당 분야의 관찰자와 전문가(예컨대, 법률전문가)들을 협상팀에 포함해야 한다. 그렇게 하여 이들 관찰자와 전문가들에 의한 관찰이 진행되도록 하고 이들로부터 조언을 받도록 해야 한다. 따라서, 이때의 협상팀은 통솔자, 관찰자, 기록자, 요약자, 전문가적 조언자 등으로 구성된다.

노동조합이 여러 집단을 대표하고 있는 경우에는 각 집단의 대표자들이 협상팀에 참여하도록 하는 것이 좋다. 그 이유는 협상의 결과물을 각 집단으로부터 비준받을 때 쉽게 동의를 받을 수 있기 때문이다. 그렇다고 하더라도 협상팀이 너무 크게 되면 통제하기가 곤란하게 되고 협상을 대표하는 지도자에게 압력으로 작용할 수 있다는 점을 고려해야 한다.

그러므로 협상팀의 크기는 가능한 한 작게 하되 각 집단을 대표하는 자들이 최대한 포함되도록 하는 것이 바람직하다.

(4) 협상지위

노사협상에서 당사자는 협상할 지위를 획득해야 한다. 협상지위란 자기 자신에 의해서가 아니라 상대방에 의해서 부여된다고 볼 수 있다. 즉, 협상이 일종의 합의를 끌어내기 위한 과정이라고 볼 때 이 협상과정을 지배할 규칙을 당사자들이 만들어야 한다. 이 규칙은 당사자 상호간의 합의에 따라서 만들어진다. 따라서, 그러한 합의를 해내지 못할 때 당사자들은 협상지위를 취득하지 못한 것이다. 협상지위를 취득하지 못하면 그 협상은 더는 진행되어야 할 이유가 없어진다.

예컨대, 노사협상을 위해서 노동자 대표와 사용자 대표가 협상 진행을 위한 어떤 합의를 형성하지 못할 때 노동자 대표는 협상지위를 취득하지 못한 것이 되고 협상은 진행되지 못하게 된다.

협상지위를 취득하지 못하는 이유는 다양할 수 있다. 조직으로부터 정통성을 부여받지 못했거나, 협상을 위한 권한을 부여받지 않았거나, 합법성을 가지고 있지 않았거나 등의 이유로 협상지위를 취득하지 못하게 된다.

협상지위를 취득하기 위한 합의에 도달하기 위해서 힘과 설득의 기법들을 사용할 수 있다. 강압적인 경제적 제재나 파업 등의 힘을 통해서 위협하는 방식은 겉으로 보기에는 명쾌한 방법인 것처럼 보이나 거기에 따른 단기 및 장기적 비용을 고려하면 바람직한 것이 못 된다.

따라서, 모든 부드러운 수단을 동원해서 협상지위를 얻는 데 실패하여 파업 등의 힘을 사용하지 않으면 안 되는 극한 상황에 도달했더라도 협상기술들을 먼저 발휘하는 것이 바람직하다. 즉, 강력하고 설득력 있는 토론을 통해서 상대방을 설득하는 것이 바람직하다.

2. 협상준비단계

(1) 협상준비의 중요성

협상준비단계도 협상과정의 한 부분이다. 그러므로 성실히 준비해야 한다. 준비를 소홀히 하면 협상은 실패하게 된다. 준비를 소홀히 하면 협상에서 제시하는 사실, 정보 등도 시원찮게 되고 이는 상대방에게 확신을 심어주지 못하게 된다. 상대방으로부터 신용을 잃게 되면 협상 과정에서 끌려다니게 되거나 협상지위를 잃게 될 수도 있다.

준비를 확고하게 하지 않았으면 협상을 진행하지 않는 것이 바람직하다. "일단 가서 들어보자."라는 식의 협상 태도는 바람직하지 않으며, 이러한 행태는 가져서는 안 된다. 준비가 안 되었으면 회의를 연기시키거나, 준비를 안 한 부분을 다른 사람에게 대신 맡기는 것이 좋다.

(2) 협상준비의 구성요소

① 목표설정

협상목표를 명확히 설정해야 한다. 목표들이 여럿이 설정될 때에는 목표 간의 우선순위를 결정해야 한다. 이를 위해서 정보를 수집하고 평가해야 한다.

목표가 확고부동한 것인지 유동적으로 변화할 것인지는 상황에 따라 다르다. 예컨대, 임금협상에 있어서 정부가 그 상한선을 미리 정해 놓았다면 노사협상에서의 임금수준은 그것을 웃돌 수 없게 된다.

② 협상의 형태 파악

협상의 형태가 어떤 것인지를 결정해야 한다. 즉, 노사협상의 형태를 개인의 불만 처리 협상, 승-승 협상, 승-패 협상, 적대적 협상 등으로 구분했을 때 어디에 해당하는 형태인가 또는 이들의 복합적 형태인가를 결정해야 한다. 그 협상의 형태가 결정되면 그 내용을 채우기 위해서 준비해야 한다.

예컨대, 승-승 협상에서 제재나 파업 같은 힘의 논리나 전략은 바람직하지 않다. 이때는 신뢰와 투명성으로 협상을 진행해야 한다.

승-패 협상이나 적대적 협상에서는 힘과 전략 · 전술이 많이 사용되고, 승-승 협상보다 더 많은 정보를 수집해야 할 것이다. 자신의 목표를 확고히 간직하면서 상대방의 악의적이고 비협동적 태도를 어떻게 직면하여 처리할 것인지에 관한 전략 · 전술을 결정해야 한다. 공동이익을 파악하고 공동협의의 중요성을 강력히 설득해야 한다.

개인의 불만 처리 협상은 적대적이거나 승-승의 전략을 포함할 수 있다. 일대일 성격의 불만처리 협상은 질이 높은 상담과 문제해결이 가능하다.

③ 협상팀 선택과 정보수집

개인이 협상하지 않고 팀이 협상할 때는 협상팀을 선택한다. 협상팀은 협상의 형태, 제시될 정보, 강점과 약점, 목표 등에 관해서 잘 알고 있어야 한다.

정보가 힘이다. 자신의 협상목표를 설정하기 위해서 정보가 필요하고 그 목표를 정당화하기 위해서도 정보가 필요하다. 정보는 믿을 만한 것이어야 한다.

정보는 협상테이블에 새로운 정보를 제공하여 새로운 의사결정을 할 수 있다. 또한, 새로운 각도에서 접근할 기회가 주어지기 때문에 기존의 그릇된 정보를 올바르게 교정할 수도 있다.

④ 지피지기(知彼知己)

손자(孫子) 모공편(謀攻篇)에는 지피지기(知彼知己)면 백전불태

(百戰不殆)라고 했는데, 이는 적의 능력과 형편을 알고 또한 나의 것도 알면, 즉, 적의 것을 알고 또한 자신의 것도 알면, 백번을 싸워도 위태(危殆)롭지 않다는 것이다.

그런데, 만약, 적의 능력과 형편을 알지 못하고 나의 것만 알면(不知彼而知己), 승부(勝負)는 반반(一勝一負)이라고 했다. 그러나, 적의 능력과 형편도 알지 못하고 나의 것도 알지 못하면(不知彼不知己), 전쟁할 때마다 반드시 패한다(每戰必敗)고 했다.

이러한 손자 모공(謀攻)의 전략은 노사협상에서도 원용될 수 있다. 즉, 노사협상에서 자신의 능력과 형편을 잘 알아야 할 뿐만 아니라 상대방의 능력과 형편에 대해서도 잘 알고 있어야 협상에서 유리한 지위를 차지할 수 있다는 것이 된다.

기존 상대방의 전적에 대한 정보를 수집하고, 기존의 협상결과를 평가해야 한다. 그리고, 현재의 정치, 경제, 사회, 법적 환경을 평가해야 한다. 또한, 제품시장, 노동시장, 기술시장 등의 변화도 평가해야 한다. 이들 요소는 노사 모두에게 영향을 미치고 자신의 힘의 세기를 측정하는 척도가 된다.

"만약 … 이면 어찌 될 것인가(What if …)?" 전략을 노사협상에서 사용하는 것도 좋다. 예컨대, 내가 이 전략을 제시하면 상대방이 어떻게 반응할까? 노동시장이 이러 이러한 방향으로 변화하면 상대방이 어떻게 움직일까? 집단행동이나 법적 대응을 시도하면 어떻게 될 것인가? 등과 같은 전략을 사용하는 것이다.

또한, 노사협상에서 정부의 역할을 무시할 수 없다. 그러므로 정부의 정책에 대해서도 알고 있어야 한다. 우리나라와 같은 정치문화에서는 정부가 보수주의적 성향을 지녔느냐 진보주의적 성향을 지녔느냐는 노사의 활동에 큰 영향을 미치게 된다는 것이 일반적인 견해이다.

3. 협상진행단계

협상진행단계에서 협상자가 할 일은 잘 듣고 관찰하고, 잘 평가하고 말하고, 잘 제시하고 설득하여 좋은 합의를 끌어내는 것이다.

(1) 잘 듣고 잘 관찰하기

협상에서는 잘 듣고 잘 관찰해야 한다. 상대방의 말을 경청해야 한다. 상대방의 반응을 잘 받아들여야 한다. 그리고, 내부 및 외부적으로 일이 되어 가는 흐름을 잘 관찰해야 한다.

잘 듣고 잘 관찰하기 위해서는 엘리트(elite) 의식을 가져서는 안 된다. 노사가 동등한 위치와 자격에서 협상하는 것이며, 누가 천(賤)하고 누가 귀(貴)하고 하는 것이 없다. 또한, 누가 지적으로 우수(優秀)하고 누가 열등(劣等)하고 하는 것이 없다.

협상에 대한 겸손한 태도 즉, 겸손하게 듣고, 겸손하게 상대방의 반응을 받아들이고, 겸손하게 관찰하고, 겸손하게 질문하고, 겸손하게 행동하는 것만이 있을 뿐이다.

인내를 가지고 듣되 그냥 들어서는 안 된다. 상대방의 약점과 강점, 오류, 몸짓이나 동작 등을 세밀히 관찰해야 한다. 또한, 문제해결에 실마리가 되는 그 어떤 것도 세밀히 관찰해야 한다. 그리고, 이들을 기록하고 요약해 두어야 한다. 머릿속에 암기해 놓지 말고 글로써 요약해 두어야 한다. 특히, 협상이 길고 복잡할 때는 중간중간에 규칙적으로 요약해 두어야 한다. 그러므로, 협상팀에는 기록하는 자와 요약하는 자가 포함되도록 해야 한다.

(2) 잘 평가하고 잘 말하기

상대방의 반응, 협상이 되어 가는 분위기 등을 잘 평가해야 한다.

노사협상에서는 일반적으로 모두가 잘 알고 있는 사람들이 협상에 임하게 되는 경우가 많다. 따라서, 상대방의 약점과 강점을 잘 알고 있다. 또한, 말하고 행동하는 스타일을 잘 알고 있다.

협상의 분위기를 자신이 의도하는 방향으로 조성하는 것은 매우 중요하다. 이는 내부 및 외부적 요인에 의해서 좌우되기도 한다. 어떤 현상이 발생했더라도 동요하거나, 화를 내거나, 무례한 언행을 나타내서는 안 된다. 이러한 것들은 결국엔 자신의 협상 입지를 약화하게 된다.

말을 할 때 목소리를 낮추고 예의를 지켜야 한다. 억양이 높고 행동이 거칠고 과격하게 나오면, 자신의 의도가 상대방에게 거칠게 전달되어 협상에서 얻고자 하는 것을 얻지 못하게 된다.

협상(negotiation)은 참여 당사자들이 합의(agreement)에 도달하기 위한 주고받는 교섭(bargaining)과정이 있게 된다. 각자의 요구를 주고받고, 말을 주고받고, 행동을 주고받고, 분위기를 주고받는다. 내가 거칠게 나가면 상대방도 거칠게 나오게 되고, 부드럽고 낮은 목소리로 대하면 상대방도 부드럽고 낮은 목소리로 나오게 되는 것이 일반적인 경향이다.

이 무언의 주고받음의 규칙이 깨어지더라도 화내거나 거칠게 나갈 필요는 없다. 그렇게 되면 상대방의 작전에 말려들게 될 수 있다. 상대방의 작전에 말려들지 말아야 소기의 목적을 달성할 수 있다.

(3) 잘 제시하고 잘 설득하기

요구를 제시할 때에는 간략하고 명쾌하게 제시해야 한다. 왜 그것을 제시했고, 왜 그것이 실현되어야 하는지를 논증해야 한다. 그리고, 그 요구를 정당화할 각종 사실이나 자료 등을 제시해야 한다.

어떤 요구를 제시하였을 때에는 그것에 대한 합리적인 이유를 들어야 한다. 또한, 그것을 입증할 사실이나 정보를 첨가해야 한다. 자신의 요구를 정당화시킬 논거를 제시해야 한다.

처음 제시할 때는 부드러운 주제를 가지고 접근하는 것이 좋다. 즉, 상대방의 감정을 격하게 자극하지 않는 사건부터 처리하는 것이 좋다. 더욱이 자신이 상대방을 압도적으로 지배할 힘을 가지고 있다고 판단되지 않으면 결코 최종 제의(最終提議)를 내어놓아서는 안 된다. 노사협상은 인간적 관계이기도 하지만 권력적 관계이기도 하다는 것을 명심해야 한다.

요구를 제시할 때 모든 요구를 동시에 제시하는 방식이 있고, 또한, 순차적(順次的)으로 순서대로 차례차례로 제시하는 방식이 있다.

모든 요구를 동시에 제시하는 방식은 모든 요구가 그 중요도에 있어서 같다고 보고 협상의 각 단계를 지날 때마다 그 요구들이 동시에 각 단계로 이동시키는 방식이다. 이 방식은 특히 협상대표자가 각 이해관계집단이 제시한 요구들을 모두 동시에 들어주기 위해서 사용하는 방식이 될 수 있다. 다수 집단이 요구한 것이든 소수 집단이 요구한 것이든 그 중요도에 있어서 같다고 보기 때문에 동시에 진행하는 것이다.

순차적(順次的)으로 순서대로 차례차례로 제시하는 방식은 요구된 사건들이 서로 차례대로 연결되어 있거나 아무 관련이 없을 때 사용할 수 있는 방식이다. 하나의 사건을 처리한 뒤에 다음 사건으로 넘어가는 방식이다. 이 방식을 사용하면 협상대표자에게 유연성이 있게 된다. 예컨대, 협상 비용은 적게 드나 구성원들에게 높은 가치를 가져다주는 사건을 먼저 처리할 수 있게 된다.

협상에서 명심해야 할 것은 시간과 환경을 전략적으로 잘 사용해야 한다는 것이다. 즉, 모든 요구를 동시에 그리고 단시간에 성취하려고 해서는 안 된다. 즉, 시간이 해결해 준다는 것이다.

환경은 항상 변화한다. 환경이 자신에게 유리하게 변화할 수도 있다.

예컨대, 경제환경이 좋아진다거나 협상대표자가 자신에게 좀 더 호의적인 사람으로 바뀐다든가 하는 것은 그러한 예에 해당한다.

4. 협상종료단계

협상은 여러 가지 이유에 의해서 종료된다. 협상이 합의를 끌어내는 과정이라면 그 합의가 성사될 땐 협상이 종료된다. 일반적으로 기존의 조건보다 더 좋은 제의를 받았을 때 협상이 종료될 수 있다. 최종제의가 기존의 조건보다 더 악화하였을 때도 협상은 종료된다. 또한, 제의된 것이 신뢰성이 없는 것일 때도 협상이 종료될 수 있다.

협상종료가 조건적 종료로 끝날 수 있다. 예컨대, 사용자가 노동조합에 어떤 조건을 받아들이면 최종 제의된 전체를 허락하겠다고 하는 것이 여기에 해당한다. 즉, 어떤 것을 수용하는 것을 전제로 상대방이 요구하는 것을 들어주는 준다는 최종제의가 여기에 해당한다.

완전한 합의보다 조건부 합의가 더 바람직할 때가 많다. K. Eisenhardt, J. Kahwajy, L. Bourgeois III 등의 주장이 그러한 예에 해당한다. 즉, 모든 사람이 동의하는 합의를 끌어내는 것은 다른 한편으로는 모든 사람이 거부권을 갖고 있다는 것을 함축하고 있다. 이는 합의에는 비용이 따른다는 것이다.

즉, 모든 사람이 만족하는 합의에 도달하기 위해서 많은 시간과 비용을 투입해야 하는데 그러다 보면 제품생산이 타 경쟁회사에 뒤지게 되고, 시장이 침략당하고, 결국 수익이 감소한다는 것이다.

따라서, 합의에 도달하지 못할 때는 가장 근접하게 책임을 지고 있는 사람이 다른 사람의 의견을 수렴하여 최종적으로 의사결정을 내리는 것이 좋다고 주장하고 있다(박경규, 1997).[14)]

5. 비준과 집행단계

협상자는 협상결과를 구성원들로부터 비준을 받아야 한다. 협상한 것들이 구성원의 확인과 동의를 얻지 못하면 집행될 수 없게 된다. 어떤 것이, 누구를 위해, 언제, 어디서, 어떻게, 왜 결과됐는지를 구성원들에게 설명하고 동의를 구해야 한다.

동의를 받지 못한 협상결과는 효력을 잃고 협상은 원점에서 다시 시작되거나 새로운 갈등과 분규가 시작될 것이다. 이러한 현상은 과거 의약분업[15] 협상에서 보았고, 1997년 말부터 IMF 관리체제에서 벌어졌던 많은 노사협상에서 보았다.

|제5절| 노사협상 갈등관리 성공 사례

1. 개관[16]

혼탁한 글로벌 경쟁체제에서 기업은 끊임없이 혁신하지 않으면 도태(淘汰)되기 마련이고, 결국엔 사라진다[17]. 노동조합은 회사의 성장에

14) 박경규. (1997). 경영진의 갈등 극복 방법. 「서강 Harvard Business」77. pp.114~125.
15) 의약분업은, 1963년에 약사법을 개정하여 의약분업의 원칙을 규정하였지만, 사회경제적 여건이 성숙하지 않아 시행되지 못하다가, 어느 정도 여건이 성숙한 1999년 7월 1일부터 단계적으로 시행에 들어가려고 하였다. 그러나 의사집단(예컨대, 대한의사협회)과 약사집단(예컨대, 대한약사회) 간의 갈등으로 그 시행을 연기하다가 2000년 7월 1일 전면적으로 시행하게 된다.
16) 여기에 소개되는 내용의 많은 부분은 당시(1998~2000년) 한국전기초자주식회사(당시 홈페이지 http://www.heg.co.kr)와 그 당시(1998~2000년) 서두칠 사장 강연들의 내용을 참고하였다.

장애가 될 수도 있고, 성과창출에 훌륭한 동반자가 될 수도 있다.

노사가 힘을 합쳐 갈등관리를 효과적이고 능률적으로 수행하면 조직의 생산성이 향상될 수 있다는 것을 1998~2000년도 서두칠 사장 시기의 한국전기초자주식회사의 사례를 통해서 살펴보고자 한다.

한국전기초자주식회사는 컴퓨터 모니터, 컬러텔레비전 브라운관용 유리를 생산하고 있는 회사로서 1974년 5월에 설립되었다. 1997년 12월 한글라스 그룹에서 대우그룹으로 경영권이 양도되었다.

대우그룹이 구조조정에 들어가자 1999년 12월 보유지분 전량(한국전기초자의 지분 51%, 금액으로 환산하면 약 2천억 원)을 세계적인 유리제조 회사인 일본 아사히 글라스(ASAHI GLASS)가 인수, 아사히 글라스가 대우그룹으로부터 경영권을 인수하였다.

대주주가 아사히 글라스가 됨으로써 기술도입에서는 유리한 점이 있기는 하나, 경쟁업체이기 때문에 한국전기초자가 세계적 기업으로 성장하는 데 장애가 될 수 있다. 이러한 예상은 서두칠 사장의 혁신경영에 걸림돌로 현실로 나타났다.[18]

2001년도 기준으로 약 1,600여 종업원이 연간 3천만 개의 제품을 생산하여 국내외 컴퓨터 모니터와 텔레비전 브라운관 업계에 공급하고 있다. 17인치 모니터용 평면 유리는 한국전기초자주식회사가 독자적으로 개발했다. 1997년에 부채비율이 1,114%가 되자 퇴출(退出) 기업으로 지목되기도 했으나, 1998년엔 174%, 1999년엔 94%를 유지하였고, 2000년 6월에는 무차입경영을 선언했다.

1998~2000년도 서두칠 사장 시기의 한국전기초자주식회사의 활동목표는 "가장 어려운 일을 항상 즐거운 마음으로 열심히 일한다"이

---

17) 천대윤. (2012). 『창발전략경영혁신과 리더십』. 서울: 삼현출판사.

18) 중앙일보. (2002.02.23.). 서두칠 한국전기초자 사장 사퇴.; 이코노미톡뉴스. (2017.08.24.). 경영의 신 이야기 : 서두칠 사장, 20년 전 한국전기초자혁신.

고, 기업이념은 기업활동을 바탕으로 국가와 지역사회에 이바지하는 것이다.

구체적으로 보면, 남이 잘 때 깨어있고, 남이 놀 때 공부하며, 남이 쉴 때 열심히 일해서 고객에게 가장 값싸고 품질 좋은 제품을 공급하고, 주주에게 최대의 배당을 돌려 드리고, 종업원에게 꿈과 보람이 있는 안정된 일터를 약속하고, 금융기관에 차입금을 제때 상환하고, 국가와 지방자치단체에 세금을 제때 내는 것이다.

또한, 인터넷 시대에 발맞추어 인터넷을 이용한 실시간 정보공유, 열린 경영과, 열린 대화방 등을 구축하여 운영하였다. 인터넷 구매시스템을 가동하고 구매행위의 투명성과 효율성을 높이는 것은 물론 협력업체 상호 간 재고확인, 납품대금의 투명한 결제(決濟) 등을 통해 경영의 투명성과 생산성을 높였다.

2. 성공적 노사협상 갈등관리전략

한국전기초자주식회사가 사용한 갈등관리전략은 크게 경영진 교체, 투명경영, 신뢰회복, 생산성 향상, 공생적 노사관계, 무(無)정리해고, 사용자와 노동자의 땀 등이었으며 이를 통해서 갈등을 극복하게 되었다고 볼 수 있다.

구미공단의 한국전기초자주식회사의 노조는 강성이었다. 장기간의 노사분규로 인해 금융과 원료 공급이 끊겼다. 거래처(去來處)도 끊기자 재고가 산더미처럼 누적되어 쌓여갔다.

노조는 구미공단으로 내려온 서두칠 사장에게 고용보장각서에 서명하라고 압력을 가하였다고 한다.

그러나, 서두칠 사장은 고용은 내가 보장하는 것이 아니라 고객이 보장하는 것이라며 노조의 요구를 받아들이지 않았다고 한다. 그리고, 노사 간 끈질긴 대화와 열린 경영으로 혁신의 돛을 올린다.[19]

한국전기초자주식회사는 1997년에 77일간의 노사분규에 의한 심한 갈등과 부채 1,114%라는 불명예와 함께 1998년에 퇴출위기를 맞았으나, 서두칠 사장을 중심으로 한 새로운 경영진과 함께 이를 슬기롭게 극복하였다. 그 과정에서 자산을 매각하거나 인원을 줄이는 전략을 사용하지 않고 그 대신에 더욱 생산성을 극대화하는 전략을 사용하였다.

구체적으로 보면, 혁신 98, 도약 99, 성공 2000이라는 비전 아래서 기계와 설비라인의 구조조정, 생산의 구조조정, 금융의 구조조정, 노사

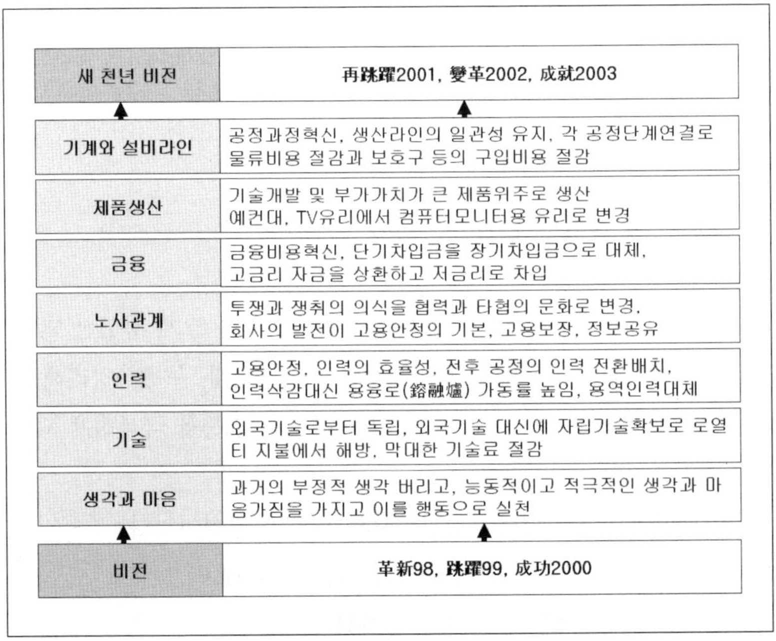

〈그림 2-4-5〉 비전 및 구조조정전략

19) 이코노미톡뉴스. (2017.08.24.). 경영의 신 이야기 : 서두칠 사장, 20년 전 한국전기초자혁신.; 중앙일보. (2002.02.23.). 서두칠 한국전기초자 사장 사퇴.

관계의 구조조정, 인력의 구조조정, 기술의 구조조정, 생각과 마음의 구조조정이라는 전략을 사용하였다. 이들 전략의 성공으로 회사의 상태는 좋아졌고, 새천년의 비전으로 "재도약 2001, 변혁 2002, 성취 2003"을 설정하였다. 이들의 내용을 〈그림 2-4-5〉에서와 같이 제시할 수 있다.

1997년 12월, 대우그룹으로 경영권이 넘어간 직후에 부임한 서두칠 사장은 서울에 있는 사장실을 없애고 경상북도 구미에 있는 공장에서 경영하여 현장 중심의 발로 뛰는 경영을 시행하였다. 아사히 글라스와 지속적인 기술제휴를 통해 제품 불량률을 줄여나갔다. 그 결과, 브라운관용 앞면 유리 불량률이 1997년 46%에서 2000년엔 20%로 떨어졌다. 또한, 제품도 고객사의 욕구에 부응하여 대형제품 및 완전평면 유리를 생산해 나갔다. CRT 유리의 성공적인 제조 경험을 토대로 초박막액정표시장치(TFT-LCD)[20] 유리 사업에도 진출했다.

경영상황을 종업원에게 완전공개했다. 열린 경영으로 종업원과 외부로부터 신뢰를 구축하였다. 노사관계도 공생적 노사관계를 지향함으로써 투쟁과 쟁취의식에서 타협과 협력의식으로 변환했다. 그 결과, 동반자적 노사관계를 이룩했으며 임금협상이나 단체협약도 1차례의 노사교섭으로 타결되는 등 순조로이 타결되곤 했다.[21] 노사 모두가 신뢰와 열정으로 장애물들을 돌파했다.

---

20) CRT란 Cathode Ray Tube의 약어로서 전통적인 브라운관 또는 모니터를 말한다. TFT-LCD란 Thin Film Transistor-Liquid Crystal Display의 약어로서 전자계산기 등과 같은 문자도형표시장치 등에 사용되는 액정표시를 말한다.

21) 갈등관리와 구조조정의 "대명사"로 알려진 서두칠 사장은 일본측 대주주인 아사히글라스와의 불화로 2001년 7월 12일 사임했다. 서두칠 사장은 자사의 뛰어난 경쟁력을 인정하지 않고 일본 본사의 방침에만 유리한 방향으로 정책이 결정되어 최고경영자로서 역할을 할 수 없다고 판단해 사임을 결정하기로 했다고 말했다. 중앙일보. (2002.02.23.). 서두칠 한국전기초자 사장 사퇴.; 이코노미톡뉴스. (2017.08.24.). 경영의 신 이야기 : 서두칠 사장, 20년 전 한국전기초자혁신.

■ 맺음말

지금까지 갈등관리전략과 협상전략에 관한 다양한 내용을 살펴보았다. 갈등은 현실(現實)이고 조직은 생명체(生命體)이다. 생명체로서의 조직은 갈등을 먹고, 갈등과 함께 성장하게 된다. 잘못 먹으면 체하고 병들어 결국엔 사라지게 될 수도 있다.

7명의 종업원으로 구성된 중소기업과 70명의 종업원으로 구성된 중소기업에서 처리해야 할 갈등의 양과 질이 다르다. 7,000명으로 구성된 대기업과 70,000명으로 구성된 대기업이 관리해야 할 갈등의 양과 질 또한 다르다.

그러나, 그 어떤 조직에서 발생하는 갈등이든 간에 거기에는 보이지 않는 갈등의 흐름이 있고 그 흐름에는 공통점이 있는 것이다. 그 공통점을 찾아내서 그 원인을 중심으로 처방을 하면 갈등은 쉽게 관리된다. 그 공통점을 벗어난 것은 파생된 것이고 파생된 갈등에 대해서는 파생된 전략을 사용하여 관리하면 될 것이다.

따라서, 이 책은 그 어떤 조직이라도 갈등을 효과적이고 능률적으로 관리할 수 있게끔 하는 기본적인 갈등관리전략을 제시하고자 하였다. 또한, 갈등을 슬기롭게 해결하기 위한 전략의 한 방식으로 협상전략에 관해서도 독자 여러분께 도움을 드리고자 노력했다.

이 책은 제1부와 제2부로 구성되었다. 제1부는 갈등관리전략에 관해서, 제2부는 협상전략에 관해서 지면을 할애하고 있다.

제1부 갈등관리전략의 부에서는 갈등관리의 의의, 갈등의 기능과 형태, 갈등모형, 갈등결정요인과 갈등결과, 갈등관리전략, 정부갈등, 공공갈등, 사회갈등의 관리전략 등에 관한 내용이 제시되었다.

제1장 갈등관리의 의의의 장에서는 갈등의 의의, 갈등의 특성, 갈등관리의 진화 등을 살펴보았다. 갈등도 사회현상인 이상, 그 발생과 결과에 대한 예측과 그에 대한 처방이 가능함을 보았다. 갈등 현상을 인과관계로 설명할 수 있고 관리할 수 있음을 강조했다. 그리고, 갈등을 관리하는 방식은 전통적 방식에서 현대적 방식으로 진화해야 함을 강조했다.

제2장 갈등의 기능과 형태의 장에서는 갈등의 기능, 갈등의 차원, 갈등의 형태를 다양한 관점에서 접근해 보았다. 갈등은 순기능과 역기능, 파괴적 기능과 건설적 기능 등의 기능이 있음을 보았다. 갈등의 차원과 갈등의 형태가 우리가 상식적으로 생각하고 있는 범위를 훨씬 넘어서 있다는 것을 발견하였다. 관리자가 갈등을 부정적, 긍정적, 통합적 시각 가운데 어떤 관점에 근거해서 관리할 것인가는 관리자의 철학에 달려있게 될 것이다.

제3장 갈등모형의 장에서는, 개인갈등모형, 조직갈등모형, 정부갈등모형, 사회갈등모형 등을 중심으로 살펴보았다. 개인이 의사결정과정에서 겪는 비수용성, 비비교성, 불확실성 모형을 살펴보았다. 조직내의 개인 간, 집단 간 갈등모형들도 살펴보았다. 갈등이 일회성의 것이 아닌 연속된 사건에 속한다는 것을 고려하여 역동적 갈등사건모형도 살펴보았다. 자치단체와 중앙정부 사이에도 갈등이 발생하고 자치단체들 사이에도 다양한 정책적 및 행정적 갈등이 발생함을 보았다. 마르크스주의자들과 기능주의자들이 같은 갈등 현상을 각각 상반되게 모형을 설정하여 설명하고 있음도 발견하였다.

제4장 갈등결정요인과 갈등결과의 장에서는 갈등결정요인과 갈등결

과에 관해서 살펴보았다. 먼저, 갈등결정요인으로 개인갈등결정요인, 집단갈등결정요인, 정부갈등결정요인, 사회갈등결정요인 등을 살펴보았다.

다음, 갈등결과로 개인의 방어적 반응, 빈도별 갈등결과, 최고 관리자의 반응 등을 중심으로 살펴보았다. 특히, 개인이 조직에서 반응하는 양태가 매우 다양함을 발견하였다. 이러한 개인들의 반응은 실제 조직에서 더욱 변형되어 다양하고 복잡하게 나타날 것이다.

제5장 갈등관리전략의 장에서는, 갈등관리의 맥락과 주체, 갈등의 조장전략, 갈등관리의 규범적 전략, 갈등관리의 기술적 전략, 역할갈등에 관한 전략, 갈등해결전략, 건설적 갈등관리전략 등을 중심으로 살펴보았다. 이들 다양한 전략들 가운데서 어떤 전략을 사용할 것인가는 관리자가 처한 상황, 관리자의 성격, 갈등이 발생한 상황, 갈등당사자의 성향, 조직문화, 환경요인 등에 따라서 다르게 될 것이다.

제6장 정부·공공·사회갈등의 관리전략의 장에서는, 정부갈등의 관리전략, 공공갈등의 관리전략, 사회갈등의 관리전략 등을 중심으로 살펴보았다. 정책 및 행정의 과정에서 발생하는 다양한 갈등은 정부갈등과 공공갈등을 중심으로 발생하는 것이긴 하나, 갈등 쟁점 사항이 사회 차원으로 확대되고 사회갈등으로 확산한다. 그리고, 공공갈등과 사회갈등의 사례는 공유되는 것이 많으나 사회갈등이 공공갈등보다 그 내용상의 범위가 넓다.

제2부 협상전략의 부에서는 협상이해, 협상전략, 협상과정, 노사협상전략 등에 관한 내용이 제시되었다.

제1장 협상이해의 장에서는 협상의 의의, 협상의 변수와 특성을 중심으로 살펴보았다. 협상테이블로서의 세상, 협상의 개념 정의, 협상의 주요 변수들, 협상의 특성 등을 중심으로 살펴보았다.

제2장 협상전략의 장에서는 기술적 전략, 배분전략과 통합전략, 회유와 위협전략, 적대적 전략과 비적대적 전략, 설득전략, 혼합전략 등을 중심으로 살펴보았다.

기술적 전략으로는 협력전략, 유화전략, 회피전략, 강압전략, 타협전략들을 살펴보았다.

배분전략과 통합전략은 파이를 한정시킨 상태로 추진하는 것과 파이 자체를 크게 하여 협상을 진행하는 것으로 구별된다.

회유와 위협전략은 "당근과 채찍" 전략이다. 점차적 호혜전략, 앙갚음(보복)전략, 마키아벨리언 전략 등을 중심으로 살펴보았다.

적대적 전략과 비적대적 전략은 협상상대를 적대적 관계로 보느냐 우호적 관계로 보고 협상을 전개하느냐에 관한 것이다.

설득전략에서는 See-Feel-Change 전략, 상대방 이해 전략, 호혜관계 형성 전략, 헌신과 일관성 전략, 사회적 입증 전략, 연결 전략, 권위 전략, 희소성 해결 전략, 반항심 극복 전략 등을 중심으로 살펴보았다.

그리고, 혼합전략에서는 순차전략, 양면전략, 융통성전략, 실무전략 등을 중심으로 살펴보았다.

제3장 협상과정의 장에서는 협상과정의 의의, 협상단계를 중심으로 전개하였다. 협상과정의 의의에서는 협상과정의 개념, 협상과정의 분류를 중심으로 살펴보았다. 협상단계에서는 협상전단계, 협상진행단계, 협상후단계를 중심으로 살펴보았다.

제4장 노사협상전략의 장에서는 노사협상의 의의, 노사협상의 형태와 전략개관, 협상태도에 관한 전략, 노사협상의 협상단계, 노사협상갈등관리 성공 사례 등을 중심으로 전개하였다.

노사협상의 의의에서는 정보사회의 노사협상, 노사협상의 특성을 중심으로 살펴보았다. 노사협상의 형태와 전략개관에서는 노사협상의 주요 형태, 노사협상전략 개관을 중심으로 살펴보았다. 협상태도에 관한 전략에서는 협상태도와 협상결과의 상관관계, 협상태도에 영향을 미치는 요인을 중심으로 살펴보았다. 노사협상단계에서는 협상기획단계, 협상준비단계, 협상진행단계, 협상종료단계, 비준과 집행단계를 중심으로 살펴보았다.

그리고, 노사협상갈등관리 성공 사례에서는 강성노조가 회사의 주도권을 쥐고 있었고 폐업위기 상태에 있었던 기업을 성공적인 노사대화와 생산성 향상을 위해서 부흥시킨 성공 사례를 살펴보았다.

여기에 제시된 노사협상전략들은 아무리 극한 상황의 갈등이라도 해결 가능하다는 것과 이를 생산성 향상으로 연결할 수 있음을 확인할 수 있게 해준다.

인간 세상사(世上事)가 갈등사(葛藤事)이며 세상은 거대한 협상테이블이라고 해도 과언이 아님을 이 책의 앞부분에서 언급했다. 민간분야나 공공분야, 기업이나 공공기관, 경영이나 행정 어느 분야에서도 항다반사(恒茶飯事)로 갈등이 존재할 수 있음을 지금까지 살펴보았다. 그러나 그러한 갈등을 슬기롭게 관리할 전략들도 다양하게 있음을 살펴보았다.

이는 어떠한 갈등이라도 거기에는 그 원인이 있고, 원인이 있는 그곳에 해결책도 있음을 의미하는 것이다. 문제는 아무리 좋은 보약(補藥)이라도 사람의 체질이 각각 다르므로 어떤 사람에게는 이득이 될 수 있어도 다른 사람에는 손해가 될 수 있듯이, 아무리 좋은 갈등관리전략이라고 하더라도 각 조직의 체질이 각각 다르므로 어떤 조직에는 이득이 될 수 있지만 다른 조직에는 손실을 가져다줄 수 있을 것이다.

무릇 갈등을 관리하려는 자는 이 점을 명심하고 효과적이고 능률적인 갈등관리에 끊임없이 정진(精進)해야 할 것이다. 그러기 위해서는 일선에서 근무하는 자이든, 관리자이든, 경영진이든, 최고지도자이든 항상 창조적으로 학습하는 존재로 날마다 거듭 태어나야 할 것이다.

늘 깨어있으며, 늘 새롭게 태어나도록, '일신우일신(日新 又日新)' 해야 할 것이다.[1)]

1) 일신우일신(日新又日新): 원래는 "구일신 일일신 우일신(苟日新 日日新 又日新)"이다. 옛날 중국 은나라 탕왕이 자신의 세숫대야에 이 글귀를 새겨 놓고 세수할 때마다 "진실로 (악에 물들지 않고) 날로 새로워지자(苟日新), 나날이 새로워지자(日日新), 또 날로 새로워지자(又日新)"라고 암송하면서 악에 물들지 않고 덕을 나날이 새롭게 쌓도록 자기 자신을 독려(督勵)했다고 전해진다.

■ 참고문헌

강성권・김형빈. (1999. 6). 쓰레기 매립장 조성사업의 갈등관리 방안. 「동아대 대학원논문집」24. pp. 143-166.

고종식. (1992. 8). 집단간 갈등관리에 관한 이론적 고찰. 「원광대 노사관계연구」 2. pp. 107~128.

고종식. (1994. 11). 조직내 개인적 갈등의 원천과 관리방안에 관한 연구. 「원광대 노사관계 연구소」4. pp. 729-757.

권기성. (1994). 조직내 집단에 있어서의 갈등유형과 갈등관리전략. 「광운대 논문집」23. pp. 47~68.

김경동. (1995). 「한국사회 변동론」. 서울: 나남출판.

김남수. (1998). 갈등관리에 있어서 조정체계의 효과. 「강남대 사회과학논총」6. pp. 455~470.

김성국. (1984. 겨울). 노사갈등의 구조와 역사적 전개. 「한국사회학」18. pp. 152-183.

김영기. (1998). 지방정부내의 의결기관: 집행기관간 갈등과 갈등관리 유형. 「부산대 지방과 행정연구」10(1). pp. 471-491.

김일철. (1984. 겨울). 사회발전과 갈등. 「한국사회학」18. pp. 135-151.

김종주. (1990). 갈등의 개념규정과 관리방안. 「한국관광대 논문집」2. pp. 29~42.

김현기. (1999). 북한의 협상전략. 「국방저널」308. pp. 84-89.

나윤기. (1998). 집단간 갈등관리에 관한 연구. 「경원전문대 논문집」20. pp. 241-270.

남정걸.(1997. 봄). 인간관계와 갈등관리. 「경기교육」134. pp. 126-131.

마도윤. (1994). 갈등과 갈등관리에 대한 연구. 「청구전문대 논문집」14. pp. 125~144.

문석남. (1984. 겨울). 지역격차와 갈등에 관한 연구: 영·호남 주 지역을 중심으로. 「한국사회학」18. pp. 184-209.
민남식·김상열. (1999. 12). 조직내 갈등해결에 대한 통합적 접근. 「강릉대 산경논총」21. pp. 100-121.
박경윤. (2001). 협상전략에 관한 연구. 「논문집」14. pp. 345 - 358.
박경규. (1997). 경영진의 갈등 극복 방법. 「서강 Harvard Business」77. pp. 114 - 125.
백기복. (2000). 「조직행동연구」. 서울: 법문사.
백완기. (1992). 행정의 갈등관리. 「행정과 정책 논총」2. pp. 1-12.
박재묵. (2004). 우리나라 공공갈등, 무엇이 문제인가. 「사회통합을 위한 갈등관리정책 워크샵」. pp. 7-28.
송경용. (1994. 11). 노사관계 연구의 현황과 행동과학적 접근방법의 유용성. 「원광대 노사관계연구」4. pp. 759-787.
송복. (2003). 「한국사회의 갈등구조」. 서울: 경문사.
신지효. (2001). 척 다운스 저, 송승종 역. 북한의 협상전략(한울, 1999). 「아세아연구」44(1). pp. 259-263.
신창현. (2004). 공공갈등 예방을 위한 몇 가지 제언. 「사회통합을 위한 갈등관리정책 워크샵」. pp. 97-100.
심영희. (1984. 겨울). 사회갈등과 사회통제: 이론적 조망. 「한국사회학」18. pp. 230-250.
안율종. (1995). 기업조직의 갈등관리에 관한 연구. 「경북산업대 논문집」12. pp. 9~25.
예경희·홍양희. (1998). 지역개발에 있어서의 지방정부간 갈등관리: 문장대·용화온천 개발을 중심으로. 「청주대 교육과학연구」11(1). pp. 131-159.
예경희·홍양희. (1998. 2). 비선호시설 입지에 대한 지방정부와 주민간 갈등관리. 「교육과학연구」11(3). pp. 179~202.
오광록. (1996. 6). 갈등관리에 관한 이론적 고찰. 「대전산업대 논문집」13 (1). pp. 487~503.
유규열. (2002). 국제무기시장에서의 협상력 향상 방안. 「교수논총」25. pp. 213-256.
유종해. (2000). 「현대조직관리」. 서울: 박영사.

이광로 · 양기동. (1999. 2). 국가간 문화 차이에 따른 갈등관리유형의 선호에 관한 비교 연구. 「생산성논집」13(1). pp. 327-352.
이광종. (1995. 6). 갈등관리에 관한 연구. 「생산성논집」9. pp. 213~238.
이달곤. (2000). 「협상론」. 서울: 법문사.
이도선. (1990. 5). 한국사회의 갈등관리. 「국회보」 283. pp. 23~32.
이만형 · 김동찬. (1999. 6). LULUs와 갈등관리: 보상기준과 제약요인에 대한 모형 구상. 「국토계획」34(3). pp. 169-193.
이상호. (2001). 노사교섭 및 합의 유도 촉진을 위한 방안. 「조정과 심판」6. pp. 99-108.
이성근. (1996). 대도시 주택공영개발과정의 갈등관리체제와 공동 생산적 참여 접근. 「한국지역개발학회지」8(1), pp. 167~185.
이한검 · 이수광. (2000). 「인간관계」. 서울: 형설출판사.
이한표. (1993). 갈등관리에 관한 연구-노사관계의 합리화를 위한 방책의 제시를 중심으로- 「명대 새마을연구 논문집」3. pp. 131~176.
이효선. (1984. 겨울). 학원의 갈등: 그 성격과 대응. 「한국사회학」18. pp. 210-229.
장동운. (1997). 「갈등관리」. 서울: 무역경영사.
장동운. (1999. 12). 갈등관리의 비교문화연구에 관한 고찰. 「경희대 산업논총」 24. pp. 213-232.
장원석. (2001). 북한정부의 협상전략과 벼랑끝 외교. 「동아시아연구논총」12. pp. 135-148.
전병찬. (1998). 가치창출의 근원: 지식 네트웍. 「강남대 사회과학논총」6. pp. 471-498.
정규서. (1996). 중앙정부와 지방자치단체간의 갈등관리에 관한 연구. 「인천대 논문집(인문 · 사회과학편)」21. pp. 207-234.
조윤영. (2001). 세계화와 남북한관계의 변화: 국제갈등해소론관점에서. 「사회과학」40(1). pp. 47-81.
지속가능발전위원회. (2003). 「갈등관리시스템구축방안 연구보고서」.
천대윤. (1998).『서바이벌 경영혁신』. 서울 : 문원.
천대윤. (1998).『지혜정부론』. 서울: 선학사.
천대윤. (1999).『성희롱 정책』. 서울: 선학사.
천대윤. (2001).『갈등관리전략론』. 서울: 선학사.

천대윤. (2004).『토론문화쇼크』. 서울: 선학사.
천대윤. (2005).『갈등관리와 협상전략론』. 서울: 선학사.
천대윤. (2019).『사회갈등 집단갈등 정책갈등』. 서울: 삼현출판사.
천대윤. (2019).『조직갈등 직원갈등 고객갈등』. 서울: 삼현출판사.
천대윤. (2019).『부부갈등 자녀갈등 가족갈등』. 서울: 삼현출판사.
천대윤. (2008). 정책갈등의 원인과 대응전략,『정책갈등과 대응방안』. pp. 3-49. 중앙공무원교육원 갈등관리센터.
천대윤. (2012).『두루두루 보시면서 사시지요』. 서울: 삼현출판사.
천대윤. (2012).『창발전략경영혁신과 리더십』. 서울: 삼현출판사.
천대윤. (2013).『가정인생행복론』. 서울: 삼현출판사.
천대윤. (2013).『자살갈등관리전략』. 서울: 삼현출판사.
천대윤. (2018).『활기혈단 기혈지압마사지와 건강양생운동편』. 서울: 삼현출판사.
천대윤. (2018).『활기혈단 십자다이아몬드와 십이단전편』. 서울: 삼현출판사.
천대윤. (2018).『활기혈단 영양·운동·수면과 14경맥·경혈편』. 서울: 삼현출판사.
천대윤. (2011). 공정사회와 도덕성 : 샌델(Michael J. Sandel)의 도덕성 사상을 중심으로,『한국행정학회 2011년 하계학술대회 논문집』. pp. 1932-1939.
천대윤. (2011). 공정사회와 정책방향 : 롤스(John Rawls)의 공정성 사상을 중심으로,『한국정책학회 2011년 하계학술대회 발표논문』, pp. 323-333.
천대윤. (2010). 공정사회의 특성과 도(道)에 관한 소고,『한국정책학회 2010년 동계학술대회 발표논문』, pp. 113-124.
천대윤. (2018). 공공가치 재창조에 관한 소고 : 활기혈단과 공정성의 정의기반의 공공가치 재창조의 담론,『한국행정학회 2018년 하계공동학술대회 및 국제학술대회 논문집』, pp. 1-10.
천대윤 엮음. (2008).『정책갈등과 대응방안』. 중앙공무원교육원 갈등관리센터.
최종태. (1995. 6). 세계화시대의 노사관계전략과 생산성향상의 과제 -사회적 생산성 중심으로-. 「생산성논집」9. pp. 107- 131.
홍양호. (1999). 북한의 대미협상행태와 분석. 「군사」39. pp. 199-243.

Cialdini, R. B. (2003). 「설득의 심리학」, 이현우(역). 서울: 21세기북스. Influence: Science and Practice (4th ed). Pearson Allyn & Bacon, 2000.

Schelling, T. C. (1992). 「갈등의 전략」. 최동철(역). 서울: 나남.

Assael, H. (1969). Constructive role of interorganizational conflict. *Administrative Science Quarterly,* 14. pp. 573-582.

Barnard, C. (1960). *The Function of the Executive*. Cambridge, Mass: Harvard University.

Bazerman, M. H., & Neale, M. A. (1992). *Negotiation Rationally.* New York: Free Press.

Benon, M. C. (1998, April). Community management of national conflicts in urban Benin. *Community Development Journal*, 33(2). pp. 165-169.

Cairns, L. (1996). *Negotiation skills in the workplace*. London: Pluto Press.

Chabi, M. B. (1998, April). Community management of national conflicts in urban Benin. *Community Development Journal,* 33(2). pp. 165-169.

Cialdini, R. B. (2000). *Influence: Science and Practice* (4th ed). Pearson Allyn & Bacon.

Cohen, F. S. (1997). Proportional versus majoritarian ethnic conflict management in democracies. *Comparative Political Studies* 30(5). pp. 607-630.

Cohen, H. (1982). *You Can Negotiate Anything*. New York: Bantam Books.

Corwin, R. G. (1969). Patterns of organizational conflict. *Administrative Science Quarterly,* 14. pp. 507-520.

Coser, Lewis A. (1956). *The Functions of Social Conflict*. New York: The Free Press.

Coser, Lewis A. (Sep., 1957). Social Conflict an the Theory of Social Change. The British Journal of Sociology, Vol. 8(3),

pp.197-207.
Costello, T. W., & Zalkind, S. S. (1969). *Psychology in Administration*. Englewood Cliffs, NJ: Prentice-Hall.
Dana, D. (2001). *Conflict Resolution.* New York: McGraw-Hill.
Darkenwald, G. G., Jr., (1971). Organizational conflict in colleges and universities. *Administrative Science Quarterly,* 16. pp. 407-412.
Driver, M. J., & Streufert, S. (1969). Integrative complexity: An approach to individuals and groups as information-processing systems. *Administrative Science Quarterly* 14. pp. 272-285.
Fluck, Z. (1999, Summer). The dynamics of the management- shareholder conflict. *The Review of Financial Studies,* 12(2), pp. 379-404.
Goldberg, S. B., Sander, F. E. A., & Rogers N. H. (1999). *Dispute resolution: Negotiation. mediation, and other processes.* (3rd ed.). Gaithersburg, NY: Aspen Law & Business.
Gordon, J. R. (1987). *Organizational Behavior*. Boston: Allyn and Bacon.
Hall., D. T. (1972). A model of coping with role conflict: The role behavior of college educated women. *Administrative Science Quarterly,* 17. pp. 486.
Harrison, A. A. (1972). *Psychology as a Social Science*. Monterey, California: Brooks/Cole Publishing Company.
Hilden, M. (1997). Conflicts between fisheries and seabirds-management options using decision analysis. *Marine Policy,* 21(2). pp. 143-153.
Hirschmann, D. (1999). Development management versus third world bureaucracies: A brief history of conflicting interests. Development and Change, 30. pp. 287-305.
Keltner, J. S. (1994). *The Management of Struggle: Elements of Dispute Resolution through Negotiation, Mediation, and Arbitration*. Cresskill, NJ: Hampton.

Kochan, T. A., Huber, G. P., & Cummings, L. L. (1975). Determinants of Intraorganizational conflict in collective bargaining in the public sector. *Administrative Science Quarterly,* 20. pp. 10-23.

Krech, D., Crutchfield, R. S., & Ballachey, E. L. (1962). *Individual in Society*. Tokyo: McGraw-Hill Kogakusha.

Lammers, C. J. (1969). Strikes and Mutinies: A comparative study of organizational conflicts between rulers and ruled. *Administrative Science Quarterly,* 14. pp. 558- 572.

Lawrence, P. R., & Lorsch, J. W. (1967). Organization and Environment: Managing Differentiation and Integration: Boston, MA: Harvard University.

Lippitt, G. L. (1985). Managing conflict in today's organizations. In Keith Davis and John W. Newstrom (7th ed.), *Organization Behavior: Readings and Exercises* (pp. 442-451). New York: McGraw-Hill Book Company.

Lowell, A. L. (1956). *Conflicts of Principle*. Cambridge, Massachusetts: Harvard University Press.

Magid, A. (1967). Dimensions of administrative role and conflict resolution among local officials in Northern Nigeria. *Administrative Science Quarterly,* 12. pp. 321-338.

Mak, B., & Lyytinen, K. (1997). A model to assess the behavioral impacts of consultative knowledge based systems. *Information Processing & Management,* 33(4). pp. 539-559.

Maddi, S. R. (1972). *Personality Theories: A Comparative Analysis*. Homewood, Illinois: The Dorsey Press.

March, J. G., & Simon, H. A. (1966). *Organizations*. New York: John Wiley & Sons.

Miller, N. E., & Dollard, J. (1941). *Social Learning and Imitation*. New Heaven.

Morgan, G. (1986). *Images of Organization*. Newbury Park: SAGE Publications.

Pinkley, R. A., Neale, M. A., & Bennett, R. J. (1994). The impact of alternatives to settlement in dyadic negotiations. *Organizational Behavior and Human Decision Processes*, 57. pp. 97-116.

Pondy, L. R. (1967). Organizational conflict: Concepts and models. *Administrative Science Quarterly,* 12. pp. 296-320.

Pondy, L. R. (1969). Varieties of organizational conflict. *Administrative Science Quarterly,* 14. pp. 499-505.

Purkey, W. W., & Novak, J. M. (1997, September). Students need to manage conflict. *The Education Digest*.

Rojot, J. (1991). *Negotiation: From Theory to Practice.* London: Macmillan.

Rosenbaum, W. A. (1995). *Environmental Politics and Policy*. Washington, DC: A Division of Congressional Quarterly.

Sampson, E. E. (1971). *Social Psychology and Contemporary Society*. New York: John Wiley & Sons, Inc.

Schein, E. H. (1996). Culture: The missing concept in organization studies. *Administrative Science Quarterly,* 41. pp. 229-240.

Schmidt, S. M., Kochan, T. A. (1972). Conflict: Toward conceptual clarity. *Administrative Science Quarterly,* 17. pp. 359-370.

Simon, H. A. (1976). *Administrative Behavior*. New York: The Free Press.

Simon, M. V., & Starr, H. (1996). Extraction, allocation, and the rise and decline of states: A simulation analysis of two-level security management. *Journal of Conflict Resolution,* 40(2). pp. 272-297.

Smith, C. G. (1971). Scientific performance and the composition of research teams. *Administrative Science Quarterly,* 14. pp. 486-495.

Simmel, Georg. (1955). *Conflict and the Web of Group Affiliations*. New York : The Free Press.

Sonenshein, R. J. (1996). The battle over liquor stores in south central Los Angeles: The management of an interminority conflict.

Urban Affairs Review, 31(6). pp. 710–737.

Spangle, M. L., & Isenhart, M. W. (2003). *Negotiation*. Thousand Oaks: SAGE Publications.

Sutton, R. I., & Hargadon, A. (1996). Brainstorming groups in context: Effectiveness in a product design firm. *Administrative Science Quarterly,* 41. pp. 685–718.

Swanda, J. (1979). *Organizational Behavior: Systems and Applications.* CA: Mayfield Publishing Co.

Turner, J. H. (1974). *The Structure of Sociological Theory*. Homewood, Illinois: The Dorsey Press.

Wale, S. M. (1998, April). The Philippine experience in conflict management and peace building. *Community Development Journal,* 33(2). pp. 170–173.

Walton, R. E. (1985). Some benefits of interpersonal conflict. In Keith Davis and John W. Newstrom (7th ed.), *Organization Behavior: Readings and Exercises* (pp. 441–442). New York: McGraw-Hill Book Company.

Walton, R. E., & Dutton, J. M. (1969). The management of interdepartmental conflict: A model and review. *Administrative Science Quarterly,* 14. pp. 73–84.

Walton, R. E., Dutton, J. M., & Cafferty, T. P. (1969). Organizational context and interdepartmental conflict. *Administrative Science Quarterly,* 14. pp. 522–542.

Walton, R. E., & McKersie, R. B. (1965). *A Behavioral Theory of Labor Negotiations*. New York: McGraw-Hill.

Wildavsky, A. (1964). *The Politics of the Budgetary Process*. Boston: Little Brown.

Williamson, D., Warner, D. E., Sanders, P., & Knepper, P. (1999). We can work it out: Teaching conflict management through peer mediation. *Social Work in Education,* 21(2). pp. 89–96.

Zartman, I. W. (1989). Prenegotiation: Phases and functions. *International Journal of Conflict Management*, 44. pp. 237–253.

■ 찾아보기

【ㄴ】

【ㄷ】

【ㅊ】

천대윤

- **학력** 서울대학교 행정대학원 졸업 (행정학 석사; 정책학 전공)
  미국 Arizona State University 졸업 (행정학 석사)
  미국 Arizona State University 졸업 (행정학 박사, Ph.D.)

- **경력** 기업, 정부, 공공기관, 지방자치단체의 강의, 강연, 교육, 상담, 자문, 컨설팅
  인재개발원, 연수원, 교육원 등 교육훈련기관 강의, 자문, 프로그램개발, 교육, 컨설팅
  성균관대, 서울시립대, 숭실대, 국민대, 한국방송통신대, 세종대, 경기대, 명지대 등 다수 대학교 강의
  여성부 남녀평등의식 교수요원(여성부장관 위촉)
  한국노동교육원 초빙교수
  한국정책학회 운영이사
  통일부 갈등관리심의위원회 위원(통일부장관 위촉)
  한국행정학회 운영이사
  행정자치부/중앙인사위원회/행정안전부 중앙공무원교육원 교수
  국무총리소속 부마민주항쟁진상규명위원회 실무위원
  경영행정전략연구원 원장
  인재개발교육센터 원장
  행복·갈등관리클리닉센터 원장
  〈활기혈단(活氣血丹)〉 창시자(특허청 상표권특허 승인)
  〈활기혈단(活氣血丹)〉 건강행복양생학 건강백세 기혈태극운동 원장

- **강의, 강연, 교육, 상담, 자문, 컨설팅 분야**
  교육·훈련, 워크숍 및 프로그램 개발
  경영·행정·정책·전략의 진단·연구·조사·분석·평가
  갈등관리, 협상조정
  행복·갈등관리클리닉
  역량개발, 역량평가
  행정혁신, 경영혁신
  액션러닝, 코칭
  리더십, 변화관리
  긍정심리, 행복학
  전략경영, 윤리경영
  건강관리, 성격관리
  창의성, 창조성 개발
  토의 토론 회의 방법론
  현대적 영어작문과 문법
  〈활기혈단(活氣血丹)〉 건강행복양생학 건강백세 기혈태극운동

- **강의, 강연, 교육, 상담, 자문, 컨설팅 요청 전화**
  핸드폰 010-2275-1895 천대윤

• **주요 저서**

『활기혈단 : 십자다이아몬드와 십이단전편』
『활기혈단 : 기혈지압마사지와 건강양생운동편』
『활기혈단 : 영양 • 운동 • 수면과 14경맥 • 경혈편』
『제4차 산업혁명, 제5차 산업혁명 시대 공무원, 회사원, 과학기술인 인력·인재 개발원, 연수원, 교육원 교육·훈련혁신 방안』
『사회갈등 집단갈등 정책갈등』
『부부갈등 자녀갈등 가족갈등』
『조직갈등 직원갈등 고객갈등』
『바람직한 정부혁신을 위한 부마민주항쟁과 정부혁신론』
『조직 및 인적자원 역량개발과 역량평가』
『속독전략과 시험전략』, 『자살갈등관리전략』
『창발전략경영혁신과 리더십』
『가정인생행복론』, 『두루두루 보시면서 사시지요』
『박근혜정부와 공무원들이 사랑받는 길』
『조직 및 인적자원 역량개발과 역량강화』
『갈등관리와 협상전략론』
『현장중심 액션러닝 변화혁신 리더십』
『토론문화쇼크』, 『토의 토론 회의 방법론』
『성희롱 정책』, 『서바이벌 경영혁신』
『서바이벌 전략전술』, 『지혜정부론』
『현대적 영어작문과 문법』(상), (중), (하)
『시험에 정통한 영어단어』
『미국생활 필수 영어회화』
『조직혁신과 전자상거래 성공전략론』